江苏专转本考试大作战

大学语文
历年真题分类精解

同方教育　主编

东南大学出版社
SOUTHEAST UNIVERSITY PRESS
·南京·

内容提要

本书是江苏省普通高校专转本选拔考试"大学语文"科目的真题解析。书中收录了 2005 至 2021 年的真题试卷,并对各版块内容都给出了详尽的解析。借助本书中的试题与配套解析,考生通过做真题、分析真题,可以研究命题人的出题思路,总结归纳题目设置特点,把握出题范围和难度,从中发现规律,找出考试的重点、难点、常考点,进而揣摩答题方法和技巧,在相对短的时间内能最大限度地提高复习效果。

本书配套的小册子内容为大学语文知识点专题总结。从考试范围看,文学文化常识、诗词鉴赏、应用文写作、材料话题作文这几个部分成为很多考生的难点和较难得分的部分。在这本小册子中,对考试中所涉及的各部分内容进行了总结,在每个专题中除了进行相应的知识点的讲解,还补充了适当的内容。

图书在版编目(CIP)数据

大学语文历年真题分类精解 / 同方教育主编.
— 南京:东南大学出版社,2016.9(2021.7重印)
江苏专转本考试大作战
ISBN 978-7-5641-6658-8

Ⅰ.①大… Ⅱ.①同… Ⅲ.①大学语文课—成人高等教育—题解—升学参考资料 Ⅳ.①H19-44

中国版本图书馆 CIP 数据核字(2016)第 181957 号

大学语文历年真题分类精解
Daxue Yuwen Linian Zhenti Fenlei Jingjie

出版发行	东南大学出版社
社 址	南京市玄武区四牌楼 2 号(210096)
网 址	http://www.seupress.com
出 版 人	江建中
责任编辑	张 煦
经 销	全国各地新华书店
印 刷	兴化印刷有限责任公司
开 本	787mm×1092mm 1/16
印 张	14
字 数	349 千字
版 次	2016 年 9 月第 1 版
印 次	2021 年 7 月第 13 次印刷
书 号	ISBN 978-7-5641-6658-8
定 价	54.80 元

东大版图书若有印装质量问题,请直接与营销部联系。电话(传真):025-83791830

丛书前言

随着社会的需求和市场竞争的日趋激烈,学历的门槛直接影响到学生的就业和未来的发展空间。作为广大高职和高专院校的在校生,就读于学习氛围更加浓厚、育人环境更为优良的本科高校,已成为他们当中大多数人心中的梦想和目标。而江苏"专转本"考试就为广大高职和高专院校的在校生提供了一个步入本科高校学习的途径。江苏"专转本"考试发展至今已有多年历史,因其选拔严格、学历过硬,被社会及广大考生誉为"第二次高考"。

为了帮助广大考生顺利通过江苏"专转本"考试,我们特组织专家、学者按各科最新大纲和考试要求编写了考试复习系列配套辅导教材——《江苏专转本考试大作战》丛书。本套辅导教材现包括《大学英语历年真题及解析》、《计算机基础历年真题及解析》、《大学语文历年真题分类精解》和《高等数学历年真题及解析》共计4册。其中每本书还附赠了一本小册子,小册子中的内容都是和考试相关的重要内容。

应邀参加教材编写工作的专家、学者,来自南京大学、东南大学、南京师范大学、南京航空航天大学、南京理工大学等多所省内著名重点大学。他们均长期从事江苏"专转本"考试的辅导工作,有着丰富的教学经验,熟悉考试大纲及考试重点、难点内容,熟悉命题要求和命题规律,深知考生的疑难与困惑。丛书作者把他们的教学经验进行了深化总结,并结合考生的实际情况加以细化、归纳和总结,整理成书,奉献给广大考生,旨在提高考生的考试通过率。

组织出版一套丛书,要求高、费力大,是一项系统工程。由于时间仓促,书中难免存在一些不足之处,我们诚恳地希望专家学者以及广大考生们为这套丛书通信息、出主意、提建议,当然也欢迎给以批判与匡正。请联系:025-86402828。

最后,再一次的衷心祝愿各位考生身体健康,学习进步,转本成功!

同方教育
二零一六年八月

注:此次修订,增补了2021年样卷及相关答案解析,敬请读者留意。

目 录

"大学语文"课程内容、重点与难点概说 ·· 1
第一编　语言文化基础知识 ·· 4
第二编　现代文阅读 ·· 65
第三编　文言文阅读 ·· 101
第四编　诗词鉴赏 ·· 129
第五编　应用文写作 ·· 156
第六编　材料话题作文 ·· 166
江苏省 2021 年普通高校专转本统一考试大学语文试题卷 ················· （插页）
江苏省 2021 年普通高校专转本统一考试大学语文试题卷答案解析 ········· 205

"大学语文"课程内容、重点与难点概说

一、课程内容

1. 学习古今中外的名家名作,了解文化的多样性、丰富性,尤其应当了解并继承中华民族的优秀文化传统,培养高尚的思想品质和道德情操,提高人文素质。

2. 能准确地阅读、理解现当代作品,能读懂难度适中的文言文,并能解释常见的字词和语言现象。

3. 能够比较准确地分析文章的思想内容和写作手法,具备一定的文学鉴赏水平和综合分析能力。

4. 掌握常用的文体写作知识,具有较高的写作能力。

二、重点与难点概说

（一）汉语基本知识

1. 识别古今意义有所不同的词语；了解文言词语一词多义现象；识别通假字和古今字；注意掌握现代汉语中仍然在运用的文言词语。

2. 掌握常用文言虚词之、其、者、所、诸、焉、则、而、于、以、且、乃等的用法,识别同一个文言虚词在不同语言环境中的不同含义。

3. 理解文言文中与现代汉语不同的语法现象和句式,如使动用法、意动用法、名词作状语、名词用作动词、宾语前置、判断句、被动句等,并能正确译成现代汉语。

4. 理解古今作品中比喻、比拟、对偶、排比、夸张、层递、反复、设问、反诘等修辞格。

（二）作家作品知识

掌握中外作家的名号、国别、时代及所选课文的体裁和出处。了解其主要思想倾向、文学主张、成就、代表作及在文学史上的贡献。

（三）文体知识

1. 议论文

议论文是指以议论说理为主的文章,包括论点、论据、论证三要素。论点是作者的观点或主张；论据是证明论点的根据,可分为事实论据和理论论据；论证是用论据证明论点的过程,一般分为立论和驳论两大类型。论证的方法有归纳论证（例证论证）、演绎论证、比较论证（类比论证、对比论证）、比喻论证等。驳论的方法有驳论点、驳论据、驳论证等。

2. 记叙文

记叙文是指记人、叙事、写景、状物的文章。它以叙述为主,往往间用描写、抒情、议论等多种手法。

3. 诗、词、曲、赋

诗、词、曲都属于诗歌的范畴。诗歌以丰富的情感反映生活;对生活进行高度集中的概括;语言凝练而富有形象性,富于节奏感和韵律美。

中国古代诗歌分为古体诗和近体诗,近体诗包括排律、律诗和绝句。

词有词牌,写词必须受词调的限制,句式以长短句为主,押韵比较灵活。

曲可分为散曲和剧曲。散曲有小令和套数之分。散曲句句押韵,一韵到底。

赋是汉代形成的特殊文体,讲究铺叙、文采、对仗和韵律,一般采用主客问答、抑客伸主的结构方式。

4. 小说

小说一般具有三要素:人物、情节、环境。小说要塑造典型环境中的典型人物。小说的情节一般包括开端、发展、高潮和结局。小说的环境包括自然环境、社会环境、人物活动的特定环境。

5. 戏剧

戏剧是通过演员的表演来反映社会生活中各种矛盾冲突的综合艺术。按作品类型可分为悲剧、喜剧、正剧等。常见的有戏曲和话剧等。戏曲以唱、念、做、打、舞并重,话剧则以对话和动作为主要表现手段。

三、写作知识

1. 主题

主题即文章的思想观点,要求正确、深刻、鲜明、集中。

2. 材料

材料是文章的具体内容,要求真实、典型、新颖。

3. 结构

结构即文章内部的组织构造,包括层次、段落、过渡、照应、开头、结尾等。文章的结构要求完整、清晰、严谨。

4. 表达方式

(1) 叙述

叙述的方式有顺叙、倒叙、插叙、平叙和补叙。叙述要线索清楚,详略得当,有变化,有波澜。

(2) 描写

描写大体可归纳为人物描写和环境描写两大类。人物描写包括肖像描写、行为描写、语言描写、心理描写和细节描写等。环境描写包括自然风光描写和社会环境描写等。描写要有的放矢,突出特征,富于情感。

(3) 抒情

抒情的方式有直接抒情和间接抒情两大类。间接抒情有借景抒情、寓情于事、寓情于理等方式。抒情要自然真挚。

(4) 议论

议论要论点正确鲜明,论据真实典型,论证严密充分。记叙文中的议论要与叙述、描写、抒情融为一体,和谐统一,画龙点睛。

（5）说明

说明是对事物、事理的特征、性质、形状等进行介绍、解释和阐述,说明要准确、科学、客观。

5. 语言

语言是文章的第一要素。文章的语言要准确、生动、简洁。

四、总体目标

理解课文的主旨,把握结构特点,掌握表现手法,体味作品的审美情趣和思想情操,提高人文素质和语言表达能力。

第一编　语言文化基础知识

一、真题精解

1. 2009(1) 下列加点的字、形、音都正确的一项是　　　　　　　　　　　　　　　（　　）
   A. 要(yào)言不烦　　　潜(qián)移默化　　　一曝(bào)十寒
   B. 遒劲(jìn)有力　　　水涨(zhǎng)船高　　　咸与(yù)维新
   C. 垂涎(xián)三尺　　　便(biàn)宜行事　　　酗(xiōng)酒滋事
   D. 甘之如饴(yí)　　　瞠(chēng)目结舌　　　意味隽(juàn)永

   【答案解析】 D。A项中"一曝十寒"的"曝"念为"pù"。"一曝十寒"亦作"一暴十寒"，"曝"可以解释为"晒"。原意是说，虽然是最容易生长的植物，晒一天，冻十天，也不可能生长。比喻学习或工作一时勤奋，一时又懒散，没有恒心。B项"遒劲有力"的"劲"念为"jìng"，解释为"正直,挺拔,坚强有力"。C项中"酗酒滋事"的"酗"念为"xù"，"酉"与酒有关，指：无节制地喝酒。

2. 2010(1) 下列加点字读音完全相同的一组是　　　　　　　　　　　　　　　　　（　　）
   A. 谜语　　　　糜烂　　　　靡丽　　　　麋鹿
   B. 阡陌　　　　掮客　　　　扦插　　　　迁就
   C. 诠释　　　　蜷缩　　　　得鱼忘筌　　　　痊愈
   D. 半身不遂　　　　随心所欲　　　　骨髓　　　　绥靖

   【答案解析】 C。这道题要求考生选出加点字读音完全相同的一组。A项中,谜语,mí,糜烂,mí,靡丽,mǐ,麋鹿,mí。B项中,阡陌,qiān,掮客,qián,扦插,qiān,迁就,qiān。C项中,诠释,quán,蜷缩,quán,得鱼忘筌,quán,痊愈,quán,全部相同。D项中,半身不遂,suí,随心所欲,suí,骨髓,suǐ,绥靖,suí。

3. 2011(1) 下列加点的字读音完全相同的一组是　　　　　　　　　　　　　　　　　（　　）
   A. 滇池　　　癫狂　　　颠簸　　　白癜风
   B. 晕车　　　愠色　　　酝酿　　　熨斗
   C. 籍贯　　　慰藉　　　嫉妒　　　辑录
   D. 血泊　　　血压　　　鲜血　　　血汗

   【答案解析】 B。这道题要求考生选出加点的字读音完全相同的一组。A项中的"白癜风"的"癜"读 diàn,第四声;其余都读 diān,第一声。B项中"晕车"的"晕"读 yùn,第四声,指"头发昏,有旋转的感觉",再如晕眩、眼晕,而"愠、酝、熨"都读 yùn。C项中"慰藉"的"藉"读 jiè,其余都读 jí。D项中,血泊 xuè,血压 xuè,鲜血 xiě,血汗 xuè。

4. 2014(1) 下列词语中加点的字,每对读音都不相同的一组是 （　　）
A. 省亲|省吃俭用　　绰约|绰绰有余　　阻塞|敷衍塞责
B. 熨平|心情熨帖　　估量|量体裁衣　　脉络|一脉相承
C. 慰藉|声名狼藉　　揣度|置之度外　　记载|载歌载舞
D. 楷模|模棱两可　　的确|众矢之的　　攒钱|人头攒动

【答案解析】 C。慰藉 jiè 声名狼藉 jí；揣度 duó 置之度外 dù；记载 zǎi 载歌载舞 zài。

5. 2005(1) 以下每组词语里,未出现错别字的是 （　　）
A. 篷荜生辉　　殚精竭虑　　挑拨是非　　栩栩如生
B. 互相推诿　　戊戌变法　　磬竹难书　　逾期作废
C. 编纂字典　　断壁颓桓　　瑕瑜互见　　缘木求鱼
D. 前倨后恭　　和盘托出　　孺子可教　　杯盘狼藉

【答案解析】 D。A项中"篷荜生辉"应为"蓬荜生辉"。"蓬荜"是指蓬草、荆竹编制而成的门,形容穷苦人家。"蓬荜生辉"指使寒门增添光辉,多用作宾客来到家里,或赠送可以张挂的字画等物的客套话。B项中"磬竹难书"应为"罄竹难书"。罄:空,尽。竹:指竹简。书:写。把竹子用完了都写不完,比喻事实(多指罪恶)很多,难以说完(古人写字用竹简,竹子是制竹简的材料)。C项中"断壁颓桓"应为"断壁颓垣"。"垣"读作 yuán,"断壁颓垣"指坍塌的墙壁,残毁的矮墙,形容残败的景象。

6. 2006(1) 下列没有错别字的一组是 （　　）
A. 残无人道　　称心如意　　英雄辈出　　班门弄斧
B. 英雄气概　　川流不息　　铤而走险　　仗义执言
C. 当仁不让　　破釜沉舟　　声音洪亮　　精神换发
D. 变本加厉　　漠不关心　　情不自禁　　口干舌噪

【答案解析】 B。A项中"残无人道"应为"惨无人道"。惨:狠毒,残暴。残酷狠毒到极点,如野兽一样没有人性。"班门弄斧"是正确的,意思是在鲁班门前舞弄斧子。比喻在行家面前卖弄本领,不自量力。C项中"精神换发"应为"精神焕发",形容精神振作,情绪饱满。D项中"口干舌噪"应为"口干舌燥","干燥"的"燥"而非"噪音"的"噪"。

7. 2007(1) 下列没有错别字的一组是 （　　）
A. 悖论　　针砭时弊　　心余力诎　　满目疮痍
B. 追溯　　绚私舞弊　　腾挪跌宕　　为渊驱鱼
C. 诡谲　　睚眦必报　　广袤无垠　　蓬荜生辉
D. 倾轧　　陈词烂调　　杳如黄鹤　　良莠不齐

【答案解析】 C。A项中"心余力诎"应为"心余力绌"。"绌"本义指言语钝拙,作动词时引申为"贬黜,贬退"。B项中"绚私舞弊"应为"徇私舞弊"。"绚"作"绚烂"解,"徇"解释为"曲从",例如"不徇私情"指不曲从私人交情,为人公正,秉公处事。"为渊驱鱼"是正确的,原比喻残暴的统治迫使自己一方的百姓投向敌方。现多比喻不会团结人,把一些本来可以团结过来的人赶到敌对方面去。D项中"陈词烂调"应为"陈词滥调",解释为"陈腐、空泛的论调",含贬义,主要指没有新意。

8. 2008(1) 下列无错别字的一组是 （　　）
A. 知迷不悟　　阴谋诡计　　潜移默化　　贻笑大方

B. 首屈一指　　　　宏福齐天　　　　仗义执言　　　　汗牛充栋
C. 利令智昏　　　　再接再厉　　　　秣马厉兵　　　　变本加厉
D. 蜂拥而上　　　　叹为观止　　　　一愁莫展　　　　眼花缭乱

【答案解析】 C。A项中"知迷不悟"应为"执迷不悟"。执：坚持；迷：迷惑，分辨不清；悟：觉悟。指的是坚持错误，一直不觉悟。B项中"宏福齐天"应为"洪福齐天"，颂扬人福气极大。D项中"一愁莫展"应为"一筹莫展"。筹：计策，办法；展：施展。指一点计策也施展不出，一点办法也想不出来。

9. 2009(2) 下列加点的字释义完全正确的一项是　　　　　　　　　　　　　　（　　）
A. 久而弥笃(忠实)　　　雅量高致(意态、情趣)　　　奇货可居(积存)
B. 当(承受)之无愧　　　岁月不居(停留)　　　　　　置若罔(没有)闻
C. 休戚(忧愁)相关　　　长歌当(当成)哭　　　　　　陈陈相因(凭借)
D. 长(长期)此以往　　　好高骛(驰骋)远　　　　　　戮(合)力同心

【答案解析】 B。A项中，"久而弥笃"解释为时间越长对某种事物的感情越深。"弥"指更加，"笃"意为"深厚"，而非"忠实"。

B项中，"当之无愧"解释为当得起某种称号或荣誉，没必要感到惭愧。"当"意为"承当、承受"，"无愧"指毫无愧色。"岁月不居"指时光流逝，"居"意为"停留"。"置若罔闻"意为放在一边不管，好像没有听见似的，指听后仍然不予理睬。"罔"指"没有"，"置"意为"摆放"，"若"指"好像"。

C项中，"休戚相关"指忧喜、祸福彼此相关联，形容关系密切，利害相关。"休"指喜悦，"戚"指悲哀。"长歌当哭"指用长声歌咏或写诗文来代替痛哭，借以抒发心中的悲愤。"长歌"意为长声歌咏，也指写诗。"当"解释为"当成"。"陈陈相因"原指皇仓之粮逐年增加，陈粮上压陈粮。后多比喻沿袭老一套，没有创造和革新。"陈"意为旧，"因"意为"沿袭"。

D项中，"长此以往"指长期这样下去(多指不好的情况)。"好高骛远"比喻不切实际地追求过高过远的目标，"好"意为喜欢；"高"意为过高；"骛"指追求。"戮力同心"指齐心合力，团结一致。"戮力"指并力、合力；"同心"指思想一致。

10. 2010(2) 下列没有错别字的一组是　　　　　　　　　　　　　　　　　　（　　）
A. 长歌当哭　　　歪风邪气　　　明辨是非　　　异曲同功
B. 好大喜功　　　相形见拙　　　亲不自禁　　　冠冕堂皇
C. 迫不及待　　　发扬光大　　　宽洪大量　　　当仁不让
D. 川流不息　　　貌合神离　　　名副其实　　　奇货可居

【答案解析】 D。这道题要求考生选出没有错别字的一组，结合成语的具体意思来作辨析，更容易区分正字与别字。A项中"长歌"指长声歌咏，也指写诗，"当"指当作，"长歌当哭"，用长声歌咏或写诗文来代替痛哭，借以抒发心中的悲愤。"歪风邪气"的"歪、邪"指不正当，不正派。"歪风邪气"指不良的作风和风气。"明辨是非"指分清楚是和非、正确和错误。"异曲同功"应该为"异曲同工"，"工"指细致、巧妙，"异"指不同的。"异曲同工"指不同的曲调演得同样好，比喻话的说法不一而用意相同，或一件事情的做法不同而都巧妙地达到目的。

B项中"好大喜功"指不管条件是否许可，一心想做大事立大功，多用以形容浮夸的作风。"相形见拙"应该为"相形见绌"，"形"指对照，"绌"指不够、不足。"相形见绌"指和同类的事物相比较,显出不足。"亲不自禁"应该为"情不自禁","禁"指抑制,"情不自禁"形容感情激动得不能控制,强调完全被某种感情所支配。"冠冕堂皇"中的"冠冕"指古代帝王、官吏的帽子,"堂皇"指很有气派的样子,形容外表庄严或正大的样子。

C项中,"迫不及待"的"迫"意为紧急,急迫得不能等待,形容心情急切。"发扬光大"中的"发扬"指发展,提倡;"光大"意为辉煌而盛大。"发扬光大"是指使好的作风、传统等得到发展和提高。"宽洪大量"应该为"宽宏大量",形容度量大,能容人。"当仁不让"原指以仁为任,无所谦让,后指遇到应该做的事就积极主动去做,不推让。

D项中,"川流不息"的"川"指河流,形容行人、车马等像水流一样连续不断。"貌合神离"的"貌"指外表,"神"指内心,形容表面上关系很密切,实际上是两条心。"名副其实"指名声或名义和实际相符。"奇货可居"指把少有的货物囤积起来,等待高价出售,也比喻拿某种专长或独占的东西作为资本,等待时机,以捞取名利地位。

11. 2010(3) 下列加点字释义正确的一组是　　　　　　　　　　　　　　　　(　　)

A. 数典忘祖(责备)　　　居高临下(处在)　　　同仇敌忾(愤恨)
B. 罄竹难书(尽)　　　雷霆万钧(三十斤为一钧)　　　惴惴不安(恐惧发愁的样子)
C. 摇曳多姿(拉)　　　夙兴夜寐(旧的)　　　潜移默化(暗)
D. 要言不烦(扼要)　　　殒身不恤(安抚)　　　残羹冷炙(烤熟的肉)

【答案解析】 B。A项中,"数典忘祖"的"数"指数着说;"典"指历来的制度、事迹。"数典忘祖"意为谈论历来的制度、事迹时,把自己祖先的职守都忘了,比喻忘本,也比喻对于本国历史的无知。"居高临下"的"居"指站在,处于;"临"指面对。"居高临下"意为占据高处,俯视下面,形容占据的地势非常有利。"同仇敌忾"的"同仇"指共同对敌;"敌"指对抗,抵拒;"忾"指愤怒。"同仇敌忾"指全体一致痛恨敌人。B项中,"罄竹难书"的"罄"指尽,完;"竹"指古时用来写字的竹简。"罄竹难书"形容罪行多得写不完。"雷霆万钧"的"霆"指急雷;"钧"为古代重量单位,三十斤为一钧。"雷霆万钧"形容威力极大,无法阻挡。"惴惴不安"的"惴"指忧愁、恐惧,"惴惴不安"形容因害怕或担心而不安。C项中,"摇曳多姿"的"曳"指晃荡;飘荡;摇动。"摇曳多姿"指摆荡、逍遥。"夙兴夜寐"的"夙"指早;"兴"指起来;"寐"指睡。"夙兴夜寐"指早起晚睡,形容勤奋。"潜移默化"的"潜"指暗中的,不见形迹;"默"指不说话,没有声音。"潜移默化"指人的思想、性格、习惯因受各种因素的影响,在无形之中起了变化。D项中,"要言不烦"的"要"指简要,"烦"指烦琐,"要言不烦"指说话简明扼要。"殒身不恤"的"殒"指牺牲;"恤"指顾惜。"殒身不恤"形容牺牲生命也不顾惜。"残羹冷炙"指吃剩下的饭菜,也比喻别人施舍的东西。"炙"是烤肉,"羹"是肉菜煮成的汤。

12. 2011(2) 下列没有错别字的一组是　　　　　　　　　　　　　　　　　　(　　)

A. 松弛　　　　精粹　　　　思辨　　　　遴选
B. 粗犷　　　　气概　　　　瑰宝　　　　发韧
C. 匮乏　　　　修葺　　　　倾刻　　　　赝品
D. 人情世故　　有恃无恐　　额首称庆　　鬼鬼祟祟

【答案解析】 A。这道题要求考生选出没有错别字的一组,考生如果结合词语及成语的具体意思来辨析,更容易区分正字与别字。B项中,"发韧"应为"发轫"。"轫"是形声字,从车,刃声,本义是"支住车轮使其不能转动的木头","发轫"指车开动时,将木头抽走,比喻事业开始。C项中,"倾刻"应为"顷刻",指片刻,表示行动或事情在极短的时间内完成,相当于"一会儿"。D项中,"额首称庆"应为"额手称庆",意思是以手加额,把手放在额上,表示庆幸,形容高兴和喜悦。

13. 2011(3) 下列加点的字词释义正确的一组是 （ ）

A. 因循守旧（沿袭）　　秣马厉兵（战士）　　良莠不齐（狗尾草）
B. 镂骨铭心（刻）　　　嘉言懿行（美好的）　意兴阑珊（将尽；衰落）
C. 家徒四壁（仅仅）　　无耻谰言（吹嘘）　　力能扛鼎（用单手举重物）
D. 焚膏继晷（月影）　　当（应当）仁不让　　管窥蠡（瓢）测

【答案解析】 B。A项中,"因循守旧"意思是死守老一套,缺乏创新的精神,"因循"指沿袭,"守旧"指死守老一套。"秣马厉兵"意思是喂饱马匹,磨快兵器,喻指准备作战或比赛。"厉",古同"砺",指磨,"兵"指兵器,"秣"指喂养。"良莠不齐"意思是好人坏人都有,混杂在一起,"莠"指狗尾草,很像谷子,常混在禾苗中。B项中,"镂骨铭心"形容牢记于心,不能忘怀,"镂"指雕刻,"铭"指铭刻。"嘉言懿行"常指有益的言论和高尚的行为,"嘉、懿"指美、好。"意兴阑珊"指兴致将尽,玩乐快要结束,形容一个人兴致已失的样子。"阑珊"指衰落、将残、将尽的意思。C项中,"家徒四壁"指家里就只有四面墙壁。形容家境贫寒,一无所有。"徒"指仅仅、只有;"壁"指墙。"无耻谰言"指不知羞耻的无赖话。"谰言"指诬蔑的话,毫无根据的话。"力能扛鼎"指用双手举起沉重的东西,形容气力特别大,亦比喻笔力雄健。"鼎"是古代的一种炊具,一般三足两耳,用青铜铸造。D项中,"焚膏继晷"指点上油灯,接续日光,形容勤奋地工作或学习。"焚"指燃烧;"膏"指油脂,即灯烛;"继"指继续、接替;"晷"指日影或者指一种古代的计时工具。"当仁不让"原指为了仁,不谦让。现指遇到应该做的事,就勇敢地承担起来,决不推让。"当"指面对着,向着;"仁"是儒家思想的核心,可解释为"正义",这里引申为应该做的事;"让"指退让,避让,谦让。"管窥蠡测"指从竹管里看天,用瓢测量海水,比喻对事物的观察和了解很狭窄,很片面。"管"指竹管;"蠡"指贝壳做的瓢;"窥"指从小孔向外看。

14. 2016(1) 下列加点的字词释义正确的一组是 （ ）

A. 浅尝辄止（立即）　　日薄西山（迫近）　　责无旁贷（替代）
B. 本末倒置（树根）　　并行不悖（反对）　　众望所归（趋向）
C. 安之若素（平常）　　文过饰非（掩饰）　　萍水相逢（浮萍）
D. 功败垂成（落下）　　花团锦簇（聚集）　　后来居上（处在）

【答案解析】 C。A项中,浅尝辄止:辄,就。略微尝试一下就停下来。指不深入钻研。日薄西山:薄,迫近。太阳快落山了。比喻人已经衰老或事物衰败腐朽,临近死亡。责无旁贷:贷,推卸。自己应尽的责任,不能推卸给旁人。B项中,本末倒置:本,树根;末,树梢;置,放。比喻把主次、轻重的位置弄颠倒了。并行不悖:悖,违背,冲突。同时进行,不相冲突。众望所归:众望,众人的希望;归,归向。大家一致期望的。指得到群众的信任。C项中,安之若素:安,安然,坦然;之,代词,指人或物;素,平常。安然相处,和往常一样,不觉得有什么不合适。文过饰非:文,饰,掩饰;过、非,错误。用漂亮的言词掩饰自己的过失和错误。萍水相逢:浮萍随水漂泊,聚散不定。比喻向来不认识的人偶然相遇。D项中,功败垂成:垂,接近,快要。事情在将要成功的时候遭到了失败。花团锦簇:锦,有彩色花纹的丝织品;簇,聚集。形容五彩缤纷,十分鲜艳多彩的景象。后来居上:居,处于。称赞后起之秀超过前辈。

15．2005(2) 下列作品、体裁、朝代（或国别）、作家对应不正确的一项是　　　　（　）
　　A．《柳毅传》——唐代传奇——唐代——李朝威
　　B．《镜花缘》——小说——清代——李汝珍
　　C．《红与黑》——小说——德国——司汤达
　　D．《羊脂球》——小说——法国——莫泊桑

【答案解析】　C。A项中《柳毅传》是唐代李朝威著名的传奇小说，是唐传奇的代表作品。B项中《镜花缘》是李汝珍在清代后期的小说，反映了作者在妇女问题上的民主性见解。C项中《红与黑》是法国批判现实主义作家司汤达的小说，并非德国国籍。D项中《羊脂球》是法国批判现实主义作家莫泊桑的代表作，作者著有300多篇短篇和长篇小说，其他代表作还有《漂亮朋友》等。

16．2005(3) 下列作品、作家、体裁、主人公对应不正确的一项是　　　　（　）
　　A．《荷花淀》——孙犁——小说——水生
　　B．《茶馆》——老舍——话剧——王利发
　　C．《人到中年》——谌容——小说——陆文婷
　　D．《包身工》——夏衍——小说——"芦柴棒"

【答案解析】　D。A项中《荷花淀》是现代著名作家孙犁1945年创作的作品。写的是抗日战争最后阶段的冀中人民的斗争生活。小说没有正面渲染战争的严酷，是以轻松的笔调，通过白洋淀妇女由送夫参军到自发组织起一支战斗队伍的细致描绘，满腔热情地歌颂了中国农村劳动妇女的美丽心灵。全篇洋溢着战斗的乐观主义的革命激情，字里行间渗透着作者对祖国和人民的真挚的爱，同时，也展示着一种特定的"人情美"。水生和水生嫂都是其中的重要人物。B项中《茶馆》是现代著名作家老舍的话剧作品。《茶馆》中的"裕泰大茶馆"掌柜王利发贯穿了全剧。C项中谌容的《人到中年》1980年问世。该篇获第一届全国优秀中篇小说一等奖。《人到中年》在艺术表现上非常新颖、独特，其中很重要的一点就是作者善于借鉴并创造性地运用"意识流"，而主人公陆文婷是特定时期为了事业和理想甘心付出的中年知识分子的优秀代表。D项错误比较明显，《包身工》的体裁是报告文学，不是小说，主要是反映包身工被人压迫、牛马不如的悲惨生活，揭露帝国主义勾结中国的封建势力欺压人民的事实。

17．2005(4) 下列作品、作家头衔、朝代对应完全正确的一项是　　　　（　）
　　A．《吊屈原赋》——贾谊(辞赋家)——西汉
　　　《水经注》——郦道元(地理学家)——北魏
　　B．《白雪歌送武判官归京》——岑参(边塞诗人)——晚唐
　　　《虞美人·春花秋月何时了》——李煜(南唐后主,词人)——五代南唐
　　C．《楚辞集注》——朱熹(文艺批评家)——南宋
　　　《梦溪笔谈》——沈括(科学家)——元代
　　D．《潼关怀古》——张养浩(散曲作家)——元代
　　　《诚意伯文集》——宋濂(文学家)——明代

【答案解析】　A。B项中岑参生活在唐代盛期，其诗与高适齐名，并称为"高岑"。岑参不愿以文章换取功名，而向往到边塞去建功立业，度过了六年艰苦的军旅生涯。他的许多优秀诗篇就是这时创作的。C项中沈括(1031—1095)是北宋科学家、政治家，字存中，杭州钱

塘(今浙江杭州)人,曾经参加王安石变法运动。晚年居润州,筑梦溪园(在今江苏镇江东郊),举平生见闻,撰《梦溪笔谈》。D项《诚意伯文集》对应的作家应该为刘基。刘基(1311—1375),字伯温,温州文成县南田(旧属青田县)人,以辅佐朱元璋完成帝业、开创明朝而驰名天下。其文与宋濂齐名,诗与高启并称。诗文古朴雄放,不乏抨击统治者腐朽,同情民间疾苦之作。著有《郁离子》十卷,《覆瓿集》二十四卷,《写情集》四卷,《犁眉公集》五卷等,后均收入《诚意伯文集》。

18. 2005(5) 下列文学常识表述不正确的一项是　　　　　　　　　　　( )

A. 杜甫的"三吏""三别"分别是《新安吏》《石壕吏》《潼关吏》《新婚别》《垂老别》《无家别》。

B. 巴金"爱情三部曲"是《家》《春》《秋》;茅盾的"农村三部曲"是《春蚕》《秋收》《残冬》。

C. 左思的"三都赋"指《蜀都赋》《吴都赋》《魏都赋》。

D. 汉代"三班"父子指班彪、班固、班昭,建安文学"三曹"是指曹操、曹丕、曹植。

【答案解析】 B。《家》《春》《秋》是巴金先生的"激流三部曲"。这三部作品构成一个整体,讲的是:高氏家族是"五四"时期的一个封建家族,而当时高家所处的时代已面临分崩离析。家族中的三代人面对江河日下的境况,有的仍是醉生梦死,有的希冀苟延残喘,有的追求冲破樊篱的个性解放。作品以觉新的爱情和婚姻,不幸与屈服,抗争与醒悟为线索,预示着封建主义逃避不了土崩瓦解的历史命运。小说还塑造了生活在高家的众多被欺凌、被吞噬、被侮辱、被损害的女性艺术群像,通过这些小人物的悲惨命运,深刻抨击了封建势力的残忍和虚伪。随着觉新的醒悟,巴金先生所期盼的"秋天过去了,春天总会来的"民主主义亮出了曙光。

19. 2005(6) 下列文学常识表述不正确的一项是　　　　　　　　　　　( )

A. 古典主义是17世纪欧洲出现的一种文艺思想,主张以古希腊、罗马为典范,所以叫"古典主义"。主要代表人物是拉辛、莫里哀、高乃依等。

B. 自然主义的代表作家有左拉、龚古尔兄弟等。

C. 《关汉卿》是现代剧作家曹禺为了纪念关汉卿创作《窦娥冤》700周年而写的历史剧。全剧12场,"双飞蝶"是全剧的画龙点睛之笔。

D. 在我国文学史上,屈原、李白的诗歌,吴承恩的小说《西游记》等都有鲜明的浪漫主义特色;杜甫的诗、关汉卿的戏剧、曹雪芹的《红楼梦》、钱钟书的《围城》等,便是现实主义的代表作品。

【答案解析】 C。《关汉卿》是田汉为纪念世界文化名人、我国13世纪大戏剧家关汉卿从事戏剧活动700年而作。它不但体现了田汉话剧创作的最高成就,而且也是他在新中国成立后最优秀的剧作之一。剧本以关汉卿创作《窦娥冤》为中心,成功地塑造了关汉卿、朱帘秀、王和卿、王显之、阿合马等栩栩如生的人物形象。剧本描写了关汉卿正直、善良、勇敢的大无畏精神,无情地抨击了封建的黑暗政治。

20. 2005(7) 下列有关韵文的知识,表述不正确的一项是　　　　　　　　( )

A. 古体诗又叫"古风""古诗"。与近体诗相对而言,它包括魏乐府古辞、南北朝乐府民歌和以后文人创作的一些诗歌。《望天门山》《梦游天姥吟留别》就是古体诗。

B. 词的标题和词牌有严格的区别。标题表明了词所涉及的内容,词牌是与韵相配合的乐调,二者分别表示词的内容和形式。

C. 元曲包括杂剧和散曲。杂剧是可以演出的戏曲;散曲是清唱曲,包括小令和套数,套数是由二支以上的曲子按一定规则连缀而成的组曲,它可以用来叙述完整的情节并夹有议论,如睢景臣的《【般涉调】 哨遍·高祖还乡》。

D. 赋,原是《诗经》铺陈叙事的一种表现手法,后来发展成为一种文体,兼有诗和散文的特点,盛行于汉魏六朝。赋讲求句式整齐,音节和谐,描写多铺陈夸张,常以议论寄托讽喻之意,如杜牧的《阿房宫赋》。

【答案解析】 A。唐代李白的《望天门山》属七绝:"天门中断楚江开,碧水东流至此回。两岸青山相对出,孤帆一片日边来。"五律、七律、五绝、七绝属近体诗,其他属古体诗。应该说,李白的诗歌题材是多种多样的。他的七言古诗(《蜀道难》《梦游天姥吟留别》《将进酒》《梁甫吟》等)、五言古诗(《古风》59首)、七言绝句(《望庐山瀑布》《望天门山》《早发白帝城》等)、五言绝句(《静夜思》《秋浦歌》等)都成为盛唐的名篇。

21. 2005(8) 下列作家作品表达不正确的一项是 （　　）

A. 魏武帝曹操,三国杰出的政治家、军事家和诗人,"建安文学"的开创者,他的名作《龟虽寿》《观沧海》,至今为人传诵。

B. 陶渊明是我国文学史上第一位田园诗人,诗文辞赋皆长,以平淡自然、精练质朴的艺术特色著称,散文《桃花源记》,诗《归园田居》都是传世名篇。

C. 五代杰出的文学理论家刘源所撰写的《文心雕龙》,是我国第一部完整的文学理论著作,包括总论、文体论、创作论、批评论四个主要部分,对后世文学批评家深有影响。

D. 白居易是唐代新乐府诗歌运动的倡导者,他的《秦中吟》是新乐府的代表作品,《琵琶行》、《长恨歌》都是为后世传诵的佳作。

【答案解析】 C。刘勰,字彦和,南朝齐、梁时期文学理论批评家,著作有《文心雕龙》。《文心雕龙》50篇,发展了前人进步的文学理论批评,抨击当时创作界片面追求形式的风气,体系较为完整,是我国第一部系统的文学理论批评著作,在文学史上有重要地位。

22. 2006(4) 下列说法不正确的一项是 （　　）

A. "史界两司马"指《史记》的作者司马迁和《资治通鉴》的作者司马光,其中《史记》记载了传说中的黄帝至西汉末年的历史。

B. "南洪北孔"指清代著名戏剧作家洪升和孔尚任,他们分别是《长生殿》和《桃花扇》的作者。

C. "四大古典小说"是指《三国演义》《水浒传》《西游记》《红楼梦》,其中《水浒传》与另外一部著名小说《金瓶梅》在题材方面有着密切的联系。

D. "小李杜"指的是晚唐著名诗人李商隐和杜牧,其中李商隐以创作《无题》诗著称。

【答案解析】 A。A项中"史界两司马"指《史记》的作者司马迁和《资治通鉴》的作者司马光,是正确的,而后半句错误。《史记》是中国西汉时期的历史学家司马迁编写的一本历史著作。《史记》是中国古代最著名的古典典籍之一,与后来的《汉书》《后汉书》《三国志》合称"前四史"。《史记》最初没有固定书名,或称"太史公书",或称"太史公记",也省称"太史公"。"史记"本来是古代史书的通称,从三国时期开始,"史记"由史书的通称逐渐成为"太史公书"的专称。《史记》记载了上自中国上古传说中的黄帝时代,下至汉武帝元狩元年,共3 000多年的历史。全书包括十二本纪、三十世家、七十列传、十表、八书,共一百三十篇,五十二万六千五百余字。作者司马迁以其"究天人之际,通古今之变,成一家之言"的史识,使《史记》成为中国第一部,也是最出名的纪传体通史。《史记》对后世史学和文学的发展都产生了深远影响。其首创的纪传体编史方法为后来历代"正史"所传承。同时,《史记》还被认为是一部优秀的文学著作,在中国文学史上有重要地位。鲁迅称其为"史家之绝唱,无韵之离骚"。

23. 2006(5) 下列表述正确的一项是　　　　　　　　　　　　　　　　　　　（　　）

　　A. 宋词根据艺术风格的不同大致可以分豪放、婉约两类,前者以周邦彦为代表,后者以柳永为代表,有时词人则兼有两种不同风格的作品。

　　B. 李清照的词作以南渡为界分为前后两个时期,前后期作品的内容和风格均有明显差异。《声声慢》(寻寻觅觅)堪称其后期词作的代表。

　　C. 辛弃疾,字易安,其《永遇乐·京口北固亭怀古》词选自《稼轩长短句》。

　　D. 温庭筠是宋代花间派词人代表,他的词作中有大量的"男子作闺阁音"类的作品。

【答案解析】 B。A项中周邦彦作为豪放派的代表是错误的。"婉约"与"豪放"作为宋词中的两种主要艺术风格,前者以柳永、秦观、李清照为代表,后者则以苏轼、辛弃疾为代表。这几乎已成为宋词研究中的通论。婉约派是我国词坛上历史最久、数量最多、影响最大的一派。而豪放派与婉约派相比,从内容到形式、题材到风格都大不同,它突破了词为"艳科"的藩篱,为词坛开辟了一个崭新天地。C项的辛弃疾(1140—1207),字幼安,号稼轩,历城(今山东济南)人。李清照,号易安居士。辛弃疾与陆游有许多相似之处:他始终把洗雪国耻、收复失地作为自己的毕生事业,并在自己的文学创作中写出了时代的期望和失望、民族的热情与愤慨。但辛弃疾也有许多与陆游不同的地方:他作为一个具有实干才能的政治家,曾经获得相当高的地位,他对抗金事业的追求,不像陆游那样主要出于一腔热情;作为一个英雄豪杰式的人物,他的个性要比陆游来得强烈,他的思想也不像陆游那样"纯正";他的理想,不仅反映了民族的共同心愿,而且反映了一个英雄志士渴望在历史大舞台上实现自我完成的志向;因此,在文学创作方面,他不像陆游喜欢写作诗歌尤其是格式严整的七律,而是把全部精力投入词这一更宜于表达激荡多变的情绪的体裁。他的词集《稼轩长短句》,保存了词作六百多首。D项的温庭筠(812—866)是唐代诗人、词人。本名岐,字飞卿,太原祁(今山西祁县)人。他同白居易、柳宗元等名诗人一样,一生绝大部分时间是在外地度过的。仕途不得意,官止国子助教。诗辞藻华丽,少数作品对时政有所反映。与李商隐齐名,并称"温李"。温庭筠是文人中第一个大量写词的人,是"花间派"词的先导,对词的发展有很大影响。他的词多写妇女生活,除常见的闺阁、歌妓题材外,还有写戍妇思念征夫、女道士、祠庙赛神、采莲女子的爱情和商妇的相思等。温词的风格以秾丽绵密为主,多用比兴,以景寓情。温庭筠在创造词的意境上表现了杰出的才能,他善于选择富有特征的景物构成艺术境界,表现人物的情思。他的词乍看似乎堆垛晦涩,仔细玩味便觉情挚韵远,余味犹存。温庭筠在词艺术方面的探索,对词的发展起了推动作用。

24. 2006(6) 下列诗句所描写的历史人物依次是　　　　　　　　　　　　　　　（　　）

　　(1) 留得一双青白眼,笑他无限往来人。

　　(2) 东山还着谢公屐,百世行藏安得同。

　　(3) 十里扬州落魄时,春风豆蔻写相思。

　　(4) 处士胸中别有春,田园寄写天真情。

　　A. 孔融、谢朓、杜牧、孟浩然　　　　　　B. 阮籍、谢灵运、杜牧、陶渊明

　　C. 陆游、杜甫、秦观、王维　　　　　　　D. 嵇康、谢灵运、柳永、陶渊明

【答案解析】 B。(1)"青白眼"释源:在《晋书·阮籍传》中有这么一段:"籍又能为青白眼。见礼俗之士,以白眼对之。及嵇喜来吊,籍作白眼,喜不怿而退;喜弟康闻之,乃赍酒挟琴造焉,籍大悦,乃见青眼。"青,黑色。青眼,眼睛正视时,眼球居中,故青眼表示对人喜爱或尊重。白眼,眼睛斜视时则现出眼白,故"白眼"是对人轻视或憎恶的表示。阮籍"旷达不羁,不拘礼俗"。嵇喜庸俗,虽为吊母丧而来,阮籍仍作白眼对之;嵇康高雅,且同为"竹林七贤"之属,故阮籍对以青眼。后世以青眼表示对人尊重,白眼表示对人轻视。(2)"谢公屐":指谢灵运登山时穿的一种木鞋。鞋底安有两个木齿,上山去其前齿,下山支其后齿,便于走山路。(3)"十里扬州"释源:杜牧的《赠别·其一》这样写道:娉娉袅袅十三余,豆蔻梢头二月初。春风十里扬州路,卷上珠帘总不如。这首诗是诗人在大和九年(835),调任监察御史,离扬州赴长安时,与妓女分别之作。杜牧性格的本质是豪放刚直,即使在一些描写青楼红粉、舞榭歌台的艳情诗中也时时露出一种豪气。所以,姚莹《论诗绝句》云:"十里扬州落魄时,春风豆蔻写相思。谁从绛蜡银筝底,别识谈兵杜牧之。"这可以说透过迷人的外表看到了杜牧性格的本质。(4)"处士胸中别有春,田园寄写天真情"的淡泊情怀指的是陶渊明,犹如"采菊东篱下,悠然见南山",不仅描绘了徘徊东篱的诗人沐浴着秋菊的馨香,而且生动地塑造了诗人飘逸潇洒的自我形象。诗人回归田园,怡然自得,融景、情、理为一体,意境深远含蓄。

25. 2006(7)下列作品、作家、国别、文本对应全部正确的一项是　　　　　　(　)
A. 《高老头》——司汤达——法国——长篇小说
B. 《装在套子里的人》——契诃夫——苏联——短篇小说
C. 《项链》——莫泊桑——法国——短篇小说
D. 《堂吉诃德》——塞万提斯——西班牙——短篇小说

【答案解析】 C。A项中的《高老头》发表于1834年,是巴尔扎克最优秀的作品之一。这部作品在展示社会生活的广度和深度方面,在反映作家世界观的进步性和局限性方面,在表现《人间喜剧》的艺术成就和不足之处方面,都具有代表意义。小说以1819年底到1820年初的巴黎为背景,主要写两个平行而又交叉的故事:退休面条商高里奥老头被两个女儿冷落,悲惨地死在伏盖公寓的阁楼上;青年拉斯蒂涅在巴黎社会的腐蚀下走上堕落之路。同时还穿插了鲍赛昂夫人和伏脱冷的故事。通过寒酸的公寓和豪华的贵族沙龙这两个不断交替的主要舞台,作家描绘了一幅幅巴黎社会物欲横流、极端丑恶的图画,暴露了在金钱势力支配下资产阶级的道德沦丧和人与人之间的冷酷无情,揭示了在资产阶级的进攻下贵族阶级的必然灭亡,真实地反映了波旁王朝复辟时期的特征。

B项中"苏联"的说法是不准确的,应该是"俄国"。《装在套子里的人》发表于1898年。19世纪末期,在俄国正是无产阶级革命的前夜,工人运动逐渐展开,马克思主义已在全国传播,工人阶级的政党正在形成,一场革命风暴即将到来。沙皇政府面对日益高涨的革命运动形势,极力加强反动统治,疯狂镇压人民,在全国造成了阴沉郁闷的气氛。沙皇政府的忠实卫道者,也极力维护沙皇的反动统治,固守旧有的阵地,仇视和反对一切新鲜事物。这种人不但出现在官场上,也出现在知识界。这篇小说通过对"套中人"别里科夫的思想性格特征的刻画及其婚姻遭遇的描写,揭露了沙皇专制统治的恐怖和黑暗,批判了顽固维护旧制度、旧秩序的反动势力,预示着新时代的到来。

D项《堂吉诃德》是文艺复兴时期欧洲最重要的长篇小说之一,标志着欧洲长篇小说的创作跨入了一个新的阶段,在欧洲小说史上具有划时代的意义。小说真实全面地再现了16

世纪末到17世纪初西班牙的社会现状,一方面针砭时弊,揭露批判社会的丑恶现象,一方面赞扬除暴安良、惩恶扬善、扶贫济弱等优良品德。所有这些,都是人类共同的感情,它可以穿越时空,对每个时代,每个民族,都具有现实感。

26. 2006(8) 下列作品、作家、朝代、文本对应全部正确的一项是 （　　）

A.《六国论》——苏轼——宋朝——史论
B.《劝学》——荀况——汉朝——议论文
C.《大堰河——我的保姆》——艾青——现代——诗歌
D.《废都》——贾平凹——近代——小说

【答案解析】 C。A项《六国论》的作者是苏洵。苏洵不是就事论事,而是借题发挥,其写作目的不在于总结六国灭亡的教训,而在于警告宋朝统治者勿蹈六国灭亡的覆辙。借古喻今,以谈论历史供当今统治者借鉴。《六国论》除去在立论上具有借题发挥、借古喻今的写作特点外,在论证的严密性、语言的生动性上也堪称典范。第一段的逻辑性是非常严密的。作者开篇亮出观点:"六国破灭,非兵不利,战不善,弊在赂秦。"开宗明义,直截了当,使读者一眼就抓住了论者的中心。然后,作者解释论点:"赂秦而力亏,破灭之道也。"这就指出了贿赂的危害,言简意赅,要言不烦。再后,作者设问:"六国互丧,率赂秦耶?"答曰:"不赂者以赂者丧。盖失强援,不能独完。"这就使得文章逻辑严密,无懈可击。最后一句总结全段:"故曰弊在赂秦也。"这一段起到了"纲"的作用,后面的二、三两段实际上是围绕第一段展开的。

B项错误在于作者的时代,非汉朝,而是先秦。《劝学》作为《荀子》的开篇之作,是一篇论述学习的重要意义,劝导人们以正确的目的、态度和方法去学习的散文。文章以朴素的唯物主义为理论基础,旁征博引,娓娓说理,反映了先秦儒家在教育方面的某些正确观点,也体现了作为先秦诸子思想集大成者的荀子文章的艺术风格。荀子的文章素有"诸子大成"的美称,铺陈扬厉,说理透辟;行文简洁,精练有味;警句迭出,耐人咀嚼。

D项错误也在于作者的时代,非近代,而是当代。1993年,贾平凹的《废都》在《十月》杂志连载,后由北京出版社出版,首印50万册。这本描写当代知识分子生活的世情小说,由于其独特而大胆的态度以及出位的性描写,引起社会各界广泛关注。在《废都》中,作者贾平凹写出了一部20世纪80年代的中国社会风俗史。采用了中国古典的草灰蛇线手法,融入了西方的意识流和精神气质,中西合璧。作者以主人公庄之蝶为中心巧妙地组织人物关系,围绕着庄之蝶的四位女性——牛月清、唐宛儿、柳月、阿灿是小说中着墨最多的。她们分别是不同经历、不同层次的女性,每个人的际遇、心理都展示着社会文化的一个侧面。

27. 2006(9) 下列表达不正确的一项是 （　　）

A.《太阳照在桑干河上》是女作家丁玲的代表作之一。
B.《茶馆》《雷雨》是老舍创作的话剧。
C. 自1919年"五四运动"至1949年新中国成立,这个历史时期的文学称为新文学,即中国现代文学。
D.《沁园春·雪》(北国风光)是毛泽东建国前创作的词作。

【答案解析】 B。B项《茶馆》是老舍创作的话剧。作者采用特殊的戏剧冲突,把矛盾的焦点直接指向那个旧时代,人物与人物之间每一个小的冲突都暗示了人民与旧时代的冲突。如李三的抱怨,巡警的勒索,难民的哀告,逃兵的蛮横,都表现了军阀混战给社会造成的黑暗,给人民带来的深重灾难。这种"剪影式"的新尝试,展现了清末社会的众生相,深刻地反映了西方列强的渗透、侵略和封建统治的荒淫、腐败所造成的农民破产,市民贫困和社会黑暗,表明了中国封建社会的末日即将来临。

《雷雨》的作者是曹禺。《雷雨》是曹禺的第一个艺术生命,也是现代话剧成熟的标志,《雷雨》一发表,就震动了文坛,而此时的曹禺只有22岁。此外,他的经典名作《雷雨》《日出》《原野》《北京人》在千百个舞台上曾以多种面貌出现,被不同时代的人们饱含深情地演绎着、解读着,并一举将中国话剧推上了历史上最轰动热烈的巅峰时期。

《雷雨》剧作完全运用了三一律,两个家庭八个人物在短短一天之内发生的故事,却牵扯了过去的恩恩怨怨,"剪不断,理还乱"。狭小的舞台上不仅突现了伦常的矛盾、阶级的矛盾,还有个体对于环境、时代强烈不谐调的矛盾。在种种剧烈的冲突中,作者以扣人心弦的情节,简练含蓄的语言,各具特色的人物和极为丰富的潜台词完成了人物的塑造。

28. 2006(10) 文学作品按传统四分法分类,可以分为 （ ）
A. 诗、词、曲、赋　　　　　　　　B. 记叙文、说明文、议论文、应用文
C. 诗歌、小说、论文、公文　　　　D. 诗歌、散文、小说、戏剧

【答案解析】 D。文学作品一般以体裁分类。文学体裁就是文学作品的具体形式,是组成文学作品的要素之一。文学体裁是多种多样的,由于分类的标准不同,对文学作品体裁的分类也就不同。所谓"四分法",就是根据文学作品在形象塑造、体制结构、语言运用、表现手法等方面的不同,把文学作品分成小说、诗歌、戏剧、散文四大类。其中诗歌类包括抒情诗和叙事诗;散文类除了抒情散文、叙事散文外,范围很广,游记、小品、杂记、杂文、报告文学等,都归于此类;而小说则成为独立的一类,得到了充分的重视。这是我国文学理论界较多采用的分类法。

29. 2007(5) 下列说法正确的一项是 （ ）
A. 鲁迅创作的短篇小说集有《呐喊》《彷徨》《朝花夕拾》等。
B. 郭沫若1921年出版的第一部诗集是《女神》。
C. 长篇小说《围城》的作者是沈从文。
D. 曹禺是现代著名的剧作家,作品有《雷雨》《屈原》《日出》等。

【答案解析】 B。A项中《朝花夕拾》是鲁迅1926年2月至11月的散文集,并非小说集。《朝花夕拾》作为一本回忆性散文集,收有散文10篇,清晰地记录了作者从少年到青年时代的某些重要生活片断或人生轨迹,描绘了从清末到辛亥革命前后这一历史时期的若干社会、人生风貌,其间又穿插着作者进入中年后,以丰富的社会、人生阅历和博大精深的思想对社会、人生的深邃思考。

C项长篇小说《围城》的作者应该是钱钟书。《围城》是现代文学史上一部风格独特的讽刺小说。作者以喜剧性的讽刺笔调,刻画了抗战环境下中国一部分知识分子的彷徨和空虚。作者借小说人物之口解释"围城"的题义说:这是从法国的一句谚语中引申而来的,即"被围困的城堡"。"城外的人想冲进来,城里的人想逃出来。"小说的整个情节,是知识界青年男女在爱情纠葛中的围困与逃离,而在更深的层次上,则是表现一部分知识者陷入精神"围城"的境遇,而这正是《围城》主题的深刻之处。

D项《屈原》不是曹禺的作品,它的作者是郭沫若(1892—1978)。郭沫若在现代文学史上是足以代表一个时代的诗人与历史剧作家。他是鲁迅在20世纪初热切呼唤、终于出现的摩罗诗人,又是新中国的预言诗人。1921年出版诗集《女神》,剧本《卓文君》《王昭君》《虎

符》《高渐离》《南冠草》《孔雀胆》《蔡文姬》等。

30. 2007(6) 下列表达不正确的一项是   （   ）

A. "五四"新文化运动是中国现代史上一次空前伟大的思想解放运动。它的开端以《新青年》创刊为标志,主要代表人物有陈独秀、李大钊、胡适等。

B. 戴望舒是中国20世纪30年代"现代派"诗人的代表人物,《雨巷》是他最负盛名的作品,同时他也获得了"雨巷诗人"的美誉。

C. "文革"结束后,最早出现的是描写社会改革的"改革文学",代表作有蒋子龙的《乔厂长上任记》、张洁的《沉重的翅膀》等。

D. 20世纪80年代的中国文坛上,曾出现一批受西方现代主义文学影响的作品,诗歌有顾城、舒婷等人的朦胧诗,小说有王蒙等人的意识流作品,戏剧有高行健的《绝对信号》《车站》等。

【答案解析】 C。"文革"结束后,最早出现的是"反思文学"。20世纪70年代末80年代初,一批作家从政治、社会层面上还原"文革"的荒谬本质,并追溯到此前的历史,从一般地揭示社会谬误上升到历史经验教训的总结上,和伤痕文学相比,其目光更为深邃、清醒,主题更为深刻,带有更强的理性色彩。"反思文学"以茹志鹃1979年2月发表在《人民文学》上的《剪辑错了的故事》为标志。这一时期的作家作品还有:高晓声的《李顺大造屋》、古华的《芙蓉镇》、谌容的《人到中年》、史铁生的《我的遥远的清平湾》、张贤亮的《绿化村》和《灵与肉》、李存葆的《高山下的花环》、王蒙的《布礼》和《蝴蝶》等。

蒋子龙的《乔厂长上任记》、张洁的《沉重的翅膀》是改革文学的代表作。《乔厂长上任记》开"改革文学"先河,产生于我党十一届三中全会闭幕不久,改革作为时代主旋律在中国大地尚未全面奏响之时。这篇小说所描写的企业整顿还只是我国工业体制改革的前奏,文学反映现实生活的传统在当时也才恢复不久。然而,作家却有力地摆脱了长期以来文学创作表现阶级斗争的模式,毅然地将艺术的聚焦点调整到经济建设、企业整顿改革上来。更为可贵的是,作家无意在自己的作品中人为地缓解"文革"结束不久客观存在于我国政治经济领域、企业整顿改革中的尖锐复杂的矛盾。《沉重的翅膀》是第一部反映改革初期生活的长篇小说,正面描写了工业建设中改革与反改革的斗争,热情歌颂了党的十一届三中全会的正确路线。

31. 2007(7) 下列名句的作者排列顺序正确的一项是   （   ）

(1) 长风破浪会有时,直挂云帆济沧海。
(2) 劝君更尽一杯酒,西出阳关无故人。
(3) 历览前贤国与家,成由勤俭败由奢。
(4) 天长地久有时尽,此恨绵绵无绝期。

A. 李白   王维   李商隐   白居易
B. 王维   李白   李商隐   白居易
C. 王维   李白   白居易   李商隐
D. 李白   李商隐   王维   白居易

【答案解析】 A。(1)"长风破浪会有时,直挂云帆济沧海。"出自李白的《行路难》。原文如下:"金樽清酒斗十千,玉盘珍馐直万钱。停杯投箸不能食,拔剑四顾心茫然。欲渡黄河冰塞川,将登太行雪满山。闲来垂钓碧溪上,忽复乘舟梦日边。行路难,行路难,多歧路,今安在?长风破浪会有时,直挂云帆济沧海。""行路难"是乐府古题,多咏叹世路艰难及贫困孤苦的处境。《行路难》李白原作三首,这是第一首,作于天宝三年(公元744),李白遭受谗毁而被排挤出长安时写的。诗中抒写了他在政治道路上遭遇艰难时,产生的不可抑制的愤激情绪;但仍盼有一天会施展自己的抱负,表现了他对人生前途的乐观豪迈气概,充满了积极浪漫主义的情调。

(2)"劝君更尽一杯酒,西出阳关无故人。"出自王维的《送元二使安西》。原文如下:"渭城朝雨浥轻尘,客舍青青柳色新。劝君更尽一杯酒,西出阳关无故人。"这是一首送别的名曲。诗的一、二句点明送别的时令、地点、景物;三、四句写惜别。前两句为送别创造一个愁郁的环境气氛,后两句再写频频劝酒,依依离情。此诗后来被编入乐府,广为传诵,成为饯别的名曲。

(3)"历览前贤国与家,成由勤俭败由奢。"出自李商隐的《咏史》。原文如下:"历览前贤国与家,成由勤俭败由奢。何须琥珀方为枕,岂得真珠始是车?运去不逢青海马,力穷难拔蜀山蛇。几人曾预南薰曲,终古苍梧哭翠华。""历览前贤国与家,成由勤俭败由奢"是李商隐对前朝历史非常精确的概括和总结,同样适用于当代以及未来万世。

(4)"天长地久有时尽,此恨绵绵无绝期。"出自白居易的《长恨歌》。这首诗是作者的名篇,作于元和元年(806)。全诗形象地叙述了唐玄宗与杨贵妃的爱情悲剧。诗人借历史人物和传说,创造了一个回旋婉转的动人故事,并通过塑造的艺术形象,再现了现实生活的真实,感染了千百年来的读者。诗的主题是"长恨"。

32. 2007(8) 下列表达不正确的一项是 ( )

A. "乐府"原指掌管采诗事务的官府,后来就把从民间采来的诗以及文人仿作的这类诗统称为"乐府诗"。

B. 骈文是散体中有意多用对偶甚至通篇用对偶的一种文体,多为四六字一句,所以又名四六文。

C. 词,起于宋朝,原是演唱的歌词,有豪放词派和婉约词派,代表作家分别有苏轼、辛弃疾和晏殊、柳永。

D. 杂剧在元朝盛行,著名的作家有关汉卿、王实甫、马致远等,与杂剧并行的是"散曲"。

【答案解析】 C。词,文体名,是诗歌的一种,由五言诗、七言诗或民间歌谣发展而成,萌芽于南朝,形成于唐代,盛行于宋代。原是配乐歌唱的一种诗体,句的长短随歌调而改变,因此又叫"长短句"。词一般按字句多少分为小令、中调、长调三类。五十八字以内为小令;五十九字至九十字为中调;九十一字以上为长调。一首词只一段的叫单调,两段的叫双调,三段、四段的叫三叠、四叠。一段叫一阕。双调中的两段,称上阕、下阕,或叫上片、下片,三叠、四叠中的段落按次序叫第一阕、第二阕……词在句式方面的基本特征是长短句,从一字句到十一字句都有。词谱中对每种词调的平仄、押韵都有规定。

33. 2007(9) 以"黄梅时节家家雨"为上句,下面四句中哪一句作为它的下句最恰当
( )

A. 青草池塘独听蛙 B. 柳絮池塘淡淡风
C. 青草池塘处处蛙 D. 丁香初绽悠悠云

【答案解析】 C。题目要求以"黄梅时节家家雨"为上句,找出下句。那么,考生可以根据对仗的知识来判别。诗词中要求严格的对偶,称为对仗。对仗主要包括词语的互为对仗

17

和句式的互为对仗两个方面。词语对仗的要求:词义必须同属一类,如以"山川"对"山川",以"草木"对"草木"等;词性必须基本相同,如名词对名词,动词对动词等;平仄必须相对,即以平对仄或以仄对平;结构必须对称,即以单纯词对单纯词,以合成词对合成词;另外,要避免同字相对。句式的对仗,主要是句子的结构相同,如以主谓短语对主谓短语,以动宾短语对动宾短语等。对仗可使诗词在形式上和意义上显得整齐匀称,给人以美感,是汉语所特有的艺术手段。所以,从几方面综合考虑,C项为最佳答案。该诗为宋代赵师秀的《约客》,原诗如下:"黄梅时节家家雨,青草池塘处处蛙。有约不来过夜半,闲敲棋子落灯花。"

34. 2007(10) 下列人物、作品、作家、国别对应全部正确的一项是　　　　　(　)
A. 德拉——《麦琪的礼物》——欧·亨利——美国
B. 米龙老爹——《羊脂球》——莫泊桑——法国
C. 姚纳——《苦恼》——果戈理——俄国
D. 乞乞柯夫——《死魂灵》——哈代——英国

【答案解析】 A项是正确的。《麦琪的礼物》是美国著名文学家欧·亨利写的一篇短篇小说,情节为在圣诞节前一天,一对小夫妻互赠礼物,结果阴差阳错,两人珍贵的礼物都变成了无用的东西,而他们却得到了比任何实物都宝贵的东西——爱。小说告诉人们尊重他人的爱,学会去爱他人是人类文明的一个重要表现。其中,男主人公吉姆是一位薪金仅够维持生活的小职员,女主人公德拉是一位贤惠善良的主妇。

B项米龙老爹是莫泊桑的小说《米龙老爹》里面的人物。小说描述了普法战争中一个普通法国农民米龙老爹孤胆杀敌的故事,成功地塑造了一个机智勇敢、大义凛然的农民英雄形象,表现出法国人民抗击侵略者的英雄主义和维护民族尊严的爱国主义精神。

C项姚纳是俄国杰出的小说家、优秀的戏剧家契诃夫《苦恼》中的人物。契诃夫生于小商人家庭。他反对沙皇专制制度,提倡民主主义,创作中运用现实主义手法,善于塑造"小人物"。其他作品还有《变色龙》《一个小官员的死》《套中人》《万卡》《草原》《第六病室》等。在戏剧方面有《三姊妹》《樱桃园》《万尼亚舅舅》等。契诃夫小说的言简意赅,冷峻客观,独树一帜。他与莫泊桑齐名,被认为是世界上最有影响的短篇小说家之一。

D项乞乞柯夫是果戈理的代表作《死魂灵》中的人物。小说通过一心钻营的商人乞乞科夫买卖"死魂灵"的故事,全面地讽刺揭露了19世纪俄国城乡落后腐败的现实,大胆揭露了农奴制这个俄国社会的痼疾,刻画了一批腐朽、没落、庸俗的地主、官僚和投机商人的丑恶形象,深刻挖掘了现实生活中普遍存在的荒诞性。《死魂灵》是"自然派"文学的奠基作品。所谓"死魂灵"是指已死的农奴。

35. 2008(5) 下列作品、作家、朝代、文体对应完全正确的一项是　　　　　(　)
A. 《资治通鉴》——司马迁——西汉——编年体通史
B. 《聊斋志异》——蒲松龄——清代——文言短篇小说集
C. 《东坡乐府》——苏轼——南宋——词集
D. 《桃花扇》——孔尚任——清代——杂剧

【答案解析】 B。A项中《资治通鉴》的作者为司马迁是错误的。司马迁是《史记》的作者。C项中《东坡乐府》的作者苏轼其对应时代应为北宋。D项中《桃花扇》的文体为杂剧是错误的,其文体应为戏剧。

36．2008(6) 下列说法正确的一项是 （　）
A．《登幽州台歌》是"初唐四杰"之一陈子昂的代表作。
B．陶渊明是山水诗歌的开创者,谢灵运是田园诗的开创者,而孟浩然和王维的诗歌则实现了对山水与田园题材的综合运用。
C．《金瓶梅》是在民间传说基础上创作的以家庭生活为题材的长篇章回小说。
D．《红楼梦》中的"木石前盟"是指林黛玉与贾宝玉的爱情。

【答案解析】　D。A项中《登幽州台歌》的作者陈子昂不属于"初唐四杰"之一。B项中东晋陶渊明是田园诗的开创者,南朝谢灵运开创了山水诗歌,而到了唐代,孟浩然和王维的诗歌则实现了对山水与田园题材的综合运用。C项中的《金瓶梅》借《水浒传》中"武松杀嫂"一段故事为引子,通过对兼有官僚、恶霸、富商三种身份的封建时代市侩势力的代表人物西门庆及其家庭罪恶生活的描述,揭示北宋中叶社会的黑暗和腐败。《金瓶梅》是一部以描写家庭生活为题材的现实主义巨著,它假托宋朝旧事,实际上展现的是晚明政治和社会的各种丑恶面相,有着深厚的时代内涵。D项的《红楼梦》中黛玉前世是绛珠草,应"木"字,宝玉前世是补天石,应"石"字。两人前世有过盟约,所以叫"木石前盟"。

37．2008(7) 下列作品、文体、人物姓名、人物身份对应完全正确的一项是 （　）
A．《琵琶记》——戏文——赵五娘——贵族妇女
B．《白兔记》——戏文——李三娘——贵族小姐
C．《牡丹亭》——传奇——杜丽娘——贵族小姐
D．《水浒传》——传奇——扈三娘——贵族妇女

【答案解析】　C。A项中赵五娘是《琵琶记》中塑造得最为成功、最为震撼人心的人物形象。她是"中世纪千百万中国妇女最深刻的典型",她的民间妇女性格表现在"糟糠自厌""祝发买葬"等民间类型的故事情节之中。她有着勇于承担苦难的自我牺牲精神,高尚的人道主义爱情,以及不受功名利禄引诱的纯洁朴实的生活理想,她是民间妇女性格的代表。

B项中《白兔记》是中国古典戏曲名著,与《荆钗记》《拜月记》《杀狗记》并称为宋元四大南戏。这个戏来源于民间传说,写的是刘知远、李三娘夫妻悲欢离合的故事。《白兔记》具有民间色彩及生活气息,语言质朴本色,李三娘是封建社会苦难妇女的形象,故长年流传。

D项地彗星一丈青扈三娘是《水浒传》中梁山第一女将,武艺高强,一对日月双刀神出鬼没,更有阵前用绳套捉人的绝技。扈三娘原先所在的扈家庄和祝家庄一样同为独龙岗上的两霸,宋江攻打祝家庄时,扈三娘首战便捉了"矮脚虎"王英。扈三娘后被林冲所擒,由宋江主婚与王英成了夫妻,同掌梁山泊三军内诸事,是梁山第五十九条好汉。后在征讨方腊时,在乌龙岭一战中夫妻二人同时为方腊军将领郑彪所杀。

38．2008(8) 下列人物、作品、作家对应完全正确的一项是 （　）
A．虎妞——《月牙儿》——老舍　　　B．子君——《伤逝》——鲁迅
C．赵伯韬——《林家铺子》——茅盾　　D．高觉民——《雾》——巴金

【答案解析】　B。A项中虎妞是老舍小说《骆驼祥子》中的形象。虎妞在小说中兼有双重身份,既是车厂主刘四的女儿,又是人力车夫祥子的妻子。老舍的短篇小说《月牙儿》记叙了一对旧社会的母女为生活所迫沦为暗娼的悲剧故事。作者有着极其悲切的抒情基调,是一篇成功的散文诗型的小说。文中的主人公没有名字,因她常与"月牙儿"为伴,故称其为月牙儿。"月牙儿"也是作品中主人公的象征,是文章的抒情线索。透过主人公那自言自语的

"叙述",读者埋藏于心中的同情、怜惜之感不由升起。这是一个悲惨的女性、一个悲惨的家,生活在那个充满血和泪的社会。

C项中的赵伯韬是茅盾的小说《子夜》中的人物形象,是一个买办资本家形象。他是美国某财团的中国买办,和蒋介石政权有很深的关系。他的性格特征是骄横狂妄,阴狠狡诈。凭着在政治、经济上的特殊地位,他在上海滩兴风作浪,是公债市场上的魔王。《林家铺子》也是一部优秀的现实主义作品,作者茅盾敏锐地抓住了一个时代最基本的矛盾,通过林家铺子的悲剧命运,描绘了20世纪30年代中国社会生活的图景,反映了城镇小商业者及下层人民的悲惨遭遇,控诉了国民党反动派的罪恶统治。作品中林老板形象的塑造是相当成功的,作品生动地描绘了林老板在诸多矛盾冲突中双重的性格特征。

D项中高觉民是巴金作品《家》中的人物。《家》中细致刻画了高觉新、高觉民及高觉慧三个人物。其中,作者塑造了高觉新这一悲剧人物形象,不仅是为了唤起读者对这一时期这类人物所遭遇的不幸的同情,也兼有对这类人的批判。高觉新身处当时中国社会新旧交替的转型时期,封建伦理与新思潮同存,这两种思潮的纠葛造就了一位双面性格的复杂人物,造就了性格分裂、矛盾重重的典型人物形象。高觉民与弟弟高觉慧在当时进行一些反封建的活动,以此开导当时有着迂腐思想的人们,但在家中却又无法抗拒来自高老太爷的封建礼教的束缚。高觉民没有高觉慧的敢于作为,也不像大哥高觉新那样懦弱无能,他介于两者之间,是一种"透明的存在"。作者之所以塑造他,实质上表现了当时一些接受新文化洗礼的人物对于反封建的要求以及对于封建顽疾的妥协。

39. 2008(9) 下列各项表述有误的一项是　　　　　　　　　　　　(　　)
A. 陈奂生是梁晓声的系列小说《陈奂生上城》中的人物。
B. 刘震云的《一地鸡毛》、池莉的《烦恼人生》都是"新写实小说"的代表。
C. 余秋雨的文化散文将新时期的散文推向了一个新的境界,其代表作包括《文化苦旅》、《山居笔记》等。
D.《人到中年》的作者是谌容,小说的主人公是陆文婷。

【答案解析】　A。A项中陈奂生是高晓声的系列小说《陈奂生上城》中的人物。陈奂生是一个具有多种美学意义的中国农民的文学形象,他质朴、勤劳、老实巴交而又带有诙谐色彩,并带有他所独具的氛围及时代特征。梁晓声的创作多以知青题材为主,有人称之为"北大荒小说",多描写北大荒的知青生活,真实、动人地展示了他们的痛苦与快乐、求索与理想,深情地礼赞了他们在逆境中表现出来的美好心灵与情操,为一代知识青年树立起英勇悲壮的纪念碑。代表作有《那是一片神奇的土地》《今夜有暴风雪》《雪城》《师恩难忘》《年轮》等,长篇小说《雪城》最为出色;后期作品开始探讨现实与人性,短篇小说《浮城》以社会幻想的形式展现了作者对人类末世预测,十分深刻。

B项中"新写实小说"实际上是在社会转型时期,采用包含某些现代、后现代因素的写实手段,表现普通人生存状况的小说。它参照了现实主义面对人生的写作态度,摈弃了居高临下的叙述视角,吸收了先锋小说、后现代主义平面化、零散化的运作手段,摈弃了由无序叙述所带来的远离普通读者的文艺贵族做派。从总体情况看,新写实小说早期的代表作有刘恒的《狗日的粮食》、方方的《风景》、池莉的《烦恼人生》、刘震云的《一地鸡毛》等。

C项中"文化散文"指的是20世纪八九十年代出现的、由一批从事人文学科或社会科学研究的学者写作、在取材和行文上表现出鲜明的文化意识和理性思考色彩、风格上大多较为节制、有着深厚的人文情怀和终极追问的散文,又称"学者散文"或"散文创作上的'理性干预'"。他们从文化视觉来关照表现对象,但与历史文化反思的作品相比在美学风格上往往表现出理性的凝重与诗意的激情以及浑然一体的气度。代表作家及作品如余秋雨《文化苦旅》《文明的碎片》《千年一叹》等。这类散文创作将科学研究的"理"与文学创作的"情"结合起来,既充满思考的智性,又不乏文化关怀和个人感受。

D项中《人到中年》由当代女作家谌容所作,它以独具的胆识和独特的创造,通过眼科医生陆文婷年复一年地认真工作,因心肌梗死病发而住院医治的悲剧,高度赞扬了陆文婷高尚的医德,尖锐而深刻地提出了人才问题、中年知识分子的境遇问题,在社会上引起了强烈的反响,深受读者的欢迎。特别是小说中精心塑造的女主角陆文婷,更深得读者的喜爱和尊敬。

40. 2008(10) 下列说法正确的一项是 （　　）
A. 《荷马史诗》包括《伊利亚特》和《出埃及记》。
B. 《红与黑》是法国小说家司汤达的代表作。
C. 莫泊桑是法国古典主义喜剧家,其代表作品有《伪君子》《吝啬鬼》等。
D. 大仲马是法国浪漫主义作家,其代表作品是《三个火枪手》和《茶花女》等。

【答案解析】 B。A项中《荷马史诗》包括《伊利亚特》和《奥德赛》。C项中法国古典主义喜剧家是莫里哀,其代表作品有《伪君子》《吝啬鬼》等。D项中《茶花女》是法国作家小仲马的作品。

41. 2008(11) "桃红和青白色的杂花在眼前还明亮,到远处就成为斑斓的烟霭了"一句运用了____的修辞手法。

【答案解析】 通感。通感就是把不同感官的感觉沟通起来,借联想引起感觉转移,"以感觉写感觉"。"桃红和青白色的杂花在眼前还明亮",这是视觉描写,"到远处就成为斑斓的烟霭了",这是触觉描写。此句运用了通感这一修辞手法,突破语言的局限,丰富表情达意的审美情趣,收到增强文采的艺术效果。

42. 2008(12) 古时记述一个月的某一天,用"_____"表示农历初一,"望"表示农历十五。

【答案解析】 朔。当月亮轨道绕行到太阳和地球之间,月亮的黑暗半球对着地球,这时叫朔,正是农历每月的初一。当月亮绕行至地球的后面,被太阳照亮的半球对着地球,这时叫望,一般在农历每月十五或十六日。此外,在农历每月初八前后,这时月亮的西半边是明的,东半边是暗的,叫做上弦。农历每月二十三日前后,这时月亮东半边是明的,西半边是暗的,叫做下弦。

43. 2008(13) 说明文按说明对象,可分为实体事物说明文和_____说明文。

【答案解析】 抽象事理。根据不同的标准,可对说明文进行以下几种分类:(1) 按说明对象划分,可分为两类:实体事物说明文和抽象事理说明文。前者如《菊花》《白丝翎羽丹砂顶》《苏州园林》以及《我们肚子里的食客》等。后者如《沙漠里的奇怪现象》《现代自然科学中的基础学科》《桥的运动》和《统筹方法平话引子》等。(2) 按文章表达的语体划分,可分为两类:文艺性说明文,非文艺性说明文。前者如《沙漠里的奇怪现象》《菊花》《白丝翎羽丹砂顶》《我们肚子里的食客》《统筹方法平话引子》和《苏州园林》(均为科学小品)等。后者如《现代自然科学中的基础学科》《桥的运动》等。

44. 2008(15)《_____》与《木兰诗》并称为"乐府双璧"。

【答案解析】 孔雀东南飞。《孔雀东南飞》是汉代乐府民歌中最杰出的长篇叙事诗,与《木兰诗》并为"乐府双璧",因其首句为"孔雀东南飞",故名。最早见陈代徐陵《玉台新咏》,题名为《古诗为焦仲卿妻作》。全诗1700多字,是保存下来的我国古代最早的一首长篇叙事诗。它通过焦仲卿、刘兰芝的婚姻悲剧,有力地揭露了封建礼教、封建家长制的罪恶,同时热烈歌颂了兰芝夫妇为了忠于爱情宁死不屈地反抗封建恶势力的斗争精神。《孔雀东南飞》艺术成就较高,成功地塑造了几个鲜明的人物形象,表现了反封建礼教的主题思想。全诗语言朴素通畅,叙事中兼有抒情,描写上铺张排比,是当时五言叙事诗的代表作品。

45. 2008(16) 马致远的《_____》是写昭君出塞题材的杂剧作品。

【答案解析】 汉宫秋。《汉宫秋》是马致远著名的历史剧,写汉元帝和王昭君的故事。但作者并未拘于史实,而是根据自己的现实感受和主观感情,对其进行了创造性的改编。作品改变汉元帝主动将王昭君赐给呼韩邪单于的历史事实,突出毛延寿卖国投敌,唆使匈奴出兵威胁,强行索取王昭君,最后导致王昭君在汉蕃交界处投江自杀。作品将汉朝的"和亲"之举视为国家衰弱的象征,写历史兴亡之感,借昭君之恨抒发了反抗民族压迫的情绪,同时在一定程度上抨击了封建王朝的腐败无能,揭示了汉元帝昏庸软弱、贪淫好色的真面目。当然,把汉元帝写成一个忠于爱情的风流天子,确是有意无意的美化。此剧主要通过内容的精心安排来表达自己的思想:国家安危,竟只靠一个弱女子出塞和亲来维系,她的悲剧也是民族的悲剧,是对昏君、庸臣和卖国者的抗议。从具体的艺术表现来说,作者在剧中用了许多声情并茂的唱词表现汉元帝失去昭君时的离别之恨和思念之苦,意境优美,音节嘹亮跌宕,字字合情,苍凉凄楚,极富艺术感染力。

46. 2008(17) 散曲分_____和套数两种形式。

【答案解析】 小令。与唐诗、宋词并称的"元曲",包括杂剧和散曲两种文学形式。散曲分小令和套曲两种样式。小令是单个的曲子,跟现代的歌词相近,是按曲调创作的,每个曲调都有自己的名称,各个曲调的字数和句式各不相同常用于写景、抒情。套曲,又称"套数""散套",通常用同宫调的若干曲子连缀而成,长短不论,一韵到底,一般都有"尾声",适宜叙述比较复杂的内容。

47. 2008(18) 闻一多提出诗歌的"三美"理论,"三美"是指_____美、音乐美、绘画美。

【答案解析】 建筑美。闻一多先生是我国现代文学史上集诗人、学者和斗士于一身的重要诗人。他不但致力于新诗艺术美的探索,提出了音乐美、绘画美、建筑美的诗歌"三美"的新格律诗理论主张,还努力进行创作实践,写出了许多精美诗篇。他的新格律诗理论被后人称为现代诗学的奠基石,影响深远。在诗歌"三美"主张中,"建筑美"即诗歌的形式要整齐,每一句话的字数差不多;"音乐美"即音韵语句节奏要铿锵押韵;"绘画美"是指辞藻的选用,即诗歌语言要具有色彩感。

48. 2008(19)《中华人民共和国国歌》的词作者是著名剧作家_____。

【答案解析】 田汉,1898年3月12日生于湖南省长沙县,原名寿昌,曾用笔名伯鸿、陈瑜、漱人、汉仙等。话剧作家、电影剧本作家、歌词作家、文艺批评家、文艺工作领导者。中国现代戏剧的奠基人。他早年留学日本,20世纪20年代开始戏剧活动,写过多部著名话剧,成功地改编过一些传统戏曲。他是中华人民共和国国歌《义勇军进行曲》词作者。

49．2008(20) 诗集《飞鸟集》的作者是印度的＿＿＿＿＿＿。

【答案解析】 泰戈尔。《飞鸟集》是印度诗人泰戈尔(1861—1941)的代表作之一,也是世界上最杰出的诗集之一,它包括300余首清丽的小诗。白昼和黑夜、溪流和海洋、自由和背叛,都在泰戈尔的笔下合二为一,短小的语句道出了深刻的人生哲理,引领世人探寻真理和智慧的源泉。这部创作于1913年的《飞鸟集》,思绪点点,乍眼看来,其内容似乎包罗万象,涉及的面也比较广。然而,就是在这种对自然、对人生的点点思绪的抒发之中,诗人以抒情的彩笔,写下了他对自然、宇宙和人生的哲理思索,从而给人们以多方面的人生启示。初读这些小诗,如同在暴风雨过后的初夏清晨,推开卧室的窗户,看到一个淡泊清透的世界,一切都是那样的清新、亮丽,可是其中的韵味却很厚实,耐人寻味。

50．2009(6) 下列作家、评价、作品、朝代对应不正确的一项是　　　　　　　　(　　)
A．陶渊明——"古今隐逸诗人之宗"——《归园田居》——西晋
B．王昌龄——"七绝圣手"——《出塞》——唐代
C．李煜——"词中之帝"——《虞美人》——五代南唐
D．马致远——"曲状元"——《天净沙·秋思》——元代

【答案解析】 A。A项中的陶渊明其时代应为东晋。

51．2009(7) 下列文学常识表述正确的一项是　　　　　　　　(　　)
A．杂剧是元曲的一种,代表作有关汉卿的《窦娥冤》、白朴的《墙头马上》、马致远的《汉宫秋》、郑光祖的《倩女幽魂》等。
B．《山海经》和《淮南子》是我国古代保存神话传说最多的古籍,包括《盘古开天地》《女娲补天》《夸父逐日》《共工怒触不周山》等。
C．杜甫的诗句"王杨卢骆当时体""不废江河万古流"称赞的是王粲、杨炯、卢照邻、骆宾王这"初唐四杰"。
D．赋是我国古代的一种文体,介于诗歌和散文之间,韵律兼行。其中司马相如的《子虚赋》《上林赋》等标志着汉大赋的兴盛。

【答案解析】 D。A项中,郑光祖的作品应为《倩女离魂》,全名为《迷青琐倩女离魂》,写的是张倩女因恋情受阻,魂魄离躯赶上恋人,与之结为夫妇的故事。《倩女幽魂》出自《聊斋志异》。B项中,《盘古开天地》出自三国时代吴国人徐整所著的《三五历记》,又作《三五历》,内容皆论三皇以来之事,为最早记载盘古开天传说的一部著作。C项中,"初唐四杰"指王勃、杨炯、卢照邻、骆宾王。王粲是东汉末年著名文学家,"建安七子"之一,由于其文才出众,被称为"七子之冠冕"。D项表述是正确的。赋是汉代文学最具有代表性的样式,它介于诗歌和散文之间,韵散兼行,可以说是诗的散文化,散文的诗化。汉赋对诸种文体兼收并蓄,形成新的体制,是一种综合型的文学样式,它巨大的容量和强烈的表现能力在很大程度上得益于此。枚乘的《七发》标志着新体赋的正式形成,司马相如的作品《子虚赋》《上林赋》等代表着新体赋的最高成就。西汉后期新体赋的主要作家是扬雄。班固的《两都赋》、张衡的《二京赋》是东汉新体赋的两篇力作。

52．2009(8) 下列表述正确的一项是　　　　　　　　(　　)
A．茅盾的代表作品有长篇小说《子夜》,短篇小说《林家铺子》《农村三部曲》《李有才板话》等。
B．鲁迅的杂文思想深刻,文字锋利。其杂文集有《二心集》《野草》《南腔北调集》等。

C. 老舍的作品北京味儿浓郁,他的代表作品有《骆驼祥子》《月牙儿》《茶馆》等。

D. 《激流三部曲》——《雾》《雨》《电》是巴金的代表作。

【答案解析】 C。A项中,《李有才板话》是人民作家赵树理创作的小说。小说通过阎家山改造村政权和减租减息这两个中心事件,展现了抗战时期农村复杂激烈的阶级斗争。B项中,《野草》是鲁迅的散文诗集,其杂文集为《坟》《热风》《华盖集》《南腔北调集》《三闲集》《二心集》《而已集》等。D项中,《雾》《雨》《电》的确是巴金的代表作,合称"爱情三部曲"。

53. 2009(9) 下列表述正确的一项是 （　　）

A. "伤痕文学"以刘心武的小说《伤痕》命名,是"文革"后以揭露社会弊端为主要特点的文学思潮。

B. 《面朝大海,春暖花开》是诗人顾城的代表作品之一,寄托了作者对人类美好明天的真诚祝愿。

C. 余秋雨的《都江堰》运用对比手法,得出结论:长城固然伟大,但是,"永久性地灌溉了中华民族"的都江堰却更伟大。

D. 史铁生的小说《我与地坛》以第一人称叙述的方式,以"地坛"为背景,讲述了"我"童年时期的一段感情故事。

【答案解析】 C。A项中,"伤痕文学"的名称源自卢新华刊登于1978年8月11日《文汇报》的短篇小说《伤痕》。它在"反映人们思想内伤的严重性"和"呼吁疗治创伤"的意义上,得到当时推动文学新变的人们的首肯。较早在读者中引起反响的"伤痕文学"是北京作家刘心武刊发于《人民文学》1977年第11期的《班主任》。当时评论界认为这一短篇小说的主要价值是揭露了"文革"对"相当数量的青少年的灵魂"的"扭曲"所造成的"精神的内伤",有的认为该篇发出的"救救被四人帮坑害了的孩子"的时代呼声,与当年鲁迅在《狂人日记》中发出的救救被封建礼教毒害的孩子的呼声遥相呼应,使小说产生了一种深刻的历史感,充满了强烈的启蒙精神。

B项中,《面朝大海,春暖花开》是海子的代表作品之一,写于1989年1月13日。海子,这位用心灵歌唱着的诗人,一直都在渴望倾听远离尘嚣的美丽回音,他与世俗的生活相隔遥远,甚而一生都在企图摆脱尘世的羁绊与牵累。海子是一个与20世纪80年代特殊的精神氛围密切相关的文化象征,代表了某种价值理念和精神原型:以超越现实的冲动和努力,审视个体生命的终极价值,以质疑生存的本质和存在的理由为核心的激进的文化姿态和先锋意识。

C项中,余秋雨的《都江堰》运用对比手法,得出结论:长城固然伟大,但是,"永久性地灌溉了中华民族"的都江堰却更伟大。这一说法是准确的。首先是从时间上对比。"在秦始皇下令修长城的数十年前,四川平原上已经完成了一个了不起的工程",这跟后文的"一查履历,长城还是它的后辈"遥相呼应,形象地印证了都江堰领先于长城。其次从规模上对比。"长城宏大",都江堰"造福千年","长城占据了辽阔的空间",都江堰"占据了邈远的时间"。两者比较,不相上下。第三从社会功用上对比。长城因"早已废弛"应该自叹弗如,而都江堰"至今还在为无数民众输送汩汩清流",使"旱涝无常的四川平原成了天府之国。"最后从意义价值上对比。都江堰是"细细浸润、节节延伸",是"灵动的生活"的文明,它"卑处一隅""绝不炫耀、毫无所求",有乡间母亲般的胸襟。

D项中,史铁生的《我与地坛》其体裁为散文,感情深厚隽永,哲理含蓄博大,感人至深,是作者以自己的亲身经历为基础,叙述多年来他在地坛公园沉思流连所观察到的人生百态和对命运的感悟。

54. 2009(10) 下列表述错误的是 （　　）
A. 普希金的代表作《驿站长》开创了俄国文学描写小人物的先河。
B. 拉伯雷被称为人文主义的"巨人",其代表作品是《老古玩店》。
C. 笛福是英国现实主义小说的奠基人,其代表作品是《鲁宾逊漂流记》。
D. 卢梭的《爱弥儿》是一部教育小说。

【答案解析】 B。A项中的《驿站长》发表于1830年,是普希金短篇小说中最为脍炙人口的一篇。小说描写了一个俄国沙皇时代备受欺压凌辱的小人物的悲惨命运,塑造了一个诚实善良、温顺博爱、逆来顺受、委曲求全的驿站长形象,为人们展现了一幅沙皇专制农奴制统治下贵族地主与人民大众的鲜明的阶级对立的画面。作品高度凝练,不枝不蔓,情景交融,物我一体,人物言行刻画准确生动,生活气息浓郁。小说首次塑造了俄国被侮辱与被损害的小人物形象,"开创了俄国文学史中的现实主义"(高尔基语)。它以简洁明快的艺术风格、深刻的社会内容和进步的民主思想,冲击了当时俄国文坛追求华丽辞藻、粉饰太平的风气,奠定了俄国近代现实主义文学的思想基础和发展道路。B项中《老古玩店》是英国作家狄更斯的作品,描写了资本主义社会中小资产者的悲惨命运。拉伯雷被称为人文主义的"巨人",其代表作品是《巨人传》。C项中《鲁宾逊漂流记》是英国著名作家笛福的代表作。这是一部流传很广、影响很大的文学名著,它表现了强烈的资产阶级进取精神和启蒙意识。D项中《爱弥儿》是法国杰出的启蒙思想家卢梭的重要著作。在此书中,卢梭通过对他所假设的教育对象爱弥儿的教育,来反对封建教育制度,阐述他的资产阶级教育思想。

55. 2009(11) 汉字多为形声字。"愁"的义符是"心","贼"的声符是_____。

【答案解析】 则。"贼"的声符是"则",义符是"戈"。"贼"的本义是"伤害",小篆从戈则声,隶定后作贼,"则"字的偏旁"刀"和"戈"交接,讹变成"戎"。

56. 2009(12) 应用文章具有实用价值,文学作品具有_____价值。

【答案解析】 审美。应用文的写作目的是为了应用,因而其写作自然应以应用为出发点,突出其实用性和应用价值。而文学是为满足人类的审美需求而产生、存在和发展的。文学以其对美的寻求、揭示、建构和表现,满足了人类的审美需要,丰富着人们的精神世界和文化生活,并因此确立了自身存在的根据和价值。

57. 2009(13) "五音"指古代音乐的五级音阶,即宫、商、角、_____、羽。

【答案解析】 徵。"五音"即我国古代五声音阶中的宫、商、角、徵、羽五个音级。五声与古代的所谓阴阳五行、五味、五色、五官、五谷等朴素的理论形式一样,是我国早期整体化的美学观,被西方人看做是整个东方音乐的基本形态。《战国策·荆轲刺秦王》:"高渐离击筑,荆轲和而歌,为变徵之声,士皆垂泪涕泣。"文中的"变徵"是角、徵二音之间接近徵音的声音,声调悲凉。

58. 2009(14) 科举考试应试未中的叫落第,应试中选的称_____。

【答案解析】 及第。及第指科举考试应试中选,应试未中的叫落第、下第。《祭妹文》:"逾三年,予披宫锦还家。"古时考中进士要披宫袍,这里"披宫锦"即指中进士。《祭妹文》:"大概说长安登科,函使报信迟早云尔。""登科"是及第的别称,也就是考中进士。

59. 2009(15) 莫愁前路无知己，_____？(高适《别董大二首》其一)

【答案解析】 天下谁人不识君。此句来自高适的《别董大二首》，"董大"即唐玄宗时著名的琴师董庭兰。全诗为："千里黄云白日曛，北风吹雁雪纷纷。莫愁前路无知己，天下谁人不识君？"开头两句，描绘送别时候的自然景色，黄云蔽天，绵延千里，展现了阔远渺茫的境界，是典型的北国雪天风光的描写。后两句是对董大的劝慰。说"莫愁"，说"前路有知己"，说天下人人识君，以此赠别，足以鼓舞人心，激励人之心志。

60. 2009(16) 岑参在《白雪歌送武判官归京》中把雪景比作_____。

【答案解析】 千树万树梨花开。唐代边塞派诗人岑参《白雪歌送武判官归京》："北风卷地白草折，胡天八月即飞雪。忽如一夜春风来，千树万树梨花开。散入珠帘湿罗幕，狐裘不暖锦衾薄。将军角弓不得控，都护铁衣冷难着。瀚海阑干百丈冰，愁云惨淡万里凝。中军置酒饮归客，胡琴琵琶与羌笛。纷纷暮雪下辕门，风掣红旗冻不翻。轮台东门送君去，去时雪满天山路。山回路转不见君，雪上空留马行处。"这一句用春天开放、花为白色的梨花比喻雪花积在树枝上，像梨花开了一样。

61. 2009(17) 开篇用14个叠字描写神态、环境和心境的词是李清照的_____。

【答案解析】《声声慢》。"寻寻觅觅，冷冷清清，凄凄惨惨戚戚。乍暖还寒时候，最难将息。三杯两盏淡酒，怎敌他、晚来风急？雁过也，正伤心，却是旧时相识。满地黄花堆积，憔悴损，如今有谁堪摘？守着窗儿，独自怎生得黑？梧桐更兼细雨，到黄昏、点点滴滴。这次第，怎一个愁字了得？"李清照开篇便用14个叠字"寻寻觅觅，冷冷清清，凄凄惨惨戚戚"形象地叙写出神态、环境和心境，委婉细致地表达了作者在遭受深创巨痛后的愁苦之情，表达了当时词人遭遇国破夫亡、颠沛流离，内心极度凄苦的强烈感情。

62. 2009(18) 胡适于1917年发表的《_____》是倡导文学革命的第一篇文章。

【答案解析】 文学改良刍议。著名学者胡适是积极推动白话诗的先驱者。他1917年发表的《文学改良刍议》，是倡导文学革命的第一篇文章。1916年年底，在美国留学的胡适，将其《文学改良刍议》的文稿寄给了陈独秀主编的《新青年》，发表在第2卷5期上。接着，陈独秀在下一期刊出了自己撰写的《文学革命论》进行声援。1918年5月，鲁迅又在该刊第4卷5期发表了《狂人日记》。于是，中国现代文学迈出了艰辛的第一步，《文学改良刍议》是新文学运动的重要篇章。

63. 2009(19) 20世纪80年代中期，被称为第一篇具有"现代派小说味"的小说是_____的《你别无选择》。

【答案解析】 刘索拉。1979至1980年，王蒙借鉴意识流手法，连续发表了《夜的眼》《布礼》《春之声》等一批与传统现实主义大异其趣的作品。他的探索引发了对西方现代主义手法全面借鉴的创作潮流。刘索拉的《你别无选择》被誉为"第一篇真正有了现代派小说味"的作品。由于这一吸收、借鉴的过程，表现为如何将异域的审美意识"中国化"的探索过程，因而这类小说被称为"中国式现代派小说"。

64. 2009(20) 歌德的诗剧《_____》塑造了一个永不满足、自强不息的主人公形象。

【答案解析】 浮士德。《浮士德》以德国民间传说为题材，以文艺复兴以来的德国和欧洲社会为背景，写一个新兴资产阶级先进知识分子不满现实，竭力探索人生意义和社会理想的生活道路。

65. 2010(6) 2010年用干支纪年是庚寅年,据此推算,则后年用干支纪年是 （　　）
A. 壬辰年　　　　B. 辛丑年　　　　C. 甲申年　　　　D. 辛亥年

【答案解析】 A。干支纪年是中国古代的一种纪年法。即以甲、乙、丙、丁、戊、己、庚、辛、壬、癸十天干和子、丑、寅、卯、辰、巳、午、未、申、酉、戌、亥十二地支按照顺序组合起来纪年。如甲子、乙丑等,经过六十年又回到甲子。周而复始,循环不已。我国传统纪年法依旧沿用干支纪年。

66. 2010(7) 下列诗词名句与作者排序对应正确的一项是 （　　）
(1) 酒入愁肠,化作相思泪。
(2) 野旷天低树,江清月近人。
(3) 落花人独立,微雨燕双飞。
(4) 两情若是久长时,又岂在朝朝暮暮。
A. 秦观、孟浩然、范仲淹、晏几道
B. 孟浩然、范仲淹、秦观、晏几道
C. 范仲淹、孟浩然、晏几道、秦观
D. 孟浩然、范仲淹、晏几道、秦观

【答案解析】 C。(1)"酒入愁肠,化作相思泪"出自范仲淹的《苏幕遮》,全词为"碧云天,黄叶地,秋色连波,波上寒烟翠。山映斜阳天接水,芳草无情,更在斜阳外。黯乡魂,追旅思,夜夜除非,好梦留人睡。明月楼高休独倚,酒入愁肠,化作相思泪。"此词抒写乡思旅愁,以铁石心肠人作黯然销魂语,尤见深挚。"酒入愁肠,化作相思泪"写作者试图借饮酒来消释胸中块垒,但这一遣愁的努力也归于失败。全词低回婉转,而又不失沉雄清刚之气,是真情流溢、大笔振迅之作。

(2) "野旷天低树,江清月近人"出自孟浩然的《宿建德江》,全诗为"移舟泊烟渚,日暮客愁新。野旷天低树,江清月近人。"这是一首抒发旅途愁思的诗。前两句写诗人的旅舟停泊在烟雾蒙蒙的沙洲边,眼见日落黄昏,一段新的旅愁油然而生。后两句是借景抒情,在诗人的眼里,原野空旷辽阔,远方的天空好像低压在树木之上,使心情更觉压抑,唯有倒映在清清江水中的明月似乎主动与人亲近,带来些许的安慰。诗中"野旷天低树,江清月近人"两句是传诵已久的名句,非常鲜明地烘托出了诗人孤寂、愁闷的心情。

(3) "落花人独立,微雨燕双飞"出自晏几道的《临江仙》,全词为"梦后楼台高锁,酒醒帘幕低垂。去年春恨却来时,落花人独立,微雨燕双飞。记得小苹初见,两重心字罗衣。琵琶弦上说相思,当时明月在,曾照彩云归。"这是一首感旧怀人的名篇,当为作者别后怀思歌女小苹所作。词之上片写"春恨",描绘梦后酒醒、落花微雨的情景。下片写相思,追忆"初见"及"当时"的情况,表现词人苦恋之情、孤寂之感。全词在怀人的同时,也抒发了人世无常、欢娱难再的淡淡哀愁。

(4) "两情若是久长时,又岂在朝朝暮暮"出自秦观《鹊桥仙》,全词为"纤云弄巧,飞星传恨,银汉迢迢暗度。金风玉露一相逢,便胜却人间无数。柔情似水,佳期如梦,忍顾鹊桥归路。两情若是久长时,又岂在朝朝暮暮。"秦观的这首《鹊桥仙》上片以"金风玉露一相逢,便胜却人间无数"抒发感慨,下片词人将感慨更进一层,道出了"两情若是久长时,又岂在朝朝暮暮"的爱情真谛。这字字珠玑、落地若金石声的警策之语,正是这首词流传久远、历久而不衰的关键所在。

67. 2010(8) 以下作品、时代、作家对应完全正确的一项是　　　　　　　　（　）
A.《赵氏孤儿》——元代——关汉卿　　　B.《徐霞客游记》——明代——徐宏祖
C.《项脊轩志》——清代——归有光　　　D.《阅微草堂笔记》——清代——袁枚

【答案解析】 B。A项中,《赵氏孤儿》在中国可以说是个家喻户晓的传统故事,2000多年前的《左传》和《史记·赵世家》就有相关记载。在700多年前的元代,杂剧作家纪君祥把《赵氏孤儿》搬上了戏曲舞台。该戏故事性强,情节跌宕起伏,悲壮感人。B项中,《徐霞客游记》是以日记体为主的中国地理名著。明末徐宏祖(徐霞客)经34年旅行,写有天台山、雁荡山、黄山、庐山等名山游记17篇和《浙游日记》《江右游日记》《楚游日记》《粤西游日记》《黔游日记》《滇游日记》等著作,除佚散者外,遗有60余万字游记资料。C项中,《项脊轩志》的作者是归有光,明代散文家,字熙甫,号项脊生。D项中,《阅微草堂笔记》为清朝文言短篇志怪小说,作者纪昀以笔记形式编写而成。主要搜集当时流传的各种狐鬼神仙、因果报应、劝善惩恶等的乡野怪谈,或者亲身所听闻的奇闻轶事;在空间地域上,范围则遍及全中国,西至乌鲁木齐、伊宁,南至滇黔等地。

68. 2010(9) 下列说法中正确的一项是　　　　　　　　　　　　　　　　　（　）
A. 楚辞是屈原在公元4世纪所创制的新诗体,《楚辞》一书则在西汉初由刘向编辑而成。
B. 拟话本是指明代中后期文人模拟宋元话本小说所作的小说,其中冯梦龙的"二拍"是当时著名的拟话本小说。
C. 古体诗是指唐代以前的诗歌和后人模仿唐以前诗歌的诗作;近体诗是指唐代的格律诗;今体诗是指现当代自由体诗歌。
D. 魏晋南北朝时期是小说的重要发展阶段,这一时期的代表作品有刘义庆的《世说新语》和干宝的《搜神记》等。

【答案解析】 D。A项错误。屈原名平,字原,属战国末期楚国,因此在时间上,楚辞是屈原在公元前4世纪所创制的新诗体。B项错误。拟话本是指明代中后期文人模拟宋元话本小说所作的小说,其中冯梦龙的"三言"、凌濛初的"二拍"是当时著名的拟话本小说。

C项错误。古体诗是指唐代以前的诗歌和后人模仿唐以前诗歌的诗作,它是古代的自由诗,形式自由,篇幅不限,每句字数不定(指杂言诗),不讲对仗,押韵自由。它常常有四言古诗(最早出现于《诗经》)、五言古诗(成熟于汉,如《古诗十九首》)、七言古诗(成熟于唐代,如《长恨歌》)、乐府诗(标题有的加上"歌""行""引""曲""吟""弄"等名称,如《琵琶行》)等。近体诗是指唐代的格律诗,篇有定句,句有定字,字有定声,韵有定位。它一般又有五言绝句、七言绝句两种形式的绝句和七言律诗、五言律诗及排律等形式的律诗。而现当代自由体诗歌称为"新诗",题中表述为"今体诗"不妥。"新诗"是指五四运动前后,新文化运动提倡的用白话写的自由体诗,如《再别康桥》《我爱这土地》。用文言写的格律诗,但反映了现代生活和思想感情的诗歌(如毛泽东的《沁园春·长沙》、陈毅的《梅岭三章》)也都是现代诗歌。

D项中,魏晋小说有志怪小说(如干宝的《搜神记》),轶事小说(如刘义庆的《世说新语》)。干宝的《搜神记》以辑录神仙鬼怪故事为主。如书中的干将莫邪、嫦娥奔月、仙女下嫁董永(天仙配)等均为后世流传的优秀神话传说。该书记载神鬼妖怪,为研究中国宗教史和民间传说提供了宝贵资料。刘义庆的《世说新语》按内容分类记事,有德行、言语、政事、文学等36篇。记述汉末到东晋的逸闻,以魏晋名流的言行为多。许多篇章表现晋代士大夫的思想和生活情况。如士大夫的清谈、放诞的风气,重视仪容、辞采、虚无、厌世的思想。魏晋南北朝时期是小说的重要发展阶段,对后代笔记小说颇有影响。

69. 2010(10) 下列说法中正确的一项是 ( )

A. 南朝时期的谢灵运是我国诗歌史上第一位有成就的山水诗人,"池塘生春草,园柳变鸣禽"是他的诗《登池上楼》中的名句。

B. 北宋诗人苏轼的诗歌多富有哲理,"问渠哪得清如许,为有源头活水来"是他的诗《观书有感》中的名句。

C. 南宋词人柳永是婉约派的代表人物之一,"今宵酒醒何处,杨柳岸晓风残月"是他的词《八声甘州》中的名句。

D. 南宋的陆游是著名的爱国诗人,"出师一表真名世,千载谁堪伯仲间"是他的诗《题蜀相祠堂》中的名句。

【答案解析】 A项正确。南朝时期的谢灵运是我国山水派鼻祖,"池塘生春草,园柳变鸣禽"是他的诗《登池上楼》中的名句。全诗为"潜虬媚幽姿,飞鸿响远音。薄霄愧云浮,栖川怍渊沉。进德智所拙,退耕力不任。徇禄反穷海,卧疴对空林。衾枕昧节候,褰开暂窥临。倾耳聆波澜,举目眺岖嵚。初景革绪风,新阳改故阴。池塘生春草,园柳变鸣禽。祁祁伤豳歌,萋萋感楚吟。索居易永久,离群难处心。持操岂独古,无闷征在今!"作者以登池上楼为中心,抒发了种种复杂的情绪,有孤芳自赏的情调,有政治失意的牢骚,有进退不得的苦闷,有对政敌含而不露的怨愤,也有归隐的志趣。

B项错误。"问渠哪得清如许,为有源头活水来"出自朱熹的《观书有感》。原诗四句:"半亩方塘一鉴开,天光云影共徘徊;问渠哪得清如许?为有源头活水来。"这是一首有哲理性的小诗。人们在读书后,时常有一种豁然开朗的感觉,诗中就是以象征的手法,将这种内心感觉化作可以感触的具体形象加以描绘,让读者自己去领略其中的奥妙。所谓"源头活水",当指从书中不断汲取新的知识。

C项错误。柳永,字耆卿,北宋词人,婉约派最具代表性的人物之一,代表作《雨霖铃》。全词为"寒蝉凄切,对长亭晚,骤雨初歇。都门帐饮无绪,留恋处,兰舟催发。执手相看泪眼,竟无语凝噎。念去去千里烟波,暮霭沈沈楚天阔。多情自古伤离别,更那堪冷落清秋节。今宵酒醒何处,杨柳岸,晓风残月。此去经年,应是良辰好景虚设。便纵有千种风情,更与何人说。"

D项错误。"出师一表真名世,千载谁堪伯仲间"出自南宋陆游的《书愤》。全诗为"早岁哪知世事艰,中原北望气如山。楼船雪夜瓜洲渡,铁马秋风大散关。塞上长城空自许,镜中衰鬓已先斑。《出师》一表真名世,千载谁堪伯仲间。"

70. 2010(11) 下列说法中正确的一项是 ( )

A. "二十四史"中前四史依次为:左丘明的《左传》、司马迁的《史记》、班固的《汉书》和陈寿的《三国志》。

B. "四书"是《中庸》《礼记》《论语》和《孟子》的合称。

C. "元曲四大家"是指关汉卿、马致远、白朴和郑光祖四位元曲作家。

D. 晚清四大"谴责小说"分别为:吴敬梓的《儒林外史》、李宝嘉的《官场现形记》、吴沃尧的《二十年目睹之怪现状》和曾朴的《孽海花》。

【答案解析】 C。A项错误。"二十四史"中前四史是指《史记》(汉·司马迁著,130

卷)、《汉书》(东汉·班固著,100卷)、《后汉书》(南朝宋·范晔著,120卷)、《三国志》(西晋·陈寿著,65卷)。B项错误。"四书"是《论语》《孟子》《中庸》《大学》的合称。C项正确。"元曲四大家"是指关汉卿、马致远、白朴和郑光祖四位元曲作家。D项错误。晚清四大"谴责小说"分别为:吴沃尧的《二十年目睹之怪现状》、李宝嘉的《官场现形记》、刘鹗的《老残游记》和曾朴的《孽海花》。

71. 2010(12) 下列说法符合实际的一项是 ( )

A. "三教九流"中的"三教"指儒、道、墨三家。

B. 古代"五色土"与地理方位是对应的,其中东方对应青土,北方对应黑土。

C. 古代宴席座次有尊卑之分,最尊为坐北面南,最卑为坐东面西。

D. 古代称授予官职为"拜",称免除官职为"除"。

【答案解析】 B。A项错误。"三教九流"中"三教"是指中国三大传统宗教,儒(即儒教)、佛(即佛教)、道(即道教);"九流"是指儒家、道家、阴阳家、法家、名家、墨家、纵横家、杂家、农家。B项正确。在我国古代,一直存在着"社稷祭祀"的制度。把祭祀土地神的地方称作"社",把祭祀谷物神的地方叫做"稷"。以五色土建成的社稷坛包含着古代人对土地的崇拜。五种颜色的土壤,寓含了全中国的疆土,由全国各地纳贡交来,以表明"普天之下,莫非王土"之意。古代"五色土"是指青、红、白、黑、黄五种颜色的土,并与地理方位对应。在社稷坛的东边是青土,代表着东边的大海;西边是白土,代表西部白色的沙;南边是红土,预示南方的红土地;北边是黑土,象征北部的黑土地;而中间的黄土,就是黄土高原的寓意。五色土象征着广博的大中华。C项错误。古代宴席座次有尊卑之分,以在室内坐西向东(东向)的位为最尊,其次为坐北向南(南向),再次为坐南向北(北向),最末为坐东向西(西向)。D项错误。古代称授予官职为"拜""除"同样是拜官授职。在"三省六部"制出现以后,官员的升迁任免由吏部掌管。官职的任免升降常用以下词语:(1)拜,用一定的礼仪授予某种官职或名位。(2)除,拜官授职。(3)擢,提升官职。(4)迁,调动官职,包括升级、降级、平级转调三种情况。为易于区分,人们常在"迁"字的前面或后面加一个字,升级叫迁升、迁授、迁叙,降级叫迁削、迁谪、左迁,平级转调叫转迁、迁官、迁调,离职后调复原职叫迁复。(5)谪,降职贬官或调往边远地区。(6)黜,"黜"与"罢、免、夺"都是免去官职。(7)去,解除职务,其中有辞职、调离和免职三种情况。辞职和调离属于一般情况和调整官职,而免职则是削职为民。(8)乞骸骨,年老了请求辞职退休。

72. 2010(13) 下列表述正确的一项是 ( )

A. 郭沫若的诗歌《炉中煤》,其副标题是"眷念祖国的情结",诗歌表达了作者对祖国的炽热情感。

B. 20世纪30年代和林语堂一同发起并鼓吹"闲适幽默"的作家是张资平。

C. 朱自清是现代著名散文家、爱国民主战士,他的散文主要有《背影》《春》《白杨礼赞》等。

D. 艾青的第一本诗集是《黎明的通知》。

【答案解析】 A。A项正确。郭沫若的诗歌《炉中煤》,其副标题是"眷念祖国的情结",诗歌表达了作者对祖国的炽热情,熊熊燃烧的"炉中煤"象征诗人愿为祖国献身的激情。B项错误。20世纪30年代和林语堂发起并鼓吹"闲适幽默"的作家是周作人。周作人,浙江绍兴人,现代散文家,"文学研究会"发起人之一,五四运动时期提倡"人的文学",20世纪30

年代和林语堂一起倡导"闲适幽默"小品,著有《自己的园地》《中国新文学的源流》等。C项错误。《白杨礼赞》作者为茅盾,作品写于抗战时期,通过白杨树这种北方最常见的风物歌颂抗日儿女,批判国民党反动派,坚定人民的胜利信心,抒发自己热爱中国共产党的情怀。D项错误。艾青的第一本诗集是1939年的《大堰河——我的保姆》,而《黎明的通知》写于1942年。

73. 2010(14) 下列表述正确的一项是 （　　）
A. 宗璞,原名冯钟璞,南京人,当代著名女作家。
B. 高士其的《我们肚子里的食客》既是实体事物的记叙文,又属于科学小品。
C. 叶圣陶的《苏州园林》和余秋雨的《都江堰》均属于说明文。
D. 秦牧是当代著名的散文家,其代表作有散文集《花城》《潮汐和船》等。

【答案解析】 D。A项错误。宗璞,原名冯钟璞,1928年生于北京,当代著名女作家,著名哲学家冯友兰先生之女,主要作品有《红豆》《弦上的梦》等。B项错误。高士其的《我们肚子里的食客》是说明文,但生动、活泼、形象、吸引人。作者既研究科学,又有很深的文学造诣,有了这两者就可以产生文学性很强的科普小品。C项错误。叶圣陶的《苏州园林》属于说明文,而且是一篇结构精巧严谨的典范说明文。余秋雨的《都江堰》属于文化游记,作者对历史文化遗迹都江堰与长城进行了对比,用现代文化意识观照历史文化踪迹,给古老的物象与峻伟的山水赋予了灵性,赋予了哲理意蕴。D项正确。《花城》《潮汐和船》是当代著名散文家秦牧的散文集。

74. 2010(15) 下列有关作家、作品的说法错误的一项是 （　　）
A. 《伊里亚特》和《奥德修纪》统称为荷马史诗。
B. 巴尔扎克立志要当法国社会的"书记"。他以20年的心血铸造出欧洲文学史上一座光辉的丰碑——《人间喜剧》。
C. 莎士比亚的《哈姆雷特》,其主要剧情是英国王子哈姆雷特杀死篡位的叔父,为父复仇的故事。
D. 果戈理是俄国批判现实主义文学的奠基人,其代表作品是《死魂灵》。

【答案解析】 C项错误。莎士比亚《哈姆雷特》中的哈姆雷特是丹麦王子。

75. 2011(6) 下面关于明清两代科举制度表述错误的一项是 （　　）
A. 每两年一次在各省省城举行乡试,乡试录取者称为"举人"。
B. 举人参加会试,取中后称为"贡士",第一名称为"会元"。
C. 殿试一甲三名——状元、榜眼、探花,如鼎之三足,故称"鼎甲"。
D. 未考取秀才的读书人,不论年龄大小,都称"童生"。

【答案解析】 A。乡试是明、清时在各省省城和京城举行的科举考试。照例每三年举行一次。考试通常安排在八月举行,因此叫"秋试"。按四书五经、策问和诗赋分三场进行考试,每场考三天。举人一词,在元代以前,是指各地举荐进京参加会试的秀才;到明代,成了乡试合格秀才的专称。乡试第一名称"解元",读书人成了举人才有资格进入更高层次的会试。通过乡试的举人,可于次年三月参加在京师的会试和殿试。会试由礼部在贡院举行,亦称"春闱",同样是连考三场,每场三天,由翰林或内阁大学士主考。会试发的榜称为"杏榜",取中者称"贡士",贡士首名称"会元"。得到贡士资格者可以参加同年四月的殿试。殿试由皇帝主持和出题,亦由皇帝钦定前十名的次序。殿试只考一题,考的是对策,为期一天。

录取名单称为"甲榜",又称"金榜";分为三甲:一甲只有三人,第一名状元、第二名榜眼、第三名探花,赐"进士及第"。读书人在没有通过考试取得生员(秀才)资格以前,不论年龄老少,均称童生。

76.2011(7) 下列诗词名句与作者排序对应正确的一项是 （ ）
(1) 海上生明月,天涯共此时。
(2) 羌笛何须怨杨柳,春风不度玉门关。
(3) 衣带渐宽终不悔,为伊消得人憔悴。
(4) 花自飘零水自流,一种相思,两处闲愁。
A. 张若虚、王之涣、柳永、纳兰性德　　B. 张九龄、孟浩然、秦观、李清照
C. 张若虚、孟浩然、秦观、纳兰性德　　D. 张九龄、王之涣、柳永、李清照

【答案解析】 D。(1)"海上生明月,天涯共此时"出自唐朝诗人张九龄《望月怀远》,是望月怀思的名句,意境幽静秀丽,情感真挚,写景抒情并举,情景交融。(2)"黄河远上白云间,一片孤城万仞山。羌笛何须怨杨柳,春风不度玉门关。"出自王之涣的《出塞》,描写了边塞凉州雄伟壮阔而又荒凉寂寞的景象。(3)"衣带渐宽终不悔,为伊消得人憔悴。"出自柳永《蝶恋花》。王国维先生在《人间词话》说:"古今之成大事业、大学问者,必经过三种之境界:'昨夜西风凋碧树。独上高楼,望尽天涯路'。此第一境也。'衣带渐宽终不悔,为伊消得人憔悴。'此第二境也。'众里寻他千百度,蓦然回首,那人却在,灯火阑珊处'。此第三境也。"这里,引用的便是北宋柳永《蝶恋花》最后两句词,原词是表现作者对爱的艰辛和爱的无悔。若把"伊"字理解为词人所追求的理想和毕生从事的事业,亦无不可。(4)"花自飘零水自流,一种相思,两处闲愁。"出自李清照的《一剪梅》。这首词集中抒发了作者对丈夫的深挚情感,吐露了不忍离别之情以及别后的相思之苦,将一位沉湎于夫妻恩爱中独守空闺备受相思折磨的妻子的心理刻画得细腻入微。作品的语言自然流畅,清丽俊爽,明白的叙述中包孕了无尽的情感。

77.2011(8) 以下作品、朝代、作家对应正确的一项是 （ ）
A.《赵氏孤儿》——元代——郑光祖
B.《中吕·山坡羊(潼关怀古)》——明代——张养浩
C.《官场现形记》——清代——刘鹗
D.《病梅馆记》——清代——龚自珍

【答案解析】 D。A项错误。元代纪君祥的《赵氏孤儿》是一部杰出的悲剧。它以歌颂英雄人物前仆后继的自我牺牲精神,构成了全剧悲壮的基调,曲词中所倾注的激烈愤懑情绪,渲染出炽烈的悲剧气氛。郑光祖的代表作品为《倩女离魂》。B项错误。《潼关怀古》是张养浩晚年的代表作,是元散曲中思想性、艺术性完美结合的名作。在他的散曲集《云庄乐府》中,以[山坡羊]曲牌写下的怀古之作有七题九首,其中尤以《潼关怀古》韵味最为沉郁,色彩最为浓重。C项错误。《官场现形记》的作者是李伯元,该作品尖锐地抨击了封建社会末期极端腐朽和黑暗的官僚制度。作者塑造了一群形形色色的官僚形象,他们官职有高有低,权势有大有小,手段各不同,但都是"见钱眼开,视钱如命"、鱼肉百姓的吸血鬼。刘鹗的代表作品为《老残游记》。D项正确。龚自珍生活在封建统治日趋衰落的晚清,西方资本主义的入侵和国内矛盾的激化,使濒于瓦解的封建社会处于岌岌可危的境地。清朝统治者为了维持自己的政权,对外媚敌卖国,对内采用高压政策。为了束缚人们的思想,清朝统治者一方

面以八股文作为科举考试的法定文体,同时又大兴文字狱,镇压知识分子的反抗。在这样的思想统治之下,人才受到压迫、摧残,全国都处于一种"万马齐喑"的境地。道光十九年,作者被迫辞官归里,他有感于当时社会的黑暗,大批人才被扼杀,忧愤交集,写下了《病梅馆记》。作者迫于当时反动统治的严酷,采用含蓄隐晦的笔法,托物喻人,通过植梅这样的生活琐事,形象地揭露和抨击了清朝封建统治阶级束缚人们思想、扼杀摧残人才的罪行,表达了作者要求改革,追求解放的强烈愿望。

78. 2011(9) 下列说法中错误的一项是 ( )

A. 先秦散文,一类是历史散文,以叙事记言为主,主要著作有《左传》《战国策》等;一类是诸子散文,以议论说理为主,主要著作有《孟子》《庄子》等。

B. 自魏晋以来,辞赋骈偶化的倾向日渐明显。至南北朝时期,骈赋已成为文人赋作的主要形式,南北朝骈赋作家以鲍照、江淹、庾信、阮籍等为代表。

C. 唐传奇是文言小说成熟的标志,代表作有蒋防的《霍小玉传》、李朝威的《柳毅传》等。宋元话本以历史演绎和佛经故事为主,对明清小说产生直接影响。

D. 《三国演义》是章回体历史小说,也是我国第一部长篇白话小说。《金瓶梅》是以家庭生活为题材的长篇小说,也是我国第一部文人独创的长篇小说。

【答案解析】 B。A项正确。先秦散文分为历史散文和诸子散文,一个以叙事记言为主,一个以议论说理为主。《左传》《战国策》《国语》《春秋》等为历史散文,《论语》《孟子》《庄子》《道德经》《韩非子》《吕氏春秋》等为诸子散文。B项错误。阮籍为正始文学的代表,后世将正始时期以阮籍、嵇康为代表的正始文学称为"正始之音"。C项正确。唐传奇标志着古典文言小说的成熟,蒋防的《霍小玉传》、李朝威的《柳毅传》、元稹的《莺莺传》是代表作品。D项正确。《三国演义》是我国第一部长篇白话小说,描写的是从东汉末年到西晋初年之间近一百年的历史风云。全书反映了三国时代的政治军事斗争,反映了三国时代各类社会矛盾的渗透与转化,概括了这一时代的历史巨变,塑造了一批叱咤风云的英雄人物。《金瓶梅》是以家庭生活为题材的长篇小说,也是我国第一部文人独创的长篇小说,作者是明代兰陵笑笑生。书名系小说中的人物潘金莲、李瓶儿、春梅三个妇女的名字组合而成,以《水浒传》中"武松杀嫂"一节衍生而成。

79. 2011(10) 下列说法正确的一项是 ( )

A. "建安文学"是指汉末建安时期的文学。文学史上的建安时期指建安至东晋的一段时间,其代表作家包括曹操、曹植、建安七子等。

B. "唐宋八大家"是指唐、宋八位著名的散文作家,即唐代的韩愈、柳宗元、白居易和宋代的欧阳修、苏洵、苏轼、苏辙、王安石。

C. "前后七子"是明代两个文学流派的合称。"前七子"以李梦阳、何景明为代表,"后七子"以李攀龙、王世贞为代表。

D. "南洪北孔"是明代戏曲作家洪昇与孔尚任的并称。洪昇是南方人,孔尚任是北方人,他们所作的《长生殿》《桃花扇》负有盛名,故称。

【答案解析】 C。A项时代表述上有错误。建安是东汉末年汉献帝年号,即公元196—220年。因发生在汉献帝建安时期,故后人称这一时期的文学为建安文学。建安文学的代表人物是"三曹"和"七子",而以三曹为核心。曹操是建安文学的主将和开创者,今存其乐府诗20余首,代表作《蒿里行》描写了军阀混战时期的惨景,《短歌行》更是脍炙人口的名篇。

曹丕是曹操的次子,其诗歌委婉悱恻,多以爱情、伤感为题材。两首《燕歌行》是现存最早的七言诗。其所著《典论·论文》是中国文学批评史上的重要著作。曹植是这一时期最负盛名的作家,流传下来的诗赋文章共有100多篇,如描绘人民痛苦生活的《泰山梁甫行》,描写爱情的《美女篇》《洛神赋》等。曹植写《七步诗》的原委,更流传为尽人皆知的佳话。李白有"蓬莱文章建安骨"之句,可知建安文学对后世的深远影响。B项错误。"唐宋八大家"是唐宋时期八大散文作家的合称,即唐代的韩愈、柳宗元和宋代的苏轼、苏洵、苏辙(苏轼、苏洵、苏辙父子三人称为"三苏")、欧阳修、王安石、曾巩(曾经拜过欧阳修为师),分为唐二家,宋六家。C项正确。"前后七子"是明代两个文学流派的合称。"前七子"是明弘治、正德年间(公元1488—1521)的文学流派,以李梦阳、何景明为代表,为区别后来嘉靖、隆庆年间出现的李攀龙、王世贞等七子,世称"前七子"。约在嘉靖二十七年(公元1548),由进士出身任职于京师的李攀龙、王世贞相结交讨论文学,决定重整李梦阳、何景明等人学复古的"旗鼓",称"后七子"。D项时代表述错误。"南洪北孔"即清初著名洪升和孔尚任。清代初年,剧坛出现了洪升和孔尚任两位著名的剧作家。洪升创作的剧作《长生殿》和孔尚任创作的剧作《桃花扇》代表了古典戏曲创作的两座高峰,堪称传奇剧本中的双璧,因为洪升是南方浙江钱塘人,孔尚任是北方山东曲阜人,他们也享有了"南洪北孔"的美誉。

80. 2011(11) 下列关于中国古代文化,表述正确的一项是 （　　）
A. 朝觐在古代指臣子朝见君主。　　B. 寒食节在清明节后一日或二日。
C. 孝悌指孝顺父母,敬爱兄弟。　　D. 少牢指祭祀时只用牛羊二牲。

【答案解析】 C。A项错误。朝觐为古代宾礼之一。为周代诸侯朝见天子的礼制。诸侯朝见天子,"春见曰朝,秋见曰觐",此为定期朝见。春秋两季朝见天子,合称为"朝觐"。B项错误。寒食节在夏历冬至后一百零五日,清明节前一二日。是日初为节时,禁烟火,只吃冷食。并在后世的发展中逐渐增加了祭扫、踏青、秋千、蹴鞠、牵勾、斗卵等风俗,寒食节前后绵延两千余年,曾被称为民间第一大祭日。C项正确。孝悌指孝顺父母,敬爱兄弟。孝,指还报父母的爱;悌,指兄弟姊妹的友爱,也包括了和朋友之间的友爱。孔子非常重视孝悌,认为孝悌是做人、做学问的根本。孝悌不是教条,是培养人性光辉的爱,是中国文化的精神。谈孝悌,"父慈子孝,兄友弟恭"都是相对的,并不只是单方面的顺从、尊敬。D项错误。古代帝王祭祀社稷时,牛、羊、豕三牲全备为"太牢"。古代祭祀所用牺牲,行祭前需先饲养于牢,故这类牺牲称为"牢";又根据牺牲搭配的种类不同而有"太牢""少牢"之分。少牢只有羊、豕,没有牛。由于祭祀者和祭祀对象不同,所用牺牲的规格也有所区别:天子祭祀社稷用太牢,诸侯祭祀用少牢。

81. 2011(13) 下列关于作家、作品的叙述正确的一项是 （　　）
A. 曹禺是现代著名剧作家,其代表作有《雷雨》《日出》《茶馆》《北京人》等。
B. 《阿Q正传》是中国现代文学史上的第一篇白话小说,表现了阿Q的"精神胜利法"。
C. 徐志摩的抒情诗《再别康桥》融情于景,表达了作者对母校的眷恋之情。
D. 郁达夫的小说《沉沦》是作者在英国留学时期情感和思想的写照,具有鲜明的自传性。

【答案解析】 C。A项错误。《茶馆》是老舍的戏剧作品。B项错误。《狂人日记》是中国现代文学史上的第一篇白话小说。C项正确。徐志摩的抒情诗《再别康桥》融情于景,表达了作者对母校的眷恋之情。D项错误。郁达夫的小说《沉沦》是作者在日本留学时期情感和思想的写照,具有鲜明的自传性。

82. 2011(14) 下列关于当代文学史的叙述正确的一项是 （ ）

A. 20世纪80年代中期,被称为第一篇"真正具有现代派小说味"的作品是铁凝的《你别无选择》。

B. 余秋雨的散文包含着对文化的深刻思考,将新时期散文推向了新的境界,其代表作有《文化苦旅》《山居笔记》等。

C. 20世纪80年代末90年代初期,中国小说创作中涌现出"新写实主义"潮流,刘醒龙的《单位》、池莉的《烦恼人生》和方方的《风景》是其代表作品。

D. "文革"结束后,中国文艺创作有复苏迹象。被称为"三只报春的燕子"的是刘心武的《班主任》、徐迟的《哥德巴赫猜想》和王蒙的《春之声》。

【答案解析】 B。A项错误。被称为第一篇"真正具有现代派小说味"的作品是刘索拉的《你别无选择》。B项正确。余秋雨的散文包含着对文化的深刻思考,将新时期散文推向了新的境界,其代表作有《文化苦旅》《山居笔记》等。C项错误。《单位》是刘震云的代表作品。D项错误。"文革"结束后,中国文艺创作有复苏迹象。被称为"三只报春的燕子"的是白桦的《曙光》、刘心武的《班主任》和徐迟的《哥德巴赫猜想》。

83. 2011(15) 下列关于作家、国别以及作品对应完全正确的是 （ ）

A. 雨果——法国——《巴黎圣母院》

B. 莱蒙托夫——俄国——《静静的顿河》

C. 拉伯雷——意大利——《巨人传》

D. 夏洛蒂·勃朗特——英国——《呼啸山庄》

【答案解析】 A项正确。雨果是法国浪漫主义作家,代表作为《巴黎圣母院》。B项错误。《静静的顿河》是苏联著名作家肖洛霍夫的一部力作。C项错误。拉伯雷是法国作家,代表作为《巨人传》。D项错误。《呼啸山庄》是英国女作家勃朗特姐妹之一艾米莉·勃朗特的作品。

84. 2012(6) 下列诗词句与作者对应正确的一项 （ ）

(1) 江天一色无纤尘,皎皎空中孤月轮。

(2) 白日放歌须纵酒,青春作伴好还乡。

(3) 鸡声茅店月,人迹板桥霜。

(4) 倩何人,唤取红巾翠袖,揾英雄泪。

A. 张若虚、杜甫、温庭筠、辛弃疾　　B. 张九龄、李白、韦庄、陆游

C. 张若虚、李白、韦庄、辛弃疾　　D. 张九龄、杜甫、温庭筠、陆游

【答案解析】 A。(1)句出自张若虚《春江花月夜》。(2)句出自杜甫《闻官军收河南河北》。(3)句出自温庭筠《商山早行》。(4)句出自辛弃疾《水龙吟》。

85. 2012(9) 下列关于现当代文学的表述,正确的一项是 （ ）

A. 老舍的小说代表作有《骆驼祥子》《月牙儿》《茶馆》等。

B. 高行健是新时期十年的话剧作家之一,代表作有《车站》《彼岸》等。

C. 闻一多诗歌理论中的"三美",即建筑美、节奏美、绘画美。

D. 贾平凹的《白鹿原》被文学评论界公认为具有史诗般风格的作品。

【答案解析】 B。A错误,《茶馆》是老舍的话剧作品。C项中闻一多诗歌"三美"理论指的是音乐美、绘画美、建筑美。D项中《白鹿原》作者为陈忠实。

86. 2012(10) 下列作家、国籍、作品对应完全正确的一项是_____ （ ）
   A. 塞万提斯——意大利——《堂吉诃德》
   B. 斯丹达尔——德国——《红与黑》
   C. 川端康成——日本——《雪国》
   D. 狄更斯——英国——《呼啸山庄》
   【答案解析】 C。A错误,塞万提斯为西班牙作家。B项中斯丹达尔(司汤达)为法国作家。D项中《呼啸山庄》的作者为艾米丽·勃朗特。

87. 2013(4) 被誉为"孤篇横绝""诗中的诗,顶峰上的顶峰"的唐代诗歌是 （ ）
   A. 张若虚《春江花月夜》   B. 李白《蜀道难》
   C. 高适《燕歌行》   D. 白居易《琵琶行》
   【答案解析】 A。《春江花月夜》,被闻一多先生誉为"诗中的诗,顶峰上的顶峰",一千多年来使无数读者为之倾倒。一生仅留下两首诗的张若虚,也因这一首诗,"孤篇横绝,竟为大家"。诗篇题目就令人心驰神往。春、江、花、月、夜,这五种事物集中体现了人生最动人的良辰美景,构成了诱人探寻的奇妙的艺术境界。

88. 2013(5) 下列表述错误的一项是 （ ）
   A. 《西厢记》描写了张生和崔莺莺的爱情故事。
   B. 《牡丹亭》描写了杜丽娘和柳梦梅的爱情故事。
   C. 《桃花扇》描写了吴三桂和陈圆圆的爱情故事。
   D. 《长恨歌》描写了唐玄宗和杨贵妃的爱情故事。
   【答案解析】 C。《桃花扇》是通过明末复社文人侯方域与秦淮名妓李香君的爱情故事来反映南明一代兴亡的历史剧。

89. 2013(6) 下列诗词名句与作者顺序对应正确的一项是 （ ）
   (1) 春风得意马蹄疾,一日看尽长安花。
   (2) 人生到处知何似,应似飞鸿踏雪泥。
   (3) 疏影横斜水清浅,暗香浮动月黄昏。
   (4) 寄意寒星荃不察,我以我血荐轩辕。

   A. 贾岛   苏轼   秦观   龚自珍
   B. 孟郊   黄庭坚   秦观   鲁迅
   C. 贾岛   黄庭坚   林逋   龚自珍
   D. 孟郊   苏轼   林逋   鲁迅

   【答案解析】 D。(1)句出自孟郊《登科后》。(2)句出自苏轼《和子由渑池怀旧》。(3)句出自林逋《山园小梅》。(4)句出自《自题小像》,是现代伟大文学家鲁迅在日本东京学时给他的挚友许寿裳的诗作。诗本无题,表达了作者对祖国的深厚情感。

90. 2014(3) 下列名句出自《老子》一书的是 （ ）
   A. 工欲善其事,必先利其器   B. 凡事预则立,不预则废
   C. 合抱之木,生于毫末   D. 不积跬步,无以至千里
   【答案解析】 C。出自《老子》第六十四章:"合抱之木,生于毫末;九层之台,起于累土;千里之行,始于足下。"

91. 2014(4) 下列各句诗中,描写重阳节景象的是 （ ）
A. 总把新桃换旧符 B. 长安水边多丽人
C. 遍插茱萸少一人 D. 最是橙黄橘绿时

【答案解析】 C。重阳节插茱萸的风俗,在唐代就已经很普遍。农历九月九日重阳节时,秋高气爽,正是茱萸成熟之时,茱萸被认为能祛病驱邪,所以古人或头插茱萸枝,或臂佩茱萸囊,登高游兴,并把重阳节称为登高节、茱萸节、茱萸会。王维《九月九日忆山东兄弟》诗:"独在异乡为异客,每逢佳节倍思亲,遥知兄弟登高处,遍插茱萸少一人。"

92. 2014(5) 下列宋词名句与作者顺序相匹配的一组是 （ ）
(1) 昨夜西风凋碧树,独上高楼,望尽天涯路。
(2) 衣带渐宽终不悔,为伊消得人憔悴。
(3) 众里寻他千百度,蓦然回首,那人却在,灯火阑珊处。
A. 欧阳修 柳永   辛弃疾   B. 欧阳修 秦观   李清照
C. 晏殊   秦观   李清照   D. 晏殊   柳永   辛弃疾

【答案解析】 D。王国维在《人间词话》中说:古今之成大事业、大学问者,必经过三种之境界:"昨夜西风凋碧树,独上高楼,望尽天涯路。"此第一境也。"衣带渐宽终不悔,为伊消得人憔悴。"此第二境也。"众里寻他千百度,蓦然回首,那人却在,灯火阑珊处。"此第三境也。三句话分别取自晏殊的《鹊踏枝》、柳永的《蝶恋花》、辛弃疾的《青玉案·元夕》。

93. 2014(6) 下列元人杂剧中,作者为关汉卿的是 （ ）
A.《救风尘》 B.《梧桐雨》 C.《西厢记》 D.《汉宫秋》

【答案解析】 A。关汉卿的《救风尘》、白朴的《梧桐雨》、王实甫的《西厢记》、马致远的《汉宫秋》。

94. 2014(7) 下列《水浒传》人物中属于"一百零八将"的是 （ ）
A. 托塔天王晁盖 B. 没遮拦穆弘 C. 白衣秀士王伦 D. 蒋门神蒋忠

【答案解析】 B。穆弘,揭阳镇富户,在镇上横行无忌,人称"没遮拦",与众好汉闹江州后上梁山。排梁山英雄第二十四位,是马军八虎骑兼先锋使,排第八位。

95. 2014(8) 下列关于语词工具书的表述,不正确的一项是 （ ）
A. 东汉许慎所编的《说文解字》,是我国第一部系统分析汉字形体、探讨字源的字典。
B.《康熙字典》是我国迄今为止规模最大的字书,收集了大量常用字、冷僻字和古文字。
C. 修订后的新版《辞源》是一部专收古代语词和文史条目的古汉语辞书。
D.《现代汉语词典》是为推广普通话、促进汉语规范化而编写的中型词典。

【答案解析】 C。修订版《辞源》以旧有的字书,韵书,类书为基础,吸收了现代词书的特点,以语词为主,兼收百科,以常见为主,强调实用,是一部综合性,实用性极强的百科式大型工具书。

96. 2014(9) 下列对于封建社会皇帝称呼的解说,不正确的一项是 （ ）
A. 秦始皇这一称呼中的"始"字表示第一个,隐含着要将帝位子子孙孙传下去的意思。
B. 谥号是古代帝王、贵族、大臣死后,据其生前事迹、品德修养而给予的称号,如汉武帝。
C. 庙号是封建社会皇帝死去后,在太庙立室奉祀时特起的一种名号,如唐太宗、宋太祖。
D. 年号是封建王朝用于纪年的专有名号,元、明、清三代常用年号称呼皇帝,如康熙帝。

【答案解析】 B。谥号是对死去的帝王、大臣、贵族包括其他地位很高的人按其生平事迹进行评定后,给予或褒或贬或同情的称号。刘彻,汉朝第七位天子,政治家、战略家,谥号"孝武",庙号世宗。

97. 2014(10) 下列关于鲁迅在中国现代文学史上成就的说法,不正确的一项是（　　）
A. 鲁迅创作了中国新文学史上第一篇现代短篇白话小说。
B. 鲁迅创作了"杂文"这一富有生命力的文体范式。
C. 鲁迅的《呐喊》《彷徨》达到了中国现代短篇小说的艺术高峰。
D. 鲁迅的《热风》开了中国现代散文诗创作的先河。

【答案解析】 D。1918年到1926年间,鲁迅陆续创作出版了小说集《呐喊》《彷徨》,论文集《坟》,散文诗集《野草》,散文集《朝花夕拾》,杂文集《坟》《南腔北调集》《三闲集》《二心集》《而已集》《热风》《华盖集》《华盖集续编》等专集。

98. 2014(11) 下列属于《四世同堂》人物形象的是（　　）
A. 王利发　　　B. 祁瑞宣　　　C. 常四爷　　　D. 沙子龙

【答案解析】 B。祁瑞宣,老舍作品《四世同堂》中主人公,当过英文教师,又在英国驻北平领事馆当过秘书。王利发这一人物来自老舍《茶馆》,他是"裕泰大茶馆"的掌柜,贯穿全剧。常四爷也来自《茶馆》,是一个具有侠骨豪情的"旗人",他性格耿直,具有正义感和爱国心。老舍《断魂枪》通过沙子龙这样一个艺术形象,来反映清朝末年、辛亥革命前夕中国的社会风貌。

99. 2014(12) 下列关于当代作家、作品的说明,正确的一项是（　　）
A.《妻妾成群》是王朔的小说,曾被改编为电影《大红灯笼高高挂》。
B. 马原《冈底斯的诱惑》《海边也是一个世界》是他先锋小说的代表作。
C. 韩少功的《马桥词典》《归去来》表现出强烈的"寻根"意识。
D. 张承志的小说代表作有《北方的河》《涂自强的个人悲伤》等。

【答案解析】 C。韩少功,1985年倡导"寻根文学"的主将,发表《文学的根》,提出"寻根"口号,并以自己的创作实践了这一主张。这一时期比较著名的有《爸爸爸》《女女女》《归去来》等,表现了向民族历史文化深层汲取力量的趋向,饱含深厚的文化哲学意蕴,在文坛产生很大影响。1996年出版长篇小说《马桥词典》。A项《妻妾成群》,作者苏童;B项马原是从"知青文学"开始自己的写作旅程的,处女作《海边也是一个世界》,描写压抑阴暗的知青生活;D项《涂自强的个人悲伤》的作者是方方。

100. 2014(13) 毕飞宇获茅盾文学奖的作品是（　　）
A.《黄雀记》　　B.《推拿》　　C.《玉米》　　D.《青衣》

【答案解析】 B。江苏作家毕飞宇的长篇小说《推拿》获得了第八届茅盾文学奖,作者首次涉足盲人题材的长篇小说,也是国内少有的以盲人群体为题材的文学作品。

101. 2014(14) 下列作品、作家、国别对应正确的一项是（　　）
A.《约翰·克里斯多夫》——罗曼·罗兰——法国
B.《浮士德》——歌德——英国
C.《鲁滨逊漂流记》——笛福——美国
D.《复活》——契诃夫——俄国

【答案解析】 A。B项歌德是德国诗人、哲学家;C项笛福是英国作家;D项《复活》作者为列夫·托尔斯泰。

102. 2014(15) 下列作家不属于浪漫主义流派的是　　　　　　　　　　　　　　　（　）
A. 乔治·桑　　　　B. 大仲马　　　　C. 雨果　　　　D. 司汤达
【答案解析】　D。司汤达,法国批判现实主义作家,代表作为《红与黑》。

103. 2015(3) 下列古籍中,保存古代神话传说最多的是　　　　　　　　　　　　（　）
A.《淮南子》　　B.《庄子》　　C.《山海经》　　D.《楚辞》
【答案解析】　C。《山海经》的内容主要是民间传说中的地理知识,包括山川、民族、物产、药物、祭祀、巫医等。《山海经》保存了包括夸父逐日、女娲补天、精卫填海、大禹治水等不少脍炙人口的远古神话传说和寓言故事。

104. 2015(4) 下列名句出自《孟子》一书的是　　　　　　　　　　　　　　　　（　）
A. 见贤思齐,见不贤而内自省　　　　B. 穷则独善其身,达则兼济天下
C. 千里之堤,毁于蚁穴　　　　　　　D. 君子之交淡若水,小人之交甘若醴
【答案解析】　B。A项出自《论语》"见贤思齐焉,见不贤而内自省也。"B项出自《孟子·尽心上》:"穷则独善其身,达则兼善天下。"后人改"兼善"为"兼济"。C项出自《韩非子》:"千丈之堤,以蝼蚁之穴溃;百尺之室,以突隙之炽焚。"一个小小的蚂蚁洞,可以使千里长堤毁于一旦。D项出自《庄子》,意思是君子之间的交情像水一样清淡,小人之间的交往只是基于酒肉的交情。

105. 2015(5) 被鲁迅誉为"史家之绝唱,无韵之离骚"的史学名著是　　　　　　（　）
A.《史记》　　B.《汉书》　　C.《后汉书》　　D.《三国志》
【答案解析】　A。《史记》原名《太史公书》,东汉末年始称《史记》。《史记》是我国纪传体史学的奠基之作,同时也是我国传记文学的开端,鲁迅《汉文学史纲要》称其为"史家之绝唱,无韵之离骚"。

106. 2015(6) 下列诗词与作者顺序相匹配的一组是　　　　　　　　　　　　　（　）
(1) 莫愁前路无知己,天下谁人不识君
(2) 漠漠水田飞白鹭,阴阴夏木啭黄鹂
(3) 此曲只应天上有,人间能得几回闻
(4) 衰兰送客咸阳道,天若有情天亦老
A. 王维　高适　李贺　杜甫　　　　B. 王维　李贺　杜甫　高适
C. 高适　王维　杜甫　李贺　　　　D. 高适　李贺　王维　杜甫
【答案解析】　C。(1)句出自高适《别董大》,这两句是对董大的劝慰。说"莫愁",说前路有知己,说天下人人识君,以此赠别,足以鼓舞人心,激励人之心志。(2)句出自王维山水田园诗《积雨辋川庄作》,"漠漠"形容广阔无际,"阴阴"指幽暗的样子,"夏木"是高大的树木,"啭"(zhuàn),小鸟婉转地鸣叫,黄鹂指黄莺。(3)句出自杜甫《赠花卿》,意思是这样美妙的乐曲只应该是天上才有的,人间哪里有可能听到几次呢?(4)句出自唐朝诗人李贺《金铜仙人辞汉歌》第五句,"衰兰送客",秋兰已老,故称衰兰,后半句意谓面对如此兴亡盛衰的变化,天若有情,也会因常常伤感而衰老。

107. 2015(7) 下列作品中,属于晚清谴责小说的是　　　　　　　　　　　　　（　）
A.《儿女英雄传》　　B.《歧路灯》　　C.《儒林外史》　　D.《孽海花》
【答案解析】　D。晚清四大谴责小说是清末四部谴责小说的合称,即李宝嘉(李伯元)的《官场现形记》、吴沃尧(吴趼人)的《二十年目睹之怪现状》、刘鹗的《老残游记》、曾朴的《孽海花》。

108. 2015(9) 下列不属于端午节传统习俗的一项是 （　　）
A. 挂香包　　　B. 插艾蒿　　　C. 登高　　　D. 喝雄黄酒

【答案解析】 C。五月五端午节,赛龙舟、吃粽子、饮雄黄酒、挂艾叶菖蒲、画额头、佩香囊、佩饰五彩丝长命缕为传统习俗。登高为重阳节的习俗之一,可能源于古代对山神、祖先的崇拜,祈望免除灾害。重阳节还有赏菊、喝菊花酒、吃重阳糕、插茱萸等习俗。

109. 2015(10) 2015年是农历乙未年,也是中国抗日战争胜利暨世界反法西斯战争胜利70周年,那么,战争胜利当年应是农历 （　　）
A. 乙申年　　　B. 乙酉年　　　C. 丙申年　　　D. 丙酉年

【答案解析】 B。天干:甲、乙、丙、丁、戊、己、庚、辛、壬、癸,地支:子、丑、寅、卯、辰、巳、午、未、申、酉、戌、亥。2015年是农历乙未年,按照天干地支纪年法"六十一甲子"的推算,1955年为乙未年,再推算1945年为乙酉年。

110. 2015(12) 下列关于现代作家、作品的说明,正确的一项是 （　　）
A. 茅盾的《林家铺子》塑造了民族资本家吴荪甫的形象。
B. 老舍的《北京人》具有十分鲜明的北京地域文化特征。
C. 丁玲的《莎菲女士的日记》开创了现代自叙传小说的新体式。
D. 艾青的《大堰河——我的褓姆》是一首赞美劳动妇女的诗歌。

【答案解析】 D。A项吴荪甫是茅盾长篇小说《子夜》的主人公,性格矛盾复杂,血肉丰满;中国民族资产阶级的两重性,在吴荪甫身上表现得十分鲜明。B项《北京人》是曹禺的三大杰作之一,另外两部是《雷雨》《日出》。C项自叙传抒情小说是中国现代抒情小说的最初体式,作者多集中于创造社,以郁达夫为代表。郁达夫1921年出版的《沉沦》小说集使自叙传小说成为一种潮流。作品中以第一人称"我",即叙述者自己,最常用的手法是直抒胸臆,即在表现自我主人公所经历的日常生活情景时,以充满激烈情绪的笔调去描写,在事件的叙述中作坦率的自我解剖。D项《大堰河—我的褓姆》塑造了勤劳一生、含辛茹苦、忠厚而又遭遇痛苦的农村妇女形象。

111. 2015(13) 小说《生死场》和《呼兰河传》的作者是 （　　）
A. 萧军　　　B. 萧红　　　C. 端木蕻良　　　D. 张爱玲

【答案解析】 B。《生死场》是萧红一部传世的经典名篇,是鲁迅所编"奴隶丛书"之一。它对人性、人的生存这一古老的问题进行了透彻而深邃的诠释。《呼兰河传》是萧红创作的一部自传体小说,前有序后有尾声,著名文学巨匠茅盾作序。本书描绘了东北边陲小镇呼兰河的风土人情,展示了女作家独特的艺术个性与特色。

112. 2015(14) 下列关于当代作家、作品的说明,正确的一项是 （　　）
A. 池莉的《来来往往》被誉为"先锋小说"的开山之作。
B. 陈忠实的《白鹿原》呈现出魔幻现实主义的风格。
C. 汪曾祺的《受戒》具有散文化和诗化的特征。
D. 余华的《活着》是"新写实小说"的代表作品。

【答案解析】 B。A项池莉的《来来往往》是"新写实小说"的代表作品。B项陈忠实的《白鹿原》以现实主义为主,也吸取了隐喻、象征、魔幻现实主义等现代派手法的长处,从而使得《白鹿原》具有了真实和虚幻相结合的奇妙的艺术感染力,也使得现实主义这种传统的艺术手法更加丰满,更加充满魅力。C项汪曾祺的《受戒》具有散文化的特征。作者擅长的散文化的小说,以淡化情节也就是取消高潮与中心为特征。D项余华的《活着》是"先锋小说"的代表作品。

113. 2015(15) 下列作品、作家、国籍对应正确的一项是 （　　）
A. 《高老头》——巴尔扎克——法国
B. 《阴谋与爱情》——歌德——德国
C. 《玩偶之家》——易卜生——丹麦
D. 《红字》——霍桑——英国

【答案解析】　A。B项《阴谋与爱情》是德国作家席勒的作品,该戏剧主要描述的是平民琴师的女儿露伊丝和宰相的儿子斐迪南的悲剧爱情故事。C项《玩偶之家》是挪威作家易卜生的作品,主要写主人公娜拉从爱护丈夫、信赖丈夫到与丈夫决裂,最后离家出走,摆脱玩偶地位的自我觉醒过程。D项《红字》是美国作家霍桑的作品,小说以两百多年前的殖民地时代的美洲为题材,但揭露的却是19世纪资本主义发展时代美利坚合众国社会典法的残酷、宗教的欺骗和道德的虚伪。主人公海丝特被写成了崇高道德的化身。她不但感化了表里不一的丁梅斯代尔,同时也在感化着充满罪恶的社会。

114. 2016(3) 下列宋词名句与作者顺序相匹配的一项是 （　　）
(1) 对潇潇暮雨洒江天,一番洗清秋。
(2) 碧云天,黄叶地,秋色连波,波上寒烟翠。
(3) 春去也,飞红万点愁如海。
(4) 细看来,不是杨花,点点是离人泪。
A. 晏殊　周邦彦　欧阳修　李清照　　B. 柳永　范仲淹　秦观　苏轼
C. 柳永　范仲淹　欧阳修　李清照　　D. 晏殊　周邦彦　秦观　苏轼

【答案解析】　B。"对潇潇暮雨洒江天,一番洗清秋"选自柳永《八声甘州·对潇潇暮雨洒江天》;"碧云天,黄叶地,秋色连波,波上寒烟翠"选自范仲淹《苏幕遮·怀旧》;"春去也,飞红万点愁如海"选自秦观《千秋岁·水边沙外》;"细看来,不是杨花,点点是离人泪。"选自苏轼《水龙吟·次韵章质夫杨花词》。

115. 2016(4) 下列关于元代杂剧的说明不正确的是 （　　）
A. 王实甫《西厢记》提出了"愿普天下有情的都成了眷属"。
B. 白朴《梧桐雨》描写了杨玉环和李隆基凄美的爱情故事。
C. 马致远《汉宫秋》对汉元帝这一形象给予了深深的同情。
D. 关汉卿《救风尘》中周舍搭救了落难的风尘女子赵盼儿。

【答案解析】　D。《西厢记》全名《崔莺莺待月西厢记》,又称"北西厢",元代王实甫撰,作品体现出道家哲学上善若水、素朴之美、追求自由的思想,正面提出了"愿天下有情人都成了眷属"的主张,具有更鲜明的反封建礼教和封建婚姻制度的主题。《梧桐雨》是元代剧作家白朴的名作,是一部宫廷爱情悲剧,又是描写唐明皇、杨贵妃两人爱情故事的历史剧,以浓郁的抒情性、醇厚的诗味和文辞的华美著称。这一剧本取材于唐代陈鸿的传奇小说《长恨歌传》和白居易的诗歌《长恨歌》,题目取名也来自其中诗句"春风桃李花开日,秋雨梧桐叶落时"。马致远《汉宫秋》是元代四大悲剧之一,其主角是汉元帝。作品通过他对文武大臣的谴责和自我叹惜来剖析这次事件。作品在描绘汉元帝对王昭君的思念中,渗入了对国家命运的关注,流露了深沉的忧伤情绪。关汉卿的《救风尘》中,周舍的身上表现出封建势力的残暴和腐朽,性格贪财好色。赵盼儿虽然是风尘人物,但熟谙世故,以其人之道还治其人之身,用自己对周舍的欺骗,回敬了周舍对宋引章的欺骗,展示了她的机智和勇敢。

116. 2016(5)《红楼梦》中主持大观园管理"改革"的人物有 ( )

A. 李纨 迎春 王熙凤 B. 王熙凤 探春 宝钗
C. 李纨 探春 宝钗 D. 王熙凤 迎春 宝钗

【答案解析】 C。李纨青春守寡,是封建淑女,但进入大观园后,不但带领诗社兴旺发达,对园内事务也十分热心;探春,金陵十二钗之一,精明能干,富有心机,能决断,她关心家国大事,有经世致用之才,曾奉王夫人之命代凤姐理家,并主持大观园改革;薛宝钗举止娴雅,品德高尚,愤世嫉俗,心系苍生,她出色的管理方法"无为而治"把大观园治理得井井有条。

117. 2016(6) 下列关于清代文学的说明,正确的一项是 ( )

A. 散文流派"桐城派"中的代表作家有归有光、方苞、姚鼐等。
B. 孔尚任《桃花扇》描写了侯方域与柳如是的爱情故事。
C. 黄遵宪是"诗界革命"的代表人物,诗作收入《饮冰室诗集》。
D. 曾朴《孽海花》采取了连缀多数短篇成长篇的结构方式。

【答案解析】 D。清代散文流派"桐城派"代表作家有方苞、姚鼐、刘大櫆等,归有光为明代散文流派"唐宋派"代表。孔尚任《桃花扇》"借离合之情,写兴亡之感",通过侯方域与李香君悲欢离合的爱情故事,反映了明末动荡的社会现实及统治阶级内部的派系斗争,从而揭示了南明覆灭的根本原因。黄遵宪是"诗界革命"的代表人物。《饮冰室诗(合)集》作者为梁启超,字卓如,号任公,别号饮冰室主人,维新变法的主要领导人。曾朴《孽海花》的艺术结构脉络是网状的,非顺序链条式,与《老残游记》《官场现形记》《二十年目睹之怪现状》并称为"晚清四大谴责小说"。

118. 2016(7) 我国传统文化中常用吉祥物表达寓意,下列说明不符合传统寓意的一项是 ( )

A. 花瓶、鹌鹑象征平平安安。 B. 白鹤、麒麟表示长命百岁。
C. 石榴、葡萄象征多子多孙。 D. 蝙蝠加铜钱表示福在眼前。

【答案解析】 B。花瓶、鹌鹑:谐音"平、安",寓意平安如意。白鹤:鹤有一品鸟之称,又意一品当朝或高升一品。麒麟:仁慈祥和的象征,又有"麒麟送子"之说,寓意麒麟送来童子。石榴:古人称石榴"千房同膜,千子如一",石榴、葡萄多子,是多子多福的象征。蝙蝠:谐音"福",福在眼前(钱)。

119. 2016(8) 下列句子中代称解释错误的一项是 ( )

A. "人逾耳顺,视听不衰"。"耳顺"指代50岁。
B. "一欣侍温颜,再喜见友于"。"友于"指代兄弟。
C. "无丝竹之乱耳,无案牍之劳形"。"丝竹"指代音乐。
D. "何以解忧,唯有杜康"。"杜康"指代酒。

【答案解析】 A。耳顺是六十岁的代称。是指个人的修行成熟,没有不顺耳之事。即听得进逆耳之言,詈骂之声也无所谓,无所违碍于心。

120. 2016(9) 下列关于科举考试说明正确的是 ( )

A. 我国的科举考试开始于唐朝贞观年间。 B. 科举考试的内容始终是"四书""五经"。
C. 明代科考试分为乡试、院试、殿试三级。 D. 明清两代以时文取士,"时文"即"八股文"。

【答案解析】 D。科举是通过考试选拔官吏,从隋朝大业元年(605年)开始实行,到清朝光绪三十一年(1905年)举行最后一科进士考试为止。常设科目主要有明经(经义)、进士、明法(法律)、明字(文字)、明算(算学),"四书五经"是其内容的一部分。明代正式科举考试分为乡试、会试、殿试三级。

121. 2016(11) 下列关于现代作家、作品的说明,正确的一项是 （　　）
A. 鲁迅《在酒楼上》塑造了被欺凌的农民形象。
B. 冰心是现代文学史上最早创作童话的作家。
C. 曹禺的主要作品有《雷雨》《日出》《北京人》等。
D. 赵树理是"山药蛋派"创始人,代表作是《大淖纪事》。

【答案解析】 C。《稻草人》是新中国第一本为儿童而写的童话集,作者叶圣陶。吕纬甫是鲁迅先生的小说《在酒楼上》的主人公。这是一个曾有过辛亥革命时期的革命热情,现在却变得意志消沉的"文人"。《大淖记事》的作者是汪曾祺,以其故乡高邮为背景描述了一个小锡匠十一子同挑夫的女儿巧云的爱情故事。

122. 2016(12) 2016年是茅盾诞辰120周年,下列关于茅盾文学成就的说明错误的一项是 （　　）
A. 茅盾是"五四"新文学运动的领导者之一。
B. 茅盾与郑振铎等一起成立了"文学研究会"。
C. 茅盾的"农村三部曲"反映了农村的凋敝及农民的反抗。
D. 茅盾的《子夜》是中国现代文学史上长篇小说的里程碑。

【答案解析】 A。"五四"新文学运动主要代表人物:胡适、陈独秀、李大钊、鲁迅等。代表作有鲁迅的《狂人日记》、胡适的《文学改良刍议》、陈独秀的《文学革命论》、李大钊的《布尔什维主义的胜利》。提倡民主与科学,反对专制和愚昧、迷信;提倡新道德,反对旧道德;提倡新文学,反对旧文学。

123. 2016(13) 下列关于当代作家、作品的说明,正确的一项是 （　　）
A. 铁凝的《玫瑰门》具有鲜明的"魔幻现实主义"倾向。
B. 迟子建《群山之巅》展示了西北乡村的地域风情。
C. 王安忆《长恨歌》描写了小人物王琦瑶的坎坷命运。
D. 林白《私人生活》讲述了现代都市女性的心路历程。

【答案解析】 A。铁凝的《玫瑰门》以成年女性苏眉的沉思和未成年的苏眉的早熟眼光,展开了"文化大革命"时期北京的一条胡同里几家市民之间发生的琐碎的灰色的生活故事。迟子建出生在东北边陲的漠河北极村,她的小说具有一种童话的气息,第一部小说集就命名为《北极村童话》。其《群山之巅》是聚焦于东北中国的边地民间,展示了时代大潮冲击下的众生相,历史和现实互相纠缠,人性善恶交织。《长恨歌》描写了一个女人几十年的风华历史,同时借助这个女人的历史描写了这个城市的历史,讲述了日常普通人眼中的上海历史的流变和沧桑。陈染的《私人生活》是一部独特的"女性成长史",它不仅是女性肉体的、生理的成长史,同时也是女性心灵的成长史。

124. 2016(14) 下列作品不属于苏童的一项是 （　　）
A.《米》　　　　　　　　　　B.《碧奴》
C.《我的帝王生涯》　　　　　D.《耶路撒冷》

【答案解析】 D。徐则臣的《耶路撒冷》以一群出生于20世纪70年代年轻人的逃离与重返故乡之路为核心,探寻当代复杂的现实与精神生活,构筑出"一代人的心灵史"。

125. 2016(15) 恩格斯称之为"中世纪的最后一位诗人,同时又是新时代的最初一位诗人"的是 （ ）
A. 莎士比亚　　B. 但丁　　C. 裴多菲　　D. 薄伽丘
【答案解析】 B。但丁,文艺复兴先驱,恩格斯称之为"中世纪的最后一位诗人,同时又是新时代的最初一位诗人"。

126. 2017(6) 某旅游组成员组织第二天去哪儿。导游回答"吴楚东南坼,乾坤日夜浮",诗里描写的地方就是明天的目的地。据此可知,第二天的目的地是 （ ）
A. 西湖　　B. 太湖　　C. 潘阳湖　　D. 洞庭湖
【答案解析】 D。古代歌咏洞庭湖的名章佳句甚多,杜甫这两句则最负盛名。诗人在岳阳楼上面对洞庭湖,觉得自己的眼界也随着浩森无际的湖水而扩大了,似乎看到了我国东南方吴楚两地的分界线,又似乎感到日月也都在湖面上飘浮,两句境界阔大,气象宏放。杜甫《登岳阳楼》原诗如下:昔闻洞庭水,今上岳阳楼。吴楚东南坼,乾坤日夜浮。亲朋无一字,老病有孤舟。戎马关山北,凭轩涕泗流。

127. 2017(7) 小张在微信群里留言"贺王子建同学弄瓦之喜",那么,王子建的"喜"是指 （ ）
A. 生了儿子　　B. 生了女儿　　C. 盖了新房　　D. 搬了新家
【答案解析】 B。弄瓦:古人把瓦给女孩玩,希望她将来能胜任女工。旧时常用以祝贺人家生女孩。

128. 2017(8) 某考古队在黄河流域考察,黄昏时,见北斗星斗针指向东方,下面诗句描写的景象,与考古队相对应的一项是 （ ）
A. 乱花渐欲迷人眼　　B. 瀚海阑干百丈冰　　C. 霜叶红于二月花　　D. 映日荷花别样红
【答案解析】 A。北斗星在不同的季节和夜晚不同的时间,出现于天空的方位,所以古人就根据初昏时斗柄所指的方向来决定季节:斗柄指东,天下皆春;斗柄指南,天下皆夏;斗柄指西,天下皆秋;斗柄指北,天下皆冬。题目中北斗星斗针指向东方,应是春天,对应诗句白居易《钱塘湖春行》"乱花渐欲迷人眼"。

129. 2017(9) 赵女士兴之所至,填词一首,该词上下阕不计标点共70字。由此可知,她选用的词牌是 （ ）
A. 如梦令　　B. 渔歌子　　C. 江城子　　D. 虞美人
【答案解析】 C。江城子,唐词单调,始见《花间集》,单调三十五字,全词七十字。如《江城子·密州出猎》:老夫聊发少年狂,左牵黄,右擎苍。锦帽貂裘,千骑卷平冈。为报倾城随太守,亲射虎,看孙郎。酒酣胸胆尚开张,鬓微霜,又何妨!持节云中,何日遣冯唐?会挽雕弓如满月,西北望,射天狼。

130. 2017(10) 下列关于古代文学史的说明,正确的一项是 （ ）
A. 汉赋是汉代文学的代表,分为骚体赋,汉大赋和抒情小赋。
B. 刘义庆《世说新语》代表了古代志怪小说的最高成就。
C. 以李攀龙为代表的前七子掀起了明代文学复古运动的第一次高潮。
D. 以张惠言等为代表的常州词派主张独抒性灵,向往"清空"的境界。

【答案解析】 A。B项刘义庆《世说新语》,代表了古代志人小说的最高成就;C项前七子以李梦阳、何景明为代表,后七子又有"嘉靖七子"之名以李攀龙、王世贞为代表;D项以张惠言等为代表的常州词派反对"清空"境界,强调比兴寄托;而明代后期,以湖北公安袁氏兄弟为首的公安派,提出了"独抒性灵,不拘格套"的文学主张。

131. 2017(11) 下列关于现代作家、作品的说明,正确的一项是 （　　）
A. 鲁迅的杂文集有《南腔北调》《朝花夕拾》等。
B. 张恨水的代表作包括《金粉世家》《啼笑因缘》等。
C. 郭沫若的《上海屋檐下》是以现实生活为题材的剧本。
D. 臧克家的诗歌《有的人》是为了纪念闻一多而创作的。

【答案解析】 B。C项鲁迅《朝花夕拾》为散文集;郭沫若历史剧为《屈原》等,夏衍的三幕悲喜剧《上海屋檐下》通过描写一群生活在上海弄堂中的小人物的悲惨遭遇,和他们的喜怒哀乐,揭露了国民党统治下的黑暗现实,暗示出雷雨将至的前景。D项《有的人》是当代诗人臧克家为纪念鲁迅逝世十三周年而写的一首抒情诗。B项张恨水在《啼笑因缘》中塑造了以樊家树为轴心的三位女性,她们分别是:平民女子、唱大鼓书的艺人沈凤喜,部长的千金何丽娜和一位走江湖卖艺的侠女关秀姑。小说就在这一男三女中展开,以离奇曲折的故事情节描写了樊家树与这三位女性剪不断、理还乱的恩怨情仇,并且演绎了一场啼笑皆非的爱情故事。

132. 2017(12) 下列作品中,体裁与其他三项不同的一项是 （　　）
A.《务虚笔记》(史铁生)　　　　　B.《九月寓言》(张炜)
C.《马桥词典》(韩少功)　　　　　D.《干校六记》(杨绛)

【答案解析】 D。只有《干校六记》为散文集,从不同侧面记述了杨绛和钱钟书夫妇在两年多的干校生活中的若干际遇和心迹。而A、B、C三项均为小说,《务虚笔记》是轮椅上的史铁生的首部长篇小说,《马桥词典》为寻根文学主将韩少功的小说作品,《九月寓言》,是著名作家张炜的一篇长篇力作,它复活的是前现代农业文明的生活理想,关于人与大自然的关系的生态表述亦是该小说的核心之一,寻找与行走成为小说的主题。

133. 2017(13) 电影《左耳》根据同名小说改编而成,这部小说的作者是 （　　）
A. 韩寒　　　　　　　　　　　　　B. 郭敬明
C. 郭莉　　　　　　　　　　　　　D. 饶雪漫

【答案解析】 D。电影《左耳》根据饶雪漫同名小说改编而成,讲述了几位不同性格的年轻人的青春成长故事,展现了年轻人在青春中的疼痛和美好。

134. 2017(14) 下列作品不属于意识派小说的是 （　　）
A.《追忆似水年华》(普鲁斯特)　　B.《尤利西斯》(乔伊斯)
C.《第二十二条军规》(海勒)　　　D.《到灯塔去》(伍尔夫)

【答案解析】 C。《第二十二条军规》是"黑色幽默"派作品,作家海勒。

135. 2017(15) 下列公文发文字号正确的一项是 （　　）
A. ×政发〔2017〕6号　　　　　　B. ×政发〔2017〕06号
C. ×政发〔17〕第6号　　　　　　D. ×政发[2017]第6号

【答案解析】 A。发文号由发文机关代字、年份和序号三部分组成。发文代字由发文机关自行拟定,固定使用,不能经常更改。年份用六角括号括起,顺序号不用括号。如"国办发[1996]2号",即说明这是国务院办公厅在1996年所发出的第2号文件;"人外发[1994]1号"即为人事部外事司1994年发出的第1号文件。

136. 2018(1) 下列加点的字词释义正确的一组是　　　　　　　　　　( )
A. 哀兵必胜(悲哀)　　察颜观色(颜色)　　讳莫如深(隐瞒)
B. 繁文缛节(文章)　　当机立断(应当)　　却之不恭(拒绝)
C. 审时度势(估计)　　短兵相接(交战)　　分崩离析(倒塌)
D. 寒花晚节(节操)　　众口铄金(熔化)　　因循守旧(因为)

【答案解析】 C。A项中"哀兵必胜"的"哀"多指因受欺侮而悲愤;"察颜观色"的"颜"指脸色;B项中"繁文缛节"的"文"为仪式、礼节;"当机立断"的"当"指现在;D项中"因循守旧"的"因"指沿袭。

137. 2018(2) 随着中国政治经济影响力的与日俱增,以汉语拼音形式出现的中国话语,已经远远超出了传统文化的_____。
在上面这段文字横线处填入的词语,最恰当的一项是　　　　　　( )
A. 范畴　　　　　　　　　　　　B. 范围
C. 领域　　　　　　　　　　　　D. 视域

【答案解析】 A。范围指一定的界限,如势力范围、权力范围,或大小面积长短的范围。范畴是指"概念",如比喻、拟人等是文学的范畴,长方体、锥形等属于几何学的范畴。从句子意思来看,"汉语拼音、中国话语"属于传统文化,又随着中国政治经济影响力与日俱增,超出了传统文化范畴。

138. 2018(3) 父母让自己丰富、充实和有趣,不仅是对自己的生活负责,更是对孩子价值观、生活观_____的引导。当父母和孩子之间有足够多的共同话题,沟通、关怀和爱,一切都_____。
在上面这段文字横线处依次填入的成语,最恰当的一项是　　　　( )
A. 潜移默化　顺理成章　　　　　B. 耳濡目染　顺理成章
C. 潜移默化　理所当然　　　　　D. 耳濡目染　理所当然

【答案解析】 A。"潜移默化"指人的思想或性格不知不觉受到感染、影响而发生了变化,"父母对孩子价值观、生活观的引导"半句应考虑"潜移默化";"顺理成章"比喻某种情况自然产生某种结果,"父母和孩子之间有足够多的共同话题"半句考虑"顺理成章"。

139. 2018(4) 下列句子语意明确的一项是　　　　　　　　　　　　　( )
A. 这种植物并不多见,主要分布在贵州和云南的北部。
B. 下班回到家的时候,他看见女儿露出了开心的笑容。
C. 我们达到地铁站的时候,他已经走了一个多小时了。
D. 这部历经十年编定而成的书稿,是集体智慧的结晶。

【答案解析】 D。A项中"分布在贵州和云南的北部"产生歧义,既可以解释为两省的北部,也可以解释为贵州省及云南省的北部。B项中"他看见女儿露出了开心的笑容"主体不明,是"他"还是"女儿"露出笑容;C项中"他已经走了一个多小时了"语义模糊,是指离开了一个多小时,还是步行了一个多小时。

140. 2018(5) "方言孤岛"现象是一个复杂的存在,这是被大多数语言学家和社会学家所认可的但是这个现象是否具有独立的研究价值,则使研究者将信将疑,许多从事文化史和语言史研究的,对这个问题也感到疑惑。

上面这段话主要是想告诉人们 （　）

A. 大多数研究者并不承认"方言孤岛"具有独立的研究价值。
B. 语言学家与文化史研究者在"方言孤岛"研究上观点不同。
C. 研究者对"方言孤岛"是否具有独立的研究价值态度谨慎。
D. 研究者对于"方言孤岛"作为一个复杂的存在不存在分歧。

【答案解析】 C。从语句中"所认可"但又"将信将疑",可理解为态度谨慎。

141．2018(6) 下来说法正确的一项是 （　）

A. 古人称"宫、商、角、徵、羽"这五个从低到高排列的音级为"五音"。
B. 汉代开始将《诗经》《尚书》《礼记》《乐记》《春秋》称为"五经"。
C. 古代社稷坛所用的"五色土"是指"青、赤、黄、白、紫"五色的土。
D. 汉代董仲舒所说的"五常"指"仁、义、礼、智、信"五种道德范畴。

【答案解析】 D。A项"宫、商、角、徵、羽"是从高到低排列;B项中《乐记》错误,为《易经》;C项中五色土为"青、赤、黄、白、黑"没有紫色。

142．2018(7) 关于古人对年龄的代称,下列对应不正确的一项是 （　）

A. "豆蔻年华"——十八九岁　　　　B. "不惑之年"——四十岁
C. "耳顺之年"——六十岁　　　　　D. "期颐之年"——一百岁

【答案解析】 A。"豆蔻年华"指少女十三四岁。

143．2018(8) 下列古代器物名称与其功用类别对应不正确的一项是 （　）

A. 簪、篸——头饰　　　　　　　　B. 箸、笏——餐具
C. 觥、觯——酒器　　　　　　　　D. 履、屐——鞋类

【答案解析】 B。笏,是古代大臣上朝拿着的手板,用玉、象牙、竹片做成,可以用来记事。

144．2018(9) 若以"闭门推出窗前月"为上联,下联最贴切的一项是 （　）

A. 泊舟遥见山巅寺　　　　　　　　B. 投石冲开水底天
C. 落红翩飞风中蝶　　　　　　　　D. 垂帘隔断满庭芳

【答案解析】 B。根据对联仄起平收的规律,排除A项;根据对联结构一致,"闭门"为动宾式,"落红"、"垂帘"为偏正式,排除CD两项。

145．2018(10) 下列说法,正确的一项是 （　）

A. "赋体物而浏亮"的观点是陆机提出的。
B. "文章合为时而著"的主张是韩愈提出的。
C. "词别是一家"的看法是苏东坡提出的。
D. "我手写我口"的口号是梁启超提出的。

【答案解析】 A。"文章合为时而著"的主张是白居易提出的;"词别是一家"的看法是李清照提出的;"我手写我口"的口号是黄遵宪提出的。

146．2018(11) 下列作品、体裁、作家对应正确的一项是 （　）

A.《七发》——赋——司马相如　　　B.《李娃传》——小说——元稹
C.《墙头马上》——戏剧——白朴　　D.《长生殿》——诗歌——洪昇

【答案解析】 C。《七发》的作者是枚乘;《李娃传》的作者是白行简;《长生殿》为戏剧。

147. 2018(12) 下列关于现代作家、作品的说明,正确的一项是　　　　( )
A. 鲁迅的《孔乙己》是中国现代文学史上第一篇白话小说。
B. 巴金的代表作《家》塑造了"多余人"形象的代表——高觉慧。
C. 中国现代文学史上第一部短篇小说集是郁达夫的《沉沦》。
D. 老舍的话剧代表作包括《茶馆》《北京人》《四世同堂》等。
【答案解析】 C。中国现代文学史上第一篇白话小说是鲁迅的《狂人日记》。巴金的代表作《家》塑造了"多余人"形象的代表——高觉新。老舍的话剧代表作包括《茶馆》《北京人》,而《四世同堂》是小说。

148. 2018(13) 下列作品具有西北地域文化风格的一组是　　　　( )
A. 《浮躁》《红高粱》　　　　B. 《白银那》《红高粱》
C. 《平凡的世界》《白银那》　　D. 《平凡的世界》《白鹿原》
【答案解析】 D。贾平凹小说《浮躁》以商州为背景,饱蕴陕西风物;莫言创作的《红高粱》则以山东高密为背景;迟子建的《白银那》以东北为背景,充满北国风情;路遥的《平凡的世界》讲述的是发生在陕西的故事;陈忠实的《白鹿原》故事主要围绕陕西关中白鹿原上白鹿村展开。

149. 2018(14) 被恩格斯称为提供了一部"法国'社会'特别是巴黎'上流社会'的卓越的现实主义历史"的作品是　　　　( )
A. 小仲马的《茶花女》　　　　B. 巴尔扎克的《人间喜剧》
C. 雨果的《巴黎圣母院》　　　D. 司汤达的《红与黑》
【答案解析】 B。

150. 2018(15) 下列不属于公文版头部分的是　　　　( )
A. 发文字号　　　　B. 签发人
C. 紧急程度　　　　D. 公文标题
【答案解析】 D。正式公文一般都有版头,标明是哪个机关的公文。完整的公文版头包括:份数序号、秘密等级和保密期限、紧急程度、发文机关标识、发文字号、签发人。

151. 2019(1) 哲学是立足于人的学问,是人用于理解世界、把握世界、_____世界的智慧之学。
在上面这段文字横线处填入的词,最恰当的一项是　　　　( )
A. 认识　　　B. 分析　　　C. 改造　　　D. 掌握
【答案解析】 C。马克思说:"哲学家们只是用不同的方式解释世界,而问题在于改变世界"!哲学是立足人的学问,是人用于理解世界、把握世界、改造世界的智慧学说。人们认识世界、探索规律的根本目的是改造世界,此题主要是对词汇动向深度的考察。

152. 2019(2) 下列加点的字词释义正确的一项是　　　　( )
A. 休戚与共(忧愁)　　钟灵毓秀(凝聚)　　成人之美(成全)
B. 言简意赅(完备)　　文不加点(标点)　　待价而沽(卖出)
C. 笔力扛鼎(举起)　　少不更事(改变)　　学而不厌(厌倦)
D. 一筹莫展(计策)　　严于律己(约束)　　不胫而走(大腿)
【答案解析】 A。
休戚与共:休,高兴;戚,悲伤。

钟灵毓秀:钟,凝聚,集中;毓(yù),产生,养育。意为聚合天地之灵气,孕育出优秀人才。指山川秀美,人才辈出。

成人之美:成,成全,帮助。意为成全人家的好事。

言简意赅:赅,完备。话不多,但意思都有了。形容说话写文章简明扼要。

文不加点:点,涂上一点,表示删去。比喻作文一气呵成,无须修改。形容文思敏捷,写作技巧纯熟。

待价而沽:待,等待;沽,卖,等待高价才出卖。旧时比喻等待时机出来做官,现多比喻等待有好的待遇、条件才答应任职或做事。

笔力扛鼎:扛,举。笔下的力量能举起大鼎。形容文章雄健有力。

少不更事:少,年轻;更,经历。年纪轻,没有经历过什么事情。泛指经验不足。

学而不厌:厌,满足。勤奋学习而不感到满足。

一筹莫展:筹,筹划、计谋;展,施展。遇事拿不出一点办法,没有任何进展。

严于律己:严,严格;律,约束;己,自己。严格地约束自己。

不胫而走:胫,小腿;走,跑。意思是指形容没有腿却能跑。多指消息无声的散播。原喻贤才投奔慕贤者。比喻消息无需推行宣传,就已迅速地传播开去。

153. 2019(3) 下列句子中,加点的成语使用正确的一项是　　　　　　　　　　(　)

A. 他和同学在南京南站邂逅,两个人一见如故,回忆起大学的青春岁月,他们感慨万千。

B. 北固山以险峻闻名,它巧夺天工的自然美景和深厚的人文积淀,每年都吸引大量游客。

C. 国产科幻电影《流浪地球》成为2019年春节期间电影"贺岁档"炙手可热的影片之一。

D. 孔子因材施教、有教无类的教育思想及启发式教学方法被中国后世的教育者奉为圭臬。

【答案解析】 D。

一见如故:初次见面就像老朋友一样,形容初次相见就情投意合。

巧夺天工:专指精巧的人工胜过天然,形容技艺极其精巧。

炙手可热:炙,烤;字面义是手一挨近就感觉热,比喻权贵气焰之盛。多用于贬义。

奉为圭臬:圭臬,读音为 guī niè,比喻把某些言论或事当成自己的准则。

154. 2019(7) 下列句子表述得体的一项是　　　　　　　　　　　　　　　　　(　)

A. 大作已拜读,尚有几处疑惑,专此垂询。

B. 您所奉寄的专著已经收到,我定当惠存。

C. 您如此过誉,倒真让我有点惶恐不安了。

D. 祝贺您再次忝列本年度杰出企业家名录。

【答案解析】 C。

垂询:敬辞,称别人对自己的询问,旧称上对下有所询问。

惠存:敬辞,意思是请保存。多用于赠人照片、书籍等时所题的上款。

过誉:指过分的称赞,过格的赞赏。对别人的称赞表示客气的话。

忝列:tiǎn liè,谦辞,表示辱没他人,自己有愧。

155. 2019(8) 下列说法不正确的一项是 （ ）
A. 中医"四诊"是指望、闻、问、切四种诊断方法。
B. "汉字"四体是指楷、草、隶、篆四种主要字体。
C. "初唐四杰"指的是王勃、杨炯、卢照邻、骆宾王。
D. 儒家"四书"是指《大学》《礼记》《论语》《孟子》。

【答案解析】 D。

中医"四诊":四诊指的是望、闻、问、切。古称"诊法"。

"汉字"四体:中国书法习惯上分为"正""草""隶""篆"四体。正书不仅指楷书,还指魏碑。草书则指以张旭、怀素等为代表的狂草,也指大草;还指比狂草规范一些的草书,称小草,以唐代孙过庭的《书谱》为之代表;另外,还有一种隶书的急写,称为章草。介于草正之间的则是行书。隶书产生于秦末汉初,开始主要用于抄写公文,以求简便,后来也用于书写碑刻与摩崖石刻。篆书则是甲骨、钟鼎、石鼓及小篆的总称。

儒家"四书":南宋时,作为儒学集大成者的朱熹将《大学》《中庸》《论语》《孟子》合在一起进行注解,称其为四书。

156. 2019(9) 下列古代长度单位从大到小排列正确的一项是 （ ）
A. 仞、丈、尺、咫　　B. 丈、仞、尺、咫　　C. 仞、丈、咫、尺　　D. 丈、仞、咫、尺

【答案解析】 B。

丈,十尺。

仞,rèn,本意是指古代长度单位,周制八尺,汉制七尺,引申义是测量深度。

尺,亦称"市尺"。一尺等于十寸。西汉时一尺等于0.231米,今三尺等于一米。

咫,周代指八寸,合现市尺六寸二分二厘。

157. 2019(10) 下列说法正确的一项是 （ ）
A. 古时以"字"称呼别人是表示礼貌和尊重。
B. 《庖丁解牛》中的"庖丁"姓"庖"名"丁"。
C. 岳飞的号"武穆"是根据其官职而来的。
D. 陶渊明的"渊明"是他的字而不是他的名。

【答案解析】 A。

在中国古代,由于特别重视礼仪,所以对人的名、字的称呼上是十分讲究的。在人际交往中,名一般用作谦称、卑称,或上对下、长对少的称呼。平辈之间,只有在很熟悉的情况下才相互称名,而在多数情况下,提到对方或别人直呼其名,被认为是一种不礼貌的行为。平辈之间,相互称字,则被认为是有礼貌的表现。下对上,卑对尊写信或呼唤时,可以称字,但绝对不能称名,尤其是君主或自己父母长辈的名,更是连提都不能提,否则就是"大不敬"或叫"大逆不道",所以便产生了我国特有的"避讳"制度。

庖:厨师。丁:是他的名字。解:剖开、分割。庖丁解剖了全牛。比喻经过反复实践,掌握了事物的客观规律,做事得心应手,运用自如。

"武"和"穆"都是中国古代谥法常用字。"武穆"曾用于多位帝王将相的谥号,其中以岳飞的谥号最为人知。

陶渊明(约365年—427年),字元亮,号五柳先生,世称靖节先生,入刘宋后改名潜。所以他是先叫陶渊明,至于后来又改名潜,潜字有隐秘之一,或许是指他想隐居、想归隐田园的意愿。

158. 2019(11) 下列诗句与诗句所写的山对应不正确的一项是 （　　）

　　A. 造化钟神秀,阴阳割昏晓——泰山

　　B. 白云回望合,青霭入看无——嵩山

　　C. 横看成岭侧成峰,远近高低各不同——庐山

　　D. 两岸青山相对出,孤帆一片日边来——天门山

【答案解析】　B。

A. 出自唐代杜甫的《望岳》,描写巍峨的泰山。

岱宗夫如何,齐鲁青未了。造化钟神秀,阴阳割昏晓。

荡胸生层云,决眦入归鸟。会当凌绝顶,一览众山小。

B. 出自唐代王维的《终南山》。

太乙近天都,连山接海隅。白云回望合,青霭入看无。

分野中峰变,阴晴众壑殊。欲投人处宿,隔水问樵夫。

C. 出自宋代苏轼的《题西林壁》,描绘了庐山美景。

横看成岭侧成峰,远近高低各不同。

不识庐山真面目,只缘身在此山中。

D. 出自唐代李白的《望天门山》。

天门中断楚江开,碧水东流至此回。

两岸青山相对出,孤帆一片日边来。

159. 2019(12) 下列诗句的内容最有可能与古代"快递员"生活有关的一项是 （　　）

　　A. 山回路转不见君,雪上空留马行处　　B. 葡萄美酒夜光杯,欲饮琵琶马上催

　　C. 即从巴峡穿巫峡,便下襄阳向洛阳　　D. 一骑红尘妃子笑,无人知是荔枝来

【答案解析】　D。

杜牧的《过华清宫》:长安回望绣成堆,山顶千门次第开。一骑红尘妃子笑,无人知是荔枝来。从长安回望骊山,只见林木、花卉、建筑,宛如一堆锦绣,山顶上一道道宫门逐层地开着。驿马奔驰神速,看不清所载何物,惟有杨贵妃在山上远望,知道是最心爱的荔枝被运来,欣然而笑。

160. 2019(13) 下列作家作品、人物对应正确的一项是 （　　）

　　A. 孔尚任——《桃花扇》——柳梦梅　　B. 曹雪芹——《红楼梦》——柳湘莲

　　C. 王实甫——《汉宫秋》——王昭君　　D. 冯梦龙——《镜花缘》——李香君

【答案解析】　B。

柳湘莲,《红楼梦》中人物,又称冷面二郎,原系世家子弟。他父母早亡,读书不成。性情豪爽,酷好耍枪舞剑,赌博吃酒,以至眠花宿柳,吹笛弹筝,无所不为。

而《桃花扇》的重要人物是李香君,《汉宫秋》的作者是马致远,《镜花缘》是清代文人李汝珍创作的长篇小说。

161. 2019(14) 下列小说借其人物之口说出"结婚仿佛金漆的鸟笼,笼子外面的鸟想住进去,笼内的鸟想飞出来"的是 （　　）

　　A.《边城》(沈从文)　　　　　　　　B.《围城》(钱钟书)

　　C.《离婚》(老舍)　　　　　　　　　D.《金锁记》(张爱玲)

【答案解析】 B。

钱钟书先生的《围城》中,方鸿渐、赵辛楣、苏文纨、褚慎明等酒楼小聚,席间褚慎明大言不惭,吹自己怎样和罗素谈结婚离婚的事,引出英国古语,"说结婚仿佛金漆的鸟笼,笼子外面的鸟想住进去,笼内的鸟想飞出来;所以结而离,离而结,没有结局。"苏文纨接着引出了"围城"意象,她说:"法国也有这么一句话。不过,不说是鸟笼,说是被围困的城堡,城外的人想冲进去,城里的人想逃出来。"

162. 2019(15) 下列作者、国别、作品对应正确的一项是 （ ）
A. 狄更斯——英国——《双城记》
B. 马尔克斯——奥地利——《百年孤独》
C. 乔伊斯——爱尔兰——《等待戈多》
D. 惠特曼——德国——《草叶集》

【答案解析】 A。
马尔克斯——哥伦比亚——《百年孤独》
贝克特——爱尔兰——《等待戈多》
惠特曼——美国——《草叶集》

163. 2020(1) 首钢工人夜以继日,殚精竭虑,用他们的智慧和汗水打造的国旗杆,至今依然_____在雄伟的天安门广场。
在上面这段文字横线处填入的词语,最恰当的一项是 （ ）
A. 飞扬　　B. 飘扬　　C. 矗立　　D. 伫立

【答案解析】 C。
"矗立"是高耸直立,最符合天安门广场上的国旗杆这一情境。

164. 2020(2) 能飞长程的鸟,都善于滑翔。它们迁徙的过程中,看似不断地振翅翱翔,实际许多时间都是利用空气的浮力前进。所以在,这样一方面消除紧张,一方面_____,以备下一次的振翅。
在上面这段文字横线处填入的成语,最恰当的一项是 （ ）
A. 心力交瘁　　B. 精疲力尽　　C. 休养生息　　D. 养精蓄锐

【答案解析】 D。
结合前一个"一方面消除紧张"以及"以备下一次振翅"来看,"养精蓄锐"是另一方面。

165. 2020(3) 下列加点的字读音完全相同的一组是 （ ）
A. 缜密　甄别　斟酌　箴言　　B. 禅让　修缮　赡养　嬗变
C. 挑拨　窈窕　眺望　垂髫　　D. 辑录　稽查　嫉妒　及笄

【答案解析】 B。
A项中,缜 zhěn、甄 zhēn、斟 zhēn、箴 zhēn;B项中,禅、缮、赡、嬗都读 shàn;C项中,挑 tiāo、窕 tiǎo、眺 tiào、髫 tiáo;D项中,辑 jí、稽 jī、嫉 jí、笄 jī。

166. 2020(4) 下列句子语意明确的一项是 （ ）
A. 他收到了很多朋友送给他的礼物。
B. 小李刚刚告诉我,明天下午要考试。
C. 在生活中,我们应该学会一些急救常识。
D. 幽默风趣的张老师的儿子,今年已经20岁了。

【答案解析】 C。

A项中,"很多朋友送给他的礼物"不明,可以理解为"许多朋友送了礼物",也可以理解为"朋友送了很多礼物";B项中"明天下午要考试"的主体不明确,可以理解为"小李明天下午要考试",也可以理解为"两个人或者我明天下午要参加考试";D项中"幽默风趣"修饰的对象不明,可以理解为"张老师幽默风趣",也可以理解为"其儿子幽默风趣"。

167. 2020(5) 阅读文学作品可以和各式各样的人交流,甚至成为朋友。文学里的朋友可能比现实中的朋友更值得我们尊重。说到底,_____,还写了人在现实中应该是怎样的。

在上面这段文字横线处填入的片段,最恰当的一项是 （   ）

A. 文学作品不仅写了现实中的人是怎样的
B. 文学作品不是去写现实中的人是怎样的
C. 小说家不仅仅写了理想中的人是怎样的
D. 小说家不仅仅写了现实中的人是怎样的

【答案解析】 A。

该段文字围绕文学作品,故排除C项和D项。利用"还写了人在现实中应该是怎样的"一句,判断出关联词为"不仅……,还……。"

168. 2020(6) 合作是人类文明进步的一种基本方式,没有合作就没有人类文明的产生和发展。在经济全球化时代,越是面临全球性挑战,越需要全球合作。尤其是在突如其来的病毒面前,任何国家都可能发生疫情,一切民族和国家都应当同舟共济,合作共赢。

这段话的主要意思是 （   ）

A. 全球性挑战呼唤各国之间的合作共赢。
B. 经济全球化是人类合作的基本方式之一。
C. 没有合作就没有人类文明的产生和发展。
D. 全球性危机面前大国更应承担国际责任。

【答案解析】 A。

合作是人类文明进步的一种基本方式。病毒及疫情是指全球性挑战。面对这种挑战,一切民族和国家都应当同舟共济,合作共赢。

169. 2020(7) 中国古代称每月的第一天为 （   ）

A. 旦 　　　　B. 朔 　　　　C. 晦 　　　　D. 望

【答案解析】 B。

古时记述一个月的某一天,用"朔"表示农历初一,"望"表示农历十五。

170. 2020(8) 下列剧种被称为中国"百戏之祖"的是 （   ）

A. 京剧 　　　B. 黄梅戏 　　　C. 昆曲 　　　D. 越剧

【答案解析】 C。

昆曲是百戏之祖,是中国乃至世界现存最古老的剧种,源于元末江苏的昆山。昆曲与历史上古希腊戏剧、印度梵剧并称为"世界三大古老戏剧"。

171. 2020(9) 下列不属于我国古代官吏选拔制度的一项是 （   ）

A. 九等人表 　　B. 九品中正 　　C. 察举 　　D. 科举

【答案解析】 A。

《汉书·古今人表》将人分为九等,后以"九等人表"泛指各种人材。B项中,九品中正制又称九品官人法,是魏晋南北朝时期重要的选官制度。C项中,察举制是由地方长官在辖区内随时考察、选取人才并推荐给上级或中央,经过试用考核再任命官职。察举制不同于以前先秦时期的世袭制和从隋唐时开始建立的科举制。D项中,科举是通过考试选拔官吏,因采用分科取士的办法,所以叫"科举"。

172. 2020(10) 下列句子中,出自律诗的一项是 ( )
A. 深林人不知,明月来相照。　　B. 但愿人长久,千里共婵娟。
C. 举杯邀明月,对影成三人。　　D. 海上生明月,天涯共此时。

【答案解析】 D。

A项出自王维《竹里馆》(五言绝句);B项出自苏轼《水调歌头》(词);C项出自李白《月下独酌》(五言古诗);D项出自张九龄《望月怀远》(五言律诗),全诗为"海上生明月,天涯共此时。情人怨遥夜,竟夕起相思。灭烛怜光满,披衣觉露滋。不堪盈手赠,还寝梦佳期。"

173. 2020(11) 下列作者与其所作诗句对应不正确的一项是 ( )
A. 杜荀鹤——少年辛苦终身事,莫向光阴惰寸功。
B. 陆游——位卑未敢忘忧国,事定犹须待阖棺。
C. 龚自珍——苟利国家生死以,岂因祸福避趋之。
D. 郑燮——些小吾曹州县吏,一枝一叶总关情。

【答案解析】 C。

A项出自杜荀鹤《题弟侄书堂》;B项出自陆游《病起书怀》;C项出自林则徐《赴戍登程口占示家人二首》,全诗为"力微任重久神疲,再竭衰庸定不支。苟利国家生死以,岂因祸福避趋之!谪居正是君恩厚,养拙刚于戍卒宜。戏与山妻谈故事,试吟断送老头皮。";D项出自郑燮(即郑板桥)《潍县署中画竹呈年伯包大丞括》。

174. 2020(12) 下列作家、作品、人物对应不正确的一项是 ( )
A. 关汉卿——《救风尘》——赵盼儿　　B. 马致远——《墙头马上》——杜丽娘
C. 曾朴——《孽海花》——金雯青　　D. 吴敬梓——《儒林外史》——范进

【答案解析】 B。

B项中杜丽娘为明代汤显祖所著《牡丹亭》中的人物。

175. 2020(13) 下列关于作家、作品的说明,正确的一项是 ( )
A. 鲁迅《理水》中的大禹是个具有革新精神的治水英雄。
B. 茅盾《子夜》中的赵伯韬是一个富有理想的悲剧英雄。
C. 金庸《鹿鼎记》中的韦小宝是个武功高强的侠义英雄。
D. 余华《活着》中的福贵是一个有创业精神的平民英雄。

【答案解析】 A。

鲁迅《理水》一方面依据史有所载的神话传说,塑造了上古时代治水英雄大禹的形象,同时又大胆突破传统历史小说的形式规范,赞美了大禹勇于改革的精神和胆识。

176. 2020(14) 下列作品中,体裁与其他三项不同的一项是 ( )
A.《名利场》——萨克雷　　B.《玩偶之家》——易卜生
C.《傲慢与偏见》——奥斯汀　　D.《丧钟为谁而鸣》——海明威

【答案解析】 B。

《玩偶之家》为挪威作家易卜生的话剧;其余三项均为小说。

177. 2020(15) 从行文方向来看,下列属于下行文的一项是 （　　）

A. 请示　　　　B. 报告　　　　C. 函　　　　D. 批复

【答案解析】 D。

下行文就是指上级领导机关或业务主管部门对所属的下级机关的一种行文,一般常用指示、决定、通知、批复等。

二、习题训练

一 填空题

1. "山药蛋派"代表作家赵树理的代表作有短篇小说_____。
2. 《倾城之恋》《金锁记》选自张爱玲的短篇小说集_____。
3. 高晓声以_____为主人公的系列小说是他的优秀作品。
4. 恩格斯称_____为"悲剧之父",著有反对贵族专制统治的悲剧《被缚的普罗米修斯》。
5. 法国古典主义喜剧的创建者是_____。
6. _____是英国早期浪漫主义的代表,包括华兹华斯、柯勒律治、骚塞三位诗人。
7. 被誉为"妇女独立的宣言书"是挪威著名作家易卜生的代表作戏剧_____。
8. "勤奋是点燃智慧的火花,懒惰是埋葬天才的坟墓"一句中使用了_____修辞手法。
9. 狭义的现代汉语是指_____。
10. 在《念奴娇·赤壁怀古》中,"念奴娇"是_____。
11. 被誉为"当代港台文学三驾马车"的是金庸、琼瑶和_____。
12. 路遥的长篇小说_____获茅盾文学奖。
13. 韩少功是倡导"_____"的主将,对传统文化心理的反思和批判是其创作的一个基本主题。比较著名的有《爸爸爸》《马桥词典》等。
14. "黑夜给了我黑色的眼睛,我却用它寻找光明。"的作者是_____。
15. 19世纪英国现实主义作家狄更斯的《双城记》的"双城"指_____两座城市。
16. 莫泊桑的成名作是_____。
17. 果戈理在《死魂灵》中塑造的吝啬鬼形象叫_____。
18. 意识流代表作家有英国的伍尔芙、法国的_____、美国的福克纳。
19. _____是世界文学史上第一部长篇写实小说。
20. 雨果的长篇小说《巴黎圣母院》是_____文学纪念碑式的作品。
21. "蜀道之难,难于上青天"一句使用的修辞是_____。
22. 在敬称中,称对方父亲为_____。
23. 柏拉图、亚里士多德认为诗歌起源于对自然和社会生活的模仿,而模仿的本能植根于人的天性之中。这是最早关于文艺起源的一种说法,被称为_____。

24. _____因发表长篇小说《日瓦戈医生》于1958年获诺贝尔文学奖。
25. 在左思的三都赋中，《魏都赋》描写邺，《蜀都赋》描写成都，《吴都赋》描写_____。
26. 造字六书指的是象形、指事、_____、形声、转注、假借。
27. 散文最重要的特点是_____。
28. 高尔基的_____是世界文学史上第一部描写无产阶级革命斗争的著作，列宁称它是"一部非常及时的书"。
29. 冯梦龙的《喻世明言》《警世通言》《醒世恒言》和_____的《初刻拍案惊奇》《二刻拍案惊奇》合称为"三言二拍"。
30. 王国维在_____中用晏殊、柳永、辛弃疾词中所创造的三种境界，来说明古今之成大事业、大学问者必经的三种境界："昨夜西风凋碧树，独上高楼望尽天涯路"，是一种对学问、对事业的企望和追求；"衣带渐宽终不悔，为伊消得人憔悴"，是一种对学问、对事业执着专一的追求和献身精神；"众里寻他千百度，蓦然回首，那人却在，灯火阑珊处"，是一种在学问、事业追求中理想实现时的喜悦和欢乐。
31. 贾谊是西汉政治家和文学家，他散文中最著名的是政论文_____。
32. 刘勰的_____是我国的第一部文艺理论专著。
33. _____是当代小说家，他的《妻妾成群》是一部颇有影响的小说。
34. _____是中国古代杰出的长篇叙事诗，叙述了一对青年男女的爱情悲剧，是汉乐府叙事诗发展的高峰。
35. 《等待戈多》的作者_____，曾为诺贝尔文学奖得主。
36. 汉末建安时期，一批文人诗歌继承了汉乐府民歌的现实主义精神，具有"慷慨悲凉"的独特风格，被人们称为"_____"。
37. 词语首先可以分作两大类，一类是单纯词，由一个语素构成；另一类是_____，有两个或两个以上的语素构成。
38. "对着孤灯如豆，看着微微地颤抖着的火光，我感到寂寞，这寂寞在啃嚼着孤独者那颗痛苦的心。"(袁鹰《灯前》)此句运用了_____的修辞手法。
39. "三教"是指_____。
40. _____是马尔克斯第一部产生世界性影响的长篇小说，这部小说的名称虽然只有"百年孤独"四个字，却包含了极其深邃的意蕴。
41. 形声造字法是汉字各种造字法中最重要的一种，由声符和形符两部分组合造字，声符表示读音，形符表示_____。
42. 曹丕的_____是我国的第一部文艺批评专著。
43. _____是当代小说家，他的《一地鸡毛》是一部具有时代影响力的小说。
44. 古今词义在范围上有差异，比如"江"在古代为长江的专名，后来泛指江河。这种情况属于_____。
45. _____相传是公元前6世纪上半叶古希腊的被释奴隶伊索所作。共收集了三四百个小故事，这些小故事通过描写动物之间的关系来表现当时的社会关系。
46. 以_____为代表的索福克勒斯的悲剧艺术，标志着希腊悲剧的成熟。
47. _____，"桐城派"奠基人之一，主张"义理""考据""辞章"三结合。他和方苞、刘大櫆并称为"桐城三祖"。

48. 谴责小说《二十年目睹之怪现状》的作者是_____。

49. "康梁"是指_____。

50. 华兹华斯、柯勒律治和骚塞是英国第一代浪漫主义诗人,他们有共同的政治态度和文学主张,都曾居住在英格兰西北部昆布兰湖区,因此他们被称作_____诗人。

51. 《新五代史·伶官传》的作者是_____。

52. _____是北宋著名的政治家,两次出任宰相,列宁称他是"中国十一世纪的改革家"。

53. 一篇议论文应当包含论点、论据、_____三个要素。

54. 《史记》是传记文学的名作,曾被鲁迅誉为_____。

55. 茅盾曾参与发起组织"文学研究会",并与鲁迅、瞿秋白等致力于推动中国左翼作家联盟的发展。长篇小说《蚀》《腐蚀》,中短篇小说_____《春蚕》等,都从不同侧面反映了时代面貌。

56. 《爱尔克的灯光》的作者是_____。

57. 苏轼是宋代文艺创作成就最为全面的一位作家,后被列入唐宋八大家。他的散文汪洋恣肆,明白畅达。诗歌清新豪迈,自成一家与_____并称"苏黄"。

58. 人生得意须尽欢,_____。(李白《将进酒》)

59. 百川东到海,_____?(《长歌行》)

60. "文学是一种特殊的意识形态,是人按照'美'的规律创造出来的艺术形象,是作家审美意识借助一定的物质媒介的形态化,是作家的主体意识与客体形象经过作家形象思维所达到的审美统一。"这句话采用了_____的修辞方法。

61. 《钢铁是怎样炼成的》作者是_____。

62. 高尔基自传体三部曲是《童年》_____《我的大学》。

63. 开创了我国诗歌浪漫主义传统的《离骚》和《诗经》中的国风,并称_____,成为"文学"的代名词。

64. "四史"是指司马迁的《史记》、班固的《汉书》、_____的《后汉书》、陈寿的《三国志》。

65. 刘禹锡,字梦得,曾任太子宾客,世称刘宾客。与_____合称"刘柳",与白居易合称"刘白"。主要作品为《陋室铭》《乌衣巷》《竹枝词》等。

66. 李商隐,主要作品为《锦瑟》《无题》等,集为《李义山诗集》。《无题》诗多以爱情为题材,缠绵绮丽,意象朦胧,对后代有很大的影响,它们被人们称为"_____"。

67. 洪昇的主要作品为_____,传写唐明皇、杨贵妃爱情故事。

68. 曾朴的主要作品为_____,为谴责小说。

69. 《四库全书》是乾隆年间纂修的一部丛书,共收古籍 3503 种,按照_____四部分类,所以称为"四库"。

70. 戏曲是我国传统的戏剧形式,剧中人物分别由_____四种角色行当扮演。

71. 《故都的秋》的作者是_____。

72. 冰心早期作品主要有小说集《超人》、诗集《繁星》和《春水》、_____《寄小读者》和《往事》等。

73. 古代的记、传、序、表、志等,现代的消息、通讯、简报特写、传记、回忆录、游记等,都属于_____的范畴。

74. 把人物的经历、行为或事情的发生、发展、变化表述出来,就是叙述。叙述的主要方式,有顺叙、_____、插叙等几种。

75. "金樽清酒斗十千,玉盘珍馐直万钱"一句中的通假字是_____。

76. 《兵车行》这首诗歌通过作者_____亲见咸阳道旁送别役夫的悲惨场景和亲闻役夫的血泪控诉,全面深刻地反映了唐代统治者穷兵黩武给广大人民带来的深重灾难,表达了诗人对统治者的强烈谴责。

77. 白居易是中唐诗坛上杰出的现实主义诗人,是_____的倡导者和主要代表。

78. 郭沫若(1892—1978),原名开贞,我国著名诗人、学者、文化战士。五四运动前后,弃医从文,积极投身于革命文化活动,与成仿吾、郁达夫等组成新文学团体"创造社"。1921年出版了我国现代诗歌史上有重要意义的诗集_____。

79. 屠格涅夫(1818—1883),俄国批判现实主义作家,以小说著名,也是一位杰出的诗人和戏剧家。_____是他的成名之作。长篇小说《罗亭》《父与子》是他一生艺术创作的主要贡献,被称为俄国19世纪40年代至70年代的"社会历史编年史"。

80. "恰似一江春水向东流"是典型的_____,化抽象为形象,表现了愁如春水无边无际和无穷无尽的特点,使全词意境悠远。

二 选择题

1. 下列有关文史常识的表述,不正确的一项是 ( )
A. 李清照,宋朝著名女词人,其作品多为豪放之作。
B. 朱自清是我国现代著名散文家、诗人、学者,代表作《背影》为中国现代散文史上的名篇。
C. 《钢铁是怎样炼成的》是苏联作家奥斯特洛夫斯基的作品,小说塑造了钢铁战士保尔·柯察金的形象。
D. 中国古代的史书体裁有编年体、纪传体和纪事本末体等。

2. 王实甫《西厢记》有云:"恨相见得迟,怨归去得疾。柳丝长玉骢难系,恨不得倩疏林挂住斜晖。"这里表达的情感是 ( )
A. 恨青春不再韶华易逝   B. 望时光停留能多相聚
C. 忧离别太久长夜难熬   D. 叹相见恨晚缘分尚浅

3. "忆昔开元全盛日,小邑犹藏万家室。稻米流脂粟米白,公私仓廪俱丰实。"这两句诗反映的是____的盛世局面。 ( )
A. 唐朝   B. 东汉   C. 西汉   D. 元朝

4. 下列不属于"五经"的是 ( )
A. 《尚书》   B. 《春秋》   C. 《诗经》   D. 《论语》

5. 下列诗句描写的季节,若依春、夏、秋、冬时序排列,正确的排序是 ( )
① 接天莲叶无穷碧,映日荷花别样红。
② 寒蝉聒梧桐,日夕长悲鸣。
③ 荷尽已无擎雨盖,菊残犹有傲霜枝。
④ 庭院深深深几许?杨柳堆烟,帘幕无重数。
A. ④①③②   B. ④①②③   C. ③②①④   D. ②③④①

6. 《春江花月夜》在唐诗史上地位突出,被闻一多先生誉为"以孤篇压倒全唐"。其作者是 （   ）
   A. 张说   B. 张若虚   C. 张籍   D. 张九龄
7. 作者不是莎士比亚的一组作品是 （   ）
   A.《威尼斯商人》《罗密欧与朱丽叶》   B.《哈姆雷特》《奥赛罗》
   C.《李尔王》《麦克白》   D.《伪君子》《悭吝人》
8. 京剧作为综合性艺术,最贴切的概括是 （   ）
   A. 生、旦、净、丑   B. 说、学、逗、唱
   C. 唱、念、做、打   D. 吹、拉、弹、唱
9. 下面的诗词名句,如果依照宴会送行、握手道别、别后思念、再度相见的次序排列,正确的排序是 （   ）
   ① 执手相看泪眼,竟无语凝噎。
   ② 劝君更尽一杯酒,西出阳关无故人。
   ③ 从别后,忆相逢,几回魂梦与君同。
   ④ 问姓惊初见,称名忆旧容。
   A. ②①③④   B. ①②③④   C. ④①③②   D. ②①④③
10. 给青年歌德带来世界性声誉的作品是他的书信体小说 （   ）
    A.《浮士德》   B.《少年维特之烦恼》
    C.《新爱洛伊丝》   D.《诗与真》
11. 下列史书中,属于编年体的是 （   ）
    A.《史记》   B.《通典》   C.《资治通鉴》   D.《通鉴纪事本末》
12. "_____,却话巴山夜雨时"是李商隐《夜雨寄北》中的名句。 （   ）
    A. 何当共剪西窗烛   B. 只恐夜深花睡去
    C. 白发无情侵老境   D. 书当快意读易尽
13. "人生自古谁无死,留取丹心照汗青"是千古绝唱,出自文天祥的 （   ）
    A.《指南录》   B.《过零丁洋》
    C.《正气歌》   D.《和中斋韵·功业飘零五丈原》
14. 《我爱这土地》是中国现代诗人_____的名诗。 （   ）
    A. 舒婷   B. 郭沫若   C. 艾青   D. 顾城
15. 发出"救救孩子"呼声的鲁迅作品是 （   ）
    A.《故乡》   B.《社戏》   C.《狂人日记》   D.《孤独者》
16. 下面这首古诗描述了我国民间一个传统节令的景象,这个节令是 （   ）
    中庭地白树栖鸦,冷露无声湿桂花。今夜月明人尽望,不知秋思落谁家?
    A. 重阳   B. 七夕   C. 中秋   D. 元宵
17. 《书愤》一诗借诸葛亮抒怀:"《出师》一表真名世,千载谁堪伯仲间!"这首诗的作者是 （   ）
    A. 杜甫   B. 杜牧   C. 辛弃疾   D. 陆游
18. "己所不欲,勿施于人"这句话出自 （   ）
    A.《诗经》   B.《道德经》   C.《庄子》   D.《论语》

19. _____是陆文夫的小说。 （ ）
A.《美食家》　　B.《活着》　　C.《顽主》　　D.《人到中年》

20. 根据以下诗歌内容，按描述春、夏、秋、冬的顺序排列，正确的一项是 （ ）
① 墙角数枝梅，凌寒独自开。遥知不是雪，为有暗香来。
② 独在异乡为异客，每逢佳节倍思亲。遥知兄弟登高处，遍插茱萸少一人。
③ 夜热依然午热同，开门小立月明中。竹深树密虫鸣处，时有微凉不是风。
④ 无花无酒过清明，兴味萧然似野僧。昨日邻家乞新火，晓窗分与读书灯。
A. ①②③④　　B. ④③②①　　C. ①③②④　　D. ②③①④

21. 下列有关文学常识的表述，正确的一项是 （ ）
A. 契诃夫、莫泊桑和欧·亨利的小说代表作分别为《樱桃园》《羊脂球》《麦琪的礼物》。
B. 徐志摩、艾青和舒婷的诗歌代表作分别是《再别康桥》《大堰河，我的保姆》和《致橡树》。
C. 我国先秦两汉历史散文的主要体裁有编年体、国别体、纪传体和纪事本末体。
D. 唐代出现了以高适、岑参为代表的边塞诗派和以王维、谢灵运为代表的山水田园诗派。

22. _____是我国第一部系统阐述文学理论的专著，体例周详，论旨精深，清人章学诚称赞该书"体大而虑周"。 （ ）
A.《典论·论文》　　　　B.《文赋》
C.《文心雕龙》　　　　D.《文选》

23. 将下列诗句依次填入林逋的《山园小梅》："众芳摇落独暄妍，____。____，____。"排序正确的是 （ ）
① 暗香浮动月黄昏　② 占尽风情向小园　③ 疏影横斜水清浅
A. ②③①　　B. ③②①　　C. ①②③　　D. ③①②

24. 以下各项不全是莎士比亚作品的是 （ ）
A.《雅典的泰门》《哈姆雷特》《李尔王》
B.《哈姆雷特》《奥赛罗》《李尔王》《悲惨世界》
C.《罗密欧与朱丽叶》《雅典的泰门》《哈姆雷特》《奥赛罗》
D.《罗密欧与朱丽叶》《雅典的泰门》《李尔王》《麦克白》

25. 下列关于文史知识的表述，有错误的一项是 （ ）
A.《楚辞·九歌》共有11篇作品，是屈原据楚国民间祭神乐歌加工、创作而成。
B. 所谓"前四史"指的是《史记》《汉书》《后汉书》《三国志》四部纪传体史书。
C. 鲁迅的《狂人日记》1918年发表于《新青年》杂志，后收入小说集《呐喊》。
D.《古文观止》是清人编选的著名古文选本，所选文章上起先秦，下迄清代。

26. 下列关于称谓礼貌用语的用法，解释不正确的一项是 （ ）
A. 与人交谈或写信称呼对方父母，可尊称"家父""家母"。
B. 在别人面前称呼自己的弟弟、妹妹，可用"舍弟""舍妹"。
C. 称呼谈话对方的子女或收信人的子女，可用"令郎""令爱"。
D. 对他人称呼自己已故的父母，可用"先父""先母"。

27. 根据对仗的要求，在下面横线处填入最贴切的句子。
江风送月海门东，人到江心月正中。

_____,一船鸡犬欲腾空。
帆如云气吹将灭,灯近银河色不红。
如此宵征信奇绝,三更三点水精宫。
A. 半树佛花香易散 B. 万里鱼龙争照影 C. 二月郊行最有情 D. 三千组练挥银刀

28. 日本女作家紫式部公元11世纪初创作的_____,被公认为世界第一部长篇小说。( )

A.《雨月物语》   B.《竹取物语》   C.《源氏物语》   D.《平家物语》

29. 在下列诗句的空格中,依次填入最恰当的词语 ( )
① 无边_____萧萧下,不尽长江滚滚来。
② _____不是无情物,化作春泥更护花。
③ 细数_____因坐久,缓录芳草得归迟。
④ 归云堕碧粘僧展,_____飘红上客衫。
A. 落叶　落木　落红　落花　　B. 落木　落红　落叶　落花
C. 落木　落红　落花　落叶　　D. 落木　落花　落红　落叶

30. 下列关于文史知识的表述,错误的一项是 ( )
A. 元代王实甫的传奇剧《西厢记》,描写书生张珙和相国小姐崔莺莺从相爱到结合的曲折过程,表达了"有情人终成眷属"的美好愿望。
B. 秦末战乱,刘邦于公元前206年攻占秦都咸阳,废除秦朝的严刑峻法,召集关中父老宣布法令:"杀人者死,伤人及盗抵罪。"史称"约法三章"。
C. 俄国诗人普希金的诗体小说《叶甫盖尼·奥涅金》中的贵族青年奥涅金,是俄国文学史上第一个所谓"多余人"的形象。
D. 徐志摩是中国现代文学史上的著名诗人,"新月诗派"的骨干,写有《猛虎集》《志摩的诗》等诗集。

31. 秦观《浣溪沙》词:"漠漠轻寒上小楼,晓阴无赖似穷秋。淡烟流水画屏幽。自在飞花轻似梦,_____。宝帘闲挂小银钩。"以轻灵笔调写幽怨,融情入景,含蓄蕴藉。结合上下文,在横线处填入正确的一句 ( )
A. 但觉新来懒上楼 B. 无边丝雨细如愁 C. 有情芍药含春泪 D. 愁如丝雨几时休

32. 在下列诗歌的空格中,依次填入花名,完全正确的一组是_____。( )
① 李纲:"尽道幽_____是国香,沐汤纫佩慕芬芳。何如邂逅同心士,一吐胸中气味长。"
② 陈与义:"今年二月冻初融,睡起苕溪绿向东。客子光阴诗卷里,_____花消息雨声中。"
③ 李商隐:"不辞鶗鴂妒年芳,但惜流尘暗烛房。昨夜西池凉露满,_____花吹断月中香。"
A. 兰、杏、桂   B. 兰、梅、杏   C. 桂、杏、兰   D. 菊、梅、桂

33. 下列关于文史知识的表述中,错误的一项是 ( )
A. 宋代史学十分发达,出现了大批重要的史学家,欧阳修是其中杰出代表,著有《新五代史》,并与宋祁合著有《新唐书》。
B. 现代作家林语堂,提倡"闲适幽默"的小品文,曾编辑《论语》《宇宙风》等杂志,是现代

文坛上所谓"论语派"的代表。

C. 中国古代数学著作《九章算术》成书于公元1世纪下半叶,作者难以确考。魏晋时数学家刘徽曾为该书作注。

D. 日本第一位获得诺贝尔文学奖的作家是大江健三郎。他以《个人的体验》和《万延元年的足球队》等作品获得1994年诺贝尔文学奖。

34. 下面对联各题咏一位历史人物,按顺序排列,对应人名完全正确的一组是（　　）
① 铁板铜琶,继东坡高唱大江东去;美芹悲黍,冀南宋莫随鸿雁南飞。
② 唐代论诗人,李杜以远,唯有几篇新乐府;苏州怀刺史,湖山之曲,尚留三亩旧祠堂。
③ 王业不偏安,两表于今悬日月;臣言当尽瘁,六军长此驻风云。
④ 宦游西蜀,志复中原,高吟铁马铜驼,烟尘誓扫还金阙;诗继少陵,派开南宋,更入清风明月,池馆重新接草堂。

A. 辛弃疾　白居易　诸葛亮　陆游　　　B. 苏轼　元稹　岳飞　陆游
C. 陆游　　白居易　岳飞　　辛弃疾　　D. 苏轼　元稹　诸葛亮　辛弃疾

35. 下面咏花的诗句中,不是咏梅花的一联是（　　）
A. 宁可枝头抱香死,何曾吹堕北风中。
B. 丑怪惊人能妩媚,断魂只有晓寒知。
C. 忽然一夜清香发,散作乾坤万里春。
D. 雪满山中高士卧,月明林下美人来。

36. 在下列诗句的空格中,依次填入表示温度感觉的字,最恰当的一组是＿＿＿＿＿＿＿。
（　　）
① 岩边树色含风＿＿＿＿＿＿＿,石上泉声带雨秋。(宋之问)
② 沾衣欲湿杏花雨,吹面不＿＿＿＿＿＿＿杨柳风。(释志南)
③ 竹深树密虫鸣处,时有微＿＿＿＿＿＿＿不是风。(杨万里)
④ 腊日常年＿＿＿＿＿＿＿尚遥,今年腊日冻全消。(杜甫)

A. 冷、寒、凉、暖　　　　　　　　　　B. 寒、暖、冷、凉
C. 凉、寒、暖、冷　　　　　　　　　　D. 冷、凉、寒、暖

37. 文艺作品中的＿＿＿＿＿＿＿常常被作为一种"共名"来运用,比如阿Q、红娘等。（　　）
A. 反面人物　　　　　　　　　　　　　B. 典型人物
C. 主要人物　　　　　　　　　　　　　D. 正面人物

38. 北魏贾思勰所著＿＿＿＿＿＿＿,内容非常丰富,有农业百科全书之称。北宋沈括所著＿＿＿＿＿＿＿,总结了我国古代主要是北宋时期的许多科技成就,被英国学者李约瑟称为"中国科学史的里程碑"。宋代苏颂的＿＿＿＿＿＿＿是一部具有世界意义的古代科技著作,书中的"星图"记录的北宋元丰年间星象观测结果,是一项重要的天文学成就。明朝宋应星的＿＿＿＿＿＿＿是一部关于农业和手工业生产的综合性科学技术著作。在以上空格中依次填入书名,正确的一组是＿＿＿＿＿＿＿。
（　　）
A. 《齐民要术》《梦溪笔谈》《新仪象法要》《天工开物》
B. 《齐民要术》《天工开物》《梦溪笔谈》《新仪象法要》
C. 《梦溪笔谈》《新仪象法要》《天工开物》《齐民要术》
D. 《天工开物》《梦溪笔谈》《新仪象法要》《齐民要术》

39. 下面关于文史知识的表述,完全准确的一项是 （ ）

A. 所谓"战国七雄"是指战国时期韩、赵、魏、秦、齐、楚、越七大强国。

B. 罗曼·罗兰的长篇小说《约翰·克利斯朵夫》以贝多芬为原型,塑造了平民出身的法国音乐家克利斯朵夫的艺术形象。

C. 《雨巷》是20世纪30年代著名的新诗作品,作者戴望舒曾留学法国,是中国现代文学史上"现代派"诗歌的代表诗人之一。

D. 唐代安史之乱中,诗人杜甫用律诗形式写作了一组忧时伤乱的作品,包括《新安吏》《潼关吏》《石壕吏》《新婚别》《故乡别》《垂老别》,合称"三吏三别"。

40. 天干常与地支配合用于纪年、纪日,又常单独使用,标示前后顺序。下面四组关于排列,顺序正确的一组是 （ ）

A. 甲、乙、丙、丁、庚、辛、戊、己、壬、癸

B. 甲、乙、丙、丁、戊、己、庚、辛、壬、癸

C. 甲、乙、丙、丁、戊、己、壬、癸、庚、辛

D. 甲、乙、丙、丁、壬、癸、庚、辛、戊、己

41. 对下面例句中"秋"字意义的解释,正确的一组是 （ ）

① 蒋捷《高阳台·送翠英》词:"飞莺纵有风吹转,奈旧家、苑已成秋。"

② 杨万里《江山道中蚕麦大熟》诗:"穗初黄后枝无绿,不但麦秋桑亦秋。"

③ 柳宗元《长沙驿前南楼感旧》诗:"海鹤一为别,存亡三十秋。"

A. ① 形容破败萧条　② 指各种作物成熟　③ 指秋季

B. ① 指各种作物成熟　② 指秋季　③ 指一年的时间

C. ① 形容破败萧条　② 指各种作物成熟　③ 指一年的时间

D. ① 指一年的时间　② 形容破败萧条　③ 指秋季

42. 下面四首诗歌,各题咏一种花,按顺序排列,对应花名完全正确的一组是 （ ）

① 陆龟蒙:"素葩多蒙别艳欺,此花端合在瑶池。无情有恨无人觉,月晓风清欲堕时。"

② 释道潜:"从来托迹喜深林,显晦那求世所闻。偶至华堂奉君子,不随桃李斗氤氲。"

③ 赵友直:"行到篱边地满霜,曩时物物已非常。自怜失意秋风后,独有寒花不改香。"

A. 兰花、白莲、菊花　　　　　B. 白莲、兰花、菊花

C. 兰花、菊花、白莲　　　　　D. 白莲、菊花、兰花

43. 古人称谓中,一般总是对自己用谦称,对别人和长辈用敬称,对平辈和晚辈可以相对随意。下面的各组称谓中,_____只用于自称。 （ ）

A. 不才,不佞　B. 小子,竖子　C. 夫子,先生　D. 足下,大人

44. 中国古代史书体裁多种多样。"纪传体"以人物传记为中心,是中国历代史书的重要形式,创始于司马迁的《史记》;"编年体"按照年月日顺序记载历史,司马光的《_____》是著名的编年体史书。此外还有记载历代典章制度的典志类史书,唐代杜佑的《_____》和元代马端临的《_____》,都是这类史书的代表。 （ ）

A. 文献通考　　通典　　　资治通鉴

B. 资治通鉴　　通典　　　文献通考

C. 通典　　　　资治通鉴　文献通考

D. 资治通鉴　　文献通考　通典

45. _____是作品内容和形式的高度统一与高度个性化的表现,是一个作家创作成熟的标志。（   ）
A. 主题　　　　B. 文体　　　　C. 氛围　　　　D. 风格

【填空题答案】

1.《小二黑结婚》 2.《传奇》 3. 陈奂生 4. 埃斯库罗斯 5. 莫里哀 6. 湖畔派 7.《玩偶之家》 8. 对偶和对比兼用的 9. 普通话 10. 词牌 11. 三毛 12.《平凡的世界》 13. 寻根文学 14. 顾城 15. 伦敦、巴黎 16.《羊脂球》 17. 泼留希金 18. 普鲁斯特 19.《源氏物语》 20. 浪漫主义 21. 夸张 22. 令尊 23. 模仿说 24. 帕斯捷尔纳克 25. 南京 26. 会意 27. "形散神不散" 28.《母亲》 29. 凌濛初 30.《人间词话》 31.《过秦论》 32.《文心雕龙》 33. 苏童 34.《孔雀东南飞》 35. 贝克特 36. 建安风骨 37. 合成词 38. 拟人 39. 儒释道 40.《百年孤独》 41. 意义 42.《典论·论文》 43. 刘震云 44. 词义扩大 45.《伊索寓言》 46.《俄狄浦斯王》 47. 姚鼐 48. 吴沃尧 49. 梁启超与康有为 50. "湖畔派" 51. 北宋欧阳修 52. 王安石 53. 论证 54. 史家之绝唱,无韵之离骚 55.《林家铺子》 56. 巴金 57. 黄庭坚 58. 莫使金樽空对月 59. 何时复西归 60. 排比 61. 奥斯特洛夫斯基 62.《在人间》 63. "风骚" 64. 范晔 65. 柳宗元 66. 无题诗 67.《长生殿》 68.《孽海花》 69. 经、史、子、集 70. 生、旦、净、丑。（通常所说的"末",归入"生"中。） 71. 郁达夫 72. 散文集 73. 记叙文 74. 倒叙 75. 直同值 76. 杜甫 77. 新乐府运动 78.《女神》 79.《猎人笔记》 80. 比喻

【选择题答案】

1. A 2. B 3. A 4. D 5. B 6. B 7. D 8. C 9. A 10. B
11. C 12. A 13. B 14. C 15. C 16. C 17. D 18. D 19. A 20. B
21. B 22. C 23. A 24. B 25. D 26. A 27. B 28. C 29. C 30. D
31. 32. A 33. D 34. A 35. A 36. A 37. B 38. A 39. C 40. B
41. C 42. B 43. A 44. B 45. D

第二编　现代文阅读

一、真题精解

2005·阅读下面的文字,完成有关问题。

祈　　求

　　我曾经在长城上看到一位白发苍苍的画家画鹰。在北方特有的那种干燥湛蓝的天空下,苍劲古朴的长城默默地蜿蜒于群山之上。画家在一块白布上泼墨挥毫。长城上的风扬起老人的白发,鼓动每一个人的衣襟。他展开那面墨汁未干的鹰旗。雄鹰起伏振翅,直欲破空而上。阳光普照群山,也照在猎猎作响的鹰旗上。一瞬间,我忽然感觉到一种热血冲破冰层的眩晕,一种沉淀压抑已久的力量猛烈爆发:天空、阳光、长城、老人、长风、鹰。

　　那不是我第一次见到鹰,却是第一次为鹰震撼。

　　后来一个偶然的机会我在峭壁上看到了鹰的巢穴。那只是一个粗陋的石坑随便地搭上几根粗树枝,其余一无所有。它深深地印在我的脑海里。后来又看到南方一种色彩艳丽的织鸟精致而温暖安全的巢时,我想到了北方的鹰。不知为什么,我总觉得鹰的身上有一种冷峻而直入人心的力量。我明白鹰不需要巢穴,它从不躲避风雨。它是天地间飞翔的精灵,高傲、敏锐、凶猛、无畏,永不留恋巢穴的温暖与安乐。

　　我带一身风尘回到家乡,听说公园里来了个动物展览团。我想起了鹰,于是我去了。

　　从羽毛的颜色和体形可以看出:那是一只已经苍老的鹰和一只年轻的鹰。鹰架距我不到三米。那只苍老的鹰的羽毛零乱而支棱突兀,腿上有一根粗大的铁链,它埋头翅间。那只年轻的鹰目光迟滞,仿佛在看什么,又什么也没看到。

　　一个小孩,忽然放肆地把手中的香蕉扔向那只埋头的鹰,他一定不知道他做了一件多么愚蠢的事,因为他还在得意地笑。那只鹰猛地昂起了头,有力的颈部弯曲成了一个矫健而凶猛的弧度。我看到它眼中凌厉地闪过什么,它闪电般地直掠下来。然而那不足一米的铁链狠狠拽住了它,它猛然回坠,被倒吊在高高的鹰架上,晃来晃去,那只年轻的鹰展了展翅以便站稳,它冷漠地看了看脚下的同伴,又把茫然的目光投向远方。

　　那个被吓呆的小孩这时才清醒过来,悻悻地抓起一把泥沙朝那倒吊着的鹰狠狠扔去,又嘿嘿地笑起来,一边捡石块,一边大声地骂。那只苍老的鹰耸着翅,挣扎着,发出一串低沉鸣音。它的声音在颤抖。我分明地感到一种苍白而强烈的悲怆冷冷地漫过心头。我拦住那个小孩,叫他滚。

　　鹰渐渐停止了挣扎,静静地倒吊在高高的鹰架下。利爪笔直地伸向天空——那里曾是它的家园、梦想、荣耀和骄傲。四下沉闷,天地间只有蝉在不停地叫。

我不知道鹰是否会流泪。

那夜我在山顶坐了很久,天上有月,月旁有星;山上有风,山下有楼。我在山顶大梦一场,一颗泪珠从天上落到我的手上。清晨我再去看那两只鹰的时候,苍老的鹰依然倒吊着,刚刚死去。喂鹰的人说,野生的鹰是没法养活的——它不吃东西。他告诉我那只年轻的鹰是人工孵化的。

天空是蓝色的,一切都很安静。我想起北方的天空、阳光和鼓动衣襟的长风,想起伤痕累累的长城上那面猎猎的鹰旗。我不知道那只年轻的鹰在寻找什么,但我想那一定是一只被束缚的鹰对祖先血脉相承的东西的渴求——虽然它一生未曾飞翔。

我知道鹰的灵魂在天上。我祈求世上善良的人们,给鹰一颗高飞的心,让高飞的灵魂永不沉沦。

1. 文章题目是《祈求》,读完文章后,你认为作者在祈求什么?

【答案】 祈求人们珍惜、爱护大自然中的生命;祈求人们尊重、理解鹰真正的灵魂;通过对鹰的灵魂的思考,祈求中华民族精神中高傲、敏锐、无我、奋进气度的回归。

2. 文中写到"鹰渐渐停止了挣扎,静静地倒吊在高高的鹰架下。利爪笔直地伸向天空——那里曾是它的家园、梦想、荣耀和骄傲。四下沉闷,大地间只有蝉在不停地叫。"从这句话中你体会出作者什么样的思想和情感?

【答案】 对于鹰落寞的痛苦与无奈,对于蝉得志的憎恶和愤慨;中华民族精神当中可能同时存在不同的角色,具有不同的命运;然而现实的沉闷使作者感到无比压抑。

3. 请分析"天地间只有蝉在不停地叫"的语法成分。

【答案】 天地间　只有 蝉 在 不停地 叫

只有 蝉 在 不停地 叫

蝉 在 不停地 叫

在 不停地 叫

不停地 叫

"天地间"作状语,"只有"作连词,"蝉"作主语,"在"作介词,"不停地"状语,"叫"作谓语动词。

2006·阅读下面的文字,完成有关问题。

人一辈子都有高潮—低潮中沉浮,唯有庸碌的人,生活才如死水一般;或者要有极高的修养,方能廓然无累,真正的解脱。只要高潮不过分使你紧张,低潮不过分使你颓废,就好了。(1)太阳太强烈,会把五谷晒焦;雨水太猛,也会淹死庄稼。我们只求心理相当平衡,不至于受伤而已……慢慢地你会养成另外一种心情对付过去的事:就是能够想到而不再惊心动魄,能够从客观的立场分析前因后果,做将来的借鉴,以免重蹈覆辙。一个人唯有敢于正视现实,正视错误,用理智分析,彻底感悟,才不至于被回忆侵蚀。我相信你逐渐会学会这一套,越来越坚强的。我以前在信中和你提过感情的 ruin(创伤,覆灭),就是要你把这些事当作心灵的灰烬看,看的时候当然不免感触万端,但不要刻骨铭心地伤害自己,(2)而要像对着古战场一般的存着凭吊的心怀。

1. 本文的中心思想是什么?

【答案】 应当正视生命的挫折,在健康平衡的心理状态中谋求发展。

2. 请说出"心灵的灰烬"的含义。

【答案】 看待感情的挫折、痛苦,应视如大火燃烧后的灰烬,虽有淡淡的痕迹,但再不会被回忆伤害,因为那份感情已死去,永远成了过去。

3. 指出画横线句子的修辞格、含义及作用。

【答案】 ① 借喻,喻指感情付出过多,会使自己受到伤害,使自己或紧张或颓废;② 明喻,喻指对生命中的挫折不可以投入过多的感情,被回忆所伤害,应该"想到而不再惊心动魄",客观、理智地面对。这两处比喻,贴切自然,使深刻的哲理生动形象、浅显易懂。

2007·阅读下面的文字,完成有关问题。

谷 雨

从词义及其象形看,"谷"首先指山谷。瑞典汉学家林西莉在她的著作《汉字王国》中即讲:"我只要看到这个字,马上就会想起一个人走进黄土高原沟壑里的滋味。"当谷与雨并连以后,它的另一重要含义"庄稼、作物"无疑便显现了。

像"家庭"一词的组构向人们示意着只有屋舍与院子的合一,才真正构成一个本原的、未完全脱离土地的、适于安居的"家"。"谷雨"也是一个包含有对自然秩序敬畏、尊重、顺应的富于寓意的词汇,从中人们可以看出一种神示或伟大象征:庄稼天然依赖雨水,庄稼与雨水密不可分。

谷雨是春季的最后一个季节,也是一年中最为宜人的几个节气之一。这个时候,打点行装即将北上的春天已远远看到它的继任者——携着热烈与雷电的夏天走来的身影了。为了夏天的到来,另外一个重要变化也在寂静、悄然进行,即绿色正从新浅向深郁过渡。的确,绿色自身是有生命的。这一点也让我想到太阳的光芒,阳光在早晨从橙红到金黄、银白的次第变化,实际即体现了其从童年、少年到成年的自然生命履历。

麦子拔节了,此时它们的高度大约为其整体的三分之一,在土地上呈现出了立体感,就像一个十二三岁的男孩开始显露出了男子天赋的挺拔体态。野兔能够隐身了,土地也像骄傲的父亲一样通过麦子感到了自己在向上延续。作为北方冬天旷野的一道醒目景观的褐色鹊巢,已被树木用叶子悉心掩蔽起来。一只雀鹰正在天空盘旋,几个农民在为小麦浇水、施撒化肥。远处树丛中响起啄木鸟的只可欣赏而无法模仿的疾速叩击枯木的声音,相对啄木鸟的鸣叫,我一直觉得它的劳动创造的这节音量由强而弱、频率由快而慢的乐曲更为美妙迷人。

(苇岸《一九九八 廿四节气》)

1. 请说明"土地也像骄傲的父亲一样通过麦子感到了自己在向上延续"这句话的修辞格、含义及作用。

【答案】 修辞格:比喻。含义:作者用父子两代人的生命延续来比喻麦子从大地向上生长、拔节。作用:生动、形象。

2. 请指出本文从哪些方面描写"谷雨"这个节气来临之后自然界发生的变化。

【答案】 作者从季节、天象和物候三方面描写"谷雨"这个节气来临之后自然界发生的变化。季节:"从春天到夏天"或者"夏天来临";天象:"色彩"和"阳光";物候:"麦子""树叶""鸟"和"农事"也得分,但每方面只能得1分。

3. 本文的中心思想是什么?

【答案】 通过"谷雨"节气来临时自然界发生的变化,作者赋予"谷雨"深刻的内涵,表达了人对自然秩序的敬畏、尊重和顺应。

4. 阅读画线的句子,请说明从"惊蛰"这个节气你又能看出怎样的"伟大象征"?

【答案】 沉睡的生灵在雷鸣中被唤醒。(只要答对"万物被唤醒、惊醒"就给3分。)

2008·阅读下面的文字,完成有关问题。

大学人文精神谈片(其三)

大学人文学科的职责,我以为可分为两个层面。一个层面是,其科研,直接给当下的社会进步事业以智力支持,直接服务于社会;其教学,培养学生具有切实有用的专业知识、方法和能力,使他们获得服务社会、建设国家和自己谋生的本领。这些,是我们一直在强调的,完全必要的。不过这只是一个层面。

对于大学来说,还有一个更高的层面,是通过学术成果向社会辐射、播散人文精神,通过教学培养学生具有人文精神。这种人文精神,一如上述,如果简括成一句话,就是对于社会人生的真理的坚守和追求。这种人文精神,与自然科学研究中所体现的科学精神相通,都是对真理的追求,只是所取的对象、所用的手段不同;这种人文精神,也包含了科学精神的一个重要之点:科学也要考虑对于人的生存和幸福的价值所在,也要关切人的命运和前途。

人文精神,比较集中地体现在一些基础的人文学科中。如学习和研究文艺学,可以提高人的审美志趣和能力,提升人的精神境界;学习和研究了中国历史,才能真正建立深厚的、牢固的爱国主义情感,等等。这些基础性的人文学科,不直接发生实际的社会功效,但是具有强烈的人文精神,因而大学要坚持进行深入的研究。在研究具体的可直接作用社会的实际问题时,也应对其相关的基础理论、人文底蕴有所思考,甚至发掘出人文精神的新因素,而不要完全就事论事。同理,大学的自然科学研究,不能止于"技术",而要探讨"科学"和科学精神("科""技"两面其实是不能完全等同的)。这是大学应当有的"学术研究",是大学不同于具体实践部门的地方,是大学需要存在的十分重要的理由。因此,"五四"时期任北京大学图书馆主任、经济学教授的李大钊曾说:只有学术的发展,值得作大学纪念,只有学术的建树,值得"北大万岁万万岁"的欢呼。哈佛大学的校训说:"让真理与你为友"。正因为学术研究是与真理为友的,而真理与天地同寿,所以真正的学者总是对学术抱着虔诚的态度甚至敬畏的心情,孜孜以求,以生命相许,不敢亵渎和冒犯,<u>有时甚至只问是非不问功利</u>。追求真理,现在听起来好像有点迂执,但大学里的学者不能完全没有这种脾气。如果对学术研究有这种真诚与虔敬,以致融入自己生命的热力,那么,不必说不会去剽窃、炒作、"包装"和粗制滥造,而且另外两种流行多年的毛病:满足于"自圆其说"和照搬外说(包括话题)而无意求真,也会被逐渐克服了。

(原文稍有修改)

1. "让真理与你为友"一句属于哪种类型的论据?

【答案】 理论论据。论据就是证明论点的材料、依据。论据的类型有事实材料与理论材料之分。作为论据的事实材料,可以是具体的事例、概括的事实、统计数字或者亲身经历、感受。作为论据的理论材料,可以是前人的经典著作、至理名言、民间的谚语和俗语或者科学上的公理、规律等。文中引用哈佛大学的校训——"让真理与你为友",这显然属于至理名言,即属于理论论据。

2. 请概括文章第二段的段落大意。

【答案】 大学需要通过学术成果向社会辐射、播散人文精神,这种人文精神与自然科学研究中所体现的科学精神相通,都是对真理的追求。

3. 作者认为"大学需要存在的十分重要的理由"是什么?

【答案】 作者认为"大学需要存在的十分重要的理由"是基础性的人文学科要坚持深入研究一些不直接发生实际的社会功效的人文精神,自然科学要研究要探讨"科学"和科学精神。

4. 文章最后一句是多重复句,请指出这个多重复句第一层的关系。

【答案】 如果对学术研究有这种真诚与虔敬,以致融入自己生命的热力,那么,不必说不会去剽窃、炒作、"包装"和粗制滥造,而且另外两种流行多年的毛病:满足于"自圆其说"和照搬外说(包括话题)而无意求真,也会被逐渐克服了。第一层为假设关系。

5. 画线句中的"是非"和"功利"分别指什么?

【答案】 "是非"指的是追求知识过程中的真理与谬误;"功利"指的是功名利禄。

2009·阅读下面的文字,完成有关问题。

园花寂寞红

季羡林

楼前右边,前临池塘,背靠土山,有几间十分古老的平房,是清代保卫八大园的侍卫之类的人住的地方。整整四十年以来,一直住着一对老夫妇:女的是德国人,北大教员;男的是中国人,钢铁学院教授。我在德国时,已经认识了他们,算起来到今天已经将近六十年了,我们算是老朋友了。三十年前,我们的楼建成,我是第一个搬进来住的,从那以后,老朋友又成了邻居。有些往来,是必然的。逢年过节,互相拜访,感情是融洽的。<u>我每天到办公室去,总会看到这个个子不高的老人,蹲在门前临湖的小花园里,不是除草栽花,就是浇水施肥;再就是砍几竿门前屋后的竹子,扎成篱笆。他嘴里叼着半根雪茄,笑眯眯的,忙忙碌碌,似乎乐在其中。</u>

他种花很有一些特点。除了一些常见的花以外,他喜欢种外国种的唐菖蒲,还有颜色不同的名贵的月季。最难得的是一种特大的牵牛花,比平常的牵牛要大一倍,宛如小碗口一般。每年春天开花时,颇引起行人的注目。据说,此花来头不小。在北京,只有梅兰芳家里有,齐白石晚年以画牵牛花闻名全世,临摹的就是梅府上的牵牛花。

我是颇喜欢一点花的。但是我既少空闲,又无水平。买几盆名贵的花,总养不了多久,就呜呼哀哉。因此,为了满足自己的美感享受,我只能像北京人说的那样看"蹭"花,现在有这样神奇的牵牛花,绚丽夺目的月季和唐菖蒲,就摆在眼前,我焉得不"蹭"呢?每天下班或者开会回来,看到老友在侍弄花,我总要停下脚步,聊上几句,看一看花。花美,地方也美,湖光如镜,杨柳依依,说不尽的旖旎风光,人在其中,顿觉尘世烦恼,一扫而光,仿佛遗世而独立了。

但是,世事往往有出人意料者。两个月前,我忽然听说,老友在夜里患了急病,不到几个小时,就离开了人间。我简直不敢相信,然而这又确是事实。我年届耄耋,阅历多矣,自谓已能做到"悲欢离合总无情"了。事实上并不是这样。我有情,有多得超过了需要的情,老友之死,我焉能无动于衷呢?"当时只道是寻常"这一句浅显而实深刻的词,又萦绕在我心中。

几天来,我每次走过那个小花园,眼前总仿佛看到老友的身影,嘴里叼着半根雪茄,笑眯眯的,蹲在那里,侍弄花草。这当然只是幻象。老友走了,永远永远地走了。我抬头看到那大朵的牵牛花和多姿多彩的月季花,她们失去了自己的主人,朵朵都低眉敛目,一脸寂寞相,好像"溅泪"的样子。她们似乎认出了我,知道我是自己主人的老友,知道我是自己的认真入迷的欣赏者,知道我是自己的知己。她们在微风中摇曳,仿佛向我点头,向我倾诉心中郁积的寂寞。

现在才只是夏末秋初。即使是寂寞吧,牵牛和月季仍然能够开花的。一旦秋风劲吹,落叶满山,牵牛和月季还能开下去吗?再过一些时候,冬天还会降临人间的。到了那时候,牵牛们和月季们只能被压在白皑皑的积雪下面的土里,做着春天的梦,连感到寂寞的机会都不会有了。

明年,春天总会重返大地的。春天总还是春天,她能让万物复苏,让万物再充满了活力。但是,这小花园的月季和牵牛怎样呢?月季大概还能靠自己的力量长出芽来,也许还能开出几朵小花。然而护花的主人已不在人间。谁为她们施肥浇水呢?等待她们的不仅仅是寂寞,而是枯萎和死亡。至于牵牛花,没有主人播种,恐怕连幼芽也长不出来。她们将永远被埋在地中了。

我一想到这里,就不禁悲从中来。眼前包围着月季和牵牛的寂寞,也包围住了我。我不想再看到春天,我不想看到春天来时行将枯萎的月季,我不想看到连幼芽都冒不出来的牵牛。我虔心默祷上苍,不要再让春天降临人间了。如果非降临不行的话,也希望把我楼前池边的这一个小花园放过去,让这一块小小的地方永远保留夏末秋初的景象,就像现在这样。

(选自《季羡林随笔录:忆往述怀》)

1. 请为"耄耋"一词注音,并解释词义。

【答案】 "耄耋"一词音为"mào dié",指八九十岁、年纪很大的人。

2. 指出文章第一段画线部分所使用的表达方式。

【答案】 "我每天……似乎乐在其中。"一句使用了叙述和描写,其中描写包括了肖像描写和动作描写。

3. 指出第6自然段所使用的修辞手法。

【答案】 反问和拟人。

4. 文章的标题是"园花寂寞红",请解释"寂寞"的含义。

【答案】 寂寞的含义:(1) 花儿在主人去世后无人照料的孤单;(2) 花儿失去了懂得欣赏她们的知音的孤独;(3) 花儿的寂寞影射的是人的寂寞,是失去老友后的悲伤和孤独。

5. 请概括本文的主要思想感情。

【答案】 本文通过友人种花的叙述以及友人去世后园中花儿寂寞的描写,表达了作者对故去友人的深切思念,对无人照应也无人懂得欣赏的花儿们这些自然生命的怜爱和悲悯,同时也表达了自己耄耋之年对生命的无限感慨。

2010·阅读下面的文字,完成有关问题。

"流行"散谈(其二)

"流行"在运动的过程中,有时也会回过头来看一看。流行不是天降之物。流行的源头是传统。没有源头,哪来潮头?无"源"无"根"的事物不可能存在。

流行是传统的变异。任何能够称为传统的事物,在时代的演变中都要经受现实的检验。经典传统在与时代的结合中发生变异,变异了的传统以一种新的方式流行开来。从这个意义上说,流行是一种更新了的生命力。

梁谷音断言昆剧不会衰落。她的具体阐述是社会经济发展到了饱和点(富裕阶段),人们会重新产生欣赏高雅古典艺术的欲求,到那时,昆剧的知音又会多起来。梁女士此说自然是有一个"昆剧在改革中前进"的前提的(她有这方面的实际体验)。面对快节奏的现代社会,慢节奏的昆剧倘若固守成规,不越雷池半步,那么这一有着"戏祖"之称的剧种成为"昨天的艺术""博物馆艺术"就完全可能。新版《牡丹亭》的实验,就是在尊重昆剧本体艺术特征和表现规范的前提下,对剧本进行了大刀阔斧的缩编精编,同时用现代意识、现代视点对艺术营造、剧场化处理进行了大胆创新的设计,从而实现了古典与现实的对应,这种对应,正是一种时代"契合点",是视听艺术"争夺眼球"不可或缺的因素。越剧的探索也具典型意义,新版《红楼梦》的一剧一公司,大制作、大投入、大场面的运作方式,交响伴奏伴唱等的艺术改革,使这个近年来不大景气的剧种、剧目在世纪之交形成一股"冲击波"。"新红楼"现象证实了老剧种老剧目在找到了新时代结合点之后的新流行。这种更新了的生命力,为一切传统经典提供了有益的启示。

流行是"哈根达斯""麦当劳"?流行是"香山瘦身""定向运动"?流行是"诺基亚""赛柏空间"?……是,也不是。流行是一种文化承传,是一种生命形态,是一种打上了时代印记的智慧竞赛。

流行意味着"前卫"吗?流行可以是前卫的,也可以不是。前卫文化中有不少东西也与怀旧结缘,可见前卫的"根"还是在传统。流行也好,前卫也好,其精华部分经过时间的积淀和受众的检验,自身也可能成为传统。这样的传统,在一定意义上倒可以说是普及之后的提高了。

1. 根据文章的阐述,下列关于"传统"的阐述正确的一项是 （ ）
A. 新生事物的力量是无穷的,传统必将被流行所代替。
B. 传统可以发生变异,并以一种新的方式流行开来。
C. 传统是经过现实检验的,因而也必将是永远流行的。
D. 传统不可能成为"前卫"。

【答案】 B。A、C、D三项中的"必将"和"不可能"的说法都过于绝对化。而B项"传统可以发生变异,并以一种新的方式流行开来"应和了前文"流行是传统的变异,流行的源头是传统,经典传统在与时代的结合中发生变异,变异了的传统以一种新的方式流行开来"这几句。

2. 下列哪一项不能作为梁谷音断言"昆剧不会衰落"的依据? （ ）
A. 社会经济发展到饱和点(富裕阶段),昆剧的知音又会多起来。
B. 新版《牡丹亭》的实验实现了古典与现实的对应,起到了"争夺眼球"的效果。
C. 社会经济发展到了饱和点(富裕阶段),人们有更多的时间欣赏昆剧。
D. 昆剧自身也在随着时代的发展变化与时俱进,实现了与时代的结合。

【答案】 C。原文第三段,梁谷音断言昆剧不会衰落。她的具体阐述是社会经济发展到了饱和点(富裕阶段),人们会重新产生欣赏高雅古典艺术的欲求,而不是指人们有更多的时间欣赏昆剧。

3. 实现老剧种、老剧目在新时代的新流行,就必须 （　　）
A. 改变老剧种的艺术表现规范。　　B. 有大制作、大投入。
C. 尊重老剧本的旨意。　　D. 有现代意识和现代视点。

【答案】 D。A项"改变老剧种的艺术表现规范"与原文"尊重昆剧本体艺术特征和表现规范的前提下"不符合;B项"有大制作、大投入",原文没有提及这个要素;C项"尊重老剧本的旨意"与"在尊重昆剧本体艺术特征和表现规范的前提下"相吻合,但只有尊重不足以实现老剧种、老剧目在新时代的新流行。D项"有现代意识和现代视点"即原文所述一致,要"用现代意识、现代视点对艺术营造、剧场化处理进行大胆的创新设计,从而实现了古典与现实的对应,这种对应正是一种时代'契合点',是视听艺术'争夺眼球'的不可或缺的因素。"

4. 作者所说的"新红楼现象",其含义是 （　　）
A. 对传统艺术进行创新和改革,以适应时代的发展。
B. 用流行艺术代替传统艺术。
C. 捍卫传统艺术的价值,抵御大众流行文化的冲击。
D. 传统艺术的消亡是历史的必然。

【答案】 A。作者所说的"新红楼现象",其含义是对传统艺术进行创新和改革,以适应时代的发展。"用现代意识、现代视点实现古典与现实的对应"就是这层含义。

5. 文章最后一句"这样的传统"中的"这样"是指 （　　）
A. 流行或前卫中的精华以对立的方式否定传统。
B. 流行或前卫中的精华向传统的回归。
C. 流行或前卫中的精华,经受检验而得到提升。
D. 传统中的精华对流行或前卫的适应。

【答案】 C。最后一句"这样的传统"中的"这样"是指流行或前卫中的精华,经受检验而得到提升。"流行也好,前卫也好,其精华部分经过时间的积淀和受众的检验,自身也可能成为传统""普及之后的提高"正是"这样"的具体阐述。

2011·阅读下面的文字,完成有关问题。

自言自语(其六)
史铁生

自然之神以其无限的奥秘生养了我们,又以其无限的奥秘迷惑甚至威胁我们,使我们不敢急慢不敢轻狂,对着命运的无常既敬且畏。我们企望自然之母永远慈祥的爱护,但严厉的自然之父却要我们去浪迹天涯自立为家。我们不得不开始了从刀耕火种到航天飞机的创造历程。日日月月年年,这历程并无止境,当我们千辛万苦而又怀疑其意义何在之时,我们茫然若失就一直没能建成一个家。太阳之火轰鸣着落在地平线上,太阴之光又多情地令人难眠,我们想起:家呢?便起身把这份辛苦、这份忧思、这份热情而执着的盼望,用斧凿在石上,用笔画在墙上,用文字写在纸上,向自然之神倾诉;为了吁请神的关注,我们又奏起了最哀壮的音乐,并以最夸张的姿势展现我们的身躯成为舞蹈。悲烈之声传上天庭,悲烈之景遍布四野,我们忽然茅塞顿开听到了自然之神在赞誉他们不屈的儿子,刹那间一片美好的家园呈现了,原来是由不屈的骄傲建筑在心中。

我们有了家有了艺术,我们再也不孤寂不犹豫,再也不放弃(而且我们知道了,<u>一切创造的真正意义都是为了这个</u>。所以无论什么行当,一旦做到极致,人们就说它是进入了艺术境界,它本来是什么已经不重要了,它现在主要是心灵的美的家园)。我们先是立了一面镜子,<u>我们一边怀着敬畏滚动石头,一边怀着骄傲观赏我们不屈的形象</u>。后来,我们不光能从镜子里,而且能从山的峻拔与狰狞、水的柔润与汹涌、风的和煦与狂暴、云的变幻与永恒、空间的辽阔与时间的悠久、草木的衰荣与虫兽的繁衍,从万物万象中看见自己柔弱而又刚劲的身影。心之家园的无限恰与命运的无常构成和谐,构成美,构成艺术的精髓。<u>敬畏与骄傲,这两极</u>!

(选自史铁生《宿命的写作》,山东文艺出版社2001年版)

1. "一切创造的真正意义都是为了这个"一句中的"这个"所指的意思是 ( )
A. 自然之神   B. 敬畏自然   C. 艺术创造   D. 心灵家园

【答案】 D。回到原文句子:"我们有了家有了艺术,我们再也不孤寂不犹豫,再也不放弃(而且我们知道了,一切创造的真正意义都是为了这个。所以无论什么行当,一旦做到极致,人们就说它是进入了艺术境界,它本来是什么已经不重要了,它现在主要是心灵的美的家园)"。其意思是说,人类所有的创造行为到了极致境界就是一门艺术,为的是达成心灵家园的美好。

2. "我们一边怀着敬畏滚动石头,一边怀着骄傲观赏我们不屈的形象",对这一句话阐释最准确的一项是 ( )
A. 通过对劳动者形象的描写,赞扬我们不屈的精神。
B. 通过对原始初民劳动场面的描写,表现人类与大自然搏斗的豪情。
C. 借用古希腊神话故事,赞美人类永不言弃的精神。
D. 通过虚构出的一种实践活动,褒扬人类对自然之神的敬畏之情。

【答案】 C。"我们一边怀着敬畏滚动石头,一边怀着骄傲观赏我们不屈的形象",这一句中"怀着敬畏滚动石头"及"不屈的形象"是解题关键。希腊著名神话中有一个关于西西弗斯(Sisyphus)的传说,这个西西弗斯因为冒犯了天庭法规而被降罚到人间,每天要推一个巨大的石头上山。然而,无论西西弗斯怎么努力地把石头推上山顶,到了晚上,巨大的石头依旧又会再度滚下山来。于是,西西弗斯便得周而复始地做着同样的工作,徒劳无功永无休止。其实这是天神对他的惩罚,要折磨他使他无论怎么做结果必然都是一样的,改变不了什么,也不会成功,为了要让他接受现实放弃努力承认失败。

3. "敬畏与骄傲,这两极!"对句中"骄傲"的含义,理解正确的一项是 ( )
A. 人类可以通过刀耕火种征服自然。
B. 自然之母永远慈祥地呵护人类。
C. 在建设心之家园的历程中,人类创造了艺术,再也不犹豫,再也不孤寂。
D. 艺术和美的创造使人类的自然生命走向无限。

【答案】 D。"艺术和美的创造使人类的自然生命走向无限"与"心之家园的无限恰与命运的无常构成和谐,构成美,构成艺术的精髓。敬畏与骄傲,这两极!"最为匹配。

4. 下列选项表述正确的一项是　　　　　　　　　　　　　　　　　　　（　　）
A. 人类建设心灵家园实际上是人类寻求自我安慰的一种方式。
B. 大自然的一切都可以是人类能力和精神的"镜子"。
C. 人类通过艺术和美的创造战胜了自然。
D. 艺术和美使人类不再孤寂,也使人类可以傲视自然。

【答案】　A。人类建设心灵家园实际上是人类寻求自我安慰的一种方式。这层意思可以由"我们有了家有了艺术,我们再也不孤寂不犹豫,再也不放弃"得知。

5. 根据文章的意思,下列关于"艺术创造"的含义理解错误的一项是　　　　（　　）
A. 艺术活动是在刀耕火种等物质实践活动基础上产生的。
B. 艺术创造使自然之神更加关注人类。
C. 对生活意义的忧思和对美好生活的期盼是艺术创造的动力之一。
D. 艺术的精髓在于表现自然的伟大与人类不屈不挠的抗争精神。

【答案】　B。"艺术创造使自然之神更加关注人类",文章没有体现出这层意思。

2013·阅读下面的文字,完成有关问题。

中国古代小说的发展及其规律

中国的小说,也和世界各国一样,是从神话传说开始的。有人说我国小说有很多起源,如寓言、史传、诸子散文等,其实源只有一个,那就是神话传说。神话是把神人化,传说是把人神化,这两者之间的界限很难确切划分。

到魏晋南北朝,出现了志怪、志人小说。这是鲁迅在《中国小说史略》中起的名字,我觉得概括得很恰切。神话传说也好,志怪、志人也好,都是作为一种史实记载下来的,是靠实地访问,从民间搜集而记录下来的,因此叫做"志"。"志"是记录的意思,而不是创作。所以最初的小说,同历史归于一类。比如《穆天子传》是个神话传说,可史书上却把它归于帝王"起居注"一类;《山海经》也是神话传说,《汉书》中把它归于"地理志"中。

直到梁代萧统编《文选》,才第一个要把文学和历史区分开来。他在序中提出他的文学定义,即"事出于沉思,义归乎翰藻"。但这时他所指的文学只包括诗、文、赋,并不包括小说。我国的小说脱离历史领域而成为文学创作,还是进入唐代之后的事。唐代的文化出现了很多新的东西,文人的思想也有所发展、开阔;这时传奇小说应运而生,如陈鸿写的《长恨歌传》、白行简写的《李娃传》,都是依照传说创作而成,不再是历史性质的东西了。唐代小说的发展主要表现在富于想象虚构与讲求文采,这就同过去的作品有所区分。参照萧统的文学定义看,虚构、想象正是"事出于沉思";"义归乎翰藻",则正是讲求文采。从此,小说便发展成为文学创作了,但作为史的志怪、志人传统也并没有中止。

传奇小说发展到宋代就衰落了。宋代的小说大致是根据史事记载完成的,没有什么虚构和富有文采的创作加工,同唐代小说大不相同。后来人们写了各个朝代的历史小说,大多走了宋代传奇的路子,即按照史书的记载编写,作为文学作品是失败的。

这时随之兴起的是话本。话本经过文人加工,就变成许多话本小说和演义小说。如《三国演义》《水浒传》《西游记》等,大都是文人采用民间创作而进行再创作的。话本是民间"说话"艺术的底本,它是经过说书艺术的千锤百炼才产生、流传的。它以描绘精彩动人的情节场面和塑造生动活泼的人物性格见长;这就与专供人阅读的小说有了明显的不同风格,因为它们是植根于讲给人听的说书艺术的。

由这里再发展,便成为文人的独立的创作。这时不再拿民间的东西来加工了,而主要是自己创作。这一类代表作是《金瓶梅》,它在小说发展史上开辟了一条新路。无论《三国演义》《水浒传》还是《西游记》,写的都是非凡的人物或者不寻常的英雄;而《金瓶梅》开辟了一条写平凡人和日常生活的道路,通过写平凡人的日常生活,显示了现实主义文学的长足发展。沿着《金瓶梅》所开创出来的道路,《红楼梦》问世了,中国古代现实主义小说达到了辉煌的顶点。

中国小说发展的脉络及特点,大致就是如此。

1. 根据文章第二段的阐述,下列说法错误的是 （ ）
A. 志怪、志人小说是作为一种史实记载下来的。
B. 志怪、志人小说是从民间搜集而记录下来的。
C. 志怪、志人小说最初是由鲁迅命名的。
D. 《山海经》属于志怪小说,但被归于"地理志"中。

【答案】 D

2. 根据文章阐述,对"事出于沉思,义归乎翰藻"理解正确的一项是 （ ）
A. 文学创作应讲求遣词造句,追求形式的华美。
B. 文学创作应以事实为基础,同时进行适当的想象和虚构。
C. 文学创作应进行想象和虚构,同时在形式上讲求文采。
D. 文学创作前应反复思索,主题要符合主流思想。

【答案】 C

3. 根据文章第三段的阐述,下列不能作为唐传奇产生原因的一项是 （ ）
A. 萧统《文选》在理论上倡导小说脱离历史。
B. 唐代文化发展的新气象。
C. 唐代文人思想的发展和开拓。
D. 小说脱离历史领域成为文学创作。

【答案】 A

4. 下列表述符合原文意思的一项是 （ ）
A. 传统的志怪、志人小说完全被唐传奇所取代。
B. 宋代传奇是对唐传奇的进一步发展。
C. 话本小说是在唐、宋传奇基础上直接发展而来的。
D. 《金瓶梅》开辟了古代现实主义小说发展的新路。

【答案】 D

5. 根据原文,下列推断正确的一项是 （ ）
A. 历史小说作为文学创作是失败的。
B. 文人的加工和再创作是古代小说走向成熟的重要因素。
C. 话本小说大多重视对人物心理活动的直接描写。
D. 《金瓶梅》之后的小说家们不再相信历史的叙述。

【答案】 B

2014·阅读下面的文字,完成有关问题。

自然与人生

贺 麟

自然在表面上似乎与人生相反,在本质上却正与人生相成。人若不接近自然,就难于真正了解人生。通常一般人总以为只要在社会上多酬酢,接触各式各样的人,就可以了解人生。他们不知道超出人生,回到自然,也足以帮助了解人生的真义。我曾说:要想真正了解人生,必须"深入无人之境"。所谓"无人之境",是很可以耐人寻味的境界,其含意之一,应是自然。德国诗人席勒有一句话:"人生反而把人生掩蔽住了。"成天在人群中忙来忙去的人,反而不能认识人生的真面目。所以我们这里讨论自然与人生的关系,主旨虽在教人回到自然,但也未尝不是归根于认识人生。自然与人生间这一种相反相成的关系,稍为了解辩证法原则的人,想来不难领悟。

所谓人类回到自然的"自然",是指具体的、有机的、美化的、神圣的外界而言。这个意义的自然,可以发人兴会、欣人耳目、启人心智、慰人灵魂,是与人类精神相通的。这是有生命有灵魂的自然。人生需要自然来作育,人生需要自然供给力量。自然是人生的"净化教育",自然是人生力量的源泉。

人类对于自然感到有这样伟大的意义,乃是近代精神的象征。崇拜自然,回到自然,认自然是神圣,皆是代表近代精神的看法,对传统的精神,多少有些革命的意味。因为中古时代人受神学观念的支配,仰望天国,悬想来世,反对世界,蔑视自然;同时受礼教法律的束缚,颇有矫揉造作,违反人性,不近人情的趋势。所以回到自然的运动,也就是一种摆脱传统的宗教和礼法的拘束,促进人性自然发展的运动,在人的精神上颇有解放革新的力量。

接近自然,对于人类的身心有许多好处。这一些好处可以概括为两层意思。第一层意思是使人新鲜、活泼,加强活动,恢复健康等。因此接近自然可以治疗文明社会里的好些病态。如像自杀、疯狂、狡诈,在常常接近自然的农夫、渔人、樵子,就不会多有。第二层意思是使人强健、壮旺,增加生命力量等。这一种效果,也只有在接近自然中才能找得到。就语言来说,可以分为两种:一种是矫揉造作的语言,这种语言是外交辞令,每每言不由衷,是在文明社会里摆绅士架子的装饰品,根本是没有力量的语言。另外一种语言,是发乎本心,出乎真情,基于机体的真实需要而产生的语言,虽出言未必雅驯,但坦白率真,特别有支配行为和感动他人的力量。就一个民族来说,假如一个民族,还能够保持朴厚的天真,便是有元气、有精神、有生命的民族。反之,假如一个民族,已经失掉了纯朴的天真,只有虚伪的形式,没有诚朴的素质,专门注意仪式礼节方面的繁文缛节,这种民族,表面些许文明,实际上就是生命力枯竭的民族。

(节选自《文化与人生》,商务印书馆,1996年)

1. 对文章第一段"无人之境"的理解,正确的一项是　　　　　　　　(　　)
   A. 指没有经过人类改造的原始状态的自然
   B. 指在欣赏大自然或艺术作品时的忘我境界
   C. 指超越尘世喧嚣心灵感受到的本真的自然
   D. 指谙熟于社会规则后达到的游刃有余的境界

【答案】 C

2. "人生反而把人生掩蔽住了"中的后一个"人生"指的是 （ ）
A. 真实自然的人生　　　　　　　B. 酬酢忙碌的人生
C. 超越现实的人生　　　　　　　D. 信仰神学的人生

【答案】　A

3. 对于"有生命有灵魂的自然"的阐释,正确的一项是 （ ）
A. 自然是由各种生命有机体组成的
B. 自然是人类所崇拜并深深敬畏的
C. 人与自然精神相通而赋予自然生命和灵魂
D. 人通过对人生的认识而赋予自然生命和灵魂

【答案】　C

4. 对文中多次提及的"回到自然"的理解,不正确的一项是 （ ）
A. 回到自然能有益于人类的身心健康
B. 回到自然能弘扬解放革新的近代精神
C. 回到自然能摆脱宗教礼法对人性的束缚
D. 回到自然能杜绝文明社会的各种病态

【答案】　D。"回到自然能杜绝文明社会的各种病态","杜绝"一词过于绝对化,不妥。

5. 根据文章主旨,下列说法不正确的一项是 （ ）
A. 只有保持和自然的亲密接触,才能正确认识人生
B. 与自然在精神和灵魂上的交融是人生的美好境界
C. 在社会中的历练也是人生的组成部分
D. 文明程度越高,人和自然的距离越近

【答案】　C。"在社会中的历练也是人生的组成部分"一句脱离了本文自然与人生的关系。

2015・阅读下面的文字,完成有关问题。

三松堂断忆

宗　璞

父亲在世的最后几年里,经常住医院,一九八九年下半年起更为频繁。一次是十一月十一日午夜,父亲突发心绞痛,被送往医院。一切安排妥当后,他的精神好了许多,我俯身为他掖好被角,正要离开时,他疲倦地用力说:"小女,你太累了!""小女"这乳名几十年不曾有人叫了。"我不累",我说,勉强忍住了眼泪。

每住医院,他常常喜欢自己背诵诗词,反复吟哦《古诗十九首》。有记不清的字,便要我们查对。"浩浩阴阳移,年命如朝露。人生忽如寄,寿无金石固。"他在诗词的意境中似乎觉得十分安宁。一次他对我说:"孔子说过,朝闻道,夕死可矣。张横渠又说,生吾顺事,没吾宁也。我现在是事情没有做完,所以要治病。等书写完了,再生病就不必治了。"我只能说:"那不行,哪有生病不治的呢!"父亲微笑不语。我走出病房,便落下泪来。坐在车上,更是泪如泉涌。一种没有人能分担的孤单沉重地压迫着我。父亲的重要著作《中国哲学史新编》八十岁才开始写,许多人担心他写不完。<u>我希望他快点写完《新编》,可又怕他写完。</u>我知道,分别是不可避免的。

人们常问父亲有什么遗言,他在最后几天有时念及远在异国的儿子钟辽和唯一的孙儿冯岱。他用力气说出的最后的关于哲学的话是:"中国哲学将来要大放光彩!"

根据父亲的说法,哲学是对人类精神的反思,他自己就总是在思索、在考虑问题。因为过于专注,难免有些呆气。他晚年耳目失其聪明,自己形容自己是"呆若木鸡"。其实这些呆气早已有之。他的生命就是不断地思索,不论遇到什么挫折,遭受多少批判,他仍顽强地思考,不放弃思考。不能创造体系,就自我批判。自我批判也是一种思考。

父亲自奉俭,但不乏生活情趣。他并不永远道貌岸然,也有豪情奔放、潇洒闲逸的时候,不过机会较少罢了。六十年代初,我因病常住家中,每于傍晚随父母到颐和园包坐大船,一元钱一小时,正好览尽落日的绮辉。一位当时的大学生若干年后告诉我说,那时他常常看见我们的船在彩霞中飘动,觉得真如神仙中人。我觉得父亲是有些仙气的,这仙气在于他一切看得很开。在他的心目中,人是与天地等同的。"人与天地参",我不只一次听他讲解这句话。"三才者,天地人"。既与天地同,还屑于去钻营什么!那些年,一些稍有办法的人都能把子女调回北京,而他,却只能让他最钟爱的幼子钟越长期留在医疗落后的黄土高原。一九八二年,钟越终于为祖国的航空事业流尽了汗和血,献出了他的青春和生命。

父亲的呆气里有儒家的伟大精神,"天行健,君子以自强不息",自强不息到"知其不可而为之"的地步;父亲的仙气里又有道家的豁达洒脱。秉此二气,他穿越了在苦难中奋斗的中国的二十世纪。他的一生便是二十世纪中国文化的一个篇章。

注:文中的"父亲"是著名的哲学家冯友兰先生。

(选自百花文艺出版社《宗璞散文选》,有删减)

1. 文章第一段和第二段都写流了"眼泪",对这两处"眼泪"含义的正确理解是 （　　）
  A. 第一处是因为心疼父亲,第二处是因为担心父亲即将离去。
  B. 第一处是因为心疼父亲,第二处是因为担心父亲不肯治病。
  C. 第一处是因为父亲喊我乳名而感动,第二处是因为无人分担照顾父亲的重任。
  D. 第一处是因为父亲喊我乳名而感动,第二处是因为无人理解自己内心的孤独。

【答案】 D。第一次写流泪,是因为"小女"这乳名几十年不曾有人叫了,作者感动;第二次写流泪,"一种没有人能分担的孤单沉重地压迫着我",作者因父亲生病而变得沉重孤独。

2. 根据文义,父亲晚年形容自己"呆若木鸡"是因为 （　　）
  A. 他的听力和视力出现了问题。　　B. 他总是在思索,思考问题过于专注。
  C. 他自认为晚年不如年轻时聪明了。　　D. 他未能解决孩子的工作调动问题。

【答案】 B。结合"他自己就总是在思索、在考虑问题。因为过于专注,难免有些呆气。"一句得出。

3. "我希望他快点写完《新编》,可又怕他写完",所反映作者的心情是 （　　）
  A. 希望完成《新编》让父亲颐养天年,但又担心他因继续思索和笔耕而劳累。
  B. 希望完成《新编》告慰那些关心父亲的人,但担心他因此付出健康的代价。
  C. 希望父亲早日完成平生一大心愿,但又担心他写完后再生病会拒绝治疗。
  D. 希望父亲早日完成哲学体系的创造,但又担心完成后父亲很快会离去。

【答案】 B。根据原文前后"父亲的重要著作《中国哲学史新编》八十岁才开始写,许多人担心他写不完。……我知道,分别是不可避免的。"两句得出。

4. 根据文义,下列表述正确的一项是 （　　）
A. 父亲一生专注于思考,目的就在于创造出一套哲学体系来。
B. 父亲致力于中国哲学研究,并深信中国哲学"要大放光彩"。
C. 父亲在学术研究中表现出"呆气",生活中则表现出"仙气"。
D. 父亲希望儿女们也能像自己一样,专心从事中国哲学研究。

【答案】　B。根据原文父亲"用力气说出的最后的关于哲学的话是:'中国哲学将来要大放光彩!'","不能创造体系,就自我批判。自我批判也是一种思考。"

5. 对文章最后一句话的理解,不正确的一项是 （　　）
A. 父亲的一生是二十世纪曲折前行的中国文化的写照。
B. 父亲的人格体现了"自强不息"的二十世纪中国文化精神。
C. 父亲的身体力行使儒、道思想在二十世纪发扬光大。
D. 父亲的学术成就使他能在二十世纪中国文化史上占有一席之地。

【答案】　D

2016・阅读下面的文字,完成有关问题。

东西文明的融合

欧洲文化以希腊哲学为传统,经过与基督文化长期撞击、辩论,融会贯通,成为一个完整的体系。中国文化,以儒道为传统,经过与佛教文化长期撞击、辩论,融会贯通,成为儒道释合流的有机体系。由此可见,任何一种文化,无论中西,都不是单一的来源,是由几个源泉汇流而成的。至于希腊文化本身,如何从埃及、波斯、巴比伦文化吸收养分,成长壮大,则又是个有趣的问题。

经过千年以上的撞击、融合过程,不论西方文化还是中国文化,都已相当成熟,严密、充实、完备,甚至给人以铜墙铁壁、坚不可摧之感。然而,无论多少庄严宏伟、自成体系的文化殿堂,其深层次的大门永远是敞开的。因为任何文化,只要是"活"的,有"生命力"的,都是"开放"的,都会不断地从外部吸收营养。

在吸收西方文化方面,我们中国人曾经付出过惨痛的代价,现在已经变得更加成熟,更有分辨力了。当下的中国文化,正在积极努力"吞噬"着西方文化中的营养成分,充实自己,提高自己。许多原本是西方的东西,已经在我们的生活中司空见惯,诸如西服、油画、影视等。以哲学来说,西方普通的哲学用语,不但进入我们的学术界,有的已成了日常用语,像"透过现象看本质",几乎成了中国人的"口头禅"。当然,这跟我国几十年来的改革开放以及文化教育水平的提升密切相关。

西方文化也在吸收世界上其他文化的精华,不断丰富、发展自己,其中包括与中国文化的沟通。世界上各种文化的关系,诚如费孝通先生所说,"各美其美,美人之美,美美与共,天下大同",不应是文明的冲突,而应是文明的融合。

(据叶秀山《西方哲学研究中的中国视角》改写)

1. 根据文中的意思,下列关于希腊哲学和文化的说明,正确的一项是 （　　）
A. 世界上任何一种文化都不是单一来源,但希腊文化却是个有趣的例外。
B. 希腊哲学是欧洲文化的重要源泉,没有希腊哲学就不可能有基督文化。

C. 希腊文化博大精深且自成体系,但它仍然可以成功地与中国文明沟通。
D. 希腊文化是古代西方文明的代表,基督文化则是现代西方文明的代表。

【答案】 C

2. 下列关于中国文化的说明,不正确的一项是 (　　)
A. 中国传统文化是儒道释交融的有机体系。
B. 当代中国文化中有很多西方文化的元素。
C. 改革开放推动了中国传统文化走向世界。
D. 中国现代化的关键是不断吸收西方文化。

【答案】 D

3. 关于文化融合,下列推论正确的一项是 (　　)
A. 西方文化之间可以实现融合,而东西方文化之间只可能是激烈的冲突。
B. 东西方文化之间的融合是必然趋势,但是在融合中彼此都会有得有失。
C. 文化融合是文化发展的必由之路,其结果是全世界最终只有一种文化。
D. 文化融合是指文化之间的碰撞,其结果是强势文化"吞噬"弱势文化。

【答案】 B

4. 请阐释文中画线句子的含义

【答案】 "各美其美",每个民族的文化都有自己的个性、特征和精粹,要尊重认同自己民族的文化,培育、发展、美化本民族的文化;"美人之美",在当今不同民族文化相互交融的情况下,要尊重其他民族的文化;"美美与共,天下大同",保持世界文化的多样性,相互借鉴,求同存异,尊重世界文化多样性,才会让人类世界变得丰富多彩,充满生机和活力。

2017·阅读下面的文字,完成有关问题。

希望哲学论要(节选)

张世英

黑格尔在《法哲学原理》的序言中说:"哲学要直到现实结束其形成过程并完成其自身之后才会出现",就像"密纳发的猫头鹰"一样,"要等黄昏到来才会起飞"。所以在黑格尔看来,哲学总是"灰色的"。其实,这种一味强调尾随于现实之后的哲学,乃是传统的形而上学即"概念哲学"。我主张的哲学,是要突破固定的概念框架,超越现实、拓展未来的哲学,我想把它叫做希望哲学。

人生的意义就在于超越现实,即超越有限、挑战自我、不断创新。那种一味强调现实性,把一切都还原为现实性的哲学,是只在黄昏到来时才会起飞的密纳发的猫头鹰哲学,我们应该以希望哲学代替"猫头鹰哲学"。

现实的东西都是有限的,有限就是有界限、有限定;感性中的东西固然是有界限、有限定的,即使是思维中的概念也是有界定的,因而在一定意义上也是有限的。人生的"生"就是生存、生活,而生存、生活是一种行动,活动就意味着不断突破有限。人生应是一种不断突破现实有限性的活动,这种活动就是人们通常所说的希望。希望使人不满足于和不屈从于当前的现实。

每个人都希望拥有并不断扩大自己的世界、自己的空间,如家庭、职业、社会贡献和社会影响等等,这也许就可以叫做自我实现。但人的有限性决定着他所拥有的世界与空间随时都受制于外来的威胁,使自我实现的历程受阻,因而产生失望和叹息。

人生需要有不断克服重重阻力、平息各种失望和叹息的勇气。这勇气从何而来?人本来是有限的,不是无所不能的,但平常人并不总是意识到这一点并主动积极地接受这个必然性的事实。否则,又何必因遇到外在的阻力而叹息呢?我们平常说,人生苦短。人生本来就"短",如果真能意识到并积极接受这一点,又何必以此为"苦"呢?当然,说人生有限,并不只是说人的寿命有限,此种有限性是绝对不可避免的:人是必死的,长生不死的希望只能是空想。另外一种有限性则表现在日常生活中对某些具体事物的希望上,例如谋求某个职位、期待某种事业上的成功等等。对于这类事物的希望,只要有较准确的预测,以现实为基地,则实现希望的可能性总是比较大一些,这是不同于长生不死的希望之处。

尽管如此,人的有限性仍然在这里表现为必然的:人可以由于预测失误或努力不够等原因而未能实现自己的希望,这需要反思和总结,也许人在这里有理由惋惜。但即使预测尽可能准确,尽了最大的努力,最后的结果仍可能令人失望。所以,克服人生道路上重重阻力和平息各种叹息的勇气,不在于无限吹胀人的主体性,就像黑格尔的"绝对主体"那样,而在于对人的有限性的意识和主动积极接受有限性这一必然性事实的态度。

人能意识到自己的有限性并积极予以接受,这就是超越了有限性,亦即越过有限向外展望,以无限的观点观察事物、观察人生。这样看来,人既是有限的,又是无限的,可以说,人生就是有限者在无限中的追寻。

(原载于《人民日报 2013 年 7 月 18 日》,有删改)

1. 下列对于"猫头鹰哲学"说法正确的一项是 ( )
A. "猫头鹰哲学"的创立者是黑格尔。
B. "猫头鹰哲学"是一种"概念哲学"。
C. "猫头鹰哲学"强调现实性,具有拓展未来的特征。
D. "猫头鹰哲学"尾随现实而生,不能用来反思现实。

【答案】 B。A 项错误,黑格尔只是提及"猫头鹰哲学",并非创立者;C 项错误,"猫头鹰哲学"强调现实性,把一切都还原为现实性,而"希望哲学"具有拓展未来的特征;D 项错误,"猫头鹰哲学"尾随现实而生,也可以反思现实。

2. 对于"人与现实的关系",下列理解正确的一项是 ( )
A. 现实的东西都是有限的,但一旦它们成为思维的概念,就成为无限的。
B. 有限的现实让人向往未来,一旦确定目标并为之努力,就不再是空想。
C. 人可以通过挑战现实成为"绝对主体",从而避免失望和叹息。
D. 人可以通过"自我实现"来挑战现实,但是也难免失望和叹息。

【答案】 D。A 项错误,原文"即使是思维中的概念也是有界定的,因而在一定意义上也是有限的";B 项错误,"以现实为基地,则实现希望的可能性总是比较大一些,这是不同于长生不死的希望之处";C 项"避免失望和叹息"错误,而是"难免"。

3. 根据文章描述,下列表述不正确的一项是 ( )
A. 希望哲学接受现实的有限性,同时具有拓展未来的使命。
B. 希望哲学认为人们不应屈从于现实,鼓励人们超越现实。
C. 希望哲学强调预测的重要性,认为预测给人以无限希望。

D. 希望哲学认为人在有限中不断追寻,就是人的无限性。

【答案】 C。C项错误,因为原文中提到"即使预测尽可能准确,尽了最大的努力,最后的结果仍可能令人失望","克服人生道路上重重阻力和平息各种叹息的勇气,不在于无限吹胀人的主体性"。

4. 作者认为对待"人生苦短"应持怎样的态度?

【答案】 (1)人的寿命是有限的,这种有限性是绝对不可避免的;(2)人能意识到自己的有限性,并积极予以接受,这就是超越了有限性,即越过有限向外展望,以无限的观点观察事物、观察人生。(3)人既是有限的,又是无限的,人生就是有限者在无限中的追寻。

2018·阅读下面这篇短文,完成有关问题。

中国古代哲学中的价值观

中国各派哲学家的价值学说,大体上可区分为儒、墨、法、道四派。

儒家的价值学说,可称为内在价值论或道德至上论。孔子主张"义以为上",即以道德为最高价值。孔子又有"仁者安仁,知者利仁"之说,即认为道德实践有两种境界,一种是为道德而实现道德,一种是以道德有利而实行道德。前者较后者要高。孟子更有"天爵、良贵"之说,这天爵、良贵就是天赋的道德意识。人们的道德实践,就是实现这种天赋的内在价值。

墨家的价值学说,可称为功利价值论。墨家以利为基本价值,以人民之大利即公利为唯一的价值标准。墨家重利亦"贵义",即重视道德的价值。但他们是因为"义"对人们有利而实行的,与儒者"仁者安仁"的主张不同。因为墨家以利为基本价值,以人民之公利为价值的唯一标准,故可称为功利价值论。

法家的价值学说也是功利主义的,但其说与墨家颇不同。法家崇尚竞争,崇尚实力,专讲富国强兵,否定道德和文化教育的价值。而墨家讲"尚同""兼爱""非攻"。法家这种价值论,在世界观背景上和价值标准上与墨家和儒家都是对立的。它的世界观背景,是以为天地万物之间、人与自然之间、人与人之间存在着永无止境的竞争、冲突,而其价值标准则是私利,即一族一姓或个人的私利,更确切说是统治者的私利。

道家的价值学说可称为绝对价值论。道家认为儒、墨、法诸家所说的价值,都是相对的、偶然的、虚幻的,只有作为宇宙本根的"道"及"一物所得以生"的"德"才有真正的价值。这种要求超越一切相对价值以实现绝对价值的理论,可称为绝对价值论。

儒家虽然主张内在价值,但这并不意味着他们没有一个最高的价值标准。儒家最高的价值标准是"和谐"。孔子弟子有若讲"礼之用,和为贵",《中庸》讲"致中和,天地位焉,万物育焉"。在儒家看来,道德虽然是超功利的,但道德实有极大的功用,这功用就是达到人、己、物、我的和谐。正因为如此,孔子将"中庸"视为一种最高的道德。"中庸"就是要反对过与不及,以保持事物的均衡协调。值得注意的是,道家强调"不争",墨家提倡"非攻""尚同",与儒家之强调"和谐"有相通之处。而这三家与法家崇尚竞争均异趣。韩非子有一段很著名的话:"上古竞于道德,中世逐于智谋,当今争于气力。"可见在法家看来,即使道德也是一种竞争的手段。因此,中国传统哲学中的价值学说虽有儒、法、道、墨四家,但最终的分歧在和谐与竞争的问题上。汉武帝以后,墨学中绝;法家受到唾弃,成为隐文化;道家流传不绝;儒家占据了主导地位。这样,和谐就成了整个中国传统文化的最高价值原则。这一原则和认为宇宙是一个和谐的整体的世界观及重和谐的思维方式一起,对中国传统文化产生了深远的影响,规定了中西文化的基本差异。以和谐为最高的价值原则,强调多样性的统一,是正确的。但儒家所说的"和"的含义后来演变为"融合""调和",轻视斗争,认为斗争没有价值,这就陷入了片面。

(节选自张岱年、程宜山《中国文化精华》,北京大学出版社2015年版。有删改)

1. 根据文章阐释,下列对于儒家价值观理解正确的一项是　　　　　　　　　　(　　)
  A. 儒家认为只有那些地位显赫的贵人才具有天赋的道德意识。
  B. 儒家以个人的道德完善和人性的和谐发展为最高价值标准。
  C. 儒家认为,只有做一个"知者"才能有利于仁义价值的实现。
  D. 儒家强调保持事务的均衡协调,但是也不轻视斗争的价值。

【答案】 B。A项:根据第2段后面文字,儒家强调"天爵、良贵","天爵"即天赐尊贵,儒家认为人天生具有的可以作出"仁义忠信"行为的能力,人人有天赋的道德意识。所以,并不是"只育那些地位显赫的贵人才具有天赋的道德意识"。C项:该项是对"仁者安仁,知者利仁"一句的误解,第2段明确阐述:"知者利仁",即为了获利而讲道德,只是道德实践的低境界,道德实践还有更高境界,即"为道德而实现道德"。D项:文末明确阐述儒家陷入了片面。

2. 对于墨、法两家的异同,下列说法不正确的一项是　　　　　　　　　　　　(　　)
  A. 墨家以人民之公利为标准,而法家实际是在维护统治者的私利。
  B. 墨家提倡"非攻"的观点,与法家崇尚竞争的观点是相互对立的。
  C. 墨家和法家的价值观都以"利"为标准,都属于功利主义的价值观。
  D. 墨家反对"忍者安仁,知者利仁"的主张,在这一点上与法家一致。

【答案】 D。D项错误有二,首先墨家反对的仅是"仁者安仁",墨家以人民功利为目标而实现价值;其次,墨家反对"仁者安仁"是基于大众利益,法家则是建立在竞争意识之上,强调的是私利。

3. 下列说法符合原文意思的一项是　　　　　　　　　　　　　　　　　　　　(　　)
  A. 汉武帝之后,墨、法都相继中绝,只有儒、道得以流传。
  B. 崇尚竞争是法家与儒、道、墨三家价值观的重要区别。
  C. 儒家与道家价值班以同样的"道德"为最高价值标准。
  D. 儒墨两家价值观的主要分歧在于对"义"的理解不同。

【答案】 B。A项:最后一段"汉武帝以后,墨学中绝;法家受到唾弃,成为隐文化",显然,中绝的只是墨家,法家只是成为了隐文化,即非主流文化,并未中绝。C项:儒家和道家崇尚的道德并不一样,儒家道德是一种内在道德,是人可以实践的道德;道家崇尚的道德是绝对的道德,是"宇宙本根"。D项:儒墨两家主要分歧是"义"和"利",儒家重义,"义以为上",墨家重利,可谓"利以为上"。

4. 请根据文章阐释,简要概括"和谐"的内涵。

【答案】 和谐是中国传统文化的最高价值标准,强调事物的均衡协调,强调多样性的统一。此题概括概念内涵,根据最后一段对"和谐"的正面阐述,加以整理,即可得出答案。

2019·阅读下面这篇短文,完成有关问题。

美育之义(节选)

杜 卫

席勒首创的美育一词,本义就是感性教育。20世纪上半叶,席勒美育理论引入我国,当时的学者往往把席勒的美育理论和康德美学一起论述。由于席勒继承了康德提出的人类主体意识三分法,即知、情、意,情对应于人的审美、艺术活动,再加上我国儒学中心性之学的深刻影响,他们就直接把美育理解为"情感教育"。把美育定位于情感教育是有其合理性的,特别是极具中国特色。但是,情感教育相对"感性教育",意思虽然很相近,可是范围有所缩小。特别是情感教育的提法不能标示美育的现代性意义,即针对感性受压抑、人性脱离自然,而要求恢复人的感性,实现人性的内在和谐。因此,还是提感性教育更符合席勒的本意,也能体现美育话语的现代性。

20世纪末,英国理论家伊格尔顿曾评论说:"美学是作为有关肉体的话语而诞生的。审美关注的是人类最粗俗的,最可触知的方面,而后笛卡尔(post-Cartesian)哲学却莫名其妙地在某种关注失误的过程中,不知怎的忽视了这一点。因此,审美是朴素唯物主义的首次激动——这种激动是肉体对理论专制的长期而无言的反叛的结果。"席勒提出美育正是要在理性占主导的文化和教育中保护和发展人的感性,使人能重新获得感性和理性的协调平衡,重建和谐完整的人格。

当前我国学术界和教育界虽然也开始意识到知觉、想象、情感、直觉等感性素质具有重要价值,但是,对人的感性素质的研究不够,在整体上重视更不够。所以,许多人还是停留在"文以载道"的观念上来看待美育,有意无意地把美育作为艺术的形式灌输抽象道德的途径。人们对于儿童青少年的教育,总希望在生动活泼、情意盎然的形式之中,注入某种微言大义,似乎这才是教育的唯一追求。殊不知,美育所追求的就是生动活泼、情意盎然本身;人们对于美育的价值,总希望在"动之以情"之后,还有一个所谓的"晓之以理",殊不知美育追求的就是动之以情本身。一个人的愉快、崇敬、狂欢、痛苦、焦虑等内心体验,个体情感的压抑或满足,敏锐或麻木,丰富或枯竭,对于他的生存质量均有有十分重要的意义。个体生存的完满不仅仅在于他有道德、有智力、有健康的身体,也不仅仅在于有财富、有权力、有名誉,而且还在于有丰富的情感需要和满足,有敏锐的生存感受。再则,我们身处一个以创新引领发展的时代,青年的创造力与他们的感知、想象、情感、直觉等感性素质有着深刻的内在联系,美育作为感性教育对于发展国民创造力、推动创意产业发展具有重要价值。

美育作为感性教育,并不是非理性的教育,更不是排斥理性的教育,美育所要发展的感性是和理性相互协调、相互包含、相互促进的感性。人的感性固然与肉体、生理息息相关,但美育要发展的感性不等同于本能欲望,也不仅仅限于感官活动,它不脱离肉体却又超越了生理层面,包含了精神的维度,因此,它是一个贯通了肉体和精神的个体性概念。我们可以把这种感性称为"丰厚的感性",既有感性的丰富性,又有人文深度。它是以深度体验为核心的感性素质,蕴含着文化积累和精神积淀,是与理性相互协调、相互包含的。美育发展感性就是既要保护和恢复天然感性的活泼生动,又要使之丰富和提升,具体地说,就是要使感性包含了认识深度、道德意识和生命境界。因此,作为感性教育的美育与"跟着感觉走"、"过把瘾就死"的非理性文化有着质的区别。

(原载于《文艺研究》2016年第11期,有删改)

1. 文章第一段划线句中的"他们"指的是 （　　）
A. "当时的学者"　　　　　　　　B. 传统儒家知识分子
C. 席勒和康德　　　　　　　　　D. 研究心性之学的学者
【答案】　D。

2. 对于文章第二段所引伊格尔顿的话，下列理解不正确的一项是 （　　）
A. 美学是对传统哲学不重视感性的一种纠偏。
B. 美学关注人的感性，审美对象都是形象的。
C. 朴素唯物主义始终特别重视感性的作用。
D. 后笛卡尔哲学给予人的理性以高度重视。
【答案】　C。

3. 下列说法符合原文意思的一项是 （　　）
A. 当前我国教育界对感性素质的重要性有充分认识。
B. 美育发展的感性不脱离肉体却又超越本能欲望。
C. "文以载道"的观念违背了素质教育的基本原则。
D. 美育的最终目的是通过恢复天然感性以提升理性。
【答案】　B。

4. 请根据文章总结美育的意义。
【答案】　美育所要发展的感性，不脱离肉体却又超越了生理层面，包含了精神的维度，既有感性的丰富性，又有人文深度；美育以深度体验为核心的感性素质，蕴含着文化积累和精神积淀，使感性包含了认识深度、道德意识和生命境界。

2020·阅读下面这篇短文，完成有关问题。

文化自信的哲学省思（节选）

丁立群

所谓文化自信就是一种文化的主体对自身所处文化形态力量的准确估价和坚定自信。确信该种文化形态具有旺盛的生机，能够成功地应对和解决文化主体面临的时代问题。由此观之，我们今天提出文化自信的问题，并不是说我们认为我们的文化已经十分圆满了——它导致的恰恰是文化自大。文化自信的理论和现实根据正是源于文化危机，所以，文化自信就是要解决我们自近代以来，对传统文化不自信的文化心理状态，解决中国传统文化在当代全球化和现代的背景下面临的困境。

中国传统文化历史悠久、博大精深。数千年来，这一文化传统一直成为中华民族的精神血脉和立身之根，是中华民族的庇护之所和精神家园。中国传统文化几千年来，积累了丰富的文化内涵，成为我们建设中国特色社会主义文化的重要思想资源。它反映了中华民族与过去的时代相适应的生存方式和生活经验。自近代以来，这部分思想文化已经与发展了的时代渐行渐远，逐渐拉开了距离。特别是，当这种文化传统遭遇到当代现代化的历史情境和疑难问题时，立即进入一种十分尴尬的境地：面临新的时代和新的问题，传统文化中的相当一部分，在解决我们所面临的文化变局方面，表现得迷惘；在与日益东渐的西方文化侵袭的抗衡中，表现得犹疑。在文化主体中，甚至出现了"全盘西化"的激进主义和"固守传统"的保守主义之间的文化撕裂,这是一种文化形态在发展过程中与异文化接触出现的不可避免的问题,是一种文化与变化了的现实相遇时出现的不可避免的境况。

文化危机既可以导致一种文化形态的衰落,也可以导向一种文化传统的创新。就像现代实践哲学家A•麦金太尔所说的那样,每一种传统都有一些"边缘性"的"从属性"理论,也有一些"核心性"理论。在遇到危机时,其对传统的冲击是从"边缘问题"到"核心问题"的。在每一次冲击中,文化传统的主体都会"思考是否不同的对立的传统有可能提供资源,以充分地描述和解释自己传统的失误或缺陷"。文化传统由于运用了对立文化传统的资源补充自己,它就能比对方更有利于解决危机。文化传统在这一过程中得到了发展。

可见,文化危机原本具有两面性:它是陈旧文化的衰落,是文化新内涵生长的契机——没有文化新内涵的生长,文化危机就会成为文化衰落的起点;而没有陈旧文化的衰落,文化新内涵的生长就会窒息。正是在文化传统新旧内容的连续性和中断性的统一中,文化实现了它的生长性。

可见,文化危机是文化传统发展的重要契机。我们如果抱残守缺,不能抓住文化发展的契机,创新文化传统,就会导致整个传统的衰落。这正是文化自信的理论和现实根据。所以,中国传统文化才需要"创造性转化"和"创新性发展"。

文化不自信甚至文化自卑心理产生的根本原因,就是只看到文化危机中消极的一面,而没有看到积极的一面,没有看到文化危机会成为文化发展创新的契机。

正是由于没有正确地看待中国传统文化在近代遭遇的问题和困境,没有辩证地看待文化危机,文化主体对这些困境和危机产生了过激的心理反应,特别是在那些原来或多或少有些文化自大感的文化主体身上,形成了巨大的心理落差,于是,对中国传统文化产生了不自信甚至自卑的文化心理。这种心理与中华民族的重新崛起是不相匹配的。所以,文化自信首先要克服这种文化心理,把传统文化的困境当做文化发展的契机,通过传统文化的"创造性转化"和"创新性发展",使传统文化转化为中国特色社会主义的思想文化基础,同时,增强文化软实力,发扬和光大中国传统文化。

(原载《天津社会科学》2018年第5期,有删改)

1. 第一自然段中的"它"是指 （ ）
A. 对自己的文化充满了自信　　　B. 认为自己的文化十分圆满
C. 富有生机的文化　　　　　　　D. 存在危机的文化
【答案】 B。

2. 下列对于中国传统文化的说法不符合原文意思的是 （ ）
A. 中国传统文化在与西方文化的碰撞中呈现出明显的强势特征。
B. 中国传统文化是建设中国特色社会主义文化的重要思想资源。
C. 中国传统文化反映了中华民族与过去时代相适应的生存方式。
D. 中国传统文化是中华民族的立身之根,庇护之所和精神家园。
【答案】 A。

3. 下列对于文章的分析,正确的一项是 （ ）
A. 文章主要揭示了普遍存在的文化自大心理及其危害。
B. 文章认为文化自卑主要就是因为传统文化的保守性。
C. 文章在剖析文化自卑时,主要运用的是比喻论证的方法。

D. 文章论述文化自信时,既尊重历史和现实又不乏辩证性。

【答案】 D。

4. 根据文章的阐述,简要概括中国应该具有文化自信的根据。(4分)

【答案】 中国应该具有文化自信的根据有以下几点:(1)历史悠久、博大精深的中国传统文化是中华民族的精神血脉、立身之根、庇护之所和精神家园;(2)传统文化积累了丰富的文化内涵,成为建设中国特色社会主义文化的重要思想资源;(3)文化危机是文化传统发展的重要契机;(4)文化危机将会成为文化发展创新的契机,传统文化需要"创造性转化"和"创新性发展"。

二、习题训练

(一)阅读下面短文,回答问题。

"文化自觉与文化自信",有着重要的意义。

自觉自信,首先是对于文化建设的重视,是一种观念,一种不仅看到物质财富的建设积累,而且看到价值观念、知识系统、生活方式与精神财富的眼光。建设有中国特色的社会主义的过程不但是一个发展生产力的过程,也是一个继承、弘扬、汲取、创造史无前例的中华文明与文明中华的过程。

文化的自觉与自信,首要的是要大家保持一根文化的弦。例如,在突飞猛进的城乡建设中,在动辄拆迁腾地以促开发的大潮下,许多城乡的文化标志与文化记忆被人为地抹去了。一些百年老店,奉命迁址后一蹶不振,直至关门歇业。有些特色民居已经所余无多,代替它们的是千篇一律的、基本上无文化含量的公寓楼。在网络与电子书提供快捷方便的同时,在销量效益高于一切的趋赶中,文化的操守与成品的质量正在被马虎对待。在口口声声"传承文化"的同时,一些地方表现出来的是粗俗的急功近利,是对于文化的无知与粗暴,是浅薄的表面文章。他们只知道用文化旅游,用文化鼓动招商投资,用文化包装"成绩"。如此种种,都不是文化自觉与文化自信,而更像是不自觉与盲目自吹自擂。

自觉与自信包含着对于长期积淀下来的优秀民族传统的熟悉与热爱,也包含着对于传统的创造性弘扬发展,将传统引导到现代。我们的文化从来是源远流长与互补共存的;文化上不搞零和,文化上不是不要传统只要文化,也不是糊里糊涂地忽然膜拜传统回到封建的旧文化。

自觉与自信,包含着对于先进文化的自觉追求、自觉建设、自信宣扬、自信扩展。什么是先进文化,首先是价值观念的先进,是与时俱进而不是腐朽没落的颓废,是科学昌明阔步前进而不是愚昧迷信自欺欺人,是面向世界、面向未来、面向现代化的开放心胸而不是抱残守缺的狭隘,是重在建设与积累的理性而不是动辄起哄破坏的砸烂。

自觉与自信还包括文化上的创新精神。当然,文化创新与理论、制度、科技创新等相比,范围更广泛,也需要更长的周期。百年来,中国的变化惊天动地,中国人民抚今思昔,甚至会有恍如隔世之感。但中华文化的一些基本素质,仍然与两千多年前的先秦诸子的思路密切相连,与伏羲八卦与仓颉造字密切相衔接。我们_____难于、_____不应该简单地甩开孔子,我们仍然深切地感受到孔子的仁义教化有利于维护程序与和谐,_____又不是没有出息地照搬儒家的一套。

具体地看,文化有时候比人强,文化可以超越几代几世人。文化产品可以汗牛充栋,文化活动可以此起彼伏,它们对于文化的基调的影响却可能比较微小。关键在于一种文化的内容与走向能不能够给这种文化的受众提供更高的生活质量,给尚未接受这种文化的人们以有益的启发与享受:益智、益心、益德、益生。

总体看来,文化的对象是人,文化的主体也是人,以人为本,人民以自身的利害好恶得失顺逆为标尺,人们以自身的智慧、自觉与自信为标尺,选择文化的走向,缔造文化的大发展大繁荣,同样也会抛弃糟粕与毒素,实现文化的自我更新。

(《王蒙谈文化自觉与文化自信》,《人民日报海外版》2011年8月3日,有删改)

1. 根据文意,下面对"文化自觉和文化自信"的理解最恰当的是　　　　（　）
  A. 保存传统文化。
  B. 发挥文化上的创新精神。
  C. 以人为本,把握文化的走向,实现文化的创新。
  D. 文化要提高人民的生活质量。

2. 下面文中的表述,反映了"文化自信和文化自觉"的是　　　　（　）
  A. 用文化吸引旅游、用文化鼓动招商投资。
  B. 文化的操守与成品的质量正在被马虎对待。
  C. 许多城乡的文化标志与文化记忆被人为地抹去了。
  D. 大家保持一根文化的弦。

3. 根据文义,下面推断正确的是　　　　（　）
  A. 当下中国民间传统节日过得热闹红火,这意味着传统文化的回归。
  B. 历史文化遗址,即使不能带来商业利益,也应当注意保护。
  C. 许多酒店仿古装修说明我们发现了传统文化的价值。
  D. 为了提高人民的生活质量,高楼大厦应当取代古旧的民居。

4. 在文中横线处依次填入词语,最恰当的一组是　　　　（　）
  A. 仍然　也　当然　　　　　　B. 当然　也　仍然
  C. 当然　却　仍然　　　　　　D. 仍然　却　当然

5. 文章主要想告诉我们的是　　　　（　）
  A. 传统文化不能因为经济发展而摒弃。　　B. 现代社会的发展离不开文化的包装。
  C. 不能照搬传统的文化。　　D. 要有尊重文化的认真态度和正确理念。

(二) 阅读下面短文,回答问题。

正如罗素先生所说,近代以来,科学建立了一种理性的权威——这种权威和以往任何一种权威不同。科学的道理不同于"夫子曰",也不同于红头文件。科学家发表的结果,不需要凭借自己的身份来要人相信。你可以拿一支笔,一张纸,＿＿＿＿备几件简单的实验器材,马上就可以验证别人的结论。＿＿＿＿,这是一百年前的事。验证最新的科学成果要麻烦得多,＿＿＿＿这种原则一点都没有改变。科学和人类其他事业完全不同,它是一种平等的事业。真正的科学没有在中国诞生,这是有原因的,这是因为中国的文化传统里没有平等:从打孔孟到如今,讲的全是尊卑有序。上面说了,拿煤球炉子可以炼钢,你敢说要做实验验证吗? 你不敢。炼出牛屎一样的东西,＿＿＿＿得闭着眼说是好钢。在这种框架之下,根本就不可能有科学。

科学的美好,还在于它是种自由的事业。它有点像它的一个产物互联网(Internet)——谁都没有想建造这样一个全球性的电脑网络,大家只是把各自的网络连通,不知不觉就把它造成了。科学也是这样的,世界上各地的人把自己的发明贡献给了科学,它就诞生了。这就是科学的实质。一种自由发展而成的事业。总是比个人能想出来的强大得多。参与自由的事业,像做自由的人一样,令人神往。现在总听到有人说,要有个某某学,或者说,我们要创建有民族风格的某某学,仿佛经他这么一规划、一呼吁,在他画出的框子里就会冒出一种真正的科学。老母鸡"咯咯"地叫一阵,挣红了脸,就能生一个蛋,但科学不会这样产生。人会情绪激动,又会爱慕虚荣。科学没有这些毛病,对人的这些毛病,它也不予回应。最重要的是,科学就是它自己,不在任何人的管辖之内。

其实我最想说的是:科学是人创造的事业,但它比人类本身更为美好。我的老师说过,科学对中国人来说,是种外来的东西,所以我们对它的理解,有过种种偏差;始则惊为洪水猛兽,继而当巫术去理解,再后来把它看做一种宗教,拜倒在它的面前。他说这些理解都是不对的,科学是个不断学习的过程。我老师说得很对。我能补充的只是:除了学习科学已有的内容,还要学习它所有、我们所无的素质。我现在不学科学了,但我始终在学习这些素质。这就是说,人要爱平等、爱自由,人类开创的一切事业中,科学最有成就,就是因为有这两样做根基。对个人而言,没有这两样东西,不仅谈不上成就,而且会活得像一只猪。

(节选自王小波《科学的美好》,见《沉默的大多数》,中国青年出版社,1997)

6. 从下面关联词语中选择一组填入第一段的横线处,意思最为恰当的是 ( )
   A. 或者　不过　当然　还
   B. 或者　当然　但是　也
   C. 乃至　当然　但是　还
   D. 乃至　不过　当然　也

7. 科学的权威与以往所有权威的根本区别在于 ( )
   A. 不依赖社会地位
   B. 不依赖政府权力
   C. 结论经得起验证
   D. 成果可自由发表

8. 在作者看来,真正的科学没有在中国诞生,是因为 ( )
   A. 不敢对煤球炉子炼钢进行验证。
   B. 闭着眼说牛屎样的东西是好钢。
   C. "夫子曰"不同于科学道理。
   D. 中国的文化传统中没有平等。

9. 作者说"科学是一种自由的事业",对这句话理解不正确的一项是 ( )
   A. 科学不在任何人的管辖之内。
   B. 科学不受任何个人的框定。
   C. 科学没有爱慕虚荣的毛病。
   D. 科学是自由发展而成的事业。

10. 这篇文章的主旨是 ( )
    A. 科学建立了一种理性权威。
    B. 科学与人类的其他事业完全不同。
    C. 科学是人创造的一种事业。
    D. 科学的平等和自由亦为人之根本。

(三) 阅读下面短文,回答问题。

描写泰山是很困难的。它太大了,写起来没有抓挠。三千年来,写泰山的诗里最好的,我以为是《诗经》的《鲁颂》:"泰山岩岩,鲁邦所詹。""岩岩"究竟是一种什么感觉,很难捉摸,但是登上泰山,似乎可以体会到泰山是那么一股劲儿。詹即瞻。说是在鲁国,不论在哪里,抬起头来就能看到泰山。这是写实,然而写出一个大境界。汉武帝登泰山封禅,对泰山简直不知道怎么说才好,只好发出一连串的感叹:"高矣!极矣!大矣!神矣!壮矣!棒矣!惑矣!"完全没说出个所以然。这倒也是一种办法,人到了超经验的景色之前,往往找不到合适的语言,就只好狗一样地乱叫。杜甫诗《望岳》,自是绝唱,"岱宗夫如何?齐鲁青未了",一句话就把泰山概括了。相比之下,李白的"天门一长啸,万里清风来",就有点洒狗血。李白写了很多好诗,很有气势,但有时底气不足,便只好洒狗血,装疯。他写泰山的几首诗都让人有底气不足之感。杜甫的诗跃然受了《鲁颂》的影响,"齐鲁青未了",当自"鲁邦所詹"出。张岱说:"泰山元气浑厚,绝不以玲珑小巧示人。"这话是说得对的,大概写泰山,只能从宏观处着笔。郦道元写三峡可以取法。柳宗元的《永川八记》刻琢精深,以其法写泰山那不大适用。

写风景,是和个人气质有关的。徐志摩写泰山日出,用了那么多华丽鲜明的颜色,真是"浓得化不开"。但我有点怀疑,这是写泰山日出,还是写徐志摩?我想周作人就不会这样写。周作人大概根本不会去写日出。

我是写不了泰山的,因为泰山太大。我对泰山不能认同。我对一切伟大的东西总有点格格不入。我十年间两登泰山,可谓了不相干。泰山既不能进入我的内部。我也不能外化为泰山。山自山,我自我,不能达到物我同一,山即是我,我即是山。泰山是强者之山——我自以为这个提法很合适,我不是强者,不论是登山还是处世。我是生长在水边的人,一个平常的、平和的人。我已经过了七十岁,对于高山,只好仰止。我是个安于竹篱茅舍、小桥流水的人。以惯写小桥流水之笔而写高大雄奇之山,殆矣。人贵有自知之明,不要"小鸡吃绿豆——强努"。

同样,我对一切伟大的人物也只能以常人视之。泰山的出名,一半由于封禅。封禅史上最突出的两个人物是秦始皇、汉武帝。唐玄宗作《纪泰山铭》,文词华缛而空洞无物。宋真宗更是个沐猴而冠的小丑。对于秦始皇,我对他统一中国的丰功,不大感兴趣;他是不是"千古一帝",与我无关。我只从人的角度来看他,对他的"蜂目豺声"印象很深。我认为汉武帝是个极不正常的人,是个妄想型精神病患者,一个变态心理的难得的标本。这两位大人物的封禅,可以说是他们的人格的夸大。看起来这两位伟大人物的封禅的实际效果都不怎么样,秦始皇上山,上了一半,遇到暴风雨,吓得退下来了。按照秦始皇的性格,暴风雨算什么呢?他横下心来,是可以不顾一切地上到山顶的。然而他害怕了,退下来了。于此可以看出,伟大人物也有虚弱的一面。汉武帝要封禅,召集群臣讨论封禅的制度。因无旧典可循,大家七嘴八舌瞎说一气。汉武帝恼了,自己规定了照祭东皇太乙的仪式,上山了。却谁也不让同去,只带了霍去病的儿子一个人。霍去病的儿子不久即得暴病而死。他的死因很可疑,于是汉武帝究竟在山顶上鼓捣了什么名堂,谁也不知道。封禅是大典,为什么要这样保密?看来汉武帝心里也有鬼,很怕他的那一套名堂不灵验,为人所说。

但是,又一次登了泰山,看了秦刻石和无字碑(无字碑是一个了不起的杰作)。在乱云密雾中坐下来,冷静地想想,我的心态比较透亮了。我承认泰山很雄伟,尽管我和它不能水乳交融,打成一片;承认伟大的人物确实是伟大的,尽管他们所做的许多事不近人情。他们是人里头的强者,这是毫无办法的事。在山上待了七天,我对名山大川、伟大人物偏激情绪有所平息。

同时我也更清楚地认识到我的微小,我的平常,更进一步安于微小,安于平常。

这是我在泰山受到的一次教育。

从某个意义上说,泰山是一面镜子,照出每个人的价值。

(汪曾祺《泰山很大》,选自《中华散文珍藏本·汪曾祺卷》,人民文学出版社,1998,有删节)

11. 下面对第一段文意的概括,恰当的一项是 （　　）
A. 讨论写泰山的笔法及其优劣。　　B. 回顾古人对泰山的抒写。
C. 借讨论泰山之不好写,强调泰山的大。　　D. 揭示文品如人品的道理。

12. 作者批评李白诗句是"洒狗血"。这里"洒狗血"的含义是 （　　）
A. 不顾情境需要卖弄才情或技巧。　　B. 一种可以让真相显现的巫术。
C. 骂人很厉害,像把狗血洒在人头上。　　D. 对泰山的描写超出了实情。

13. 第三段中作者说"我是写不了泰山的"。下面所列理由中,不符合文意的一项是 （　　）
A. 不喜欢一切伟大的东西。　　B. 不认同泰山,不能和泰山物我合一。
C. 喜欢小桥流水,喜欢平凡、亲切的景物。　　D. 不喜欢泰山封禅的历史。

14. 第四段从写泰山转向写秦皇汉武的封禅故事。下面不符合作者用意的一项是（　　）
A. 针砭古今人物。　　B. 揭示强者的虚弱。
C. 揭发其对泰山的利用。　　D. 揭示伟人的平凡。

15. 下列对文章内容的理解和概括,不恰当的一项是 （　　）
A. 写风景和个人气质有关,强者之山该用如椽巨笔来写。
B. 泰山的出名,既因其伟大,也因其平凡。
C. 尽管不喜欢伟大的事物,但又一次近距离接近泰山,作者的偏激情绪有所平息。
D. 作者通过泰山认识到伟大与平常各自不移、不易的道理。

(四) 阅读下面短文,回答问题。

何谓文化? 向来狭义的解释,只指学术技艺而言,其为不当,自无待论。说得广的,又把一切人民大会堂的事都包括于文化之中,然动物何以没有文化呢? 需知文化正是人之所以异于其他动物的。其异点安在呢? 凡动物,多能对外界的刺激而起反应,亦多能与外界相调适。然其与外界相调适,大抵出于本能,其力量极有限,而且永远不过如此。人则不然。所以人所处的世界,与动物所处的世界,大不相同。人之所以能如此,(一)其有特异的脑筋,能想出种种法子。(二)其手和足的作用分开,能制造种种工具,能遂行其计划。(三)又有语言以互相交流,而其扩大的即为文字。此人之所知、所能,可以传之于彼;前人之所知、所能,并可以传之于后。因而人的工作,不是个个从头做起的,乃是互相接续着做的。不像赛跑的人,从同一地点出发,却像驿站上的驿夫,一个个连接着,向目的地进行。其所走的路线自然长,而后人所达到的,自非前人所能知了。然则文化,是因人有特异的禀赋,良好的交通工具成就的控制环境的共业。动物也有进化,但它的进化,无非是改变其机体,以求与外界相适应,这是要靠遗传上变异淘汰等作用才能达到目的,自然非常迟慢。人则只需改变其所用的工具和其对付事物的方法。我们身体的构造,绝无以异于野蛮人,而其控制环境的成绩,却大不相同,即由其一为生物进化,一为文化进化之故。人类学上,证明自冰期以后,人的体质无大变化。埃及的尸体解剖,亦证明其身构造,与现今的人相同。可见人类的进化,全是文化进化。恒人每以文化状况,与民族能力,并为一谈,实在是一个重大的错误。遗传学家论社会的进化,过于重视个体的先天能力,也不免为此等俗见所累。至于有意夸张种族能力的,那更不啻自承其所谓进化,将返于生物进化了。从理论上说,人的行为,也有许多来自机体,和动物无以异的,然亦无不背上文化的色彩。如饮食男女之事,即其最显明之例。所以在理论上,虽不能将人类一切行为,都称为文化行为,在事实上,则人类一切行为,几无不与文化有关系。可见文化范围的广大。能了解文化,自然就能了解社会了。人类的行为,源于机体的,只是能力。其如何发挥此能力,则全因文化而定其形式。

(选自吕思勉《中国文化史·绪论》,《中国通史》,华东师范大学出版社,1991)

16. 本文的主旨在于　　　　　　　　　　　　　　　　　　　　　　　(　　)
   A. 解释文化的范围和重要性。　　　B. 强调人与动物的不同。
   C. 突出人类社会的文化进化。　　　D. 证明遗传学家的错误。

17. 根据本文的意见,人区别于动物在于　　　　　　　　　　　　　　　(　　)
   A. 动物不能适应和改变环境。　　　B. 人类个体的先天能力很强。
   C. 人类有良好的交通工具。　　　　D. 文化的进化和承继使人类能力剧增。

18. 按照本文,下列说法不正确的是　　　　　　　　　　　　　　　　　(　　)
   A. 语言文字是人类的文化能力。　　B. 饮食男女之事与文化无关。
   C. 动物适应环境往往出于本能。　　D. 了解文化也就能了解社会。

19. 按照本文,下列说法正确的是　　　　　　　　　　　　　　　　　　(　　)
   A. 人类行为都是文化行为。
   B. 制造工具和制订计划,使人类优于动物。
   C. 人类的进化主要体现在文化的继承上。
   D. 现代人的身体构造因文化而优于野蛮人。

20. 按照本文,种族论者的思想错误在于　　　　　　　　　　　　　　　(　　)
   A. 不承认人能制造工具和制订计划。　B. 不承认人具有控制环境的能力。
   C. 否认遗传上的变异淘汰等作用。　　D. 将种族的能力归因于生物进化。

(五)阅读下面短文,回答问题。

　　寂寞是一种清福。我在小小的书斋里,焚起一炉香,袅袅的一缕烟线笔直地上升,一直戳到顶棚,好像屋里的空气是绝对的静止,我的呼吸都没有搅动出一点波澜似的。我独自暗暗地望着那条烟线发怔。屋外庭院中的紫丁香还带着不少嫣红焦黄的叶子,枯叶乱枝的声响可以很清晰地听到,先是一小声清脆的折断声,然后是撞击着枝干的磕碰声,最后是落到空阶上的拍打声。这时节,我感到了寂寞。在这寂寞中我意识到了我自己的存在——片刻的孤立的存在。这种境界并不太易得,与环境有关,更与心境有关。寂寞不一定要到深山大泽里去寻求,只要内心清净,随便在市廛里,陋巷里,都可以感觉到一种空灵悠逸的境界,所谓"心远地自偏"是也。在这种境界中,我们可以在想象中翱翔,跳出尘世的渣滓,与古人同游。所以我说,寂寞是一种清福。

　　在礼拜堂里我也有过同样的经验。在伟大庄严的教堂里,从彩色玻璃窗透进一股不很明亮的光线,沉重的琴声好像是把人的心都洗淘了一番似的,我感到了我自己的渺小。这渺小的感觉便是我意识到我自己存在的明证。因为平常连这一点点渺小之感都不会有的!

　　……

　　但是寂寞的清福是不容易长久享受的。它只是一瞬间的存在。世界有太多的东西不时地提醒我们,提醒我们一件煞风景的事实:我们的两只脚是踏在地上的呀!一只苍蝇撞在玻璃窗上挣扎不出去,一声"老爷太太可怜可怜我这个瞎子吧",都可以使我们从寂寞中间一头栽出去,栽到苦恼烦躁的漩涡里去。至于"催租吏"一类的东西打上门来,或是"石壕吏"之类的东西半夜捉人,其足以使人败兴生气,就更不待言了。这还是外界的感触,如果自己的内心先六根不净,随时都意马心猿,则虽处在最寂寞的境地里,他也是慌成一片,忙成一团,六神无主,暴跳如雷,他永远不得享受寂寞的清福。

如此说来,所谓寂寞不即是一种唯心论,一种逃避现实的现象吗?也可以说是。一个高韬隐遁的人,在从前的社会里还可以存在,而且还颇受人敬重,在现在的社会里是绝对的不可能。现在似乎只有两种类型的人了,一是在现实的泥淖中打转的人,一是偶然也从泥淖中昂起头来喘口气的人。寂寞便是供人喘息的几口新空气。喘几口气之后还得耐心地低头钻进泥淖里去。所以我对于能够昂首物外的举动并不愿再多苛责。逃避现实,如果现实真能逃避,吾寤寐以求之!

有过静坐经验的人该知道,最初努力把握着自己的心,叫它什么也不想,是多么困难的事!那是强迫自己入于寂寞的手段,所谓参禅入定完全属于此类。我所赞美的寂寞,稍异于是。我所谓的寂寞,是随缘偶得,无需强求,一刹间的妙悟也不嫌短,失掉了也不必怅惘。但是我有一刻寂寞,我要好好地享受它。

(梁实秋《寂寞》,选自《梁实秋文集》,鹭江出版社,2002)

21. 这段文字的主要意思是 ( )
A. 告诉读者如何享受寂寞的清福。
B. 表明作者远离喧嚣的现实,追求内心宁静的人生态度。
C. 主要说明什么是寂寞。
D. 作者赞美寂寞,要好好享受寂寞。

22. 文中"'石壕吏'……半夜捉人"是谁的作品记叙的情景 ( )
A. 白居易　　　B. 元九　　　C. 杜甫　　　D. 柳宗元

23. 下列文中各句的修辞手法与"塘中的月色并不均匀;但光与影有着和谐的旋律,如梵婀玲上奏着的名曲"一句相同的是 ( )
A. 袅袅的一缕烟线笔直地上升,一直戳到顶棚,好像屋里的空气是绝对的静止,我的呼吸没有搅动出一点波澜似的。
B. 寂寞便是供人喘息的几口新空气。
C. 都可以使我们从寂寞中间一头栽出去,栽到苦恼烦躁的漩涡里去。
D. 在伟大庄严的教堂里,从彩色玻璃窗透进一股不很明亮的光线,沉重的琴声好像是把人的心都洗淘了一番似的,我感到了我自己的渺小。

24. 下列各句中的"是"为判断动词用法的是 ( )
A. 寂寞是一种清福。(第一段第一行)
B. 所谓"心远地自偏"是也。(第一段第八行)
C. 也可以说是。(第四段第一行)
D. 稍异于是。(第五段第二、第三行)

25. 作者所说的"寂寞"是指 ( )
A. 寂寞是一种值得享受的清福。
B. 寂寞是意识到自己的存在和渺小。
C. 寂寞是不为外物所困扰,保持自我和内心宁静的一种心境。
D. 寂寞是逃避现实的唯心论,是高韬隐遁。

(六)阅读下面短文,回答问题。

听说,杭州西湖上的雷峰塔倒掉了,听说而已,我没有亲见。但我却见过未倒的雷峰塔,破破烂烂的映掩于湖光山色之间,落山的太阳照着这些四近的地方,就是"雷峰夕照",西湖十景之一。"雷峰夕照"的真景我也见过,并不见佳,我以为。

然而一切西湖胜迹的名目之中,我知道得最早的却是这雷峰塔。我的祖母曾经常常对我说,白蛇娘娘就被压在这塔底下!有个叫做许仙的人救了两条蛇,一青一白,后来白蛇便化为女人来报恩,嫁给许仙了;青蛇化为丫鬟,也跟着。一个和尚,法海禅师,得道的禅师,看见许仙脸上有妖气——凡讨妖怪作老婆的人,脸上就有妖气的,但只有非凡的人才看得出——便将他藏在金山寺的法座后,白蛇娘娘来寻夫,于是就"水满金山"。我的祖母讲起来还要有趣得多,大约是出于一部弹词叫做《义妖传》里的,但我没有看过这部书,所以也不知道"许仙""法海"究竟是否这样写。总而言之,白蛇娘娘终于中了法海的计策,被装在一个小小的钵盂里了。钵盂埋在地里,上面还造起一座镇压的塔来,这就是雷峰塔。此后似乎事情还很多,如"白状元祭塔"之类,但我现在都忘记了。

那时我唯一的希望,就在这雷峰塔的倒掉。后来我长大了,到杭州,看见这破破烂烂的塔,心里就不舒服。后来我看看书,说杭州人又叫这塔"保叔塔",其实应该写做"保俶塔",是钱王的儿子造的。那么,里面当然没有白蛇娘娘了,然而我心里仍然不舒服,仍然希望他倒掉。

现在,他居然倒掉了,则普天之下的人民,其欣喜为何如?

这是有事实可证的。试到吴、越的山间海滨,探听民意去。凡有田夫野老,蚕妇村氓,除了几个脑髓里有点贵恙的之外,可有谁不为白蛇娘娘抱不平,不怪法海太多事的?

和尚本应该只管自己念经。白蛇自迷许仙,许仙自娶妖怪,和别人有什么相干呢?他偏要放下经卷,横来招是搬非,大约是怀着嫉妒罢,——那简直是一定的。

听说,后来玉皇大帝也就怪法海多事,以至荼毒生灵,想要拿办他了。他逃来逃去,终于逃在蟹壳里避祸,不敢再出来,到现在还如此。我对于玉皇大帝所做的事,腹诽的非常多,独于这一件却很满意,因为"水满金山"一案,的确应该由法海负责;他实在办得很不错的。只可惜我那时没有打听这话的出处,或者不在《义妖传》中,却是民间的传说罢。

秋高稻熟时节,吴越间所多的是螃蟹,煮到通红之后,无论取哪一只,揭开背壳来,里面就有黄,有膏;倘是雌的,就有石榴子一般鲜红的子。先将这些吃完,即一定露出一个圆锥形的薄膜,再用小刀小心地沿着锥底切下,取出,翻转,使里面向外,只要不破,便变成一个罗汉模样的东西,有头脸,身子,是坐着的,我们那里的小孩子都称他"蟹和尚",就是躲在里面避难的法海。

当初,白蛇娘娘压在塔底下,法海禅师躲在蟹壳里。现在却只有这位老禅师独自静坐了,非到螃蟹断种的那一天为止出不来。莫非他造塔的时候,竟没有想到塔是终究要倒的么?活该。

(鲁迅《论雷峰塔的倒掉》,选自《鲁迅全集》第1卷,人民文学出版社,1981)

26. 文中成语"荼毒生灵"中的"荼"念作 ( )
   A. chá   B. tín   C. tú   D. shū

27. 根据这篇短文,下列判断不正确的是 ( )
   A. 白蛇是一个善良、勇敢、对爱情坚贞的女性,是受法海镇压的被压迫者。
   B. 法海是一个道貌岸然、不守本分、虚伪卑鄙的封建卫道者。
   C. 雷峰塔是一座不义的"镇压的塔"。
   D. 雷峰塔的事情,作者都忘记了。

28. 作者对"蟹和尚"这一民间想象的法海形象的态度是 （ ）
   A. 嘲谑　　　　B. 喜欢　　　　C. 可怜　　　　D. 无所谓
29. 根据这篇短文，下列对文章主旨理解最贴切的是 （ ）
   A. 对传统秩序的不满意。　　　　B. 对普通民众生活的同情。
   C. 对一切非人道束缚的反感。　　D. 对一切堂皇叙事的痛恨。
30. 这篇短文的风格是 （ ）
   A. 愤怒批判　　　　　　　　　　B. 即兴嘲讽
C. 客观中立　　　　　　　　　　D. 怡然自得

（七）阅读下面短文，回答问题。

"渐"的作用，就是用每步相差极微极缓的方法来隐藏时间的过去与事物的变迁的痕迹，使人误认其为恒久不变。这真是造物主骗人的一大诡计！这有一个比喻的故事：某农夫每天清晨抱了犊而跳过一沟，到田里去工作，夕暮又抱了它跳过沟回家。每日如此，未尝间断。过了一年，犊已渐大、渐重，差不多变成大牛，但农夫全不觉得，仍是抱了它跳沟。有一天他因事停止工作，次日再就不能抱了这牛而跳沟了。造物的骗人，使人流连于其每日每时的生的欢喜而不觉其变迁与辛苦，就是用这个方法的。人们每日在抱了日重一日的牛而跳沟，不准停止。自己误以为是不变的，其实每日在增加其苦劳！

我觉得时辰钟是人生的最好的象征了。时辰钟的针，平常一看总觉得是"不动"的；其实人造物中最常动的无过于时辰钟的针了。日常生活中的人生也如此，刻刻觉得我是我，似乎这"我"永远不变，实则与时辰钟的针一样地无常！一息尚存，总觉得我仍是我，我没有变，还是留连着我的生，可怜受尽"渐"的欺骗？

作"渐"的本质是"时间"。时间我觉得比空间更为不可思议，犹之时间艺术的音乐比空间艺术的绘画更为神秘。_____空间姑且不追究它如何广大或无限，我们总可以把握其一端，认定其一点。时间则全然无从把握，不可挽留，只有过去与未来在渺茫之中不绝地相追逐而已。性质上既已渺茫不可思议，分量上在人生也似乎太多。因为一般人对于时间的悟性，似乎只够支配搭船乘车的短时间；对于百年的长期间的寿命，他们不能胜任，往往迷于局部而不能顾及全体。试看乘火车的旅客中，常有明达的人，有的宁牺牲暂时的安乐而让其座位于老弱者，以求心的太平（或博暂时的美誉）；有的见众人争先下车，而退在后面，或高呼"勿要轧，总有得下去的！""大家都要下去的！"然而在乘"社会"或"世界"的大火车的"人生"的长期旅客中，就少有这样的明达之人。所以我觉得百年的寿命，定得太长。像现在的世界上的人，倘定他们搭船乘车的期间的寿命，也许在人类社会上可减少许多凶险残惨的争斗，而与火车中一样的谦让，和平，也未可知。

（选自丰子恺《缘缘堂随笔》，人民文学出版社，2000，个别用字有改动）

31. 第一段中，作者引用那个比喻的故事，意在说明？ （ ）
   A. 人们每日在抱了日重一日的牛而跳沟，不准停止。
   B. 自己误以为是不变的，其实每日在增加其苦劳。
   C. 造物的骗人，使人流连于其每日每时的生的欢喜而不觉其变迁与辛苦，就是用这个方法的。
   D. "渐"的作用，就是用每步相差极微极缓的方法来隐藏时间的过去与事物的变迁的痕迹，使人误认其为恒久不变。

32. 作者认为时辰钟是人生最好的象征,因为 （　　）
   A. 时辰钟像"渐"一样,一直在欺骗我们。
   B. 时辰钟的针平时不动,就好像人生的我也始终是我。
   C. 时辰钟的针是最常动的,就好像人生中的我也是无常的。
   D. 时辰钟的针看似不动,实则常动,就像人生中的我,刻刻是我,又刻刻在变。

33. 第三段中,在画线处填入的关联词,最恰当的一个是 （　　）
   A. 不过　　　　B. 而且　　　　C. 因为　　　　D. 所以

34. 下列词语与第一和第二段中的"骗"和"欺骗"的含义最接近的是 （　　）
   A. 欺诈　　　　B. 误导　　　　C. 隐瞒　　　　D. 诱惑

35. 对于"渐"的理解,不恰当的一项是 （　　）
   A. 不管它如何广大或无限,我们总可以把握其一端,认定其一点。
   B. 全然无从把握,不可挽留,只有过去与未来在渺茫之中不绝地相追逐而已。
   C. 性质上渺茫不可思议。
   D. 分量上在人生也似乎太多。

（八）阅读下面短文,回答问题。

落　叶

人说自己的作品是结成的果实,我却觉得,我的作品像一片落叶。一年年落叶。一阵阵落叶。

春天,叶芽萌发,渴望生长,汲取养分,迎接阳光。夏天,日趋丰满,摇曳自语,纷披叠翠,自在茁壮。而小树成为大树,老树就靠了这些树叶而呼吸、而做梦、而伸展自己的向往。

等到秋天,一片树叶又有一片树叶犹豫不决地与树干商量:我完成了么？我可以走了吗？我渴望乘风飞去,海阔天空,被心爱的知音拿去珍藏。我又怕我们去了,使母亲树干凄凉。

树干说:去吧,去吧。我已经尽到了我的力量。你们是无法挽留的啊,纵然与你们告别使我神伤。你们应该去接受命运的试量。

一片又一片的落叶落下了,它们曾经是树的。现在也还是树的,却又不是树的了。

它们是它们自己。是树的过往的季节,过往的尝试,过往的儿女。又是大地的新客人,新的星外来客,新的友人。

它们也许因陌生而受疑惑的冷眼。它们也许因平凡而受不经意的遗忘。它们也许被认为枯干而被一根火柴点燃,点燃中发出短暂的烟和光。它们也许被认为美丽而藏在情人的心上。它们也许跌入烂泥而遭受践踏,终于肥了土地。它们也许被一阵大风吹入异乡。它们也许进了科学家的实验室,被做成切片,浸入药液,再放到显微镜下观察分析。而过多的树叶也许会引起清洁工的烦腻,用一柄大扫帚通通地把它们扫到大道旁。

太多的树叶会不会成为自己的负担呢？太多的树叶会不会使树干弯腰低头,不好意思,黯然神伤？太多的树叶会不会使树大发奇想:我为什么要长这么多的树叶呢？它们过分地消耗了我的精力和思想。如果在我这棵树上长出的不是平凡的树叶而是匕首、外汇券、奶油或者甲鱼,是不是能够派更多的用场？

树不会愿意处在自己落下的树叶的包围之中,树不会愿意再看自己早年落下的树叶。树又不能忘怀她们,不能不怀着长出新的树叶的小小的愿望。

1988年秋10月在苏州,我问陆文夫兄:"当你看自己的旧作的时候,你有什么感想?可像我一样惆怅?"

他回答说:"我根本不敢看哟……"

落叶沙沙,撩人愁肠。

(选自《中华散文珍藏本·王蒙卷》,人民文学出版社,1998)

36. "落叶"一词,在文中比喻 （ ）
 A. 已经完成的作品。　　　　　　B. 正在构思的作品。
 C. 作家的旧作。　　　　　　　　D. 一切劳动的成果。

37. "它们是它们自己"一句,在文中是指 （ ）
 A. 作品一旦完成,就有了独立的生命。　B. 读作品不必理会作者的情况。
 C. 树叶凋落,树已经无能为力。　　　　D. 作家是作家,作品是作品。

38. 根据上下文,"树不会愿意处在自己落下的树叶的包围之中"的原因是 （ ）
 A. 作家创作信奉宁缺毋滥的原则。　　B. 作家创作必须追求新的突破。
 C. 作家悔其少作。　　　　　　　　　D. 不愿为自己的崇拜者所包围。

39. 本文借树干和树叶的关系,形象地表达了 （ ）
 A. 作者对自己劳动成果的珍惜之情。
 B. 作者对自己作品的惆怅之感。
 C. 作者对自己作品的复杂的情感和态度。
 D. 作品虽属作者,却也自有独立的生命。

40. 下列对文中内容的概括或理解,不恰当的一项是 （ ）
 A. 作家创作的孕育构思犹如春夏树叶的萌发、生长。
 B. "太多的树叶会不会成为自己的负担呢"一句中,"自己"指树叶而非树干。
 C. 树上能长出"匕首、外汇券、奶油或者甲鱼",比喻文学创作可以有多种收获。
 D. 全文以"落叶"作比,抒发作者对自己作品的复杂心情。

(九)阅读下面短文,回答问题。

在奥运会开幕式上,刘欢和莎拉·布莱曼演唱的主题曲《我和你》,音调悠扬婉转,意韵绵长。这几天常常在大街小巷听到这首歌,渐渐也熟悉了这旋律。熟悉一首歌是重要的,越听越会觉得平和中自有真挚的感情流露。这首歌的歌词非常短,但其实词短情长,意义很深:"我和你,心连心,同住地球村。为梦想,千里行,相会在北京。来吧!朋友,伸出你的手,我和你,心连心,永远一家人。"

这里的"我"和"你"。其实是中国和世界的关系。在这里,"你"和"我"之间已经有了一种比肩淡定的从容和平和,有了一种相互守望,共同创造世界未来的自信,我们"同住地球村"的意识,"永远是一家人"的愿望,都喻示着在这个2008,在这次奥运会上,中国和世界之间新的关系。这里所显示的是一个民族的坦然和坦诚,也显示了中国已经融入了世界。这种融入当然不是取消"我"和"你"之间的差异,而是我们在一种"和而不同"的境界中展现的新的理想和新的祈愿。中国此时已经能够平视世界,已经能够为世界贡献自己力量的同时,分享人类的共同理想和价值。

反复听这首歌,我突然想到了同样是刘欢演唱,同样是曾经唱遍了大街小巷的一首歌,那首歌同样表现的是"我"与"你"的关系,也同样意蕴深沉,但却和《我和你》的意思有相当的不同。这就是1993年的秋天播出的电视剧《北京人在纽约》的主题歌《千万次的问》。虽然那部电视剧仅仅是讲述一个北京人王启明在纽约的艰难奋斗史,但那首歌却超越了这部电视剧而具有相当的意义。

我还记得刘欢用激越的声音演唱《千万次的问》,曾经感动过许许多多的人。这首歌可以说也是在表现中国与世界的关系。在这里,"我"还是在做出着坚韧的努力,试图融入世界,和"你"平等对话,但这一切却显得如此艰难和如此痛苦。中国还在艰苦地摸索着走向世界的道路,我们还充满着一种对于世界的焦虑。中国和世界之间还有一种非常复杂的关系。中国人百年的富强之梦,其实就是试图让这个古老的东方民族融入世界。但从十九世纪中叶以来的"落后就要挨打"的痛苦经历,让中国面对世界的时候,难免于仰视和俯视的视角,两者都充满了焦虑。这种"落后"和"挨打"的关联正是中国"现代性"的最为深刻的痛苦:"落后"是历史造成的困境,"挨打"却是无辜者受到欺凌;"落后"所以要学习和赶超,"挨打"所以要反抗和奋起。反抗和奋起来自一种民族精神,而学习和赶超却是"具体"的文化选择。这就造成了《千万次的问》里面那种爱恨交加的复杂情感。"千万里"的追寻,而"你却并不在意"的感慨。"我已经不再是我"的必然,而"你却依然是你"的现实状况,让这首歌自有自己的深沉内涵。二十世纪中国人的艰辛奋斗,其实正是为了争取一个和世界之间的新的关系。中国人走向世界的梦想,和平等待我之民族共同奋斗为人类贡献中国力量的愿望,正是我们在整个二十世纪不断努力追寻的目标。

但今天,我看到的是在一个蓝色的星球之巅,刘欢和莎拉·布莱曼一起引吭高歌:"为梦想,千里行,相会在北京。"我们所付出的一切获得了历史和世界的报偿,"我"和"你"终于有了这样一个"在一起"的美好时刻。我向你伸出的手也得到了你最好的回应。《我和你》短短的歌词其实道出了我们内心的感动和浪漫的情怀。

两首歌,十五年的距离,跨越了世纪,见证了一个国家和她的人民的成长。

(张颐武《两首歌见证中国的成长》,《北京青年报》2008年8月20日)

41. "和而不同"这句中的"和"和"同"的意思分别是 （ ）
A. 和睦/信任　　B. 和平/统一　　C. 和谐/相同　　D. 和睦/盲从

42. 文章说两首歌都表现了"中国和世界的关系",这种关系主要是指 （ ）
A. 中国和世界各国的关系　　B. 中国和西方国家的关系
C. 中国和美国之间的关系　　D. 中国和周边国家的关系

43. 文章说"从十九世纪中叶以来的'落后就要挨打'的痛苦经历,让中国面对世界的时候,难免于仰视和俯视的视角,两者都充满了焦虑。"其中对"仰视和俯视的视角"理解正确的一项是 （ ）
A. 中国面对世界是仰视,世界面对中国是俯视。
B. 仰视外国今天的发展,俯视外国过去的落后。
C. 仰视中国古代的文明,俯视中国今天的地位。
D. 仰视外国的强大发达,俯视本国的弱小落后。

44. 对本文所说"两首歌见证了中国的成长",下面理解不正确的一项是 （ ）
A. 中国现在已经变得十分强大,与世界发达国家可以平起平坐。
B. 中国今天已经变得从容平和,可以分享人类的共同价值和理想。
C. 中国已经显示出坦然和坦诚,也显示中国已经融入整个世界。

D. 中国此时已经能够平视世界,可以分享人类的共同价值和理想。
45. 文章引述的"和而不同"这句话,出自_____。 （ ）
A.《孟子》　　　　B.《论语》　　　　C.《庄子》　　　　D.《老子》

(十) 阅读下面短文,回答问题。

诗的源头是歌谣。上古时候,没有文字,只有唱的歌谣,没有写的诗。一个人高兴的时候或悲哀的时候,常愿意将自己的心情诉说出来,给别人或自己听,日常的言语不够劲儿,便使用歌唱,一唱三叹的叫别人回肠荡气。唱叹再不够的话,便手也舞起来了,脚也蹈起来了,反正要将劲儿使到了家。碰到节日,大家聚在一起酬神作乐,唱歌的机会更多。或一唱众和,或彼此竞胜。传说葛天氏的乐八章,三个人唱,拿着牛尾,踏着脚,似乎就是描写这种光景的。歌谣越唱越多,虽没有书,却存在人的记忆里,有了现成的歌儿,就可借他人酒杯,浇自己块垒,随时拣一支合适的唱唱,也足可消愁解闷,若没有完全合适的,尽可删一些改一些,到称意为止。流行的歌谣中往往不同的词句并行不悖,就是为此。可也有经过众人修饰,成为定本的。歌谣真可说是"一人的机锋,多人的智慧"了。

歌谣可分为徒歌和乐歌。徒歌是随口唱,乐歌是随着乐器唱。徒歌也有节奏,手舞脚蹈便是帮助节奏的;可是乐歌的节奏更规律化些。乐器在中国似乎早就有了,《礼记》里说的土鼓土槌儿、芦管儿,也许是我们乐器的老祖宗,到了《诗经》时代,有了琴瑟钟鼓,已是_____。歌谣的节奏最主要的靠重叠或叫复沓;本来歌谣以表情为主,只要翻来覆去将情表到了家就成,用不着费话。重叠可以说原是歌谣的生命,节奏也便建立在这上头。字数的均齐,韵脚的调协,似乎是后来发展出来的。有了这些,重叠才在诗歌里失去主要的地位。

有了文字以后,才有人将那些歌谣记录下来,便是最初写的诗了。但记录的人似乎并不是因为欣赏的缘故,更不是因为研究的缘故。他们大概是些乐工,乐工的职务是奏乐和唱歌;唱歌得有词儿,一面是口头传授,一面也就有了唱本儿。歌谣便是这么写下来的。我们知道春秋时的乐工就和后世阔人家的戏班子一样,老板叫做太师。那时各国都养着一班乐工,各国使臣来往,宴会时都得奏乐唱歌。太师们不但得搜集本国乐歌,还得搜集别国乐歌。不但搜集乐词,还得搜集乐谱。那时的社会有贵族与平民两级。太师们是伺候贵族的,所搜集的歌儿自然得合贵族们的口味,平民的作品是不会入选的。他们搜得的歌谣,有些是乐歌,有些是徒歌。徒歌得合乐才好用。合乐的时候,往往得增加重叠的字句或章节,便不能保存歌词的原来样子。除了这种搜集的歌谣以外,太师们所保存的还有贵族们为了特种事情,如祭祖、宴客、房屋落成、出兵、打猎等作的诗。这些可以说是典礼的诗。又有讽谏、颂美等的献诗。献诗是臣下作了献给君上,准备让乐工唱给君上听的,可以说是政治的诗。太师们保存下这些唱本儿,带着乐谱。唱词儿共有三百多篇,当时通称作"诗三百"。到了战国时代,贵族渐渐衰落,平民渐渐抬头,新乐代替了古乐,职业的乐工纷纷散走。乐谱就此亡失,但是还有三百来篇唱词儿流传下来,便是后来的《诗经》了。

"诗言志"是一句古话,"诗"这个字就是"言""志"两个字合成的。但古代所谓"言志"和现在所谓"抒情"并不一样;那"志"总是关联着政治或教化的。春秋时通行赋诗。在外交的宴会里,各国使臣往往得点一篇诗或几篇诗叫乐工唱。这很像现在的请客点戏,不同处是所点的诗句必加上政治的意味。这可以表示这国对那国或这人对那人的愿望、感谢、责难等等,都从诗篇里断章取义。断章取义是不管上下文的意义,只将一章中一两句拉出来,就当前的环境,作政治的暗示。如《左传》襄公二十七年,郑伯宴晋使赵孟于垂陇,赵孟请大家赋诗,他想看看大家的"志"。子太叔赋的是《野有蔓草》,原诗首章云:"野有蔓草,零露漙兮,有美一人,清扬婉兮。邂逅相遇,适我愿兮。"子太叔只取末两句,借以表示郑国欢迎赵孟的意思,上文他就不管,全诗原是男女私情之作,他更不管了。可是这样办正是"诗言志";在那回宴会里,赵孟就和子太叔说了"诗以言志"这句话。

到了孔子时代,赋诗的事已经不行了,孔子却采取了断章取义的办法,用《诗》来讨论做学问做人的道理。"如切如磋,如琢如磨,"本来说的是治玉,将玉比人。他却用来教训学生做学问的工夫。"巧笑倩兮,美目盼兮,素以为绚兮",本来说的是美人,所谓天生丽质。他却拉出末句来比方作画,说先有白底子,才会有画,是一步步进展的;作画还是比方,他说的是文化,人先是朴野的,后来才进展了文化——文化必须修养而得,并不是与生俱来的。他如此解诗,所以说"思无邪"一句话可以包括"诗三百"的道理。又说诗可以鼓舞人,联合人,增加阅历,发泄牢骚,事父事君的道理都在里面。孔子以后,"诗三百"成为儒家的《六经》之一,《庄子》和《荀子》里都说到"诗言志",那个"志"便指教化而言。

(节选自朱自清《经典常谈·诗经第四》,北京出版社,2004)

46. 从下列语词中选择一个填入第二段的横线处,意思最为恰当的是　　　　(　)
A. 多如牛毛　　　B. 汗牛充栋　　　C. 洋洋大观　　　D. 洋洋洒洒

47. 第三段中作者认为所谓"诗三百"是　　　　　　　　　　　　　　　　(　)
A. 春秋时代各国太师们整理保存下来的唱本。
B. 为欣赏和研究记录下来的歌谣。
C. 乐工唱歌所用的歌词。
D. 太师们从民间搜集的歌谣。

48. 第四段以子太叔赋《野有蔓草》诗表达自己意思的故事,说明赋诗言志的特点。子太叔所用的具体方法是　　　　　　　　　　　　　　　　　　　　　　　　(　)
A. 以意逆志。　　　　　　　　B. 比附。
C. 借他人酒杯,浇自己块垒。　　D. 断章取义。

49. 作者认为,春秋时通行的赋诗,指的是　　　　　　　　　　　　　　　(　)
A. 在交际场合,借用诗篇,断章取义以表达心志。
B. 诗人作诗。
C. 乐工唱诗。
D. 以断章取义的方法解释诗意。

50. 这篇文章第一段的主要意思是　　　　　　　　　　　　　　　　　　　(　)
A. 说明诗的源头是歌谣。　　　　B. 说明歌谣是怎么产生的。
C. 说明上古时候,只有歌谣,没有诗。　D. 说明歌谣是"一人的机锋,多人的智慧"。

【参考答案】

1. C　2. D　3. B　4. A　5. D　6. B　7. C　8. D　9. C　10. D
11. C　12. A　13. D　14. C　15. B　16. A　17. D　18. B　19. B　20. D
21. B　22. C　23. D　24. A　25. C　26. C　27. D　28. A　29. C　30. B
31. D　32. C　33. C　34. B　35. A　36. A　37. D　38. A　39. C　40. B
41. D　42. A　43. D　44. A　45. B　46. C　47. C　48. D　49. B　50. A

第三编　文言文阅读

一、真题精解

2005·阅读下面的文字,完成有关问题。

蝜蝂者,善负小虫也。行遇物,辄持取,昂其首负之。背愈重,虽困剧不止也。其背甚涩,物积因不散,卒踬仆不能起。人或怜之,为去其负。苟能行,又持取如故。又好上高,极其力不已,至坠地死。

今世之嗜取者,遇货不避,以厚其室,不知为己累也,唯恐其不积。及其怠而踬也,黜弃之,迁徙之,亦以病矣。苟能起,又不艾,日思高其位,大其禄,而贪取滋甚,以近于危坠,观前之死亡不知戒。虽其形魁然大者也,其名人也,而智则小虫也,亦足哀夫!

1．"行遇物,辄持取,昂其首负之"中"辄"的含义是　　　　　　　　　　（　）
A. 就　　　　　B. 总是　　　　C. 喜欢　　　　D. 不能

【答案】　B。"行遇物,辄持取,昂其首负之"一句,指的是蝜蝂爬行时遇到东西,总是抓取过来,抬起头背着这些东西。"辄"的含义有两种:一是"总是",如"动辄得咎";另一种是"就",如"浅尝辄止"。在这里,"辄"的含义是"总是"。

2．"迁徙之,亦以病矣"中"病"的含义是　　　　　　　　　　　　　　　（　）
A. 生病　　　　B. 困苦　　　　C. 变坏　　　　D. 疾病

【答案】　B。"病"可以解释为"担忧",如"郑人病之"(《左传·襄公二十四年》),也解释为"困苦、困乏",如"则久已病矣"(《捕蛇者说》)。在这里,"病"的含义是"困苦"。"迁徙之,亦以病矣"一句可以解释为:有的被贬往边远地区,也算受苦了。

3．"苟能起,又不艾"中"艾"的读音和含义是　　　　　　　　　　　　　（　）
A. ài　衰落　　B. ài　停止　　C. yì　悔改　　D. yì　割草

【答案】　C。"艾"有两种读音:ài 和 yì。"艾"读作 ài 时,解释为"停止",如"方兴未艾";"艾"读作 yì 时,解释为"治理、改正"。"苟能起,又不艾"一句可以解释为:如果一旦被起用,他们又不思悔改。

4．文中形容词用作使动词的有　　　　　　　　　　　　　　　　　　　（　）
A. 又好上高,极其力不已,至坠地死。
B. 虽其形魁然大者也,其名人也,而智则小虫也。
C. 遇货不避,以厚其室。
D. 蝜蝂者,善负小虫也。

【答案】　C。形容词用作使动词是古汉语中的词类活用的一种。形容词用作使动词,使其宾语所代表的人或事物具有形容词所表示的性质和状态,比如"臣请完璧归赵"(《廉颇蔺相如列传》),其中"完"就是形容词用作使动词;再比如"孤违蹇叔,以辱二三子"(《崤之战》),其中,"辱"也是形容词用作使动词。C项中"遇货不避,以厚其室"的"厚"解释为"使得……厚,使得……充满"。A项中"高"为名词,解释为"高处";B项中"其名人也","名"为名词,解释为"他们的名字是人";D项中"负"为动词,解释为"背负"。

5. 关于本文主题的叙述错误的是　　　　　　　　　　　　　　　　　　　( )
   A. 这是一篇短小警策、生动幽默的寓言式杂文。
   B. 作者描写了小爬虫贪得无厌、好向上爬的特性。
   C. 作者对小人物充满了同情,劝告他们不要太贪心。
   D. 作者讽刺了腐朽的官吏,指出他们必然自取灭亡。

【答案】 C。这则寓言用蝜蝂(一种黑色小虫)的生活习性同"嗜取者"的思想行为作对比,深刻地讽刺了那些贪得无厌的财迷和拼命往上爬的贪官污吏,指出他们实际上跟小虫一样的愚蠢,结果必然要自取灭亡。C项说"作者对小人物充满了同情,劝告他们不要太贪心",属于无中生有。

【参考译文】

蝜蝂(fù bǎn)是一种喜爱背东西的小虫。爬行时遇到东西,总是抓取过来,抬起头背着这些东西。东西越背越重,即使非常劳累它也不停止。它的背很不光滑,因而东西堆上去不会散落,终于被压倒爬不起来。有的人可怜它,替它去掉背上的东西。可是蝜蝂如果能爬行,又把东西像原先一样抓取过来背上。这种小虫又喜欢往高处爬,用尽了它的力气也不肯停下来,以致跌落下来摔死在地上。

现今世上那些贪得无厌的人,见到钱财就捞一把,用来填满他们的家产,不知道财货已成为自己的负担,还只怕财富积聚得不够。等到一旦因疏忽大意而垮下来的时候,有的被罢官,有的被贬往边远地区,也算受苦了。如果一旦被起用,他们又不思悔改,天天想着提高自己的职位,加大自己的俸禄,而且变本加厉地贪取钱财,以至接近摔死的程度,看到以前由于极力求官贪财而自取灭亡的人也不知接受教训。虽然他们的外形看起来庞大,他们的名字是人,可是见识却和蝜蝂一样,也太可悲了!

2006·阅读下面的文字,完成有关问题。

石崇与王恺争豪,并穷绮丽,以饰舆服。武帝,恺之甥也,每助恺。尝以一珊瑚树高二尺许赐恺。枝柯扶疏,世罕其比。恺以示崇;崇视讫,以铁如意击之,应手而碎。恺既惋惜,又以为疾己之宝,声色甚厉。崇曰:"不足恨,今还卿。"乃命左右悉取珊瑚树,有三尺、四尺,条干绝世,光彩溢目者六七枚,如恺许比甚众。恺惘然自失。

1. "并穷绮丽,以饰舆服"之中"穷"的含义是　　　　　　　　　　　　　( )
   A. 贫苦　　　　B. 竭尽　　　　C. 困顿　　　　D. 拮据

【答案】 B。"并穷绮丽,以饰舆服"解释为"都竭力用最华丽的东西来装饰车辆、衣冠"。"穷"的含义可以理解为"竭尽、穷尽"。

2. "尝以一珊瑚树高二尺许赐恺"之中"许"的含义是　　　　　　　　　　( )
   A. 许诺　　　　B. 允许　　　　C. 许多　　　　D. 约略

【答案】 D。"尝以一珊瑚树高二尺许赐恺"解释为"曾经把一株两尺来高的珊瑚树赏给王恺"。"许"表示"大约、约略"。

3. "又以为疾己之宝"之中"疾"的含义是 （ ）
A. 嫉妒　　　　　B. 快速　　　　　C. 同"急"　　　　　D. 疾病
【答案】 A。"又以为疾己之宝"解释为"又以为石崇嫉妒自己的宝贝"。"疾"的含义是嫉妒。

4. 文中王恺的心理变化过程是 （ ）
A. 自傲——惋惜——愤怒——自卑　　　B. 自傲——自卑——愤怒——惋惜
C. 惋惜——愤怒——自卑——自傲　　　D. 愤怒——自傲——惋惜——自卑
【答案】 A

5. 关于本文说法错误的是 （ ）
A. 文章揭示了魏晋时期穷极奢侈的社会现实。
B. 文章表现了魏晋门阀残暴的品性。
C. 文章采用对比写法来刻画人物性格。
D. 文章运用细节描写塑造人物。
【答案】 B

【参考译文】
石崇和王恺比阔斗富，两人都用尽最鲜艳华丽的东西来装饰车马、服装。晋武帝是王恺的外甥，常常帮助王恺。他曾经把一棵二尺来高的珊瑚树送给王恺。这棵珊瑚树枝条繁茂，世上很少有和它相当的。王恺把珊瑚树拿给石崇看。石崇看后，拿铁如意敲它，马上就打碎了。王恺感到非常惋惜，又认为石崇是妒忌自己的宝物，说话时声音和脸色都非常严厉。石崇说："不值得发怒，现在就赔给你。"于是就叫手下的人把家里的珊瑚树全都拿出来，三尺、四尺高的，树干、枝条举世无双，光彩夺目的有六七棵，像王恺那样的就更多了。王恺看了，自感失落。

2007·阅读下面的文字，完成有关问题。

愚所谓圣人之道者如之何？曰："博学于文"，曰："行己有耻"。自一身以至于天下国家，皆学之事也；自子臣弟友，以至出入、往来、辞受、取与之间，皆有耻之事也。耻之于人大矣。不耻恶衣恶食，而耻匹夫匹妇之不被其泽，故曰："万物皆备于我矣，反身而诚"。呜呼！士而不先言耻，则为无本之人；非好古而多闻，则为空虚之学。以无本之人，而讲空虚之学，吾见其日从事于圣人，而去之弥远也。虽然，非愚之所敢言也。且以区区之见，私诸同志，而求起予。

（顾炎武《与友人论学书》）

1. "万物皆备于我矣，反身而诚"中"备"的含义是 （ ）
A. 准备　　　　　B. 预备　　　　　C. 拥有　　　　　D. 储备
【答案】 C。"万物皆备于我矣"解释为"万事万物的道理都在我心中具备了"。"备"解释为"具备、拥有"。

2. "非愚之所敢言也"中"愚"的含义是 （ ）
A. 愚蠢　　　　　B. 愚蠢的人　　　　C. 我们　　　　　D. 我
【答案】 D。"非愚之所敢言也"解释为"这些不是我所胆敢说的"。"愚"在这里解释为"我"。

3. "士而不先言耻,则为无本之人"中"本"的含义是 （ ）
A. 根基　　　　B. 本钱　　　　C. 本领　　　　D. 本身

【答案】 A。"士而不先言耻,则为无本之人"解释为"士人却不用羞耻之心来约束自己,那么就是失去了做人的根本"。"本"的含义是"根本、根基"。

4. "耻匹夫匹妇之不被其泽"翻译成白话文是 （ ）
A. 把普通老百姓没有受到他的恩泽视为耻辱。
B. 把普通老百姓没有被他所恩泽视为耻辱。
C. 羞耻啊,普通老百姓没有被他所恩泽。
D. 把贫贱夫妻没有受到他的恩泽视为耻辱。

【答案】 A

5. 关于文中"圣人之道"说法错误的是 （ ）
A. 钻研经史,讲究经世致用。
B. 好古多闻,讲究性情心性。
C. 强调孔子孟子的实践精神。
D. 研究实学,躬身履践。

【答案】 B

【参考译文】
我所谓的圣人的道又是什么呢? 就是"从丰富的文献典籍中学习",就是"用羞耻之心来约束自己的行为"。从自身到天下国家,都有学问,都需要不断地学习;从父子、君臣、兄弟、朋友,以及出去做官、与人相处、离去与留下、辞职与接受俸禄、收取与给予等之间的关系的处理,都需要用羞耻之心来约束自己的行为。羞耻对于人来说,关系重大啊! 人们不会认为你穿破旧的衣服、吃粗劣的食物是羞耻,而会以人们没有受到你仁德的恩泽为羞耻。所以说:"万事万物的道理都在我心中具备了,如果反躬自问确实心诚,就可确保人心所固有的善性"。呜呼! 士人却不用羞耻之心来约束自己,那么就是失去了做人的根本;不是爱好古典文献并且多学习,那么是空洞无用和虚假的学问。凭借没有根本的人,并且讲些空洞无用和虚假的学问,我看他每天讲着圣人的道理,做的事情离圣人更远了。虽然如此,这些不是我所胆敢说的。这里只是谈些不重要的个人见解,私下与各位同仁交流,望你们能给我启发。

2008·阅读下面的文字,完成有关问题。

李将军广者,陇西成纪人也。天子使中贵人(按:中贵人即宦官)从广勒习兵击匈奴。中贵人将骑数十纵,见匈奴三人,与战。三人还射,伤中贵人,杀其骑且尽。中贵人走广。广曰:"是必射雕者也。"广乃遂从百骑往驰三人。广身自射彼三人者,杀其二人,生得一人,果匈奴射雕者也。已缚之上马,望匈奴有数千骑,见广,以为诱骑,皆惊,上山陈。广之百骑皆大恐,欲驰还走。广曰:"吾去大军数十里,今如此以百骑走,匈奴追射我立尽。今我留,匈奴必以我为大军诱之,必不敢击我。"广令诸骑曰:"前!"前未到匈奴陈二里所,止,令曰:"皆下马解鞍!"其骑曰:"虏多且近,即有急,奈何?"广曰:"彼虏以我为走,今皆解鞍以示不走,用坚其意。"于是胡骑遂不敢击。是时会暮,胡兵终怪之,不敢击。夜半时,胡兵亦以为汉有伏军于旁欲夜取之,胡皆引兵而去。平旦,李广乃归其大军。大军不知广所之,故弗从。其后四岁,广出雁门击匈奴。匈奴兵多,破败广军,生得广。行十余里,广以故得脱。于是至汉,汉下广吏。吏当广所失亡多,为虏所生得,当斩,赎为庶人。家居数岁,尝夜从一骑出,从人田间饮,还至霸陵亭。霸陵尉醉,呵止广。广骑曰:"故李将军。"尉曰:"今将军尚不得夜行,何乃故也!"止广宿亭下。居无何,天子乃召拜广为右北平太守。广即请霸陵尉与俱,至军而斩之。

太史公曰:猿臂善射,实负其能。解鞍却敌,圆阵摧锋。边郡屡守,大军再从。失道见斥,数奇不封。惜哉名将,天下无双!

(节选自《史记·李将军列传》)

1. 对下列加点词语解释正确的一项是　　　　　　　　　　　　　　　　（　）
A. 上山陈　陈:陈述
B. 前未到匈奴陈二里所　所:地方
C. 是时会暮　会:恰逢
D. 天子乃召拜广为右北平太守　拜:拜托
【答案】C

2. "为虏所生得,当斩"中的"当"的含义是　　　　　　　　　　　　　　（　）
A. 应当　　　　　B. 判决　　　　　C. 相当　　　　　D. 建议
【答案】B

3. 下列加点词语意义相同的一组是　　　　　　　　　　　　　　　　　（　）
A. 杀其骑且尽;虏多且近
B. 已缚之上马;大军不知广所之
C. 故弗从;故李将军
D. 匈奴必以我为大军诱;以为诱骑
【答案】D

4. 下列加点词语属于形容词意动用法的一项是　　　　　　　　　　　　（　）
A. 胡兵终怪之
B. 用坚其意
C. 即有急
D. 胡骑遂不敢击
【答案】A

5. 对这段文字的分析,下列说法正确的一项是　　　　　　　　　　　　（　）
A. 这段文字的主要表达方式是描写。
B. 李广的卖国求荣使其最终没有逃脱被惩罚的命运。
C. 霸陵尉事件揭露了李广恩将仇报的性格。
D. 作者虽然对李广有褒有贬,但也流露出对赏罚不公的不满。
【答案】D

【参考译文】

李广将军,陇西成纪人。天子派亲近的宦官跟随李广整训士兵,抗击匈奴。一次,这位宦官带了几十名骑兵,纵马驰骋,遇到三个匈奴人,与他们交战。那三个人转身射箭,伤了宦官,那几十名骑兵也被射杀将尽。宦官跑到李广跟前,李广说:"这一定是射雕的人。"于是,李广带一百名骑兵,急追这三个人,并亲自射击那三人,结果射死二人,活捉一人,果然是匈奴射雕的人。待捆绑好俘虏上马,望见匈奴有数千骑兵。他们看见李广,以为是诱敌的骑兵,大吃一惊,上山布阵。李广的一百骑兵也非常恐慌,想奔驰转回。李广说;"我们离大军几十里,现在以一百骑兵这样逃跑,匈奴一旦追赶射击马上就全完了。现在我们若留下,匈奴一定以为我们是为大军来诱敌,必然不敢来袭击我们。"李广命令骑兵说:"前进!"进到约离匈奴阵地二里许停了下来,又下令说:"都下马解鞍!"他的骑兵说:"敌人多而且离得近,如果有紧急情况,怎么办?"李广说:"那些敌人以为我们会走,现在都解鞍就表示不走,可以使敌人更加坚持认为我们是来诱敌的错误判断。"于是匈奴骑兵就没敢袭击。这时刚好天黑,匈奴兵始终觉得很奇怪,不敢出击。夜半时,匈奴兵还以为汉军有伏兵在旁边准备夜间袭击他们,而全部撤走了。天亮,李广回到大军驻地。大军不知李广在哪里,所以没有派兵去接应。过了四年,李广从王尉调为将军,出兵雁门攻击匈奴。匈奴兵多,打败了李广的部队,活捉了李广。走了十几里,李广因故得以逃脱。于是回到京师,汉朝廷把李广交给执法官吏。执法官吏判决李广折损伤亡人马多,又被匈奴活捉,依法当斩,经纳粟赎罪,成为平民。李广已在家居住了几年。有一天夜间他带一名骑从出去,与人在乡下饮酒,回来走到霸陵驿亭,霸陵尉喝醉了,呵斥禁止李广通行。李广的骑从说:"这是前任李将军。"亭尉说:"现任将军尚且不能夜行,何况前任的呢!"便让李广住在亭下。过了不久,武帝下诏拜李广为右北平太守。李广就请霸陵尉同去,到军中就斩了他。

太史公司马迁说:李广身材高大,臂膀像猿一样,善射也是他的天赋,本领高而强。他下马解鞍,用"圆阵摧锋"布阵,多次驻守边疆,大军也一再跟从。因迷失道路而被贬斥,他没有被封赏。可惜了这样的名将,真是天下无双!

2009·阅读下面的文字,完成有关问题。

所谓诚其意者,毋自欺也,如恶恶臭,如好好色。此之谓自谦。故君子必慎其独也。

小人闲居为不善,无所不至,见君子而后厌然,揜(yǎn,同"掩")其不善而著其善。人之视己,如见其肺肝然,则何益矣?此谓诚于中,形于外。故君子必慎其独也。

曾子曰:"十日所视,十手所指,其严乎!"富润屋,德润身,心广体胖。故君子必诚其意。

(选自《礼记·大学》)

1. "此之谓自谦"的"谦"的含义是 ( )
A. 谦虚　　　　B. 满足　　　　C. 严谨　　　　D. 约束
【答案】 B。"此之谓自谦"的"谦"解释为满足。

2. "恶恶臭"和"好好色"的正确读音和词性是 ( )
A. è(形)wù(动)xiù(名)　　hǎo(形)hǎo(形)sè(名)
B. wù(动)è(形)xiù(名)　　hào(动)hǎo(形)sè(名)
C. è(形)wù(动)chòu(形)　　hào(动)hào(动)sè(名)
D. wù(动)è(形)chòu(形)　　hǎo(形)hào(动)sè(名)
【答案】 B。第一个"恶"和"好"都是动词,第二个"恶"和"好"都是形容词。

3. 下列句中有使动用法的一项是 ( )
A. 所谓诚其意者,毋自欺也　　　B. 人之视己,如见其肺肝然
C. 此谓诚于中,形于外　　　　　D. 如恶恶臭,如好好色
【答案】 A。"诚其意"中的"诚"为使动用法,意为"使其意诚"。

4. "慎其独"的正确意思是 ( )
A. 只谨慎地对待自己　　　　　　B. 防止他独自生活
C. 谨慎地对待他人的独处　　　　D. 独处的时候,行为也要谨慎不苟
【答案】 D。"慎其独"指君子应在独处的时候,行为也要谨慎不苟,守住本心本性。

5. 关于本文内容说法错误的是 （ ）

A. 本文阐述了有道德修养的人必须"慎独"的道理。
B. "诚其意"是自修的根本,想要加强自我修养,就不要自欺欺人。
C. 文中小人的例子说明因为人们看不透小人之心,所以君子应该独善其身。
D. 引用曾子的话进一步说明了"慎独"的重要性。

【答案】 C。独善其身与本文主旨无关,本文讲的是君子独处时也应谨慎处事。"慎"在这里是意动用法,以"其独"为慎。

【参考译文】
所谓使自己心意真诚,就是不要自己欺骗自己。就像闻到不好闻的气味就厌恶一样,就像看到美丽的色彩就喜欢一样。这叫做自我的快乐与满足。所以君子一定要在独自一人的时候守住本心本性。小人在平时无事的时候做不善的事情,没有什么不敢做的,看到君子之后就不敢再去做,掩饰自己不善的方面却表现出自己善的方面。一个人看自己的时候,就像能够见到自己的肺肝一样清楚,那么,(掩饰)又有什么用处呢?这就是说要在内心之中保持真诚,(内心的修养也就)自然地显示于外表上。所以君子一定要在独自一人的时候守住本心本性。曾子说:"有许多的眼睛在注视着我们,有众多的手在指点着我们,这是多么严厉的监督啊!"财富丰足可以用来修饰房屋,道德修养可以用来完善自我,心胸宽广可以使身体舒适安闲。所以君子一定要心意真诚。

2010·阅读下面的文字,完成有关问题。

初,范阳祖逖,少有大志,与刘琨俱为司州主簿,同寝,中夜闻鸡鸣,蹴琨觉,曰:"此非恶声也!"因起舞。

及渡江,左丞相睿①以为军谘祭酒。逖居京口,纠合骁健,言于睿曰:"晋室之乱,非上无道而下怨叛也,由宗室争权,自相鱼肉,遂使戎狄乘隙,毒流中土。今遗民既遭残贼,人思自奋,大王诚能命将出师,使如逖者统之以复中原,郡国豪杰,必有望风响应者矣。"

睿素无北伐之志,以逖为奋威将军、豫州刺史。给千人廪,布三千匹,不给铠仗,使自召募。逖将其部曲百余家渡江,中流击楫而誓曰:"祖逖不能清中原而复济者,有如大江!"遂屯淮阴,起冶铸兵,募得二千余人而后进。

（节选自司马光《资治通鉴》）

【注释】 ① 睿:即司马睿,当时任西晋左丞相。

1. "祖逖不能清中原而复济者"一句中的"济"字的含义是 （ ）

A. 渡水　　　B. 济世　　　C. 救济　　　D. 成事

【答案】 A。"祖逖不能清中原而复济者"一句中的"济"字的含义是"渡水"。

2. 对文中"蹴琨觉""纠合骁健""起冶铸兵"三句中加点字的注音与解释都正确的一项是 （ ）

A. 蹴:jiù,踢　　　　　　　B. 觉:jué,醒来
C. 骁:yáo,勇猛　　　　　D. 冶:yě,熔炼

【答案】 D。A项中,蹴:cù,踢;B项中,觉:jiào,睡觉。C项中,骁:xiāo,勇猛。D项正确。

3. 根据祖逖为司马睿所作的分析,"晋室之乱"的主要原因在于 （　　）
A. 统治者无道,导致人民叛乱。
B. 民怨沸腾,发生叛乱,外族乘机入侵。
C. 王室内乱,导致外族入侵。
D. 外族侵略,导致王室内乱,人民同时发生叛乱。

【答案】 C。"晋室之乱,非上无道而下怨叛也,由宗室争权,自相鱼肉,遂使戎狄乘隙,毒流中土"可以得知。

4. 关于这篇短文说法正确的一项是 （　　）
A. 从文中祖逖"蹴琨觉"一语可以看出祖逖和刘琨之间有矛盾。
B. 司马睿听到祖逖向他表达北伐的志向后给予了全力支持。
C. "闻鸡起舞""击楫中流"这两个成语源于祖逖和他的部下刘琨二人的事迹。
D. 在文中祖逖明确表达了他誓死收复中原的决心。

【答案】 D。A项中,"蹴琨觉"一语无法看出祖逖和刘琨之间有矛盾;B项中,"给予了全力支持"错误,原文"给千人廪,布三千匹,不给铠仗,使自召募"不是强有力的支持;C项中,"祖逖和他的部下刘琨"表述有误,原文为"与刘琨俱为司州主簿"。D项"在文中祖逖明确表达了他誓死收复中原的决心"正确。

5. 文中反映出一些古代文化观念,下列说法中不符合实际的一项是 （　　）
A. 古人认为半夜鸡鸣是好兆头,所以祖逖认为"此非恶声也"。
B. 古人经常用江水起誓,所以祖逖起誓说"有如大江"。
C. 祖逖所谓的"戎狄",是古代中原地区对西方、北方部族的蔑称。
D. 文中祖逖自称"逖"或"祖逖",根据古人习惯,在自称时多称名或姓名,而直接称呼对方之名常显得不敬。

【答案】 A。古人认为半夜鸡鸣不是好兆头,所以祖逖认为:"此非恶声也!"

【参考译文】

范阳人祖逖,年轻时就有大志向,曾与刘琨一起担任司州的主簿,与刘琨同寝,夜半时听到鸡鸣,他踢醒刘琨,说:"这不是不吉利的声音。"就起床舞剑。

渡江以后,司马睿让他担任军咨祭酒。祖逖住在京口,聚集起骁勇强健的壮士,对司马睿说:"晋朝的变乱,不是因为君主无道而使臣下怨恨叛乱,而是皇亲宗室之间争夺权力,自相残杀,这样就使戎狄之人钻了空子,祸害遍及中原。现在晋朝的遗民遭到摧残伤害后,大家都想着自强奋发,大王您确实能够派遣将领率兵出师,使像我一样的人统领军队来光复中原,各地的英雄豪杰,一定会有闻风响应的人!"

司马睿一直没有北伐的志向,他听了祖逖的话以后,就任命祖逖为奋威将军、豫州刺史,仅仅拨给他千人的口粮,三千匹布,不供给兵器,让祖逖自己想办法募集。

祖逖带领自己私家的军队共一百多户人家渡过长江,在江中敲打着船桨说:"祖逖如果不能使中原清明而再渡江回来的话,就像江水一样有去无回!"于是到淮阴驻扎,建造熔炉冶炼浇铸兵器,又招募了两千多人然后继续前进。

2011·阅读下面的文字,完成有关问题。

谷 阳 献 酒

楚共王与晋厉公战于鄢陵,楚师败而共王伤其目。酣战之时,司马子反渴而求饮,竖①谷阳操觞酒而进之。子反曰:"嘻,退！酒也。"谷阳曰:"非酒也。"子反受而饮之。子反之为人也,嗜酒而甘之,弗能绝于口,醉而卧。战既罢,共王欲复战,令人召司马子反,司马子反辞以心疾。共王驾而自往,入其幄中,闻酒臭而还,曰:"今日之战,寡人新伤,所恃者司马也。而司马又醉如此,是亡楚国之社稷而不恤吾众也！寡人无与复战矣。"于是罢师而去,斩司马子反以为大戮②。

故竖谷阳之进酒,不以仇子反也,其心忠爱之,而适足以杀之。故曰:"行小忠则大忠之贼也。"

(节选自《韩非子集解》,中华书局2003年版,有删改)

【注释】 ① 竖:童仆。 ② 大戮:杀了陈尸示众。

1. 下列句中的"而"表偏正关系的一项是 （ ）
A. 司马子反渴而求饮。　　　　　　　B. 子反受而饮之。
C. 共王驾而自往。　　　　　　　　　D. 楚师败而共王伤其目。

【答案】 C。A项"司马子反渴而求饮","而"表承接;B项"子反受而饮之","而"表并列;C项"共王驾而自往","而"连接状语及中心语,表偏正;D项"楚师败而共王伤其目","而"表承接。

2. 下列句子表述错误的一项是 （ ）
A. 文末"……而适足以杀之"的"适"是"恰恰、恰好"的意思。
B. "嗜酒而甘之"的"甘",是形容词的意动用法。
C. "入其幄中,闻酒臭而还"中的"臭",是"气味"的意思。
D. "罢师而去"其中的"去"译作"到……去"。

【答案】 D。D项"罢师而去"其中的"去"译作"离开"。

3. 下列句式不属于或者不包含判断句的一项是 （ ）
A. 寡人无与复战矣。
B. 子反曰:"嘻,退！酒也。"
C. 是亡楚国之社稷而不恤吾众也！
D. 今日之战,寡人新伤,所恃者司马也。

【答案】 A。A项"寡人无与复战矣"不属于判断句。

4. 下列符合短文内容的一项是 （ ）
A. 楚晋交战,楚国败了,但楚共王把晋厉公的眼睛弄伤了。
B. 童仆谷阳以酒充水给司马子反喝,是出于对子反的忠诚爱戴。
C. 楚共王请司马子反来商议退兵一事,子反以生病为由推辞了。
D. 楚共王在危难之时丝毫不讲情面,忘记了国家,不爱惜百姓。

【答案】 B。B项"童仆谷阳以酒充水给司马子反喝,是出于对子反的忠诚爱戴"符合原文意思。

5. 下列对短文理解正确的一项是 ( )
A. 楚共王不明智,把整个国家的命运仅系于司马子反一身。
B. 谷阳好心做坏事,只考虑司马子反爱喝酒,未顾及共王的感受。
C. 司马子反意志薄弱,因醉酒不但耽误了国事,还遭受了杀身之祸。
D. 司马子反之所以被杀,就因为他弄虚作假,装病欺骗君王。

【答案】 C。C项"司马子反意志薄弱,因醉酒不但耽误了国事,还遭受了杀身之祸"最符合原文意思。

【参考译文】

楚共王和晋厉公在鄢陵战斗,楚军战败楚共王伤了眼睛。战斗正激烈的时候,司马子反口渴了想要得到水喝,竖谷阳捧着一杯酒献给他。子反说:"嘿!拿走,这是酒。"竖谷阳说:"不是酒。"子反便接下喝了。子反的为人,喜好喝酒并认为这酒很甘美,不能停口地喝就醉了。战斗结束后,楚共王想再次作战,命令人召见司马子反。司马子反借口自己心有病就拒绝了。楚共王亲自驾车过去,进入子反的帐中,闻到酒味后就回去了。说:"今天这场战斗,我自己受了伤,所依靠的人是司马,而司马又醉成了这个样子,这是灭亡我们楚国的社稷并且不体恤我们的民众呀。我是不能再和晋军作战了。"于是回师离开,杀了司马子反并把他的尸体示众。竖谷阳献酒并不是专门为了仇恨子反的,其实是心里忠爱子反,却正巧杀害了他。所以说:施行小的忠心就会成为大忠的残害者。

2014·阅读下面的文字,完成有关问题。

去 私
《吕氏春秋》

天无私覆也,地无私载也,日月无私烛也,四时无私行也。行其德而万物得遂长焉。尧有子十人,不与其子而授舜;舜有子九人,不与其子而授禹:至公也。晋平公问于祁黄羊曰:"南阳无令,其谁可而为之?"祁黄羊对曰:"解狐可。"平公曰:"解狐非子之仇邪?"对曰:"君问可,非问臣之仇也。"平公曰:"善。"遂用之。国人称善焉。居有间,平公又问祁黄羊曰:"国无尉,其谁可而为之?"对曰:"午可。"平公曰:"午非子之子邪?"对曰:"君问可,非问臣之子也。"平公曰:"善。"又遂用之。国人称善焉。孔子闻之曰:"善哉!祁黄羊之论也,外举不避仇,内举不避子。"祁黄羊可谓公矣。

墨者有巨子,居秦。其子杀人,秦惠王曰:"先生之年长矣,非有他子也,寡人已令吏弗诛矣,先生之以此听寡人也。"对曰:"墨者之法曰:'杀人者死,伤人者刑。'此所以禁杀伤人也。夫禁杀伤人者,天下之大义也。王虽为之赐,而令吏弗诛,不可不行墨者之法。"不许惠王,而遂杀之。子,人之所私也。忍所私以行大义,巨子可谓公矣。

庖人调和而弗敢食,故可以为庖。若使庖人调和而食之,则不可以为庖矣。王伯之君亦然。诛暴而不私,以封天下之贤者,故可以为王伯。若使王伯之君诛暴而私之,则亦不可以为王伯矣。

(取材于《吕氏春秋》)

1. 对下列句子中的加点的词的解释,不正确的一项是 ( )
A. 日月无私烛也 烛:照耀

B. 行其德而万物得遂长焉　　　　　　遂：于是
C. 尧有子十人，不与其子而授舜　　　　与：给予
D. 不与其子而授禹：至公也　　　　　　至：极为

【答案】　B。行其德而万物得遂长焉　遂：于是。

2. 对于"忍所私以行大义，巨子可谓公矣"这两句话的理解，正确的一项是　　　　（　　）
A. 忍心儿子被杀来维护大义，巨子可说是公平正直了。
B. 容许暗中诛杀来维护正义，巨子可说是秉公裁断了。
C. 忍心儿子被杀来维护大义，巨子可说是秉公裁断了。
D. 容许暗中诛杀来维护正义，巨子可说是公平正直了。

【答案】　C。忍心儿子被杀来维护大义，巨子可说是秉公裁断了。

3. 文中内容与开头"天无私覆也，地无私载也"不相呼应的一项是　　　　（　　）
A. 祁黄羊向晋平公推荐自己仇人解狐为南阳令。
B. 祁黄羊向晋平公推荐自己的儿子祁午担任尉。
C. 墨者巨子的儿子杀人，反对秦惠王免其死刑。
D. 厨师调和五味，烹制菜肴，自己却不敢食用。

【答案】　D。厨师调和五味，烹制菜肴，自己却不敢食用。

4. 下列对文本内容的解说，不正确的一项是　　　　（　　）
A. 文中的尧是我国传说中远古时期部落联盟的领袖，死后传位给了虞舜。
B. 文中的禹曾奉虞舜之命治理洪水，传说他八年在外，三过家门而不入。
C. 文中的孔子是春秋末期思想家，曾周游列国，劝说诸侯施行仁义，多被采纳。
D. 文中的墨子是战国时期思想家，墨家学派创始人，曾提出兼爱、非攻等主张。

【答案】　C。文中的孔子是春秋末期思想家，曾周游列国，劝说诸侯施行仁义，多未被采纳。

5. 下列对文本思想内容的概括，正确的一项是　　　　（　　）
A. 赞颂无为而治的思想，崇尚自然，顺应天道而反对斗争。
B. 赞颂仁者爱人的思想，提倡礼治，强调传统的伦常关系。
C. 赞颂大公无私的思想，灭除私欲，主张公正地处理事务。
D. 赞颂以法治国的思想，反对礼制，依据法令而严明赏罚。

【答案】　C。赞颂大公无私的思想，灭除私欲，主张公正地处理事务。

【参考译文】

天的覆盖没有偏私，地的承载没有偏私，日月照耀四方没有偏私，四季的运行没有偏私。它们各自施行它们的恩德，所以万物才得以生长。

尧有十个儿子，但是不把王位传给他的儿子却传给了舜；舜有九个儿子，但不传位给他的儿子却传给了禹：他们最公正了。

晋平公向祁黄羊问道："南阳没有县令，谁可以担任呢？"祁黄羊回答说："解狐可以担任。"晋平公说："解狐不是你的仇人吗？"祁黄羊回答说："君王问的是谁可以做地方官，不是问我的仇人哪。"晋平公说："好啊！"于是就让解狐担任，国人都很称赞。过了不久，晋平公又问祁黄羊说："国家没有管军事的官，那有谁能担任呢？"祁黄羊回答说："祁午可以担任。"晋平公说："祁午不是你的儿子吗？"祁黄羊回答说："君王问的是谁可以担任管军事的官，不

是问我的儿子呀。"晋平公说:"好啊。"于是又让祁午担任,国人都很称赞。孔子听到了这件事说:"祁黄羊的说法太好了!推荐外人不回避仇人,推荐家里人不回避自己的儿子。"祁黄羊可以称得上公正了。

墨家有个大师,居在秦国。他的儿子杀了人,秦惠王说:"先生的年岁大了,也没有别的儿子,我已经命令官吏不杀他了,先生在这件事情上就听我的吧!"大师回答说:"墨家的法规规定:'杀人的人要处死,伤害人的人要受刑。'这是用来禁绝杀人伤人的。用来禁绝杀人伤人的是天下的大义。君王虽然为这事加以照顾,让官吏不杀他,我不能不施行墨家的法规。"大师没有答应秦惠王,就杀掉了自己的儿子。儿子是人们所偏爱的,忍心割去自己所偏爱的而推行大义,这位大师可称得上大公无私了。

厨师调制饮食但不敢自己吃,所以才可以做厨师。如果是厨师烹调食物却自己吃了,就不能用他当厨师了。当王、伯这些人也是这样,诛杀残暴的人但不私吞他们的财产,而是将其分封给天下的贤人,所以才可以当王、伯。如果当王、伯的人诛杀残暴的人而去私吞他们的财产,那也就不能当王、伯了。

2015·阅读下面的文字,完成有关问题。

难 一

韩 非

历山之农者侵畔,舜往耕焉,期年甽亩正。河滨之渔者争坻,舜往渔焉,期年而让长。东夷之陶者器苦窳,舜往陶焉,期年而器牢。仲尼叹曰:"耕、渔与陶,非舜官也,而舜往为之者,所以救败也。舜其信仁乎!乃躬亲处苦而民从之。故曰:'圣人之德化乎!'"

或问儒者曰:"方此时也,尧安在?"其人曰:"尧为天子。""然则仲尼之圣尧奈何?圣人明察,在上位,将使天下无奸也。今耕渔不争,陶器不窳,舜又何德而化?舜之救败也,则是尧有失也。贤舜,则去尧之明察;圣尧,则去舜之德化:不可两得也。楚人有鬻盾与矛者,誉之曰:'吾盾之坚,物莫能陷也。'又誉其矛曰:'吾矛之利,于物无不陷也。'或曰:'以子之矛陷子之盾,何如?'其人弗能应也。夫不可陷之盾与无不陷之矛,不可同世而立。今尧、舜之不可两誉,矛盾之说也。且舜救败,期年已一过,三年已三过。舜有尽,寿有尽,天下过无已者,以有尽逐无已,所止者寡矣。赏罚使天下必行之,令曰:'中程者赏,弗中程者诛。'令朝至暮变,暮至朝变,十日而海内毕矣,奚待期年?舜犹不以此说尧令从己,乃躬亲,不亦无术乎?且夫以身为苦而后化民者,尧、舜之所难也;处势而骄下者,庸主之所易也。将治天下,释庸主之所易,道尧、舜之所难,未可与为政也。"

1. 下列句子中加点词的解释,不正确的一项是 （ ）
    A. 舜其信仁乎! 信:相信
    B. 躬亲处苦而民从之! 从:跟随
    C. 舜又何德而化? 化:感化
    D. 吾盾之坚,物莫能陷也。 陷:刺穿
    【答案】 A。信:果真,的确。
2. 对"舜有尽,寿有尽,天下过无已者"的理解,正确的一项是 （ ）
    A. 舜这样的人总会去世,人的寿命是有限的,天下没有人会长生不老的

B. 舜这样的人总会去世,他的寿命是有限的,而世人的过错是无穷无尽的。
C. 舜这样的人是有限的,他的寿命也是有限的,天下又没有人超过他的才能。
D. 舜这样的人是有限的,人的寿命也是有限的,而世人的过错是无穷无尽的。

【答案】 B。舜的寿命是有限的,而天下的过失却是没完没了,用有限的(寿命)去追逐没有完结的(过错),所能纠正的错误太少了。

3. 下列不属于韩非指责的"矛盾"现象是 （ ）
A. 尧之明察与舜之德化
B. 以有尽逐无已
C. 今朝至暮变,暮至朝变
D. 庸主之所易与尧、舜之所难

【答案】 C。文章主张使天下都严格实行赏罚制度,命令说:"凡符合法的奖励,违反法的惩罚。"法令早晨到,等到傍晚(不符合法令的情况)就会改变;法令傍晚到,等到第二天早晨(不符合法令的情况)就会改变。

4. 下列句子最能体现文章主旨的是 （ ）
A. 圣人明察,在上位,将使天下无奸也　　B. 赏罚使天下必行之
C. 以身为苦而后化民　　　　　　　　　　D. 处世而下

【答案】 B

5. 下列与文章内容相关的表述,不正确的一项是 （ ）
A. 文中体现了集法家大成的韩非法、术、势相统一的观点
B. 韩非批判了尧、舜、孔子等一脉相承的儒家道统。
C. 韩非揭出了"矛盾说"在逻辑学方面有重要意义。
D. "论难"这种写作方法对于论说类文章的发展做出了贡献。

【答案】 B

【参考译文】

历山一带的农民相互侵占田界,舜到那里种田。一年后,各自的田界都恢复了正常。黄河边的渔夫相互争夺水中高地,舜到那里打鱼,一年后,大家都礼让年长的人。东夷的陶工制出的陶器质量粗劣,舜到那里制陶,一年后,大家制出的陶器很牢固。孔子赞叹说:"种田、打鱼和制陶,都不是舜的职责,而舜前去干这些活,是为了纠正败坏的风气。舜确实仁厚啊!竟能亲自吃苦操劳而使民众都听从他。所以说,圣人的道德能感化人啊。"

有人问儒者说:"当此之时,尧在哪里?"儒者说:"尧在做天子。""既然这样,孔子说尧是圣人又该如何解释呢? 圣人处在君位上,明察一切,会使天下没有坏风气。如果种田的、打鱼的没有争执,陶器也不粗劣,舜又何必用道德去感化他们呢? 舜去纠正败坏的风气,又证明尧有过失。认为舜贤,就是否定尧的明察;认为尧圣,就是否定舜的德化:不可能二者都对。楚国有个卖矛和盾的人,夸他的盾说:'我的盾最坚固,没有什么东西能够刺穿它。'又夸他的矛说:'我的矛最锐利,没有什么东西刺不穿的。'有人说:'拿你的矛来刺你的盾,会怎么样呢?'卖矛和盾的人就无法回答了。不能被刺穿的盾和没有什么刺不穿的矛,是不可能同时存在的。现在尧和舜不能同时称赞,是同上面讲到的矛和盾不能同时存在有着同样道理的。再说舜纠正败坏的风气,一年纠正一个过错,三年纠正三个过错。像舜一样的人有限,人的寿命有限,而天下的过错却没有休止;以有限的寿命对待没有休止的错误,能纠正的就

113

很少了。赏罚能使天下人必须遵行,命令说:'符合条令的赏,不符合条令的罚。'法令早上下达,过错傍晚就纠正了,法令傍晚下达,过错第二天早上就纠正了;十天之后,全国都可以纠正完毕,何苦要等上一年?舜还不据此说服尧让天下人听从自己,却要亲自操劳,不也是没有统治办法吗?况且那种自身受苦感化民众的做法,是尧、舜也难以做到的;据有势位而纠正臣民的做法,是庸君也容易做到的。要想治理天下,放弃庸君都容易成功的方法,遵行尧、舜都难以实行的办法,是不能说他懂得治国之道的。"

2016·阅读下面的文字,完成有关问题。

诸子十家①,其可观者九家②而已。皆起于王道既微,诸侯力政,时君世主,好恶殊方。是以九家之说,蜂出并作,各引一端,崇其所善,以此驰说,取合诸侯。其言虽殊,譬犹水火,相灭亦相生也。仁之与义,敬之与和,相反而相成也。易曰:"天下同归而殊途,一致而百虑。"今异家者,各推所长,穷知究虑,以明其指,虽有蔽短,合其要归,亦六经之支与流裔。使其人遭明王圣主,得其所折中,皆股肱之材已。仲尼有言:"礼失而求诸野。"方今去圣久远,道术缺废,无所更索,彼九家者不犹愈于野乎?若能修六艺之术,而观此九家之言,舍短取长,则可以通万方之略矣。

【注释】 ① 十家:指儒、道、阴阳、法、名、墨、纵横、杂、农、小说等十家。② 九家:指除小说家以外的九家。

1. 下列加点字词的解释不正确的一项是 ( )
   A. 王道既微,诸侯力政。　　　　　政:通"征",征伐。
   B. 穷知究虑,以明其指。　　　　　指:通"旨",宗旨。
   C. 虽有蔽短,合其要归。　　　　　蔽:掩盖。
   D. 方今去圣久远。　　　　　　　　去:离开。

   【答案】 D。去:距离。

2. 对"道术缺废,无所更索,彼九家者不犹愈于野乎?"理解正确的一项是 ( )
   A. 道术废失,无处追寻,这诸子"九家"的学说不比民间留存的更胜一筹吗?
   B. 道术废失,没有必要去追寻,这诸子"九家"的学说不还存在于民间吗?
   C. 道术废失,无处追寻,这诸子"九家"的学说不还存在于民间吗?
   D. 道术废失,没有必要去追寻,这诸子"九家"的学说不比民间留存的更胜一筹吗?

   【答案】 A

3. 下面对诸子"九家"的说明与文中观点完全一致的是 ( )
   A. 诸子"九家"学说和"六经"殊途同归,同等重要。
   B. 统治者对诸子"九家"应该不分轩轾,兼收并蓄。
   C. 统治者对诸子"九家"择善而从,则有助于治国理政。
   D. 诸子"九家"在最终目标与主要内容上都是一致的。

   【答案】 C

4. 用自己的话说明文中所述诸子十家产生的背景。

   【答案】 诸子十家产生的背景是由于当时王道衰微,诸侯武力征伐争霸,他们为了迎合各诸侯统治者的需要,各自强调、推崇自家学说的长处,以此获取诸侯支持,形成了"百家争鸣"的局面。

【参考译文】

诸子十家,其可供观看的只有九家而已。它们都是兴起于王道衰微、诸侯武力征伐的时代。当时各国君主喜好厌恶不同,因此九家的学说像群蜂纷飞同时涌现,各自强调某个方面,推崇自家学说的长处,凭借所长奔驰游说,获取诸侯支持。各家言论虽然不同,譬如水火不相容,但是相灭也能相生;仁和义,敬与和,相反又能相成。《易》说:"天下归于一个目的地,但途径不同;天下拥有一个目标,但有不同的考虑。"如今持不同观点的各派学者,各自推崇自家学说的长处,穷尽智慧竭尽思虑,以阐明本门派宗旨,虽然各有蔽塞掩盖短处,综合他们的主要道理和最终归宿,也不外乎六经的分支和末流。假使他们这些人遭逢英明国主或贤圣君王,抓住本派学说的中庸之道,都是国家的股肱人才。仲尼有句话说:"礼仪流失而到民间去寻求。"当今距离圣明君主的时代已经十分久远了,治国法术缺少且荒废,无处寻找求索,有九家学说存在不是比民间流传的内容更好一些吗?假若能够好好修习六艺的道术,参考这九家学派的言论,舍短取长,那就可以通达各种道术的要旨。

2017·阅读下面的文字,完成有关问题。

祁奚荐贤

祁奚请老。晋侯问嗣焉,称解狐——其雠也。将立之而卒。又问焉。对曰:"午①也可。"于是羊舌职死矣,晋侯曰:"孰可以代之?"对曰:"赤②也可。"于是使祁午为中军尉,羊舌赤佐之。

君子谓祁奚于是能举善矣。称其雠,不为谄;立其子,不为比;举其偏,不为党。商书曰:"无偏无党,王道荡荡。"其祁奚之谓矣。解狐得举,祁午得位,伯华得官;建一官而三物成,能举善也。夫为善,故能举其类。诗云:"惟其有之,是以似之。"祁奚有焉。

(节选自《左传·襄公三年》)

【注释】 ① 午:祁午,祁奚之子。② 赤:羊舌赤,字伯华,羊舌职之子。

1. 对下列句子中加点词的解释,正确的一项是　　　　　　　　　　　　　(　)

A. 称解狐　称:举荐
B. 将立之而卒　卒:完成
C. 孰可以代之　孰:怎么
D. 举其偏　偏:生疏

【答案】 A。B项"将立之而卒",正要立解狐,解狐却死了,"卒":死。C项,"孰可以代之",谁可以继任接替他,"孰":谁。D项"举其偏,不为党",推荐他(直属)的下级,不是为了袒护,"偏":指副职,下属。

2. 下列各组句子中,加下划线的词的意义相同的一组是　　　　　　　　　(　)

A. 将立之<u>而</u>卒　建一官<u>而</u>三物成
B. 于是使祁午<u>为</u>中军尉　不<u>为</u>谄
C. <u>于</u>是羊舌职死矣　君子谓祁奚<u>于</u>是能举善矣
D. <u>其</u>雠也　<u>其</u>祁奚之谓矣

【答案】 D。A项第一个"而"表转折,第二个"而"表承接;B项第一个"为"解释为作为、担任,第二个"为"解释为因为;C项第一个"于"解释为正当此时,第二个"于"解释为在这件事情上;D项第一个"其"解释为那、那是(解狐,那是祁奚的仇人),第二个"其"解释为那、那是(那说的正是祁奚)。

3. 结合原文,下列对"惟其有之,是以似之"的理解正确的一项是 （ ）
   A. 一个人要想成为有德的人,就要努力向他人学习。
   B. 一个人不仅自己要有德,还要努力成为他人的榜样。
   C. 只有有德的人,才能举荐像自己一样有德的人。
   D. 只有做一个有德的人,别人才有可能举荐你。

【答案】 C

4. 请简要概括本文所包含的用人原则。

【答案】 像祁奚这样,不管是仇人也好,还是自己的亲属、部下也好,只以德行和才能作为推荐的标准,"外举不避仇,内举不避亲"。

【参考译文】
  祁奚请求告老退休,晋侯询问他的继承者。他推荐了解狐,解狐是他的仇人,晋侯正准备让解狐接替祁奚,而解狐却死去了。晋侯又问祁奚谁可接替他的职位,祁奚回答说:"我儿子祁午可以。"这时祁奚的副手羊舌职死去,晋侯问祁奚:"谁可以接任羊舌职的职务?"祁奚回答说:"羊舌职的儿子羊舌赤就可以。"晋侯就让祁午当了中军尉,让羊舌赤为他做副手。

  君子这样评论祁奚:"在这方面能推荐优秀的人才。他推举他的冤家,不是为了奉承讨好;确立他的儿子为他的继承者,不是为了结党偏私;推举他的辅佐者,不是为了树立党羽。《商书》里说,'不搞偏私结党,统治天下的帝王之道就能至大无边',那正是说的祁奚了。解狐得到推荐,祁午得到了职位,羊舌赤得到官职,设立一个军尉的官职而成就了三件事,是祁奚推荐优秀人才的结果。只有有德的人,才能举荐像自己一样有德的人。《诗经》说,'只有自己有这种善德,才能寻找到与自己相似的人',祁奚具有这种善德。"

2018·阅读下面这篇短文,完成有关问题。

里革断罟匡君

宣公夏滥于泗渊,里革断其罟而弃之,曰:"古者大寒降,土蛰发,水虞①于是乎讲罛罶②,取名鱼,登川禽,而尝之寝庙,行诸国,助宣气也。鸟兽孕,水虫成,兽虞于是乎禁罝罗,猎③鱼鳖,以为夏槁,助生阜也。鸟兽成,水虫孕,水虞于是乎禁罜䍡,设阱鄂④,以实庙庖,畜功用也。且夫山不槎⑤蘖,泽不伐夭,鱼禁鲲鲕⑥,兽长麑䴠,鸟翼鷇卵,虫舍蚳蝝,蕃庶物也,古之训也。今鱼方别孕,不教鱼长,又行网罟,贪无艺⑦也。"

公闻之,曰:"吾过而里革匡我,不亦善乎! 是良罟也! 为我得法。使有司藏之,使吾无忘谂。"师存侍,曰:"藏罟,不如置里革于侧之不忘也。"

(节选自《国语·鲁语上》)

【注释】 ①虞:古官名,掌管山泽禽兽之事。②罛罶:与下文"罝""罜䍡",均为捕鱼器具。③猎:刺取。④鄂:捕兽器具。⑤槎:斜砍。⑥鲲鲕:与下文"麑䴠""鷇""蚳蝝",均为未长成的动物。⑦艺:限度。

1. 对下列句子中加点词的解释,正确的一项是 （ ）
A. 登川禽　登:登记
B. 畜功用也　畜:牲畜
C. 蕃庶物也　蕃:繁殖
D. 师存侍　侍:伺候

【答案】　C。A项:捕捉;B项:通"蓄",蓄养;D项:在一旁陪伴长者或尊者,陪侍。

实词在语境中的意义非常复杂,考查语境推断能力。古汉语中的相对规律可以帮助我们推断一些实词的意思,如"取名鱼,登川禽",这里"登"显然和"取"相对,由"进献"的本义引申为"抓取"。

2. 下列解释正确的一项是 （ ）
A. "行诸国"一句中"诸"相当于"之于"。
B. "是良罟也"一句省略了主语"里革"。
C. "而尝之寝庙"中的"尝"意为"曾经"。
D. "使有司藏之"中的"使"意为"假如"。

【答案】　A。B项根据语境,省略的主语应该是被里革撕破的那张网;C项由"品尝"引申为"祭祀","尝之寝庙"指拿到宗庙里祭祀(让先人品尝);D项:此处"使"是"让"的意思。

3. 对"藏罟,不如置里革于侧之不忘也"的理解,最准确的一项是 （ ）
A. 把渔网藏起来不再滥捕,不如把渔网放在里革身边,使里革不忘去规劝宣公。
B. 收藏好被剪断的渔网,不如将里革安置在宣公身边,使宣公不忘里革的规劝。
C. 把渔网藏起来不再滥捕,不如把渔网放在里革身边,使里革不忘宣公的规劝。
D. 收藏好被剪断的渔网,不如将里革安置在宣公身边,使里革不忘去规劝宣公。

【答案】　B。正确理解此句,除了审查该句本身之外,要注意上文语境。

4. 请简要概述你从里革的话语中得到的启发。

【答案】　里革的意思主要是要保护资源的可持续性,不能滥补滥伐;要懂得可持续发展;人类活动要顺应自然规律。

【参考译文】

鲁宣公在夏天到泗水的深潭中下网捕鱼,里革割破他的鱼网,把它丢在一旁,说:"古时候,大寒以后,冬眠的动物便开始活动,水虞这时才计划用鱼网、鱼笱,捕大鱼,捉龟鳖等,拿这些到寝庙里祭祀祖宗,同时这种办法也在百姓中间施行,这是为了帮助散发地下的阳气。当鸟兽开始孕育,鱼鳖已经长大的时候,兽虞这时便禁止用网捕捉鸟兽,只准刺取鱼鳖,并把它们制成夏天吃的鱼干,这是为了帮助鸟兽生长。当鸟兽已经长大,鱼鳖开始孕育的时候,水虞便禁止用小鱼网捕捉鱼鳖,只准设下陷阱捕兽,用来供应宗庙和庖厨的需要,这是为了储存物产,以备享用。而且,到山上不能砍伐新生的树枝,在水边也不能割取幼嫩的草木,捕鱼时禁止捕小鱼,捕兽时要留下小鹿和小驼鹿,捕鸟时要保护雏鸟和鸟卵,捕虫时要避免伤害蚂蚁和蝗虫的幼虫,这是为了使万物繁殖生长。这是古人的教导。现在正当鱼类孕育的时候,却不让它长大,还下网捕捉,真是贪心不足啊!"

宣公听了这些话以后说:"我有过错,里革便纠正我,不是很好的吗?这是一挂很有意义的网,它使我认识到古代治理天下的方法,让主管官吏把它藏好,使我永远不忘里革的规谏。"有个名叫存的乐师在旁伺候宣公,说道:"保存这个网,还不如将里革安置在身边,这样就更不会忘记他的规谏了。"

2019·阅读下面这篇短文,完成有关问题。

弈 喻

(清)钱大昕

予观弈于友人所,一客数败,嗤其失算,辄欲易置之,以为不逮已也。顷之,客请与予对局,予颇易之。甫下数子,客已得先手。局将半,予思益苦,而客之智尚有余。<u>竟局数之,客胜予十三子。</u>予赧甚,不能出一言。后有招予观弈者,终日默坐而已。

今之学者,读古人书,多訾古人之失;与今人居,亦乐称人失。人固不能无失,然试易地以处,平心而度之,吾果无一失乎?吾能知人之失而不能见吾之失。吾能指人之小失,而不能见吾之大失。吾求吾失且不暇,何暇论人哉!弈之优劣有定也,一着之失,人皆见之,虽护前者,不能讳也。理之所在,<u>各是其所是,各非其所非</u>,世无孔子,谁能定是非之真?然则人之失者,未必非得也;吾之无失者,未必非大失也;而彼此相嗤无有已时,曾观弈者之不若已!

(选自钱大昕《潜研堂文集》)

1. 下列句子中加点词的注音与释义都正确的一项是 （ ）
A. 一客数败　　　　　　　　　　数(shuò):屡次
B. 以为不逮已也　　　　　　　　逮(dǎi)比得上
C. 亦乐称人失　　　　　　　　　称(chēng):比较
D. 平心而度之　　　　　　　　　度(dù):推测

【答案】 A。
逮(dài):及,赶上。
称(chēng):说。
平心而度(duó):心平气和地、冷静地推测,估计。

2. 下列解释正确的一项是 （ ）
A. "终日默坐而已"一句省略主语"招予观奕者"。
B. "吾果无一失乎"一句中的"果"意思为"果真"。
C. "曾观弈者之不若已"中的"之"用于主谓间,取消句子独立性。
D. "辄欲易置之"与"予颇易之"两句中的"易",意思都为"改换"。

【答案】 C。

3. 下列不符合原文意思的一项是 （ ）
A. 人不应该相互讥笑而应时刻内省。
B. 一个人有所失未必不能有所得。
C. 认识自己的缺点总比指出别人的过失要困难。
D. 是非曲直如同下棋的胜败有客观的衡量标准。

【答案】 D。

4. 翻译文中的划线句子。
(1) 竟句数之,客胜予十三子。
(2) 各是其所是,各非其所非。

【答案】 (1) 终局计算双方棋子,客人赢我十三子。
(2) 人人都赞成自己认为正确的,人人都反对自己认为不正确的。

【参考译文】

我在朋友家里看下棋。一位客人屡次输掉,我讥笑他计算失误,总是想代替他下棋,认为他不及自己。过一会儿,客人请求和我下棋,我颇为轻视他。刚刚下了几个棋子,客人已经取得主动形势。棋局快到中盘的时候,我思考得更加艰苦,但是客人却轻松有余。终局计算双方棋子,客人赢我十三子。我很惭愧,不能够说出一句话。以后有人邀请我观看下棋,我只默默地坐着看。

现在的读书人读古人的书,常常诋毁古人的错误;和现在的人相处,也喜欢说别人的错误。人本来就不能够没有错误,但是试试彼此交换位置来相处,客观地衡量一下,自己真的没有一点失误吗?我能看见别人的失误而看不见自己的失误,我能看见别人的小失误而看不见自己的大失误。我找自己的失误还没有时间呢,哪里有时间找别人的失误啊!

棋艺的高低,是有标准的,下错了一步棋,人们都看得见,即使想回护以前的错误也是隐瞒不了的。事理方面的问题,人人都赞成自己认为正确的,人人反对自己认为不正确的。现在世间没有孔子那样圣人,谁能断定真正的正确与错误?那么别人的失误未必不是有所得,自己没有失误未必不是大失误,但是在人们彼此互相讥笑还没停止的时候,简直连看棋的人都不如了!

2020·阅读下面这篇短文,完成有关问题。

讳辩·韩愈

愈与李贺书,劝贺举进士。贺举进士有名,与贺争名者毁之,曰:"贺父名晋肃,贺不举进士为是,劝之举者为非。"听者不察也,和而唱之,同然一辞。

父名晋肃,子不得举进士,若父名"仁",子不得为"人"乎?

夫讳始于何时?作法制以教天下者,非周公、孔子欤?周公作诗不讳,孔子不偏讳二名,《春秋》不讥不讳嫌名,康王钊之孙,实为昭王。曾参之父名晳,曾子不讳昔。周之时有骐期,汉之时有杜度,此其子宜如何讳?将讳其嫌,遂讳其姓乎?将不讳其嫌者乎?汉讳武帝名"彻"为"通",不闻又讳"车辙"之"辙"为某字也。今上章及诏,不闻讳"浒"、"势"、"秉"、"机"也。惟宦官、宫妾,乃不敢言"谕"及"机",以为触犯。士君子言语行事,宜何所法守也?今考之于经,贺举进士为可邪?为不可邪?

凡事父母,得如曾参,可以无讥矣;作人得如周公、孔子,亦可以止矣。今世之士,不务行曾参、周公、孔子之行,而讳亲之名则务胜于曾参、周公、孔子,亦见其惑也。夫周公、孔子、曾参卒不可胜,胜周公、孔子、曾参,乃比于宦者、宫妾,则是宦者、宫妾之孝于其亲,贤于周公、孔子、曾参者邪?

(选自《昌黎先生集》,有删节)

1. 对下列加点字词的解释,不正确的一项是 (　　)
A. 与贺争名者毁　　　　　　　　毁:毁谤
B. 听者不察也　　　　　　　　察:察明
C. 亦见其惑也　　　　　　　　惑:疑惑
D. 夫周公、孔子、曾参卒不可胜　卒:终究

【答案】 C。"亦见其惑"中"惑"为形容词,解释为"糊涂的"。

2. 根据原文,下列说法不正确的一项是 （ ）
A. 周昭王之谥号不避讳周康王名(钊),属于"不讳嫌名"。
B. 李贺可以考进士(父名晋肃),符合"不偏讳二名",也符合"不讳嫌名"。
C. 曾参不避讳"昔"(父名皙),符合"不讳嫌名"。
D. 汉代为避讳汉武帝名(彻),改"彻"为"通",属于"不偏讳二名"。
【答案】 B。

3. 下列说法中最符合韩愈对待避讳的态度的一项是 （ ）
A. 韩愈反对李贺等读书人及士大夫避讳自己父亲的名字。
B. 韩愈认可奏章和诏谕不避讳"浒"、"势"、"秉"、"机"等字。
C. 韩愈反对宦官、宫妾避讳"谕"及"机"。
D. 韩愈认为当世的人在避讳方面不如古人严格。
【答案】 B。

4. 研读文种的划线句并作答。
(1) 这句话是韩愈为驳斥"讳嫌名"所举的反例,结合全文,简要概括什么是"不讳嫌名"。
(2) 用现代汉语翻译划线句。
【答案】 (1)不避讳声音相近的字。(2)周朝时有个人叫骐期,汉朝时有个人叫杜度,他们的儿子应怎样避讳?是为了避讳和名字声音相近的字,连他们的姓也去避讳?还是不避讳和名字声音相近的字呢?

【参考译文】

我给李贺写了一封信,勉励他去考进士。李贺应进士试很引人注目,同李贺争名的人出来诋毁他,说李贺的父亲名叫晋肃,李贺还是以不参加进士考试为好,勉励他去考的人是不对的。听到这种议论的人不加分辨,纷纷附和,众口一声。

父名晋肃,儿子不可以考进士,那么倘若父亲名仁,儿子就不能做人了吗?试问避讳是从什么时候开始的呢?制订礼法制度来教化天下的,不是周公、孔子么?而周公作不避讳,孔子不避母亲双名中的单独一字,《春秋》中对人名相近不避讳的事例,也没有加以讥刺。周康王钊的孙子,谥号是昭王。曾参的父亲名皙,曾子不避"昔"字。周朝时有一个人叫骐期,汉朝时有一个人叫杜度,象这样的名字让他们的儿子如何避讳呢?难道为了要避父名的近音字,就连他们的姓也避了吗?还是就不避近音字了呢?汉代讳武帝名彻,遇到"彻"字就改为"通"字,但没有听说又讳车辙的辙字为别的什么字。现在臣像上送奏章、皇帝下达诏旨,也没听说要避浒、势、秉、机这些字,只有宦官和宫女,才不敢说谕和机这些字,以为这样是犯忌的。士大夫的言论行动,究竟应该依照什么法度呢?总之,无论是考据经典、质正律文还是查核国家典章,李贺的参加进士考试,到底是可以还是不可以呢?

大凡服侍父母能象曾参那样,可以免遭非议了;做人能象周公、孔子,也可以达到顶点了。而现在的读书人,不努力学周公、孔子的行事,却要在避讳亲人的名字上超越周公、孔子,真是太糊涂了。周公、孔子、曾参,毕竟是无法超过的,超越了周公、孔子、曾参,而去向宦官、宫女看齐,那么岂非宦官、宫女对亲人的孝顺,比周公、孔子、曾参还要好得多了吗?

二、名篇选段

【选段一】

乐工罗程
王谠

乐工罗程者,善弹琵琶,为第一,能变易新声。得幸于武宗,恃恩自恣。程既审①上(唐武宗)晓音律,尤自刻苦。往往令妃嫔御歌,必为奇巧声动上,由是得幸。

程一日果以眦睚②杀人,上大怒,立命斥出,付京兆③。

他工辈④以程之艺天下无双,欲以动上意。会幸苑⑤中,乐将作,遂旁设一虚坐,置琵琶于其上。乐工等罗列上前,连拜且泣。上曰:"汝辈何为也?"进曰:"罗程负陛下,万死不赦。然臣辈惜程艺天下第一,不得永奉陛下,以是为恨。"上曰:"汝辈所惜罗程艺耳,我所重者高祖、太宗法也。"卒不赦程。

【注释】 ①审:明白,清楚。②眦睚:怒目相视的样子。借指小的怨恨。③付京兆:押付他到京地城衙门依法处治。④他工辈:其他乐工们。⑤幸苑:皇上到皇宫花园。

【选段二】

愚公之谷

齐桓公出猎,逐鹿而走,入山谷之中,见一老公而问之曰:"是为何谷?"对曰:"为愚公之谷。"桓公曰:"何故?"对曰:"以臣①名之。"桓公曰:"今视公之仪状,非愚人也,何为以公名?"对曰:"臣请陈之,臣故畜②牸牛③,生子而大,卖之而买驹。少年曰:'牛不能生马。'遂持驹去。傍邻闻之,以臣为愚,故名此谷为愚公之谷。"桓公曰:"公诚愚矣!夫何为而与之?"桓公遂归。

明日朝,以告管仲。管仲正衿再拜曰:"此夷吾之过也。使④尧在上,咎繇⑤为理,安有取人之驹者乎?若有见暴⑥如是叟者,又必不与也。公知狱讼之不正,故与之耳。请退而修政。"

(《说苑·政理》)

【注释】 ①臣:自称。②畜:饲养。③牸(zì)牛:母牛。④使:假使。⑤咎繇:人名,法官。⑥见暴:见,被。暴,欺凌。

【选段三】

子列子穷
列御寇

子列子穷,容貌有饥色。客有言之于郑子阳者,曰:"列御寇①,盖有道之士也,居君之国而穷,君无乃②为不好③士乎?"郑子阳即令官遗之粟。子列子见使者,再拜而辞。使者去,子列子入,其妻望之而拊心④曰:"妾闻为有道者之妻子,皆得佚乐,今有饥色。君过而遗先生食,先生不受,岂不命⑤邪!"子列子笑谓之曰:"君非自知我⑥也。以人之言而遗我粟,至其罪我也又且⑦以人之言,此吾所以不受也。"

(节选自《列子·说符》)

【注释】 ①列御寇:即列子。②无乃:恐怕。③好:赏识,喜爱。④拊心:手抚着心口,表示悲伤的样子。⑤命:这里指命苦。⑥自知我:凭自己的了解知道我是什么人。⑦且:将会。

【选段四】

既罢,归国,以相如功大,拜为上卿,位在廉颇之右。

廉颇曰:"我为赵将,有攻城野战之大功,而蔺相如徒以口舌为劳,而位居我上。且相如素贱人,吾羞,不忍为之下!"宣言曰:"我见相如,必辱之。"相如闻,不肯与会。相如每朝时,常称病,不欲与廉颇争列。已而相如出,望见廉颇,相如引车避匿。

于是舍人相与谏曰:"臣所以去亲戚而事君者,徒慕君之高义也。今君与廉颇同列,廉君宣恶言,而君畏匿之,恐惧殊甚。且庸人尚羞之,况于将相乎?臣等不肖,请辞去。"

蔺相如固止之,曰:"公之视廉将军孰与秦王?"曰:"不若也。"相如曰:"夫以秦王之威,而相如廷叱之,辱其群臣。相如虽驽,独畏廉将军哉?顾吾念之,强秦之所以不敢加兵于赵者,徒以吾两人在也。今两虎共斗,其势不俱生。吾所以为此者,以先国家之急而后私仇也。"

廉颇闻之,肉袒负荆,因宾客至蔺相如门谢罪,曰:"鄙贱之人,不知将军宽之至此也!"卒相与欢,为刎颈之交。

(选自《史记·廉颇蔺相如列传》)

【选段五】

鸟 说
[清]戴名世

余读书之室,其旁有桂一株焉。桂之上日①有声关关②者,即而视之,则二鸟巢于枝干之间,去地不五六尺,人手能及之。巢大如盏,精密完固,细草盘结而成。鸟雌一雄一,小不能盈掬③,色明洁,娟皎可爱,不知其何鸟也。

雏且出矣,雌者覆翼之,雄者往取食。每得食,辄息于屋上,不即下。主人戏以手撼其巢,则下瞰而鸣,小撼之小鸣,大撼之大鸣,手下,鸣乃已。

他日,余从外来,见巢坠于地,觅二鸟及鷇鷇④,无有。问之,则某氏僮奴取以去。

嗟乎!以此鸟之羽毛洁而音鸣好也,奚⑤不深山之适⑥而茂林之栖,乃托身非所,见辱于小僮以死。彼其以世路为甚宽也哉?

选自《桐城派文选·南山集》

【注释】 ①日:有一天。②关关:拟声词,二鸟相和之声,如"关关雎鸠"中"关关"。③掬:捧。④鷇:kòu,初生的小鸟儿。⑤奚:为什么。⑥适:到。

【选段六】

韩适有东孟之会,韩王及相①皆在焉,持兵戟而卫者甚众。聂政直入,上阶刺韩傀。韩傀走而抱哀侯,聂政刺之,兼中哀侯,左右大乱。聂政大呼,所杀者数十人。因自皮面抉眼②,自屠出肠,遂以死。

韩取聂政尸于市,县③购之千金。久之莫知谁子。政姊闻之,曰:"弟至贤,不可爱妾之躯,灭吾弟之名,非弟意也。"乃之韩。视之曰:"勇哉!气矜之隆。是其轶贲、育④而高成荆矣。今死而无名,父母既殁⑤矣兄弟无有,此为我故也。夫爱身不扬弟之名,吾不忍也。"乃抱尸而哭之曰:"此吾弟轵深井里聂政也。"亦自杀于尸下。

(节选自《战国策·韩策二》)

【注释】 ① 韩王及相:韩哀侯及国相韩傀。② 皮面抉眼:划破脸皮,挖出眼珠。③ 县:同"悬"。④ 轶贲、育:超过孟贲、夏育(这两人与后文"成荆"均为勇士)。⑤ 殁:去世。

【选段七】

晋太和中,广陵人杨生畜一狗,甚爱怜之,行止与俱。后生饮醉,行大泽草中,眠,不能动。时方冬月燎原,风势极盛。犬乃周章①号唤,生醉不觉。前有一水坑,狗便走往水中,还,以身洒生左右草上。如此数次,周旋跬步②,草皆沾湿,火至免焚。生醒,方见之。尔后生因暗行,堕于空井中。狗呻吟彻晓。有人经过,怪此狗向井号,往视,见生。生曰:"君可出我,当有厚报。"人曰:"以此狗与我,便当相出。"生曰:"此狗曾活我,不得相与,余即无惜。"人曰:"若尔,便不相出。"狗乃引颈视井生知其意乃许焉。乃语路人云:"以狗相与。"即而出之,系之而去。却后五日,狗夜走还。

(选自《搜神后记》)

【注释】 ① 周章:急得团团转。② 跬步:半步。

【选段八】

读 书 之 法
朱 熹

大抵观书先须熟读,使其言皆若出于吾之口,继以精思,使其意皆若出于吾之心,然后可以有得尔。至于文义有疑,众说纷错①,则亦虚心静虑,勿遽②取舍于其间。先使一说自为一说,而随其意之所之③,以验其通塞,则其尤无义理者,不待观于他说而先自屈矣。复以众说互相诘难,而求其理之所安,以考其是非,则似是而非者,亦将夺于公论④而无以立矣。大率⑤徐行却立⑥,处静观动,如攻坚木,先其易者而后其节目⑦;如解乱绳,有所不通则姑置而徐理之。

(选自朱熹《童蒙须知》)

【注释】 ① 纷错:纷繁错杂。② 遽(jù):仓促。③ 之所之:到所要去的地方,即顺着文章的思路去想。④ 夺于公论:被公认的见解所更改。⑤ 大率:大多。⑥ 却立:后退站立,形容小心谨慎。⑦ 节目:木头节子,即关键之处。

【选段九】

太后闻虞诩有将帅之略,以为武都太守。(诩)日夜进道,兼行百余里,令吏士各作两灶,日增倍之,羌①不敢逼。或问曰:"孙膑减灶而君增之;兵法日行不过三十里,以戒不虞②,而今日且二百里:何也?"诩曰:"虏众多,吾兵少,徐行则易为所及,速进则彼所不测。虏见吾灶日增,必谓郡兵来迎,众多行速,必惮追我。孙膑见弱,吾今示强,势有不同故也。"既到郡,兵不满三千,而羌众万余,攻围赤亭数十日。诩乃令军中,强弩勿发,而潜发小弩;羌以为矢力弱不能至并兵急攻。诩于是使二十强弩共射一人,发无不中,羌大震,退。诩因出城奋击,多所伤杀。明日,悉陈③其兵众,令从东郭门出,北郭门入,贸易衣服,回转数周;羌不知其数,更相恐动,贼由是败散。

(选自《后汉书》,有删节)

【注释】 ① 羌,当时中原部落对西部游牧民族的泛称。② 不虞,指出乎意料的事。③ 陈,同"阵",列阵。

【选段十】

陈际泰,字大士,临川人。家贫,不能从师,又无书,时取旁舍儿书,屏人窃诵。从外兄①所获《书经》,四角已漫灭,且无句读②,自以意识别之遂通其义。十岁,于外家药笼中见《诗经》,取而疾走。父见之,怒,督往田,则携至田所,踞高阜而哦,遂毕身不忘。久之,返临川,与南英辈③以时文名天下。其为文,敏甚,一日可二三十首,先后所作至万首。经生④举业之富,无若际泰者。

(选自《明史》)

【注释】 ① 外兄:表兄。② 句读:古人称文词之间该停顿的地方叫"句"或"读",相当于现在的标点。③ 南英辈:指艾南英等三人,与陈际泰被合称为"临川四才子"。④ 经生:泛指研读经书的书生。

【选段十一】

宋王偃伐楚

宋王偃恶楚威王,好言楚之非,旦日视朝,必诋①楚以为笑,且曰:"楚之不能若是,甚矣,吾其得楚乎!"群臣和之,如出一口。

于是行旅之自楚适②宋者,必构③楚短以为容。国人大夫传以达于朝,狃④而扬,遂以楚为果不如宋,而先为其言者亦惑焉。

于是谋伐楚,大夫华犨⑤谏曰:"宋之非楚敌之旧矣,犹羵牛⑥之于鼢鼠⑦也。使诚如王言,楚之力犹足以十宋,宋一楚十,十胜不足以直一败,其可以国试乎?"

弗听。遂起兵,败楚师于颍⑧上,王益逞。

华犨复谏曰:"臣闻小之胜大也,幸其不吾虞⑨也。幸不可常,胜不可恃,兵不可玩,敌不可侮,侮小人且不可,况大国乎? 今楚惧矣,而王益盈。大惧小盈,祸其至矣!"

王怒,华犨出奔齐。

明年宋复伐楚,楚人伐败之,遂灭宋。

(选自刘基《郁离子》)

【注释】 ① 诋:诋毁,污蔑。② 适:到。③ 构:虚构,编造。④ 狃(niǔ):习惯,习以为常。⑤ 华犨

(chōu):作者虚拟的人物。⑥夔(kuí)牛:古代传说中的一种高大的野牛。⑦蚡(fén)鼠:鼠类,亦称盲鼠。
⑧颍:颍河。⑨虞:戒备、防备。

【选段十二】

骂 鸭
蒲松龄

邑西白家庄居民某,盗邻鸭烹之。至夜,觉肤痒。天明视之,茸生鸭毛,触之则痛。大惧,无术可医。夜梦一人告之曰:"汝病乃天罚。须得失者骂,毛乃可落。"而邻翁素雅量①,生平失物,未尝征于声色。某诡告翁曰:"鸭乃某甲所盗。彼甚畏骂焉,骂之亦可警将来。"翁笑曰:"谁有闲气骂恶人!"卒不骂。某益窘②,因实告邻翁。翁乃骂,其病良③已。

异史氏④曰:"甚矣,攘⑤者之可惧也:一攘而鸭毛生!甚矣,骂者之宜戒也:一骂而盗罪减!然为善有术,彼邻翁者,是以骂行其慈者也。"

(选自蒲松龄《聊斋志异》)

【注释】 ①雅量:宽宏大量,不斤斤计较。②窘:尴尬。③良:的确。④异史氏:指蒲松龄。⑤攘:偷,窃取。

【选段十三】

游狼山记
张裕钊

山多古松桂,桧柏数百株。倚山为寺,寺错树间。最上为支云塔,危踞山颠,万景毕内①。迤下若萃景楼及准提、福慧诸庵,亦绝幽迥……时秋殷中②,海气正白,怒涛西上,皓若素霓,灭没隐见。余与筱斋顾而乐之。

昔阮籍遭晋室之乱,作《咏怀诗》以见志,登广武山,叹悼时之无人。今余与筱斋幸值兹世,寇乱③殄息④,区内亡事,蕃夷绝域……

余又益槁枯朽钝,为时屏弃。独思遗外身世⑤,捐去万事,徜徉于兹山之上。荫茂树而撷涧芳,临望山海,慨然凭吊千载之兴亡。在挟书册,右持酒杯,啸歌偃仰,以终其身。人世是非理乱,天地四时变移,眇若坠叶与飘风,于先生乎何有哉?归书而为之记。

【注释】 ①内:同"纳"。②殷:正,中;同"仲"。③寇乱:指太平天国革命。④殄息:灭绝,平息。殄,灭绝。⑤身世:此指所处的尘世。

【选段十四】

庞葱①与太子质②于邯郸③,谓魏王曰:"今有一人言市有虎,王信之乎?"王曰:"否。""二人言市有虎,王信之乎?"王曰:"寡人疑之矣。""三人言市有虎,王信之乎?"王曰:"寡人信之矣。"庞葱曰:"夫市之无虎明矣,然而三人言而成虎。今邯郸去大梁④也远于市,而议臣者过于三人矣。愿王察之。"

王曰:"寡人自为知。"于是辞行,而谗言先至。后太子罢质,果不得见。

(选自《战国策·魏策》)

【注释】 ①庞葱:人名,战国时魏国的大臣。②质:做人质。③邯郸:地名,赵国的首都。④大梁:地名,魏国的首都。

【选段十五】

肃王与沈元用

肃王与沈元用①同使虏②,馆于燕山愍忠寺。暇日无聊,同行寺中,偶有一唐人碑,辞甚偶俪③,凡三千余言。元用素强记,即朗诵一再;肃王且听且行,若不经意。元用归馆,欲矜④其敏,取纸追书之,不能记者阙之,凡阙十四字。书毕,肃王视之,即取笔尽补其所阙,无遗者。又改元用谬误四五处,置笔他语⑤,略无矜色。元用骇服⑥。语云:"休夸我能胜人,胜如我者更多。"信不诬⑦也。

(选自陆游的《老学庵笔记》)

【注释】 ①肃王:北宋末年宋徽宗第五个儿子,封肃王,后出使金国不归。沈元用:宋朝大臣。②虏:指北方的金国。③偶俪:对仗工整。④矜:夸耀。⑤他语:说别的事情。⑥骇服:吃惊佩服。⑦诬:虚假。

【选段十六】

韩信拜将

信数与萧何语,何奇之。至南郑,诸将行道亡者数十人,信度何等已数言上①,上不我用,即亡。何闻信亡,不及以闻,自追之。人有言上曰:"丞相何亡。"上大怒,如失左右手。居一二日,何来谒上。上且怒且喜,骂何曰:"若亡,何也?"何曰:"臣不敢亡也,臣追亡者耳。"上曰:"若所追者谁?"何曰:"韩信也。"上复骂曰:"诸将亡者以十数,公无所追;追信,诈也!"何曰:"诸将易得耳;至如信者,国士无双。王必欲长王汉中,无所事信;必欲争天下,非信无可与计事者。顾王策安所决耳②!"王曰:"吾亦欲东③耳,安能郁郁久居此乎!"何曰:"王计必欲东,能用信,信即留;不能用,信终亡耳。"王曰:"吾为公④以为将。"何曰:"虽为将,信必不留。"上曰:"以为大将。"何曰:"幸甚!"于是上欲召信拜之。何曰:"王素慢无礼,今拜大将如呼小儿,此乃信所以去也。王必欲拜之,择良日,斋戒,设坛场,具礼,乃可耳。"上许之。诸将皆喜,人人各自以为得大将。至拜大将,乃韩信也,一军皆惊。

(节选自《史记·淮阴侯列传》)

【注释】 ①上:指汉王刘邦。②顾王策安所决耳:只看您作哪种抉择了。③东:向东进军,与项羽争天下。④为公:为了您,看在您的面上。

【选段十七】

宁①厨下儿②曾有过,走投吕蒙。蒙恐宁杀之,故不即还。后宁贵礼③礼蒙母,乃出厨下儿还宁。宁许蒙不杀。斯须④还船,缚至桑树,自挽弓射杀之。毕,解衣卧船中。蒙大怒,击鼓会兵,欲就船攻宁。宁闻之,故卧不起。蒙母徒跣出谏蒙曰:"至尊⑤待汝如骨肉,属汝以大事,何有以私怒而欲攻杀甘宁?宁死之日,纵至尊不问,汝是为臣下非法。"蒙素至孝,闻母言,即豁然意释,自至宁船,笑呼之曰:"兴霸,老母待卿食,急上!"宁涕泣嘘欷曰:"负卿!"与蒙俱还见母,欢宴竟日。

(选自《三国志·吴志·甘宁传》)

【注释】 ①宁:即甘宁,字兴霸,性情粗暴。与吕蒙同为孙权手下名将,私交甚好。②厨下儿:厨房里干杂活的小童。③赍(jī)礼:赠送礼物。④斯须:一会儿。⑤至尊:最尊贵的人,这里指吴主孙权。

【选段十八】

管仲夷吾者,颍上人也。少时常与鲍叔牙游,鲍叔知其贤。管仲贫困,常欺鲍叔,鲍叔终善遇之,不以为言。已而鲍叔事齐公子小白,管仲事公子纠。及小白立为桓公,公子纠死,管仲囚焉。鲍叔遂进管仲。管仲既用,任政于齐,齐桓公以霸,九合诸侯,一匡天下,管仲之谋也。

管仲曰:"吾始困时,尝与鲍叔贾,分财利多自与,鲍叔不以我为贪,知我贫也。吾尝为鲍叔谋事而更穷困,鲍叔不以我为愚,知时有利不利也。吾尝三仕三见逐于君,鲍叔不以我为不肖,知我不遭时也。吾尝三战三走,鲍叔不以我为怯,知我有老母也。公子纠败,吾幽囚受辱,鲍叔不以我为无耻,知我不羞小节而耻功名不显于天下也。生我者父母,知我者鲍子也。"

鲍叔既进管仲,以身下之。子孙世禄于齐,有封邑者十余世,常为名大夫。天下不多管仲之贤而多鲍叔能知人也。

【选段十九】

牛存节,字赞正,青州博昌人也。事诸葛爽于河阳,爽卒,存节顾其徒曰:"天下汹汹,当得英雄事之。"乃率其徒十余人归梁太祖。存节为人木强忠谨,太祖爱之,赐之名字,以为小校。张晊攻汴,存节破其二寨。梁攻濮州,战南刘桥、范县,存节功多。李罕之围张全义于河阳,全义乞兵于梁,太祖以存节故事河阳,知其间道,使以兵为前锋。是时岁饥,兵行乏食,存节以金帛就民易干葚以食军,击走罕之。

梁兵攻郓,存节使都将王言藏船郓西北隅濠中,期以日午渡兵逾濠急攻之。会营中火起,郓人登城望火,言伏不敢动,与存节失期。存节独破郓西城门,夺其濠桥,梁兵得俱进,遂破朱宣。朱瑾走吴,召吴兵攻徐、宿。存节谋曰:"淮兵必不先攻宿,然宿沟垒素固,可以御敌。"乃夜以兵急取徐州,比傅徐城下,瑾兵方至,望其尘起,惊曰:"梁兵已来,何其速也!"不能攻而去。已而大祖使者至,授存节军机,悉与存节意合,由是诸将益服其能。迁潞州都指挥使。太祖攻凤翔,使召存节。存节为将,法令严整而善得士心,潞人送者皆号泣。

太祖即位,拜右千牛卫上将军。从康怀英攻潞州,为行营排阵使。晋兵已破夹城,存节等以余兵归,行至天井关,闻晋兵攻泽州,存节顾诸将曰:"吾行虽不受命,然泽州要害,不可失也。"诸将皆不欲救之。存节戒士卒熟息,已而谓曰:"事急不赴,岂曰勇乎!"举策而先,士卒随之。比至泽州,州人已焚外城,将降晋,闻存节至,乃稍定。存节入城,助泽人守。晋人穴地道以攻之,存节选勇士数十,亦穴地以应之,战于隧中,敌不得入,晋人解去。

同州刘知俊叛,奔凤翔,乃迁存节匡国军节度使。朱友谦叛附于晋,西连凤翔,存节东西受敌。同州水咸而无井,知俊叛梁,以渴不能守而走,故友谦与岐兵合围持久,欲以渴疲之。存节祷而择地凿井八十,水皆甘可食,友谦卒不能下。蒋殷反徐州,遣存节攻破之,以功加太尉。梁、晋相距于河上,存节病痟,而梁、晋方苦战,存节忠愤弥激,治军督士,未尝言病。病革,召归京师,将卒,语其子知业曰:"忠孝,吾子也。"不及其他。

(《新五代史·汉臣传》)

【选段二十】

陶澍,字云汀,湖南安化人。嘉庆七年进士,选庶吉士,授编修,迁御史、给事中。澍疏劾河工冒滥,及外省吏治积弊。巡南漕①,革陋规,请浚京口运河。二十四年,出为川东道。总督蒋攸铦荐其治行为四川第一。

道光三年,陶澍就擢巡抚。安徽库款,五次清查,未得要领。澍自为藩司时,钩核档案,分别应劾、应偿、应豁,于是三十余年之纠葛,豁然一清。濒江水灾,购米十万石,劝捐数十万金,赈务核实,灾民赖之无失所。又怀远新涨沙洲阻水,并开引河,导之入淮。淮水所经,劝民修堤束水,保障农田。各县设丰备仓于乡村,令民秋收后量力分捐,不经吏役,不减粜,不出易,不假贷。岁歉备赈,乐岁再捐,略如社仓法②而去其弊。

创辑《安徽通志》,旌表忠孝节烈以励风俗。道光五年,调江苏。先是洪泽湖决,漕运梗阻,协办大学士英和陈海运策,而中外纷议挠之。澍毅然以身任,亲赴上海,筹雇商船,体恤商艰,群情踊跃。事竣,优诏褒美,赐花翎。

江苏频遭水患,由太湖水泄不畅。疏言:"太湖尾闾在吴淞江及刘河、白茆河,而以吴淞江为最要。治吴淞以通海口为最要。"于是以海运节省银二十余万兴工,择贤任事,至八年工竣。澍自巡漕时,条奏利害,至是先浚徒阳河,将以次举刘河、白茆、练湖、孟渎诸工。后在总督任,与巡抚林则徐合力悉加疏浚,吴中称为数十年之利,语详则徐传。

晚年将推淮北之法于淮南,已病风痹③,未竟其施。后咸丰中乃卒行之。十九年,卒。遗疏上,优诏轸④惜,称其"实心任事,不避嫌怨"。

澍见义勇为,胸无城府。用人能尽其长。在江南治河、治漕、治盐,并赖王凤生、俞德源、姚莹、黄冕诸人之力。左宗棠、胡林翼皆识之未遇,结为婚姻,后俱为名臣。

(选自《清史稿·陶澍传》,有删节)

【注释】 ①漕:水道运粮。②社仓法:用义仓来积谷备荒的方法。③风痹:手足麻木不仁之症。④轸:痛。

第四编　诗词鉴赏

一、真题精解

2010·阅读下面这首诗歌,并从作品的思想感情或艺术手法等角度,写一篇300字左右的鉴赏文章。

枫桥夜泊
张　继

月落乌啼霜满天,江枫渔火对愁眠。
姑苏城外寒山寺,夜半钟声到客船。

【答案解析】

这首七绝以愁字统起。落月、啼乌、满天霜、江枫、渔火、不眠人,造成一种意韵浓郁的审美情境。而城、寺、船、钟声,是一种空灵旷远的意境。江畔秋夜渔火点点,羁旅客子卧闻静夜钟声。一静一动、一明一暗、江边岸上,景物的搭配与人物的心情达到了高度的默契与交融。首句写了午夜时分三种景象:月落、乌啼、霜满天。月落写所见,乌啼写所闻,霜满天写所感,层次分明地体现出一个先后承接的时间过程和感觉过程。诗的第二句接着描绘"枫桥夜泊"的特征景象和旅人的感受。"江枫"这个意象给读者以秋色秋意和离情羁思的暗示。透过雾气茫茫的江面,可以看到星星点点的几处"渔火",由于周围昏暗迷蒙背景的衬托,显得特别引人注目,动人遐想。"江枫"与"渔火",一静一动,一暗一明,一江边,一江上,景物的配搭组合颇见用心。写到这里,才正面点出泊舟枫桥的旅人。诗人在枫桥夜泊中所得到的最鲜明深刻、最具诗意美的感觉印象,就是这寒山寺的夜半钟声。月落乌啼、霜天寒夜、江枫渔火、孤舟客子等景象,固然已从各方面显示出枫桥夜泊的特征,但还不足以尽传它的神韵。在暗夜中,人的听觉升级为对外界事物景象感受的首位。而静夜钟声,给予人的印象又特别强烈。这样,"夜半钟声"就不但衬托出了夜的静谧,而且揭示了夜的深永和清寥,而诗人卧听钟声时的种种难以言传的感受也就尽在不言中了。

2011·阅读下面这首词,请从作品的思想内容或艺术手法等角度,写一篇300字左右的鉴赏文章。

卜算子·咏梅
【南宋】　陆　游

驿外断桥边,寂寞开无主。已是黄昏独自愁,更著风和雨。
无意苦争春,一任群芳妒。零落成泥碾作尘,只有香如故。

【答案解析】

此词以梅花自许,咏梅的凄苦以泄胸中抑郁,感叹人生的失意坎坷;赞梅的精神又表达了青春无悔的信念以及对自己爱国情操及高洁人格的自许。

词的上半阕着力渲染梅的落寞凄清、饱受风雨之苦的情形。梅花如此清幽绝俗,出于众花之上,可是"如今"竟开在郊野的驿站外面,紧临着破败不堪的"断桥",自然是人迹罕至、寂寥荒寒、备受冷落、令人怜惜了。无人照看与护理,其生死荣枯全凭自己。"无主"既指无人照管,又指梅花无人赏识,不得与人亲近交流而只能孤芳自赏,独自走完自己的生命历程而已。"已是黄昏独自愁"是拟人手法,写梅花的精神状态,身处荒僻之境的野梅,虽无人栽培,无人关心,但它凭借自己顽强的生命力也终于长成开花了。

下半阕写梅花的灵魂及生死观。梅花生在世上,无意于炫耀自己的花容月貌,也不肯媚俗与招蜂引蝶,"无意苦争春",对他物的侮辱、误解也一概不予理睬,而是"一任群芳妒",听之任之。这两句表现出陆游性格孤高,决不与争宠邀媚、阿谀逢迎之徒为伍的品格和不畏谗毁、坚贞自守的岭嶒傲骨。最后几句,把梅花的"独标高格"再推进一层。虽说梅花凋落了,被践踏成泥土了,被碾成尘灰了,但"只有香如故",它那"别有韵"的香味,却永远如故,一丝一毫也改变不了。在对梅的赞咏中,显示词人身处逆境而矢志不渝的崇高品格。

2012·阅读下面这首诗歌,写一篇250字左右的鉴赏文章。

偶　然

徐志摩

我是天空里的一片云,
偶尔投影在你的波心——
你不必讶异,
更无须欢喜——
在转瞬间消灭了踪影。

你我相逢在黑夜的海上,
你有你的,我有我的,方向;
你记得也好,
最好你忘掉
在这交会时互放的光亮!

【答案解析】

徐志摩的这首《偶然》,很可能仅仅是一首情诗,是写给一位偶然相爱一场而后又天各一方的情人的。全诗两节,上下节格律对称。每一节的第一句、第二句、第五句都是用三个音步组成。如:"偶尔投影在你的波心,""在这交会时互放的光亮,"每节的第三句、第四句则都是两音步构成,如:"你不必讶异,""你记得也好/最好你忘掉。"在音步的安排处理上显然严谨中不乏洒脱,较长的音步与较短的音步相间,读起来纡徐从容、委婉顿挫而朗朗上口。"我是天空中的一片云,偶尔投影在波心""相遇在海上",云、水波、海上等意象生动形象地表现了时光匆匆,万事万物在不断地运动变化的自然常态,表达了作者对人世间时光易逝、物是人非的感慨。诗人领悟到了人生中许多"美"与"爱"的消逝,书写了一种人生的失落感。这就是这首诗深含的人生奥秘与意蕴。

2013·大二卷·阅读下面这首诗歌,完成第26—29题。

山居秋暝
王 维

空山新雨后,天气晚来秋。
明月松间照,清泉石上流。
竹喧归浣女,莲动下渔舟。
随意春芳歇,王孙自可留。

【注释】 王孙:原指王侯子孙,此处是作者自谓。

26. 从题材上看,这首诗属于哪一类。

【答案】 田园山水。

27. 首联的"新"字用得很出色,请简要分析。

【答案】 秋山如洗,清爽宜人,交代了清新、幽静、恬淡的环境。

28. "明月松间照,清泉石上流"一联在写景上有何特点。

【答案】 月照松林是静态,清泉流溢是动态,动静结合,相辅相成。

29. 请赏析"竹喧归浣女,莲动下渔舟"一联,字数在100字左右。

【答案】 浣女归来竹林中的喧笑声,渔船穿过荷花的动态,和谐完美地融合在一起,给人一种丰富新鲜的感受。它像一幅清新秀丽的山水画,又像一支恬静优美的抒情乐曲,体现了诗中有画的创作特点。同时,翠竹、青莲都是诗人热爱田园山水自然风光、自我高尚情操的写照。

2013·大三卷·阅读下面这首诗歌,完成第21—24题。

错 误
郑愁予

我打江南走过
那等在季节里的容颜如莲花的开落

东风不来,三月的柳絮不飞
你底心如小小寂寞的城
恰若青石的街道向晚,跫音[①]不响,
三月的春帷不揭
你底心是小小的窗扉紧掩

我达达的马蹄是个美丽的错误
我不是归人
是个过客

【注释】 ① 跫音:脚步声。

21. 请从诗中列取4个中国古典诗歌中常见的意象。

【答案】 莲花、柳絮、马蹄、春帷。

22. 怎样理解"美丽的错误"?

【答案】 街上传来达达的马蹄声,游子的马蹄叩响了思妇的希望之门,这声音给极度失望的她又带来新的希望。但是这希望不过是一个"美丽的错误",那并不是她盼望的归人,而只是一个过客。

23. 诗的第二节用了哪些方法来增强诗歌的节奏与韵律。

【答案】 "向晚的青石的街道"和"小小的紧掩的窗扉"两句,把"向晚"和"紧掩"这些动态的语词倒装在后,既照顾了音韵的谐美,更是化板为活,去俗取新,加强了语言的变化。"不来、不飞、不响、不揭",四个否定句式在彼此相对的位置上呼应重复。

24. 请赏析"那等在季节里的容颜如莲花的开落"这一诗句,字数在100字左右。

【答案】 十五个字的长句暗示思妇等待之悠悠,一个"等"字塑造了一位楚楚动人、凄婉可人的思妇形象。"容颜"如"莲花"写出了"你"的美貌,而且极为省略地刻画出"你"苦盼不得的憔悴,运用优美、诗情浓郁、意境深邃。

2014·阅读下面这首诗歌,完成第26—28题。

感遇十二首(其七)
张九龄

江南有丹橘,经冬犹绿林。
岂伊地气暖,自有岁寒心。
可以荐嘉客,奈何阻重深!
运命惟所遇,循环不可寻。
徒言树桃李,此木岂无荫?

26. 这首诗借咏丹橘来书写自己的怀抱,这是一种什么样的传统手法?

【答案】 运用了象征(托物言志)的写作手法。

27. "岁寒心"出自《论语》中的哪一句话?它有什么象征意义?

【答案】 出自《论语·子罕》岁寒,然后知松柏之后凋也。象征坚贞不屈。比喻有坚韧的毅力,耐得住困苦、受得了折磨的品质。

28. 分别说明"可以荐嘉客""运命惟所遇""此木岂无荫"中寄寓的作者的思想感情。

【答案】 (1)可以荐嘉客:丹橘结出累累硕果,只求贡献他人,更显出品德高尚。按说,这样的嘉树佳果是应该荐之于嘉宾的,对丹橘进行了赞颂,表达了希望能被重视重用的愿望和抑郁不得志的哀伤。(2)命运惟所遇:看来运命的好坏,是由于遭遇的不同,表达了作者无可奈何、似有难言之隐的情感,叹息丹橘之命运和遭遇,委婉深沉。(3)此木岂无阴:人家只忙于栽培那些桃树李树,硬是不要橘树,难道橘树不能遮阴,没有用处吗?为丹橘之被冷遇打抱不平,表达了自己对朝政昏暗和身世坎坷的愤懑。

2015·阅读下面这首诗歌,完成第26—28题。

太常引·建康中秋夜为吕叔潜赋
辛弃疾

一轮秋影转金波。飞镜又重磨。把酒问姮娥,被白发欺人奈何。

乘风好去,长空万里,直下看山河。斫去桂婆娑,人道是清光更多。

26. 上片表达作者什么样的感慨?一、二句与三、四句是什么样的关系?

【答案】 (1)作者辛弃疾在中秋之夜对月抒怀,他一生以恢复中原为己任,但残酷的现实使他的理想不能实现。"被白发欺人奈何?"有力地展示了英雄怀才不遇的内心矛盾。

(2)一、二句写景,三、四句抒情,借一轮明月、明光耀眼之景,抒发白发欺人、时光易逝的惆怅之情。

27. 具体说明"乘风好去"在词中的作用。

【答案】 "乘风好去"承上启下,由惆怅突变为奋发激扬之音,壮志凌云中大有李白"长风破浪会有时,直挂云帆济沧海"之势。

28. 说说"斫去桂婆娑,人道是清光更多"的含义,"桂婆娑"喻指什么?

【答案】 作者运用联想,直入月宫,想砍去遮住月光的桂树,想象更加离奇,却更直接、强烈地表现了词人的现实理想与为实现理想的坚强意志,更鲜明地揭示了词的主旨。"桂婆娑"挡住了月光,实际是指带给人民黑暗的婆娑桂影,它不仅包括南宋朝廷内外的投降势力,也包括了金人的势力。因为从被金人统治下的北方南归的辛弃疾,不可能不深切地怀想被金人统治、压迫的家乡人民。

2016·阅读下面这首诗歌,完成第23—25题。

江　汉
杜　甫

江汉思归客,乾坤一腐儒。
片云天共远,永夜月同孤。
落日心犹壮,秋风病欲苏。
古来存老马,不必取长途。

23. 怎样理解作者自称"乾坤一腐儒"?

【答案】 "乾坤"指天地,"腐儒"指迂腐的读书人,是作者的自嘲。这句一方面承接首句,写作者漂泊长江汉水之间、饱含沦落的辛酸,同时运用反衬,用天地的无限开阔辽远来衬托个体生命的渺小与孤独。

24. 从情景交融的角度,具体分析"片云天共远,永夜月同孤"所抒发的思想感情。

【答案】 一方面,诗人像飘荡在天边的一片云一样身处异乡,孤独地与明月一起面对漫漫长夜,"片云""孤月"意境凄凉,流露出孤独愁苦之情。另一方面,诗人虽然远在天外,他的一片忠心却像孤月一样的皎洁,仍有报国雄心、老当益壮之感。

25. 诗歌的最后两句化用了哪一个成语?

【答案】 老马识途。

2017·阅读下面这首诗歌,完成第24—26题。

村 行

王禹偁

马穿山径菊初黄,信马悠悠野兴长。
万壑有声含晚籁,数峰无语立斜阳。
棠梨叶落胭脂色,荞麦花开白雪香。
何事吟余忽惆怅,村桥原树似吾乡。

24. 诗的颔联使用了多种修辞手法,请列出其中的三种。

【答案】 对偶、对比、拟人。

25. 除运用多种修辞手法外,这首诗在写景上还有哪些特点?请作简要分析。

【答案】 (1)由近及远、远近结合:从首联骑马路过山径、菊花初黄到颔联远处沟壑、山峰、斜阳,描绘出山野旖旎的风光;(2)动静结合、视听结合:颔联写傍晚秋声万壑起,这是动态的耳闻,再写数峰默默伫立在夕阳里,这是静态的目睹。"有声"与"无语"相映成趣,显现出山村傍晚的沉寂;(3)视觉、嗅觉描写:颈联写山乡经霜的棠梨叶随风飘落,红艳似火,成片的荞麦花开如雪,阵阵清香扑鼻而来。

26. 诗人在诗中流露出怎样的思想感情?

【答案】 作者的感情由悠然到惆怅,先扬后抑。前三联作者骑马走在山路上,看到黄菊、山峰、落叶、荞麦花,听到秋声,欣赏到山村的美景,心情悠然自得;当看到原野上酷似家乡的大树时,则勾起了乡愁,心情变得惆怅起来。

2018·阅读下面这首诗歌,完成第24—26题。

浣溪纱·宿孟津官舍

(金)元好问

一夜春寒满下厅。独眠人起候明星。娟娟山月入疏棂。
万古风云双短鬓,百年身世几长亭。浩歌聊且慰飘零。

24. 请简要分析首句中"满"字的艺术效果。

【答案】 夸张,词人羁旅途中夜宿孟津官舍,一夜乍暖还寒的春意包裹厅堂,流露出词人的羁旅惆怅。

25. 请赏析词中的"山月"意象。

【答案】 山月娟娟,可爱灵秀,可词人羁旅漂泊,此处以乐景写哀情,用山月之美写内心之苦。

26. 请分析这首词所表达的感情。

【答案】 上阕为漂泊异地,主要写独自难眠的苦涩;下阕前两句暗示词人饱尝战乱之苦,末句昂扬潇洒、以长歌自慰,又显现出豪迈奔放之感,飘零却不消沉,正所谓先抑后扬。

2019·阅读下面这首诗歌,完成第24—26题。

新城道中二首
苏　轼

东风知我欲山行,吹断檐间积雨声。
岭上晴云披絮帽,树头初日挂铜钲。
野桃含笑竹篱短,溪柳自摇沙水清。
西崦人家应最乐,煮芹烧笋饷春耕。

【注释】　钲:锣。

24. 除尾联外,请举出诗中暗示了春天这一季节的三个意象。

【答案】　东风、野桃、溪柳。

25. 请指出颔联和颈联所运用的三种修辞手法,并举例分析。

【答案】　1. 比喻,颔联以絮帽喻晴云,白云浮荡在远山顶上,仿佛青山戴上了一顶白丝绵的帽儿,又以铜钲喻旭日,朝阳正从绿树后面冉冉上升,好像树梢上挂着一面又圆又亮的铜锣,描绘出晴云高悬之状和洁白之色,朝阳浑圆之形与金黄之光,喻象新奇而贴切。

2. 拟人,颈联以"野桃含笑"这拟人化的诗语形象生动地反映出野生的桃树鲜花绽开;而溪边柳树的枝条在春风吹拂下摇曳多姿、翩翩起舞。野桃会"含笑"点头,"溪柳"会摇摆起舞,十分快活自在。

3. 对偶,这两联词性对应,音韵和谐,突出展现了诗词的音乐美、节奏美。

26. 简要分析首联和尾联是如何运用情景交融的手法表达思想感情的。

【答案】　首联借东风多情,雨声有意,暗示了诗人旅途中的愉悦心情,随后写景,有物有人、有动有静、有红有绿,构成了一幅画面生动、色调和谐的农家春景图。这些景致和人物的描写是作者当时欢乐心情的反映,也表现了他厌恶俗务、热爱自然的情趣。不仅描绘出山野花木之美,而且烘托出诗人山行之乐,内心之乐和景色之美互相影响、互相渗透,情景相生、情景交融。

2020·古诗词鉴赏。

春题湖上·白居易

湖上春来似画图,乱峰围绕水平铺。
松排山面千重翠,月点波心一颗珠。
碧毯线头抽早稻,青罗裙带展新蒲。
未能抛得杭州去,一半勾留是此湖。

24. 赏析颔联"排、点"两字在写景上的效果。

【答案】　两字运用比喻,"排"字写出了松树成排众多、装点山峦,有如重重叠叠的翡翠;"点"字写一轮明月映入湖心,有如一颗闪光的珍珠。

25. 请用自己的语言描绘颈联所写的景象。(不超过50字)

【答案】　绿色早稻初生,好似绿色地毯上面铺满了厚厚的丝绒线头;蒲叶披风舒展,像少女身上飘曳的青罗裙带。

26. 请简要概括这首诗的思想情感。

【答案】 这是一首杭州西湖春景诗,全诗通过西湖春色、松树成排、山峰苍翠、月光倒影、早稻新绿、蒲叶舒展等细致描绘,表达了诗人对西湖春光的赞美,不愿离开杭州回京、热爱田园山水、追寻自然生活这一思想情感。

二、解题要点

(一) 审诗题

认真研究诗歌的题目,分析其包含的信息,对提高诗歌鉴赏的准确性有很大帮助。题目即文章的额头,富含着诸多信息(时间,地点,人物,事件以及诗人的心情,诗歌的意境,诗歌的类型、主要表现手法等)。可以这样说,诗歌的题目是诗歌鉴赏的向导。

1. 如果诗题直接点明或暗示感情,那么考生应该从题目所提示的感情入手,去理解作者运用了什么典型细节和景物来表达感情。如《征人怨》:岁岁金河复玉关,朝朝马策与刀环。三春白雪归青冢,万里黄河绕黑山。如果没有题目中"征人"对事件的指引和"怨"对情感的提示,粗心的考生可能难以理解这首诗。

2. 如果题目直接点明了描写的对象,那么考生可以从描写对象着手,通过把握描写对象的特征,来理解作者的情感。如李白的《听蜀僧濬弹琴》:蜀僧抱绿绮,西下峨眉峰。为我一挥手,如听万壑松。客心洗流水,馀响入霜钟。不觉碧山暮,秋云暗几重。

我们在鉴赏这首诗歌的时候切不能漏掉题目中的任何一个字。如"听"点明了事情,诗的后六句都是写作者听到的内容。"蜀僧"点明了弹琴者的身份,"僧"有自己的弹琴内容、弹琴风格,"如听万壑松""客心洗流水,馀响入霜钟"是写琴声的超脱世俗。"不觉碧山暮,秋云暗几重"更通过对景物的感受,说自己沉浸在音乐之中,而不知道时间已经是傍晚了,这就从侧面来衬托琴声的曼妙超俗,表现了琴声的艺术魅力和蜀僧弹琴的高超技法。

又如陆畅的《惊雪》"怪得北风急,前庭如月晖。天人宁许巧,剪水作花飞。"诗题的"雪"就是诗歌的中心意象,即思想感情的载体。"惊",惊讶,惊叹,借雪花飞舞的冬景,表现出诗人热爱自然风光、热爱美好生活的美好情操。又如刘禹锡的《乌衣巷》"朱雀桥边野草花,乌衣巷口夕阳斜。旧时王谢堂前燕,飞入寻常百姓家。"借"乌衣巷"这个具体的"象"的今昔变化来表现"意"——写出历史的变迁和豪门贵族的兴衰。白居易的《大林寺桃花》"人间四月芳菲尽,山寺桃花始盛开。长恨春归无觅处,不知转入此中来。"这首诗借"山寺桃花"这个"象"表现诗人对春天的留恋之情。如《题李凝幽居》从这个诗题中可以看出诗的内容是描写李凝的僻静居处。

3. 如果题目点明了所写的事件或背景,如《次北固山下》《秋夜》《江汉》《移居》等,考生应该注意到这些诗歌的内容,或者与题目的内容有关,或者由题目中的背景引出,或者写在某个地方的活动。考生就可以从中获得一些与诗歌所表达的思想感情相关的信息。如《次北固山下》中的"次"就暗示了游子漂泊在外,《秋夜》既"秋"又"夜",作者是女词人朱淑真,如果不寄寓着思念和愁绪,岂不怪哉?《江汉》更是点明了杜甫晚年漂泊于江汉一带的事件,从

而暗示了他晚年的颠沛流离,自然寄托了他的身世之感。又如:

《移居》(其二)
陶渊明

春秋多佳日,登高赋新诗。过门更相呼,有酒斟酌之。
农务各自归,闲暇辄相思。相思则披衣,言笑无厌时。
此理将①不胜,无为忽去兹。衣食当须纪②,力耕不吾欺。

【注释】 ① 将:岂。② 纪:经营。

如果考生能够对这首诗的题目产生足够的重视,认识到陶渊明写的是搬到新家之后的事情,那么就会考虑到新家的环境和与邻里的关系。再根据诗歌的细节,就不难理解诗人在田园生活中感受到的乐趣——"感受到一种美好的人际关系,即人与人之间充满了纯真而质朴的友谊"。这一类题目在诗歌中的数量最大,考生们应该重视。

4. 诗歌的题目包含着丰富的信息,只要细加分析,就能基本分清诗歌的类型,大体上明白诗歌的表现手法。一些以事物命题的诗很可能就是咏物诗。如虞世南的《蝉》"垂緌饮清露,流响出疏桐。居高声自远,非是藉秋风。"以事物命题,可以初步判断为咏物诗,而咏物诗的基本表现手法为托物言志。虞世南的《咏风》、贺知章的《咏柳》、于谦的《石灰吟》等便是如此。再如柳中庸的《征人怨》"岁岁金河复玉关,朝朝马策与刀环。三春白雪归青冢,万里黄河绕黑山。"从标题可以推断为边塞诗,而边塞诗的表现手法多为写景叙述抒情相结合。又如杨巨源的《城东早春》"诗家清景在新春,绿柳才黄半未匀。若待上林花似锦,出门俱是看花人。"一看便可以断定为写景诗,其基本表现手法必定是借景抒情或情景交融。像这样的还有杜甫的《江村》,张旭的《桃花溪》等。

当然,要真正透彻地了解诗歌内容,领会抒情主人公的感情,领会作者的写作意图,还得对内容做精微的鉴赏。然而,因为题目是诗歌一个非常重要的组成部分,所以我们应该把仔细揣摩题目意思作为理解诗歌内容、鉴赏诗歌的一个不可或缺的起始环节。只有这样,才能领悟诗歌的艺术魅力,并给予恰当的评价。

(二) 审作者

审作者即注意诗歌的作者,了解诗歌的作者,知人论诗,以察诗情。对于历代文学大家,我们应该了解掌握其经历、风格。通过了解作者,知人论世对诗歌的鉴赏很有帮助。考试时,试题有时在注释中指出一些相关于作者和背景的信息。

1. 知人

(1) 创作方法与风格流派

比如读到"建安七子"的诗歌,就应该想到那些诗人刚健的人格与明朗的诗风,了解什么叫"建安风骨";读到陶渊明的诗歌就想到他不为五斗米折腰的事迹、淡泊名利的精神,于是可以把握他的诗歌风格基本是淡而远的。读到李白、杜甫的诗,就应该想到他们曾经历唐的全盛期以及安史之乱,一个是狂放的、一个是沉重的,有浪漫和现实的区别。杜甫是现实主义的手法,忧国忧民的人生,沉郁顿挫的风格,旅居四川时也有些描写自然美、人性美的清新之作。李白有愤世嫉俗的人生,清新飘逸的风格,浪漫主义的手法。读到王维,就应该想到他喜好山水丹青、修学释道的特点,所以描写田园风光,恬淡宁静,风格含蓄生动,清新明快淡远,有"诗中有画,画中有诗""诗佛"等美誉。读到高适、岑参的边塞诗,雄浑奇拔,描写边塞风光,写边塞士兵的生活,表达思乡、反战或杀敌报国、建功立业等主题。读到刘禹锡就应想到他处于晚唐政治倾颓时期,所以其作品以沉郁的怀古诗为代表。杜牧诗含蓄绰约,以怀古诗为主,借古讽今,借古抒怀,吊古伤今。以温庭筠为代表的一批"花间派"词人词风既有浓艳香软的一面,又有清新疏朗的作品。李煜词颓靡伤感却又细腻感人。范仲淹词苍凉悲壮,晏殊词明朗疏淡,苏轼词雄健豪放,柳永词缠绵悱恻,黄庭坚词流畅自然,秦观词情真意切,李清照词婉约凄切,杨万里词新鲜活泼。辛弃疾的词让人联想到抗金复宋的大业,气势雄壮的主调,壮志未酬的遗憾。陆游的诗风格雄浑奔放,明朗流畅。另外,格律派词人姜夔的特点却是精心刻意、清妙秀远。

(2) 重视作家们的思想倾向

儒家的"入世"(也叫"用世")思想。常见理念有:"进取求仕""穷则独善其身,达则兼济天下""忠君爱民""仁义礼智信"等。例如,"诗圣"杜甫茅屋为秋风所破,雨漏被湿,仍吟道:"安得广厦千万间,大庇天下寒士俱欢颜……"高适、王昌龄、白居易、范仲淹、王安石、辛弃疾、岳飞、陆游等都以儒家思想为主要倾向。

佛家的恬淡、虚无、静修。主要理念有:"四大皆空""色即是空""参悟宇宙自然妙谛"等。例如"诗佛"王维在《鸟鸣涧》中写道:"人闲桂花落,夜静春山空。月出惊山鸟,时鸣春涧中。"在《鹿柴》中写道:"空山不见人,但闻人语响。返景入深林,复照青苔上。"

道家的清静无为、崇尚自然。主要理念有:"清心寡欲""不为天下先""道法自然""天人合一"等。例如陶渊明在《归园田居》中写道:"少无适俗韵,性本爱丘山……久在樊笼里,复得返自然";又在《饮酒》中写道:"结庐在人境,而无车马喧。问君何能尔,心远地自偏……"

儒释道互补。李白:儒道兼容的有"仰天大笑出门去,我辈岂是蓬蒿人";"人生得意须尽欢"。苏轼则为三家互补,其《临江仙》下片:"长恨此身非我有,何时忘却营营。夜阑风静縠纹平。小舟从此逝,江海寄余生。"其《水调歌头》:"我欲乘风归去,又恐琼楼玉宇,高处不胜寒。"

2. 论世

诗歌鉴赏不应忽视对其创作背景的了解。这里所说的背景,包括诗人所处的社会时代、生平遭遇、思想主张等多方面的内容。这些方面,对诗人的诗歌创作往往有着直接的影响。因而,我们在欣赏诗歌的时候,就应当借此来理解诗歌、把握诗歌。

(1) 借助背景,把握诗歌的思想感情

李清照笔下,大多词清调苦,流露的感情婉曲深挚,多有今昔盛衰之感,个人身世之悲。如"中州盛日……铺翠冠儿,捻金雪柳,簇带争济楚"与"如今憔悴,风鬟霜鬓"(《永遇乐》),就描述了两种迥然不同的心境,流露了两种截然不同的感情。《武陵春》"物是人非事事休,欲语泪先流",则是词人因只身流落金华,加之眼前又见赵明诚遗著《金石录》,睹物思人,无限感慨而在其词中投下的心灵阴影。李清照生当宋金对峙之际,她主张抗战,期望收复失地。其所作"生当作人杰,死亦为鬼雄。至今思项羽,不肯过江东"(《乌江》)、"南渡衣冠少王导,北来消息欠刘琨"(《失题》),就是这种思想的集中体现。可见,金兵南下前后两个截然不同的时代,和诗人相隔霄壤之别的生活境遇及思想主张,都对诗歌的思想感情产生了巨大的影响。把握这一背景,往往就把握了诗歌的感情脉络。

(2) 借助背景,把握诗歌中景物的特点

东晋诗人陶渊明厌恶污秽的官场,向往自由自在的田园生活,他 42 岁辞彭泽令后,写下了《归园田居》这一脍炙人口的诗篇。从"其一"中,读者不仅能看到乡村的榆柳桃李,还能闻到黄昏的狗吠鸡啼。田园景物此时在他的笔下显得淳朴、宁静而又充满情趣。景物的这些特点,只有诗人在摆脱官场羁绊、心存逸致时才能感受到。相反,在李煜的《虞美人》中,"春花秋月""小楼东风",不仅黯然无色,甚至令人厌恨。究其原因,作为原南唐皇帝的李煜,此时正过着囚徒般的生活,他对人生已经绝望。许多情况下,诗人的追求、遭遇直接影响着诗人的心境,而彼时彼刻的心境又给景物蒙上了或悲或喜、或忧或愁的特定色彩。

(3) 借助背景,把握用典的含义

《念奴娇·赤壁怀古》是北宋词坛上最为引人注目的作品之一。他写于宋神宗元丰五年(公元 1082 年)七月。当时,由于苏轼以诗文讽喻新法,被新派官僚罗织论罪,贬到黄州。仕路蹭蹬,壮志难酬,又自感苍老。此时,游赏黄冈城外的赤壁矶,联想到年华方盛即卓有建树的周瑜就很自然了。词中借用周瑜的典故,正可以看出,词人多么渴望自己有如周瑜那样为国建功立业。这里对典故的理解,就离不开对背景的了解。这种情况在怀古类诗中较为常见。

3. 具体分析

诗人的生平、背景与思想往往决定着他们创作的内容与风格。但是,必须明确的是我们说每位作家具有怎样的风格是就其多数作品而言的:李白也会有反映现实的文字,杜甫也可以浪漫;"豪放之祖"苏轼也会写出婉约动人的作品,"婉约之宗"李清照也可以写出豪迈慷慨的作品。比如苏轼就有《江城子》(十年生死两茫茫),怀念他去世多年的爱妻,写得可谓凄楚动人、催人泪下;李清照有《夏日绝句》(生当作人杰,死亦为鬼雄),可谓气势雄浑、慷慨激昂。

鉴赏诗歌可以通过知人论世的方式,但仍需结合诗句,坚持具体问题具体分析的原则。

(三) 看注释,通字句

看注释、通字句,扼要说以下几点:

1. 辨清多义

古诗词句一般不会出现含混晦涩的语病,因为现存作品都是经历史淘洗的优秀者,而有些语句的歧义,可视为多义或双关,反映了作者的语言技巧。如苏轼《卜算子·黄州定慧院寓居作》:缺月挂疏桐,漏断人初静。谁见幽人独往来?缥缈孤鸿影。惊起却回头,有恨无人省。拣尽寒枝不肯栖,寂寞沙洲冷。

"谁见"两句,用一个问句将孤独寂寞的心明确地表达了出来。又由于古诗词独特的歧义句,使这句话表达了更丰富的意义——词人自叹,谁见我寒夜难眠呢?恐怕只有"缥缈孤鸿"了;寒夜深秋当夜独自往来的幽人正像那半夜被惊起的孤鸿一样。在此,幽人与孤鸿互相映衬,虽非同类,但其心相同。实际上幽人即孤鸿,孤鸿即幽人,这是一种互喻的关系,上下阕所写孤鸿语语相关,词意高妙。再加上反问句的运用,使词的情感得到加强。

朱淑真《秋夜》"夜久无眠秋气清,烛花频剪欲三更。铺床凉满梧桐月,月在梧桐缺处明。"第三句中"满"字使夜、月、心尽显凄凉,第四句中"缺"字使桐影、月光、心意全有了残缺!

多义的重要原因在于中国古典诗词意象的组合,借助了汉语语法意合的特点,词语与词语之间、意象与意象之间可以直接拼合,甚至可以省略起连接作用的词语,从而留下了语意上的空白。比如,杜牧《过华清宫》后两句:"一骑红尘妃子笑,无人知是荔枝来。""一骑红尘"和"妃子笑"之间没有任何关联词,直接拼合在一起。可以说是"一骑红尘"逗得"妃子笑"了;

也可以说是妃子在"一骑红尘"之中露出了笑脸,好像两个镜头的叠印。两种理解似乎都可以,但又都不太确切。诗人只是把两个具有对比性的意象摆在读者面前,意象之间的联系既要你去想象、补充,又不许将它凝固起来。一旦凝固下来,就失去了诗味;而诗歌的魅力,正在于诗的多义。再如欧阳修的《蝶恋花》:"雨横风狂三月暮,门掩黄昏,无计留春住。""门掩"和"黄昏"之间省去了联系词,可以理解为黄昏时分将门掩上,也可以理解为将黄昏掩于门外,又可以理解为在此黄昏时分,将春光掩于门外,或许三方面的意思都有。反正少妇有一个关门的动作,时间又是黄昏,这个动作就表现了她的寂寞、失望和惆怅。

2. 理顺倒文

典型的例子有"银汉迢迢暗度(秦观《鹊桥仙》)","七八个星天外,两三点雨山前。(辛弃疾《西江月》)",杜甫的"香稻啄余鹦鹉粒,碧梧栖老凤凰枝"。"欲穷千里目,更上一层楼",重排为"欲目穷千里",是为了对偶的需要。又如"柳色春山映,梨花夕鸟藏""云掩初弦月,香传小树花""内分金带赤,恩与荔枝青",可以重新组合为:"夕鸟藏(于)梨花""小树花传香""内分赤金带,恩与青荔枝"。在语言结构上,倒装一般表强调,将这些诗句重新还原的目的就是要理解诗人特定环境中的思索,美丽景象中的情趣。

3. 把握词性的改变,体会诗人所炼之"意"

中国古代诗人为了炼字、炼意的需要,常常改变了诗词中某些词语的词性,这些地方,往往就是一首诗的"诗眼"或一首词的"词眼"。教师要有意识地引导学生详加分辨。例如:何逊"夜雨滴空阶,晓灯暗离室";王维"下马饮君酒""日色冷青松";常建"山光悦鸟性,潭影空人心。";王昌龄"清辉淡水木,演漾在窗户";王安石"春风又绿江南岸";蒋捷"流光容易把人抛,红了樱桃,绿了芭蕉";周邦彦"风老莺雏,雨肥梅子"。

以上各句中的"暗""饮""冷""悦""空""淡""绿""红""绿""老""肥",均为形容词的使动用法,这些词语各有妙用,但有一点是共同的,那就是化腐朽为神奇,增强了诗词的表现力、感染力。

(四) 味意象,明意境

意象是诗歌艺术中最小的、能够独立运用的基本单位。"意"即主观情感,"象"即客观物象(如山川草木等),意思是诗人的情意要融注在形象中。鉴赏具体作品的时候,不仅要着眼于它们所描写的客观物象,还应透过它们的外表,看到其中注入的意念和感情;注意主客观两方面融合的程度。意象是诗歌艺术构思的形象元件,诗歌的意义就是由若干意象的内蕴所组成的。只有抓住作品的意象,以及意象所包含的旨趣,意象所体现的情调,意象的社会意义和感染作用,才能真正地鉴赏古代的诗词作品。

关于意象和诗的关系,诗人郑敏有过十分精当的比喻。她说:"诗如果是用预制板建成的建筑物,意象就是一块块的预制板。"她又说,意象"像一个集成电路的组件……它对诗的作用好像一个集成电路的组件对电子仪器的作用。"(郑敏《英美诗歌研究》)这话也指出了意象即是诗歌的基本成分这一事实,一首诗也就是一个有机组合的意象系统。可以这样说,意象既是构建诗歌的基本元素,又是区别诗与非诗的基本特征。没有了意象,诗就成了直白与说明,换言之也就不能称之为诗了。从某种意识上讲,意象就是诗歌看得见的灵魂,抓住一首诗的意象就等于获得解读该诗的一把金钥匙。

1. 诗歌常用意象的象征意义
(1) 树木类

树的曲直：事业、人生的坎坷、顺利。

黄叶：凋零、成熟、美人迟暮、新陈代谢。

绿叶：生命力、希望、活力。

竹：气节、积极向上。

柳：送别、留恋、伤感、春天的美好。

折柳：汉代惜别的风俗，后寓有惜别怀远之意。

杨柳：伤别情怀。

堤柳堆烟：能触发往事如烟，常被用来抒发兴亡之感。

红叶：代称传情之物，后来借指以诗传情。

松柏：坚挺、傲岸、坚强、生命力。

松：松树是傲霜斗雪的典范，自然是众人讴歌的对象。李白《赠书侍御黄裳》："愿君学长松，慎勿作桃李。"韦黄裳一向谄媚权贵，李白写诗规劝他，希望他做一个正直的人。三国人刘桢《赠从弟》："岂不罹凝寒，松柏有本性。"诗人以此句勉励堂弟要像松柏那样坚贞，在任何情况下保持高洁的品质。

梧桐：梧桐是凄凉、凄苦、悲伤的象征。如王昌龄《长信秋词》："金井梧桐秋叶黄，珠帘不卷夜来霜。熏笼玉枕无颜色，卧听南宫清漏长。"写的是被剥夺了青春、自由和幸福的少女，在凄凉寂寞的深宫里，形孤影单、卧听宫漏的情景。诗歌的起首句以井边叶黄的梧桐破题，烘托了一个萧瑟冷寂的氛围。元人徐再思《双调水仙子·夜雨》："一声梧叶一声秋，一点芭蕉一点愁，三更归梦三更后。"以梧桐叶落和雨打芭蕉写尽愁思。其他如"一叶叶，一声声，空阶滴到明"（唐人温庭筠《更漏子》）、"梧桐更兼细雨，到黄昏、点点滴滴"（李清照《声声慢》）等。

(2) 花草类

花开：希望、青春、人生的灿烂。

花落：凋零、失意、人生事业的挫折、惜春、对美好事物的留恋、追怀。

桃花：象征美人或青春容貌。

兰：高洁。

牡丹：富贵、美好。

草：生命力强、生生不息、希望、荒凉、偏僻、伤春、离恨、身份地位的卑微。

禾黍：黍离之悲（国家今盛昔衰）。

红豆：即相思豆，借指男女爱情的信物，比喻男女爱情或朋友情谊。源自王维的《相思》诗："红豆生南国，春来发几枝，劝君多采撷，此物最相思。"诗人借生于南国的红豆，抒发了对友人的眷念之情。

菊：隐逸、高洁、脱俗。菊花虽不能与国色天香的牡丹相媲美，也不能与身价百倍的兰花并论，但作为傲霜之花，它一直得到文人墨客的青睐，有人称赞它坚强的品格，有人欣赏它清高的气质。屈原《离骚》："朝饮木兰之坠露兮，夕餐秋菊之落英。"诗人以饮露餐花象征自己品行的高尚和纯洁。唐人元稹《菊花》："秋丛绕舍似陶家，遍绕篱边日渐斜。不是花中偏爱菊，此花开尽更无花。"表达了诗人对坚贞、高洁品格的追求。其他"宁可枝头抱香死，何曾吹落北风中"(宋人郑思肖《寒菊》)、"寂寂东篱湿露华,依前金靥照泥沙"(宋人范成大《重阳后菊花二首》)等诗句,都借菊花来寄寓诗人的精神品质,这里的菊花无疑成为诗人一种人格的写照。

梅:傲雪、坚强、不屈不挠、逆境。梅花在严寒中最先开放,然后引出烂漫百花散出的芳香,因此梅花与菊花一样,受到了诗人的敬仰与赞颂。宋人陈亮《梅花》:"一朵忽先变,百花皆后香。"诗人抓住梅花最先开放的特点,写出了不怕打击挫折、敢为天下先的品质,既是咏梅,也是咏自己。王安石《梅花》:"遥知不是雪,为有暗香来。"诗句既写出了梅花的繁花似雪,又含蓄地表现了梅花的纯净洁白,收到了香色俱佳的艺术效果。陆游的著名词作《咏梅》:"零落成泥碾作尘,只有香如故。"借梅花来比喻自己备受摧残的不幸遭遇和不愿同流合污的高尚情操。王冕《墨梅》:"不要人夸颜色好,只留清气满乾坤。"也是以冰清玉洁的梅花反映自己不愿同流合污的品质,言浅而意深。

莲:由于"莲"与"怜"音同,所以古诗中有不少写莲的诗句,借以表达爱情。如南朝乐府《西洲曲》:"采莲南塘秋,莲花过人头;低头弄莲子,莲子青如水。""莲子"即"怜子","青"即"清"。这里是实写也是虚写,语意双关,采用谐音双关的修辞,表达了一个女子对所爱的男子的深长思念和爱情的纯洁。晋《子夜歌四十二首》之三十五:"雾露隐芙蓉,见莲不分明。"雾气露珠隐去了荷花的真面目,莲叶可见但不甚分明,这也是利用谐音双关的方法,写出一个女子隐约地感到男方爱恋着自己。

(3)动物类

猿猴:哀伤、凄厉,如杜甫《登高》"风急天高猿啸哀"。

鸿鹄:理想、追求。

鱼:自由、惬意。

鹰:刚劲、自由、人生的搏击、事业的成功。

狗、鸡:生活气息、田园生活。

(瘦)马:奔腾、追求、漂泊。

乌鸦(寒鸦):小人、俗客庸夫、哀伤。

沙鸥:飘零、伤感。

鸟:象征自由。

莼羹鲈脍:指家乡风味,后文人以"莼羹鲈脍""莼鲈秋思"借指思乡之情。

双鲤:代指书信。汉乐府《饮马长城窟行》诗云:"客从远方来,遗我双鲤鱼。呼儿烹鲤鱼,中有尺素书。"后来即以双鲤借代远方来信。

庄周梦蝶:语出自《庄子·齐物论》:"昔者庄周梦为胡(蝴)蝶,栩栩然胡(蝴)蝶也。自喻适志与,不知周也。俄然觉,则蘧蘧然周也。不知周之梦为胡(蝴)蝶与?胡(蝴)蝶之梦为周与?周与胡(蝴)蝶,则必有分矣。此之谓物化。"庄子以此说明物我为一,万物齐等的思想。后来文人用来借指迷惑的梦幻和变化无常的事物。如陆游《冬夜》诗云:"一杯罂粟蛮奴供,庄周蝴蝶两俱空。"

孤雁:孤独、思乡、思亲、音信、消息。

鸿雁:鸿雁是大型候鸟,每年秋季南迁,常常引起游子思乡怀亲之情和羁旅伤感。如隋人薛道衡《人日思归》:"人归落雁后,思发在花前。"早在花开之前,就起了归家的念头;但等到雁已北归,人还没有归家。诗人在北朝做官时,出使南朝陈,写下这思归的诗句,含蓄而又婉转。以雁写思的还有"夜闻归雁生相思,病入新年感物华"(欧阳修《戏答元稹》)、"残星几点雁横塞,长笛一声人倚楼"(唐人赵嘏《长安秋望》)、"星辰冷落碧潭水,鸿雁悲鸣红蓼风"(宋人戴复古《月夜舟中》)等。也有以鸿雁来指代书信。鸿雁传书的典故大家比较熟悉,鸿雁作为传送书信的使者在诗歌中的运用也就普遍了。如"鸿雁几时到,江湖秋水多"(杜甫《天末怀李白》)、"朔雁传书绝,湘篁染泪多"(李商隐《离思》)等。

鹧鸪鸟:鹧鸪的形象在古诗词里也有特定的内蕴。鹧鸪的鸣声让人听起来像"行不得也哥哥",极容易勾起旅途艰险的联想和满腔的离愁别绪。如"落照苍茫秋草明,鹧鸪啼处远人行"(唐人李群玉《九子坡闻鹧鸪》)、"江晚正愁余,山深闻鹧鸪"(辛弃疾《菩萨蛮·书江西造口壁》)等,诗中的鹧鸪都不是纯客观意义上的一种鸟。

寒蝉:秋后的蝉是活不了多久的,一番秋雨之后,蝉儿便剩下几声若断若续的哀鸣了,命在旦夕。因此,寒蝉就成为悲凉的同义词。如唐人骆宾王《咏蝉》起首两句:"西陆蝉声唱,南冠客思深。"(西陆:秋天)以寒蝉高唱,渲染自己在狱中深深怀想家园之情。宋人柳永《雨霖铃》开篇是:"寒蝉凄切,对长亭晚,骤雨初息。"还未直接描写别离,"凄凄惨惨戚戚"之感已充塞读者心中,酝酿了一种足以触动离愁别绪的气氛。"寒蝉鸣我侧"(三国人曹植《赠白马王彪》)等诗句也表达这样的情思。

鸳鸯:指恩爱的夫妇,如"得成比目何辞死,愿作鸳鸯不羡仙"(唐人卢照邻《长安古意》)。

(4) 风霜雨雪水云类

海:辽阔、力量、深邃、气势。

海浪:人生的起伏。

海浪的汹涌:人生的凶险、江湖的诡谲。

江水:时光的流逝、岁月的短暂、绵长的愁苦。

烟雾:情感的朦胧、惨淡前途的迷惘、渺茫,理想的落空、幻灭。

小雨:春景、希望、生机、活力、潜移默化式的教化。

暴雨:残酷、热情、政治斗争、扫荡恶势力的力量、荡涤污秽的力量。

春风:旷达、欢愉、希望。

东风:春天、美好。

西风:落寞、惆怅、衰败、游子思归。

狂风:作乱、摧毁旧世界的力量。

霜:人生易老、社会环境的恶劣、恶势力的猖狂、人生途路的坎坷挫折。

雪:纯洁、美好,环境的恶劣、恶势力的猖狂。

露:人生的短促、生命的易逝。

云:游子、漂泊,以浮云比喻在外漂泊的游子的如"浮云游子意,落日故人情"(李白《送友人》)。

天阴:压抑、愁苦、寂寞。

天晴:欢愉、光明。

金风:秋风。

(5) 器物类

玉:高洁、脱俗。

珍珠:美丽、无瑕、簪缨。

冠:官位、名望。

捣衣砧:妇女对丈夫的思念。
西楼小楼:闺怨之情。
丝竹:音乐。
汗青:史册。
须眉:男子。
巾帼:妇女。
桑梓:故乡。
轩辕:祖国。
三尺:法律。
寸管:笔。
青鸟:信使。
吴钩:泛指宝刀、利剑。例如辛弃疾《水龙吟·登建康赏心亭》:"落日楼头,断鸿声里,江南游子。把吴钩看了,栏杆拍遍,无人会,登临意。"通过看吴钩,拍栏杆,表达了自己意欲报效祖国,建功立业,而又无人领会的失意情怀。
昆山玉:比喻杰出的人才。语出李斯《谏逐客书》:"今陛下致昆山之玉,有随、和之宝(指随侯珠与和氏璧),垂明月之珠,服太阿之剑(吴国名剑),乘纤离(骏马名)之马,建翠凤之旗,树灵鼍(tuó,扬子鳄之类的动物,皮可制鼓)之鼓……今取人则不然。不问可否,不论曲直,非秦者去,为客者逐。"后来就以"昆山玉"比喻优秀人才。

(6) 颜色类
白:纯洁、无暇、丧事。
红:热情奔放、青春、喜事。
绿:希望、活力、和平。
蓝:高雅、忧郁。
黄:温暖、平和。
紫:高贵、神秘。
黑:黑暗、绝望、庄重、神秘、对死者的怀念、命运的多舛。

(7) 关于人的品质、行为活动
英雄:追慕、自愧自叹。
小人:鄙夷、明志、自省、鞭挞。
六朝旧事、南朝旧梦:表示往日富贵繁华的生活。
击楫:谓立志报效国家,收复失地。
娥眉(蛾眉):美女。
峨眉:高尚的德行。
青青子衿:有才能的人。
巴歌:亦称巴唱、巴讴、巴人之曲。借指鄙俗之作,多作谦词。多和"阳春白雪"比照着来写,表达自己的微不足道。
碧血:借指为正义事业所流的血。后来也用"碧血""苌弘化碧"比喻蒙冤而死或忠心不泯。例如《窦娥冤》:"不是我窦娥罚下这等无头愿,委实的冤情不浅……这就是咱苌弘化碧,望帝啼鹃。"

折桂:比喻科举及第。典出《晋书》:"武帝于东堂会送,问诜曰:'卿自以为何如?'诜对曰:'臣举贤良对策,为天下第一,犹桂林之一枝,昆山之片玉'。"

怀桔:指孝顺双亲。典出《三国志·吴志·陆绩传》:"绩年六岁,于九江见袁术,术出桔,绩怀三枚,去,拜辞坠地。术谓曰:'陆郎作宾客而怀桔乎?'绩跪答曰:'欲归遗母。'术大奇之。"

采薇:借指隐居生活。《史记·伯夷列传》记载:"武王已平殷乱,天下宗周,而伯夷、叔齐耻之,义不食周粟,隐于首阳山,采薇而食之。"说的是伯夷、叔齐隐居山野,义不侍周的故事。后来也表现坚守节操。

诗人常常用诗歌里的"山林"和"宫阙"的形象,来表现诗人的理想和现实之间的矛盾与冲突。所谓"宫阙"也言"魏阙",是朝廷的代称,也是诗人受到当道重用的象征。所谓"山林"则是指诗人在政治理想破灭或者是怀才不遇、报国无门时,作者心生怨愤而转向归隐山林息影草泽的形象的代称。

哀鸿:比喻哀伤苦痛、流离失所的人。诗歌写使臣行于四方,见流民如鸿雁飞集于野,流民喜使者到来,皆合词倾诉,如鸿雁哀鸣之声不绝。后来以鸿雁在野、哀鸿遍野喻指百姓流离失所。

咏絮:谓女子咏雪。指女子工于吟咏,有非凡的才华。后来"咏絮"即指咏雪,"咏絮才"即非凡才华。

南冠:指囚犯。典故出自《左传·成公九年》。一楚人钟仪囚于晋,仍然戴南冠。弹奏南国音乐,范文子称赞这是君子之行;后来一般文人以此指代自己怀有节操的囚徒生活。

(8)地点

古迹:怀旧明志、昔盛今衰、国家衰败萧条(古迹一般和古人密切相关)。

乡村:思归、厌俗、田园风光、生活气息、纯朴美好、安逸宁静。

草原:辽阔、人生境界、人的胸襟。

城市(市井):繁荣热闹、富贵奢华。

仙境:飘逸、美妙洁净、忘尘厌俗。

凭栏:思念故国、故乡、亲人。

南山:代表隐居的地方。

桃源:代表着一个理想的乐土。

武陵人:代表隐居的人。

柳营:指军营,后也代称纪律严明的军营。

天地尘世:鸿蒙、希夷、太清、太虚。

细柳营:汉代周亚夫屯军之地。王维《观猎》"忽过新丰市,还归细柳营。"

(9)其他类

白衣苍狗:亦叫白云苍狗,比喻世事变幻无常。出自杜甫诗《可叹》:"天上浮云似白衣,斯须改变如苍狗。古往今来共一时,人生万事无不有。"人事变化,犹如浮云,一会儿像白云,一会儿像灰狗。

破晓:初现希望。

深夜:愁思、怀旧。

雪:琼玉、碎玉、冰花。

信:鸿雁、尺牍、尺素。
后庭花:亡国。
天地:人类的渺小、人生的短暂、心胸的广阔、情感的孤独。
浮生:表示短暂虚幻的人生。
朝阳:希望、朝气、活力。
夕阳:失落、消沉、珍惜美好而短暂的人生或事物。
正午:热烈、热情奔放、恶势力对社会、对人的摧残。
酒:欢悦、得意、失意、愁苦。

2. 重点把握的意象
1)"燕子"意象

燕:属候鸟,随季节变化而迁徙,喜欢成双成对,出入在人家屋内或屋檐下。因此为古人所青睐,经常出现在古诗词中,或惜春伤秋,或渲染离愁,或寄托相思,或感伤时事,意象之盛,表情之丰,非其他物类所能及。

(1)表现春光的美好,传达惜春之情。相传燕子于春天社日北来,秋天社日南归,故很多诗人都把它当做春天的象征加以美化和歌颂。如"冥冥花正开,飚飚燕新乳"(韦应物《长安遇冯著》),"燕子来时新社,梨花落后清明"(晏殊《破阵子》),"莺莺燕燕春春,花花柳柳真真,事事丰丰韵韵"(乔吉《天净沙·即事》),"鸟啼芳树丫,燕衔黄柳花"(张可久《凭栏人·暮春即事》),南宋词人史达祖更是以燕为词,在《双双燕·咏燕》中写到:"还相雕梁藻井,又软语商量不定。飘然快拂花梢,翠尾分开红影。"极研尽态,形神俱似。春天明媚灿烂,燕子娇小可爱,加之文人多愁善感,春天逝去,诗人自会伤感无限,故欧阳修有"笙歌散尽游人去,始觉春空。垂下帘栊,双燕归来细雨中"(《采桑子》)之慨叹,乔吉有"燕藏春衔向谁家,莺老羞寻伴,风寒懒报衙(采蜜),啼煞饥鸦"(《水仙子》)之凄惶。

(2)表现爱情的美好,传达思念情人之切。燕子素以雌雄颉颃,飞则相随,以此而成为爱情的象征,"思为双飞燕,衔泥巢君屋""燕尔新婚,如兄如弟"(《诗经·谷风》),"燕燕于飞,差池其羽,之子于归,远送于野"(《诗经·燕燕》),正是因为燕子的这种成双成对,才引起了有情人寄情于燕、渴望比翼双飞的思念。才有了"暗牖悬蛛网,空梁落燕泥"(薛道衡《昔昔盐》)的空闺寂寞,有了"落花人独立,微雨燕双飞"(晏几道《临江仙》)的惆怅嫉妒,有了"罗幔轻寒,燕子双飞去"(晏殊《破阵子》)的孤苦凄冷,有了"月儿初上鹅黄柳,燕子先归翡翠楼"(周德清《喜春来》)的失意冷落,有了"花开望远行,玉减伤春事,东风草堂飞燕子"(张可久《清江引》)的留恋企盼。凡此种种,不一而足。

(3)表现时事变迁,抒发昔盛今衰、人事代谢、亡国破家的感慨和悲愤。燕子秋去春回,不忘旧巢,诗人抓住此特点,尽情宣泄心中的愤慨,最著名的当属刘禹锡的《乌衣巷》:"朱雀桥边野草花,乌衣巷口夕阳斜。旧时王谢堂前燕,飞入寻常百姓家。"另外还有晏殊的"无可奈何花落去,似曾相识燕归来,小园香径独徘徊"(《浣溪沙》),李好古的"燕子归来衔绣幕,旧巢无觅处"(《谒金门·怀故居》),姜夔的"燕雁无心,太湖西畔,随云去。数峰清苦,商略黄昏雨"(《点绛唇》),张炎的"当年燕子知何处,但苔深韦曲,草暗斜川"(《高阳台》),文天祥的"山河风景元无异,城郭人民半已非。满地芦花伴我老,旧家燕子傍谁飞?"(《金陵驿》)。燕子无心,却见证了时事的变迁,承受了国破家亡的苦难,表现了诗人的"黍离"之悲,负载可谓重矣。

（4）代人传书，幽诉离情之苦。唐代郭绍兰于燕足系诗传给其夫任宗。任宗离家行贾湖中，数年不归，绍兰作诗系于燕足。时任宗在荆州，燕忽泊其肩，见足系书，解视之，乃妻所寄，感泣而归。其《寄夫》诗云："我婿去重湖，临窗泣血书，殷勤凭燕翼，寄于薄情夫。"谁说"梁间燕子太无情"（曹雪芹·《红楼梦》），正是因为燕子的有情才促成了丈夫的回心转意，夫妻相会。郭绍兰是幸运的，一些不幸的妇人借燕传书，却是石沉大海，音信皆无，如"伤心燕足留红线，恼人鸾影闲团扇"（张可久·《塞鸿秋·春情》），"泪眼倚楼频独语，双燕来时，陌上相逢否"（冯延巳·《蝶恋花》），其悲情之苦，思情之切，让人为之动容，继而潸然泪下。

（5）表现羁旅情愁，状写漂泊流浪之苦。"整体、直觉、取象比类是汉民族的主导思维方式"（张岱年·《中国思维偏向》），花鸟虫鱼，无不入文人笔下，飞禽走兽，莫不显诗人才情。雁啼悲秋，猿鸣沾裳，鱼传尺素，蝉寄高远。燕子的栖息不定留给了诗人丰富的想象空间，或漂泊流浪，"年年如社燕，飘流瀚海，来寄修椽"（周邦彦·《满庭芳》）；或身世浮沉，"望长安，前程渺渺鬓斑斑。南来北往随征燕，行路艰难"（张可久·《殿前欢》）；或相见又别，"有如社燕与飞鸿，相逢未稳还相送"（苏轼·《送陈睦知潭州》）；或时时相隔，"磁石上飞，云母来水，土龙致雨，燕雁代飞"（刘安·《淮南子》）。燕子，已不仅仅是燕子，它已经成为中华民族传统文化的象征。

2)"水"的意象

（1）因水的柔和清冷，常用水比喻月色之类虽具体可感却难以把握的事物。如："天阶夜色凉如水，坐看牵牛织女星。"从侧面反映了封建时代妇女的悲惨命运。

（2）因水的剪切不断，绵软不绝，常以水喻愁。如李白的"抽刀断水水更流，举杯销愁愁更愁。"抒发了诗人因强烈感到现实与理想的矛盾不可调和而产生的烦忧和愁苦。

3)"船"的意象

中国古典诗歌中用以表现"漂泊"之感的意象很多，如浮萍、飞蓬、孤雁等，"船"则是表现这种情感的最为常见的意象之一。一叶扁舟，天水茫茫，越发比照出人的渺小；人在旅途，所见多异乡风物，更易触发无限的思绪。杜甫诗中的"船"意象出现得极为频繁，表现漂泊之感也非常强烈："细草微风岸，危樯独夜舟。星垂平野阔，月涌大江流。名岂文章著，官应老病休。飘飘何所似，天地一沙鸥。"（《旅夜书怀》）"昔闻洞庭水，今上岳阳楼。吴楚东南坼，乾坤日夜浮。亲朋无一字，老病有孤舟。戎马关山北，凭轩涕泗流。"（《登岳阳楼》）杜甫经历了唐朝由盛而衰的巨大转变，晚年在四川、湖南一带漂泊达11年之久，最后病死于自潭州赴岳州的一条小船上。船是他晚年最常用的交通工具，也成为他最终的归宿。他在诗中反复写到"船"意象，"危樯独夜舟""老病有孤舟"，船是诗人漂泊身世的象征和写照。

与"漂泊"之感相对，中国古典诗歌中"船"意象的另一典型内涵是"自由"。这种思想的渊源可以追溯到庄子，他说"巧者劳而知者忧，无能者无所求。饱食而遨游，泛若不系之舟，虚而遨游者也。"他的思想虽然消极，但是对中国文人来说，"泛不系之舟"，却成为颇具吸引力的人生理想：如李白《宣州谢朓饯别校书叔云》："人生在世不称意，明朝散发弄扁舟。"如韦应物《滁州西涧》："独怜幽草涧边生，上有黄鹂深树鸣。春潮带雨晚来急，野渡无人舟自横。"韦诗描写春花、春草、春树、春鸟、春潮、春雨等明丽的景象，用一系列繁密景物烘托出"野渡无人舟自横"的中心意象，既是写实化描写，又是诗人心态的形象化表现。

4)"青山"的意象

（1）青山在诗歌中常带有故乡居所的象征意义："世乱同南去，时清独北还。他乡生白发,旧国见青山。晓月过残垒,繁星宿故关。寒禽与衰草,处处伴愁颜。"(司空曙《贼平后送人北归》)"旧国见青山"则是诗人对友人回到故乡的想象:友人虽然可以回到故乡,可是田园庐舍已成一片废墟,所见也唯有青山如故,迎接游子的归来。青山白发的颜色对比极为醒目,含蓄地表达了重回故乡的喜悦与对岁月流逝的感慨。

(2)青山的亘古不移为人们提供思想的参照物,启发人们超越俗世名利,也往往导致人们迷失于历史的虚无。《三国演义》开篇一首《临江仙》词,即因浓缩了这种感慨而被誉为"千古第一调":"滚滚长江东逝水,浪花淘尽英雄。是非成败转头空。青山依旧在,几度夕阳红。白发渔樵江渚上,惯看秋月春风。一壶浊酒喜相逢。古今多少事,都付笑谈中。"诗歌中的青山意象始终交织着诗人们这种矛盾的心态与感受。不过,无论诗人是在青山的永恒中发现人生短暂而为之恐惧,还是因之而超脱,他们的身心都渴望归依青山。"性本爱丘山"的陶渊明在弃官之后,"采菊东篱下,悠然见南山"(《饮酒》),把自己完全交托给自然。被排挤出朝廷的李白说:"问余何意栖碧山,笑而不答心自闲"(《山中问答》),他好像在故意卖关子,其实已经透露了栖居碧山的理由——"心闲";青山给他一片纯净的天地,他把青山当成知己,与之"相看两不厌"(《独坐敬亭山》),甚至有死葬青山之志。

5)"月亮"的意象

月亮的别称:蟾宫、玉盘、银钩、婵娟、桂宫、玉轮、玉环、玉钩、玉弓、玉镜、天镜、明镜、玉兔、嫦娥、蟾蜍。

月亮:在我国古代诗歌中,用月亮烘托情思是常用的笔法。一般说来,古诗中的月亮是思乡的代名词。李白《静夜思》:"床前明月光,疑是地上霜,举头望明月,低头思故乡。"这首诗表现了李白的思乡之情。诗中的月亮就不再是纯客观的物象,而是浸染了诗人感情的意象了。唐人王建《十五夜望寄杜郎中》:"今夜月明人尽望,不知秋思落谁家。"诗句以委婉的疑问点出了这月圆之夜人间普遍的怀人心绪,含蓄地表现了诗人对故乡朋友的深切思念。

此外,"月"还有以下意象:

(1)明月蕴涵边人的悲愁。

如:"回乐烽前沙似雪,受降城外月如霜"的悲亢幽怨;"秦时明月汉时关,万里长征人未还"的悲壮雄浑。

(2)明月蕴涵情感的无奈。

如谢庄"美人迈兮音尘阙,隔千里兮共明月。"的祈祷和祝福;张九龄"海上生明月,天涯共此时。"的希冀和渴盼。

(3)明月蕴涵时空的永恒。

"古人今人若流水,共看明月皆如此。"把时间对生命的劫掠和生命在时间面前的无奈表现得淋漓尽致。

3. 评价诗歌的意境特点

(1)什么是意境

《王国维人间词话》中有名言曰:"一切景语皆情语也。"当一些人物、景物的形象处在客观世界里被我们观察时,那些只是"无情无意"的物象。当诗人以自己个性化的带有特定情感的眼光观察了,并择取物象的某方面特征付诸毫端的时候,这些物象就被称之为意象。而统一于作者主要思想感情的一组意象,就是意境。

(2) 体味意境的基本方法

从意象的形声色味等特征开始,通过合理想象,设身处地,把握意象的形态声音色彩气味的美丑、高低缓急、明暗、香臭等属性,并依人之常情,由己及诗,对应推断诗中的感情基调与感情变化。推断过程中注意主次关系的取舍。

(3) 常见的评价意境特点的词语——注意词意的轻重、侧重点等细微差别:如"壮阔、阔远、阔大、悠远""雄奇优美、雄浑苍劲、雄浑壮观""瑰丽、明丽、淡雅、恬淡自然""恬静、安谧、幽静""和平、生机勃勃、繁华热闹""深远、幽深、奇险""迷蒙、迷茫、缥缈、虚幻""暗淡、幽暗、昏暗""荒寒、肃杀、萧条、萧索""冷落、孤寂(孤独寂寞)、落寞(冷落寂寞)""悲凉、慷慨悲壮、悲壮苍凉、凄凉、凄惨"。

(五) 知题材,定主旨

古代诗歌浩如烟海,从《诗经》到清代的诗歌,数量之多,题材之广,令人赞叹。但就其内容而言,大体可概括为:

1. 相送惜别

如柳永的"寒蝉凄切,对长亭晚,骤雨初歇……杨柳岸晓风残月……"(《雨霖铃》),李白的"故人西辞黄鹤楼,烟花三月下扬州。孤帆远影碧空尽,唯见长江天际流"(《送孟浩然之广陵》)。诗歌景中含情、融情入景,烟花含愁,孤帆载憾,天际碧水带走诗人的无尽思念,其惜别之情从每一个画面中渗透出来。

2. 咏(托)物言志

山川河岳、花鸟草虫,都可成为诗人引用的对象。如虞世南的《蝉》,表达了对高尚品格的赞赏。

3. 边塞征战

如范仲淹的"塞下秋来风景异,衡阳雁去无留意"(《渔家傲》);王翰的"醉卧沙场君莫笑,古来征战几人回"(《凉州词》)。

4. 怀古咏史

如苏轼的"大江东去,浪淘尽,千古风流人物……"(《赤壁怀古》);辛弃疾的"千古江山,英雄无觅孙仲谋处,舞榭歌台,风流总被雨打风吹去……"(《京口北固亭怀古》)。杜牧《泊秦淮》也是。

5. 即事感怀(抒怀)

如白居易的"同是天涯沦落人,相逢何必曾相识"。

6. 羁旅行役

温庭筠的"鸡声茅店月,人迹板桥霜"(《商山早行》)。

7. 山水田园

如《过故人庄》《山居秋暝》《归园田居》等。

8. 写景抒情

如贺知章的"不知细叶谁裁出,二月春风似剪刀";谢朓的"鱼戏新荷动,鸟散余花落。不对芳菲酒,还望青山郭"(《游东田》)。白居易《钱塘湖春行》与杜甫《绝句》(江碧鸟逾白,山青花欲燃。今春看又过,何日是归年)都是。

9. 家国之思

李煜《虞美人》与王维的"独在异乡为异客,每逢佳节倍思亲"(《九月九日忆山东兄弟》)。

10. 忧国忧民

如杜甫的《登岳阳楼》,白居易的《卖炭翁》。

以上对诗歌内容的粗略分类,目的是在具体鉴赏诗歌时,快速了解其内容,以便把握诗歌的要旨。

根据诗词题材,深入体味并整合诗句大意与情调,取舍主次,即可得出诗词的主旨(主要思想感情)。常用的表达诗词主旨的词语有:"心旷神怡、热情洋溢、豪情满怀""慷慨激昂、得意洋洋、徜徉山水""欢快、欣喜、喜悦、舒畅""自由、恬淡、闲适、惬意""仰慕、追慕、留恋""同情、孤独寂寞、思念""郁闷、空虚、烦闷、抑郁""感伤、辛酸、悲痛、悲愤""忧愤、激愤、悲壮、壮志难酬""忧国忧民、消极避世""讽刺、指斥、控诉"等。

(六) 析手法,赏技巧

表达技巧有三个层面的内容:修辞方法、表现手法(表达方式、文艺表现方法)、篇章结构。

表达技巧是指作者借助语言文字,运用一般创作规则和方法来创造生动、鲜明、具体的艺术形象,从而达到特殊艺术效果的手段和方法。它主要包括表现手法类、表达方式类、修辞手法类三大分支。

这组术语(概念)是命题者在题干中经常采用的具有很大干扰性和迷惑性的术语。学生若不把握它们的内涵和外延,不明其具体指向,就会因审题不准而失分。这组术语从总体上看也不是并列的,存在一种包含与被包含的关系。"表达技巧""写法"的提法比较笼统,主要立足诗词的整体写作技巧,因此答题角度可大可小,既可着眼整体分析,也可就局部分析,只要言之成理即可。"表现手法""表达方式""修辞手法"的提法是针对诗词整体或局部作比较具体的分析,考试中大多表现为对局部的分析理解。这三个术语隶属于"表达技巧"范畴。

1. 修辞方法

比喻——用一种事物或情景来比作另一种事物或情景。有突出事物特征,把抽象的事物形象化的作用,更加生动感人。

比拟——把物当成人来描写叫拟人,或把人当成物来描写叫拟物。比拟有促使读者产生联想,使描写的人、物、事表现得更形象、生动。

设问——先提出问题,接着自己把看法说出。问题引入,带动全篇,中间设问,承上启下,结尾设问,深化主题,令人回味。

反问——用疑问的形式表达确定的意思。用来加强语气,表达强烈感情。

借代——借用相关的事物来代替所要表达的事物。借代可用部分代表全体,具体代替抽象,用特征代替人。借代的运用使语言简练、含蓄。

对偶——用结构相同、字数相同的一对句子或短语来表达两个相对或相近的意思。从形式看,语言简练,整齐对称;从内容看,意义集中含蓄。

夸张——对事物的形象、特征、作用、程度等进行扩大或缩小的描述。有更突出、更鲜明地表达事物的作用。

用典——用典是古诗词中常用的一种表现方法,能够起到含蓄、洗练、委婉和联想翩翩等作用。既可使诗歌语言精练，又可增加内容的丰富性，增加表达的生动性和含蓄性，可收到言简意丰、耐人寻味的效果，增强作品的表现力和感染力，在增强了作品意蕴的同时，也给阅读造成了一定的影响。古诗词中的用典有以下几种情形：① 点化前人语句；② 引用神话故事；③ 运用历史故事。

点化（化用）——对前人书面作品的语言和群众的口头创造，进行再加工再创造，赋予它新的内容和意境。可分三种：字词点化、内容升华、意境开拓。

互文——"互文"即古代诗文的相邻句子中所用的词语互相补充，结合起来表示一个完整的意思，是古汉语中一种特殊的修辞手法，在古诗词中的运用一般有两种表现形式：① 为了避免词语单调重复，行文时交替使用同义词，这种互文的特点是在相同或基本相同的词组或句子里，处于相应位置的词可以互释。这样可以从已知词义来推知另一未知词义。② 是出于字数的约束、格律的限制或表达艺术的需要，必须用简洁的文字、含蓄而凝练的语句来表达丰富的内容，于是把两个事物在上下文中只出现一个而省略另一个，即"两物各举一边而省文"，以收到言简意繁的效果。理解这种互文时，必须把上下文保留的词语结合起来，使之互相补充、彼此映衬才能现出其原意，故习惯上称之为"互文见义"。

反复——叠字叠词叠句：作用不外两种：增强语言的韵律感或是起强调作用，更加生动形象。思想感情的表达更为绵密曲折，音节流美，增强语言的音乐美、修辞美。

排比——把内容紧密关联、结构相同或相似、语气一致的几个句子或短语接连说出来。

双关——在有些诗歌尤其是民歌中，作者为了表达出一种委婉含蓄的情感，往往采用隐语、双关的修辞手法。

列锦——所谓列锦，就是全部用名词或名词性短语，经过选择组合，巧妙地排列在一起，构成生动可感的图像，用以烘托气氛，创造意境，表达情感的一种修辞手法。运用此修辞可达到的艺术效果是：① 凝练美。诗词有时故意让成分残缺，从而达到简洁凝练的效果。② 简远美。所谓简远，是指选取那些具有概括性的事物，经过作家巧妙地艺术处理，使之凝聚丰富深广的思想内容和情感。③ 含蓄美。含蓄，就是不把意思直接完全说出来，而是委婉地道出，从而收到良好的表达效果。

2. 表现手法

表现手法又称艺术手法、表现方法，是指诗词在整体或局部上塑造鲜明、生动的艺术形象，使之具有感染读者和审美效果的具体的手段和方法。它主要是针对诗词局部效果而言的，表现手法是高考中频频考查的内容，也是今后此考点命题的方向。

（1）表达方式

诗词中主要运用叙述、描述、议论、抒情四种表达方式，这其中描写、抒情是考查的重点。

情与景关系：诗人写诗来表达他的思想情感。为了达到这个目的，他需要写景——自然界的或周围阔景，来引起情，把情感传达给读者。情与景的处理很重要，如果处理得恰当，他就会激起读者的感情，使读者与他产生共鸣。这样的诗就写得好，能动人。

抒情手法分为直接抒情和间接抒情两种。

直抒胸臆——直抒胸臆就是诗人在其诗作中袒露襟怀，不加掩饰地抒发激情、快意或愁绪。这种方式比较直观。

间接抒情——诗人们往往借助多种修辞艺术，委婉地表达自己的思想感情，分为借景抒情、托物言志，情景交融。

借景抒情：诗人对某种景象或某种客观事物有所感触时，把自身所要抒发的感情、表达的思想寄寓在此景此物中，通过描写此景此物予以抒发，这种抒情方式叫借景或借物抒情。

情景交融：这种方式将感情融汇在特定的自然景物或生活场景中，借对这些自然景物或场景的描摹刻画抒发感情，是一种间接而含蓄的抒情方式。情景交融包括三种形式，一是景中寓情，二是以景结情，三是缘情写景。在我国古代诗歌中，松竹梅兰、山石溪流、沙漠古道、边关落日、夜月清风、细雨微草、芭蕉残荷、梧桐细雨、飞蓬浮萍、鸿雁闲鹤、长亭短亭等，常常是诗人借以抒情的对象，这些景物也就不再是纯粹的自然之物了，而是承载传递了人们极为丰富复杂的思想情感。

注意乐景与哀景的关系：诗歌中只要有景语，就一定与作者的情感有关，即所谓一切景语皆情语。关于情景交融的鉴赏，关键在于情是何情，事实上也就是要求我们品味出景是何景了——哀景、乐景、愁景？一般情况下，是乐景写乐情，哀景抒哀情，但也有以乐景衬哀情或哀景写乐情的写法。以乐景写哀情或以哀景写乐情，可以起到倍增其哀乐的效果。

托物言志和借景抒情的区别：借景抒情是通过对景物的描写，抒发的是情感，表现的是情绪，诗人在诗中表达的是含蓄的感受，所以它有乐、哀、愁，但我们绝不会把这种情绪看成是一种思想。借景抒情的"情"专指热爱、憎恶、赞美、快乐、悲伤等感情。托物言志，更重要的是诗人要通过描写的物来表明心迹，以及人生的态度和对人生的感悟。托物言志常常借助于某物的一些特性，托物言志的"志"可以指感情、志向、情操、爱好、愿望、要求等。

描写技巧：烘托与对比、动静结合、虚实结合、点面结合、明暗结合、正侧结合、声色结合、粗笔勾勒、白描工笔等。

渲染与烘托——渲染与烘托本都是中国画中的一种技法，渲染是指国画中，在需要强调的地方，用水墨或淡的色彩涂抹画面，显出物象阴阳向背，以加强艺术效果。这是一种加浓形象的手法。诗歌中则是指对环境、景物等做多方面的正面描写形容，以突出形象。烘托是用水墨或色彩在物象的轮廓上渲染衬托，使物象明显突出。用于诗歌创作，指从侧面着意描写，作为陪衬，使所需要的事物鲜明突出。也就是不说本意，只说与此有关的其他事物，达到突出本意的目的。对同一事物，可以从正面渲染，也可以从侧面烘托。

衬托与对比——衬托就是利用事物间的近似或对立的条件，用一些事物为陪衬来突出所要表现的事物的表现手法。它可以使被陪衬的事物显得更加突出、形象。分正衬和反衬。正衬就是利用事物的相似的条件来突出主体。反衬就是主体与衬体相反，衬体从反面作背景，衬托主体。对比就是把不同的两个事物或一个事物的两个不同方面进行对照，使好的显得更好，坏的显得更坏。用对比的方法，揭示了矛盾，对比鲜明，反差强烈，具有震撼人的力量。

虚实结合——定义：在诗歌欣赏中，虚与实是相对的，如有者为实，无者为虚；有据为实，假托为虚；客观为实，主观为虚；具体为实，隐者为虚；有行为实，徒言为虚；当前为实，未来是虚；已知为实，未知为虚等。在中国画的传统技法中，虚，是指图画中笔画稀疏的部分或空白的部分。它给人以想象的空间，让人回味无穷。诗画同理，诗歌借鉴了中国画的这种方法。诗歌的"虚"，是指直觉中看不见摸不着、却又能从字里行间体味出那些虚像和空灵的境界。具体说来，诗歌中的"虚"包括以下三类：一是神仙鬼怪世界和梦境。诗人往往借助这类虚无的境界来反衬现实。这就叫以虚像显实境。二是已逝之景之境。这类虚景是作者曾经经历过或历史上曾经发生过的景象，但是现时却不在眼前。三是设想的未来之境。这类虚境是还没有发生的,它表现的情将一直延伸到未来而不断绝。故写愁,将倍增其愁;写乐将倍增其乐。"实"是指客观世界中存在的实像、实事、实境。简单说,"虚"的方法,其实也就是作者想象联想的方式,从我们读过的作品来看,主要有两种:一是遥想,二是梦境。而眼前之景之事则为实。"虚实相生"是指虚与实二者之间互相联系,互相渗透与互相转化,以达到虚中有实,实中有虚的境界,从而大大丰富诗中的意象,开拓诗中的意境,为读者提供广阔的审美空间,充实人们的审美趣味。虚景和实景的关系,有时是相反相成形成强烈的对比,从而突出中心的;有时则是相辅相成形成渲染烘托,从而突出中心的。

动静结合——在中国古代诗歌里,诗人们为了创设意境,特别注意动态描写,动静结合是常用的一种写景手法。在这种手法的运用中,独出心裁,"每着一字",而使"境界全出"。作为动静结合的写景方式,往往是在一种意境里描写动态与静态,并且大多是以静为主,以动衬静的方式(这里的"动"含动与声:如"竹喧归浣女,莲动下渔舟""喧"为声,"动"为动),形成意境和形象的和谐统一。因此,动静结合的写景手法,与衬托又不可截然分开。

正侧结合——对描写对象进行正面的直接的描写是正面描写;描写对象周围的事物,使对象更鲜明、突出的是侧面描写。侧面描写的方式给读者留下更多的想象余地。

点面结合——万事万物都是彼此相互联系的,不是孤立存在的,被描写的景物也一样,它们总是和周围的景物有着千丝万缕的联系。因此,我们在写景状物时,不能孤立地静止地写主体物,还必须写主体物周围的联系物,点面结合,烘云托月,使主体形象更丰满,更有特色。往往得到指出一点、隐括全面的效果。

细节描写——中国古典诗词一般篇幅短小精悍,这样就不像叙事性作品那样有过多的细节描写。但是,即使是短小的篇章哪怕是抒情小品,也同样不能忽视了其中的细节描写。这一点特别需要加以注意。文学作品中真实生动的细节描写,也能获得"见微而知著"的效果。

观察角度的变化——描写要有层次性,由远到近或由下而上等。看同一景物,观察者所处的方位不同,角度不同,俯视,仰视,远眺,近看,视觉形象会呈现千姿百态,变化万千。从不同角度描写,会使读者对所描写的景物产生更加全面的认识,获得更完美的感受。

白描工笔——原是中国绘画的传统技法之一,大致接近西洋画法中的速写或素描,其特点是用简练的墨色线条来勾勒画面,赋形写意,不事烘托,不施色彩。这种画法引入到诗歌的创作中,那就是不用形容词和修饰语,也不用精雕细刻和层层渲染,更不用曲笔或陪衬,而是抓住描写对象,用准确有力的笔触,明快简洁的语言,朴素平易的文字,干净利索地勾画出事物的形状、光暗(声响)等,以表现作者对事物的感受。工笔,原是一种绘画的笔法,后指精雕细刻、重彩浓墨的描绘。

以少总多、以小见大——以少总多应具有以下特征:概括性:所表现的事物所具有的共性、必然性,能够启发读者的联想。具体性:所表现的事物具有个性、偶然性,体现为感性的,能够限制读者的联想。以小见大是以局部见全体、以有限见无限,通过典型和象征,借助于人们的生活体验,达到以小见大的艺术效果。在古代诗歌中,常常表现了窗中观景的艺术趣味,通过有限联想到无限,"物小蕴大",意趣无穷。同样,竹中观日、镜中映景、水中倒景,同样具有这种艺术效果。特点:一是诗歌抓住具有典型特征的小景物,可以在读者的脑海里唤起大的境界,所谓"以小景传大景之情"。二是写社会生活,也是借具有典型意义的生活细节来表现重大的社会内容,绝句尤适宜用这一手法。

诗中有画——就是在写景诗歌中,运用工笔手法,描写出一个个画面,表现一种意境。苏东坡称道王维的诗是"诗中有画",这评语十分中肯。王维的山水田园诗,总是勾勒一个画面,透着一股空灵微妙的意蕴。

(2) 文艺表现方法:赋、比、兴;抑扬变化、铺陈描写、象征联想等。

比兴手法——比喻本是一种把一事物比成另一本质不同的事物的修辞手法,运用在诗歌当中,也称比兴。诗词当中经常运用这一手法以达到形象生动和化实为虚的艺术效果。比喻使描写化实为虚,形象更生动,情感更浓郁。如果通篇贯穿着这种比兴的意象,则是象征。

铺陈——即《诗经》表现手法中的"赋"。"赋者,铺陈其事而直言之",指的是不厌其烦地多角度地进行铺叙陈述。

象征——通过特定的、容易引起联想的具体形象,表现某种概念、思想和感情的艺术手法。象征体和本体之间存在着某种相似的特点,可以借助读者的想象和联想把它们联系起来。例如蜡烛,光明磊落,焚烧自己,照亮别人的具体形象,可以使我们联想到舍己为人的崇高精神。因此蜡烛是舍己为人的象征。象征手法的作用,首先是它把抽象的事理表现为具体的可感知的形象。其次是可以使文章更含蓄些,运用眼前之物,寄托深远之意。

象征是中国诗歌的生命线,"犹如心脏之于躯体""没有象征,诗歌就将失去力量"。例如,龙象征皇上最高权力;凤凰象征皇上的德行,麒麟是长治久安的象征;猿声是旅人离分时的伤感的表现;鹤是永生的化身,蝙蝠跟西方相反,则代表着幸福,鸳鸯是爱情的象征;大雁给分离的情人带来消息;知了象征复活之后便是死亡;梧桐常在描写秋天的诗中出现;杨柳表示别离;兰花是纯洁的象征;牡丹是富贵的标志;菊象征高洁、清秀、淡雅、素朴;"梅"象征高洁、傲霜斗雪的坚强,被称为"隐逸之花";"兰芷"象征名贵、孤芳、清高等。

联想和想象——多为浪漫主义诗人所采用。如李白常把现实与梦境、仙境,自然界与人类社会打成一片,他的《梦游天姥吟留别》以飞越的神思结构全诗,诗人的想象犹如天马行空,所描绘的梦境、仙境,正是他所向往追求的光明美好的理想世界。"小时不识月,呼作白玉盘""我寄愁心与明月,随风直到夜郎西""我歌月徘徊,我舞影零乱"都是奇思遐想与自然天真相结合的神来之笔。大胆丰富的想象也常表现为夸张手法的运用。所谓夸张即故意地对事物进行夸大或缩小的描写,借以表达诗人异乎寻常的情感。在浪漫主义诗歌中,夸张的手法随处可见。如李白的《梦游天姥吟留别》"天台四万八千丈,对此欲倒东南倾。"该句就运用了夸张和烘托的写法来表现天姥山的巍峨高峻。又如李贺的《梦天》"遥望齐州九点烟,一泓海水杯中泻。"在诗人的眼中茫茫中国大地上的九州成了微不足道的尘烟九点,浩渺无边的东海成了杯中之物,通过想象和夸张的手法,抒写了诗人对人事沧桑的深沉感慨。

抑扬关系——把要贬抑否定的方面和要肯定的方面同时说出来,只突出强调其中一个方面以达到抑此扬彼或抑彼扬此的目的。有先扬后抑和先抑后扬之分。

欲扬先抑——欲扬先抑又叫先抑后扬,即文势先下抑后上扬,或文意先贬抑后褒扬,犹如登山,由谷底到山顶。

欲抑先扬——欲抑先扬又叫先扬后抑,即文势先高扬后下抑,或文意先褒扬后贬抑,好像瀑流,从高处飞泻而下。

似贬实褒——对值得歌颂的对象不正面褒扬,而寓褒于贬,正话反说,用贬抑的语气来褒扬,看似贬抑实为褒扬。

似褒实贬——对应该贬抑的对象不直接贬抑,而寓贬于褒,反话正说,用褒扬的语气来贬抑,看似褒扬实为贬抑。

借古讽今或借古抒怀——借古人抒发自己的抱负,表面回忆历史,叙述古人,实则抒发自己对人、事、物的认识。

3. 篇章结构

首句标目、开门见山、曲笔入题、卒章显志、以景结情、层层深入、过渡照应、伏笔铺垫等。

首句标目——开宗明义,直接点题。白居易说:"首句标其目"(《新乐府序》)。这个"目"就是文章的中心论点,运用这种方法开头,就为全文指明了"航标"。

开门见山——文章开头就进入正题,不拐弯抹角。

曲笔入题——不马上就触到本题,开头先来一个发端。运用得好,会使文章有跌宕起伏之感,造成悬念,吸引读者。

伏笔——在文章的故事发生前对将要出现的人物或事件做出某种暗示性的铺排,当事件发展到一定的时候,再予以"回应"的写作技巧。好的伏笔能起到暗示、点题、沟通文章内部联系、逆转人物关系等作用,使文理通顺、合情合理,往往能让人产生会心一笑、心灵共鸣或意外感悟等阅读惊喜,同时能使文章出色生辉,具有独特魅力。

照应——照应是篇章间的伏笔照应,又叫呼应。一篇文章要有头有尾,前后内容要有内在联系。前面交代过的话,后面得有照应;后边要照应的话,前边得先有个交代。这样,文章前后才能贯串,使读者容易掌握全文的脉络。照应能使情节连贯、脉络清晰、结构紧凑。

卒章显志——诗人往往在诗歌的结尾表达自己的心志或情怀,点明主旨。

以景结情——诗歌在议论或抒情的过程中,戛然而止,转为写景,以景代情作结,使得诗歌"此时无情胜有情",显得意犹未尽。

铺垫——在情节发生前的交代、暗示。

画龙点睛——用一两句精彩的话点明主旨。

浑然天成——结构非常完整,如同自然生成的。

第五编 应用文写作

一、真题精解

2005·应用文·请你自拟信息,写一份招聘启事。

要求:(1)格式正确;(2)信息量充分;(3)语言规范,表达准确;(4)字数在100字左右。

【解析】

题目要求考生自拟信息,写一份招聘启事,"格式正确"包括了标题(居中)、正文、署名和发布时间(右对齐);"信息量充分"包括了招聘单位、招聘职位、招聘事由、招聘条件、招聘时间、联系方式;"语言规范,表达准确"主要指应用文语言的得体。字数要求在100字左右。

【例文】

招聘启事

为了促进医院发展,进一步提高医疗质量,特面向社会公开招聘:

一、护师:4名。

二、主管护师:3名。

三、检验医师:1名。

要求:具有护士执业证书及相应资格证书;护师需具有二级甲等以上医院三年以上临床工作经验;主管护师需具有二级甲等以上医院三年以上担任办公护士、总务护士、专业护士的经验。

欢迎有意者携带相关资料及证明前来咨询!

咨询电话:0835—2619504

中国人民解放军第三十七医院

2005年4月

2006·应用文·滨江市第三中学拟建实验室,需要该市教育局批准,请根据以上信息,代该中学撰写一份请示。

要求:(1)格式正确。(2)充分反应信息,所缺细节内容可自行补充。(3)语言符合应用文语体要求。(4)字数200左右。

【解析】

(1)格式应包括:标题、主送机关、正文、落款、成文时间。

(2)正文应包括:请示目的、理由及要求,要突出充分而具体的理由。

（3）语言要准确、简洁、得体，语气要诚恳委婉。

【例文】

关于滨江市第三中学拟建实验室的请示

尊敬的滨江市教育局：

　　近年来，本校教学研究规模日益扩大，承担着滨江市多项实验研究任务，但由于没有专门的实验室来集中力量，因而使主要课题不能正常进行，有的课题则因同样原因而延缓了实验进程。为了使研究任务顺利完成，同时加快学校设施现代化建设的步伐，增进师资力量，提高学生实践能力，现拟在本校设立标准化实验室。

　　妥否，请批示。

滨江市第三中学
2006年10月9日

2007·应用文·教师节将至，请你以江北学院学生会的名义给本院全体教师写一封节日慰问信。

　　要求：格式规范，语言得体，字数200字左右。

【例文】

教师节慰问信

尊敬的江北学院全体老师：

　　在这金桂飘香、秋菊溢彩的美好时节，我们迎来了第×个教师节。在此佳节来临之际，我们向辛勤耕耘、默默奉献的老师们致以节日的问候和崇高的敬意！"老师——您好！"、"老师——您辛苦了！"

　　一年年斗转星移，一载载桃李芬芳。在平凡的生活中，你们总是默默无闻地奉献着自己的知识和青春，用爱的阳光和智慧的甘霖，让我们从混沌中领悟清醇，从清醇中体味成熟，从成熟中升华成功。是你们拼搏的汗水，造就了如今生机勃勃、欣欣向荣的校园；是你们无私的奉献，培育了一代又一代自强不息、不断进取的学子们。日复一日，年复一年，你们辛勤耕耘，值得每一个人感激、尊敬！

　　在这里，献上我们最诚挚的敬意，祝愿您们节日愉快，工作顺利，生活美满，合家欢乐！祝全体教职员工节日愉快，身体健康，工作顺利，阖家幸福！

江北学院学生会
××年9月10日

2008·应用文·2008年2月，东吴大学艺术学院团委组织募捐活动，筹集人民币5.2万元，寄给贵州省××县××希望小学，资助该校重建雪灾倒塌的校舍。这一活动在师生中产生较大反响。为此，学校发文予以表彰，并号召全校师生为抗灾多做贡献。请以××大学的名义撰写一份表彰性通报。

　　要求：格式规范，语言得体，题目自拟，字数300左右。

【解析】

表彰性通报,就是表彰先进个人或先进集体的通报。这类通报,着重介绍人物或集体的先进事迹,点明实质,提出希望、要求,然后发出学习的号召。

通报的标题由制发机关,被表彰或被批评的对象和文种构成。表彰性通报正文结构有三部分:第一部分,说明表彰或批评的原因,即写清先进事迹或错误事实的经过情况,要求用叙述的手法真实客观地反映事实;第二部分,对所叙述的事实进行准确的分析,中肯的评价,做到不夸大、不缩小,使人们能从好的人和事物中得到鼓舞;第三部分,一般是对表彰的先进作出嘉奖。最后还要根据通报的情况,针对现实的需要,发出号召或提出要求。

情况通报正文结构一般包括两个部分:一是被通报的情况,二是希望和要求。

【例文】

关于"我为灾区献爱心"募捐活动的表彰性通报

今年年初,我国南方发生了罕见的雪灾。面对这样的自然灾害,东吴大学艺术学院团委在学校的支持下积极组织"我为灾区献爱心"的募捐活动,筹集人民币5.2万元,寄给贵州省××县××希望小学,资助该校重建因雪灾倒塌的校舍。

在全校师生的努力配合下,此次"我为灾区献爱心"募捐活动取得了令人欣慰的成绩。外语系、经济系、音乐系的许多班级都是主力军,捐款数额相当大。其中,外语系0701班戴勇在班中带头捐款100元。其他各班同学捐款数额大多数都在10元以上。在整个募捐过程中,同学们都努力做好自己的手头工作,耐心地向每位过路的师生讲解此次募捐活动目的。他们不顾饥饿与疲劳,坚守着岗位。许多同学在几天的募捐中坚持每次都到场,为捐款活动做出了重要贡献。

"大雪无情人有情"。这次募捐响应了党的十七大号召,为创建和谐社会贡献了自己的微薄之力。这不仅反映了全校师生对生命关爱的炽热的心,也体现了新时代大学生的人文精神和综合素质。在此,向他们致敬,并希望师生能为抗灾多做贡献!

特此表彰通报。此致!

××大学

2009年5月10日

2009·应用文·××市职业技术学院学生楼的扩建工程需要砍伐10棵已生长15年以上的桂花树,但是按规定必须获得本市园林局的批准。为此,学院向市园林局行文请求批准。园林局收文后经过调研,给予基本同意的复文。

请你分别以××市职业技术学院,××市园林局的名义,撰写这两份公文。行文要规范,材料不足可以适当补充,正文总字数控制在350字以内。

【解析】

题目要求考生自拟信息,写两份公文。根据题目意思,一份应为请求批准函,另一份是关于请求批准函的复函。

【例文】

1. 请求批准函

关于请求批准砍伐桂花树的函

新沂市园林局:

我院教学主楼的扩建工程在施工过程中必须砍伐10棵已生长15年以上的桂花树,按照国家有关规定,特向贵局发函请求批准,以便尽快办理有关手续。妥否,即请函复。

新沂市职业技术学院(印)
2009年5月9日

2. 复函

新沂市园林局关于砍伐桂花树问题给新沂市职业技术学院的复函

新沂市职业技术学院:

贵院2009年5月9日给我局的来函收悉。关于教学主楼扩建工程在施工过程中必须砍伐10棵15年以上桂花树的问题,经我局调研后认为情况属实,原则上应按照国家有关规定进行移栽,如移栽不能存活,同意砍伐。特此函复。

新沂市园林局(印)
2009年5月10日

2010·应用文·2010年4月5日,《金陵晚报》刊载一则招聘信息:江苏中航公司招聘具有本科以上学历的人员5名,其中办公室主任助理1名、日语翻译1名、秘书1名、公关部公关员2名。请你以本科毕业生的名义撰写一封自荐信。

要求:① 文体规范,语言得体,不超过300字。② 文中不得出现与考生有关的信息,如确需使用学校名称、本人姓名等,请用"××"代替。

【解析】

题目要求考生自拟信息,写一份自我推荐信。从实际应用角度而言,自我推荐信应该包括个人的基本信息、学业状况、专业资质、获奖情况以及实践经历。当然,语言要得体,全面而充分地展示自我,并在最后表达一定程度的求职渴望。

【例文】

自我推荐信

尊敬的江苏中航公司:

见信好!本人××,女,××××年生,浙江××人,现毕业于××大学新闻传播学院文秘专业。

本人在四年的本科学习中,英语通过国家六级测试,计算机通过江苏省二级测试,同时通过了国家秘书职业资格考试,获得秘书资质证书,并在××电视台进行过为期半年的秘书实务工作。

现由《金陵晚报》招聘信息得知,贵公司招聘一名秘书,自忖条件合适,故毛遂自荐。若能给予实践机会,定当展现我全部的热情与才干。
　　此致
敬礼!

　　　　　　　　　　　　　　　　　　　　　　　　　　　××
　　　　　　　　　　　　　　　　　　　　　　　　××××年×月×日

　　2011·应用文·网络时代给人们的生活带来了不小的变化,一批网络用语也随之进入人们的日常口语甚至青少年的作文中。这种现象引起了国家有关部门和一部分语言文字工作者的关注。
　　请你以一名在校大学生的身份,就网络语言的使用情况设计一份调查报告提纲,并对重要部分加以适当的阐述。
　　要求:(1) 300字以内。(2) 文中不得出现与考生有关的信息,如确需使用人名、校名等时,请用"××"代替。

【解析】
　　一方面,要求考生写一份关于网络语言使用情况的调查报告提纲,另一方面要求考生对重要部分加以适当的阐述。一般来说,调查报告写作要注意以下三个步骤:
　　(一)确定主题
　　主题是调查报告的灵魂,对调查报告写作的成败具有决定性的意义。因此,确定主题要注意:报告的主题应与调查主题一致;要根据调查和分析的结果,重新确定主题;主题宜小,且宜集中;与标题协调一致。
　　(二)取舍材料
　　对经过统计分析与理论分析所得到的系统的完整的"调查资料",在组织调查报告时仍需精心选择,不可能也不必都写上报告,要注意取舍。选取与主题有关的材料,去掉无关的、关系不大的、次要的、非本质的材料,使主题集中、鲜明、突出;注意材料点与面的结合,材料不仅要支持报告中某个观点,而且要相互支持,形成面上的"大气";在现有有用的材料中,要比较、鉴别、精选材料,选择最好的材料来支持作者的意见,使每一材料以一当十。
　　(三)布局和拟定提纲
　　这是调查报告构思中的一个关键环节。"布局"就是指调查报告的表现形式,它反映在提纲上就是文章的"骨架"。拟定提纲的过程实际上就是把调查材料进一步分类、构架的过程。构架的原则是:"围绕主题,层层进逼,环环相扣"。提纲或骨架的特点是它的内在的逻辑性,要求必须纲目分明,层次分明。
　　调查报告的提纲有两种,一种是观点式提纲,即将调查者在调查研究中形成的观点按逻辑关系一一地列写出来。另一种是条目式提纲,即按层次意义表达上的章、节、目,逐一地写成提纲。也可以将这两种提纲结合起来制作提纲。

【例文】

关于网络语言使用情况的调查报告提纲

　　一、调查时间
　　2011年1月至3月

二、调查地点

××市××区××高级中学高二×班

三、调查情况

在学生作文中使用的网络语言,有数字或字母的简称,比如"7456"代表"气死我了","886"代表"拜拜咯","＋U"意为"加油";有的是比喻,如"腹黑"是指表里不一的人;有的是谐音,"喜欢"叫做"稀饭";还有一些流行新语,"打酱油"的意思是"不关我的事,不予评价"。

四、成因分析

网络语言是伴随着网络的发展而新兴的一种有别于传统媒介的语言形式。它起源于网络,传播于网络,有拼音或英文字母的缩写、由某种特定意义的数字及形象生动的网络动画和图片组成,简洁生动的形式一诞生就得到了广大网友的偏爱,并迅速流传起来。原因大致如下:

1. 节约时间和上网费用。网络语言将数字、符号、拼音、汉字和英文字母杂糅在一起,比传统的语言要简单易用,也减少了打字时间,节约了上网费用。

2. 蔑视传统,崇尚创新。许多学生不仅主动使用网络语言,而且还积极地创作网络语言,用生动活泼的网络语言来替代传统的语言形式。

3. 张扬个性。高中生是网民群体之一,他们正处于渴望张扬个性、引起他人注目的年龄阶段。

4. 掩饰个人身份、年龄、性别和语言习惯。

五、意见及建议

有的青少年习惯了使用网络语言,语言变得贫乏、单调、粗俗,失去了应有的活力和朝气,必须积极引导青少年认识网络语言的危害,自觉加以抵制,集中精力学好母语,提高母语的应用能力,为今后的学习和工作准备好语言条件,同时网络语言不符合汉语的使用规范,应该遏制其发展,限制其使用。

2012·应用文·××学校2012年毕业典礼召开在即,需要一名毕业生代表在大会上致感谢词。请以这名代表的身份写一篇致谢词。

要求:(1) 300字以内。(2)文中不得出现与考生有关的信息,如确需使用人名、校名等时,请用"××"代替。

【例文】

致谢词

尊敬的各位领导、老师及各位同学:

大家好!在这即将毕业的时刻,我代表全体毕业生向培养教育我的学校表示感谢!这里浓厚的学术氛围,舒适的学习环境我将终生难忘!

感谢生我养我的父母,他们给予了我最无私的爱,为我的成长付出了许多许多,焉得谖草,言树之背,养育之恩,无以回报,唯愿他们健康长寿!感谢同窗好友×××、×××、××、××、×××以及更多我无法逐一列出名字的朋友,他们和我共同度过了四年美好难忘的大学时光,我非常珍视和他们的友谊!感谢我以最大的毅力完成了四年大学的学习,在这个环境里我能保持一颗纯洁的心!祝自己身体健康,前程辉煌!

谢谢诸位恩师的谆谆训诲,我将铭记在心,也祝母校蒸蒸日上,永创辉煌!祝恩师们身体健康,家庭幸福!

学生代表:×××
2012 年 6 月 15 日

2013·应用文·请以××大学学生会的名义给全校学生写一篇主题为"提倡节约、反对浪费"的倡议书。

要求:(1) 文体规范,语言得体,字数在 300 字左右。(2) 文中不得出现与考生相关的信息,如涉及校名、人名等,请用××代替。

【例文】

"提倡节约、反对浪费"倡议书

××大学全体师生:

你们好!勤俭节约是中华民族的传统美德,"提倡节约、反对浪费"是全社会关注的热点话题。我校为配合时代主题,拟举办"人文校园·勤俭节约"活动周,作为全校师生的一员,我们有责任担负起一份校园节俭的义务。因此,我们发出如下倡议:

一、食堂用餐时合理点餐,杜绝浪费;

二、尽量少使用一次性饭盒、纸杯、筷子,避免污染;

三、随手关闭电源插座、节约能源;

四、保护绿色植物植被,不毁坏、不践踏;

五、适度使用电脑、空调、饮水机等电器设备。

一个没有勤俭节约、艰苦奋斗精神作支撑的国家是难以繁荣昌盛的;一个没有勤俭节约、艰苦奋斗精神作支撑的社会是难以长治久安的;一个没有勤俭节约、艰苦奋斗精神作支撑的民族是难以自立自强的。让我们从身边做起,从小事做起,尽到一份校园文明节俭的责任。

此致

敬礼!

××大学学生会
××年×月×日

2014·应用文·某高校学生会拟招募文学社、书法社、集邮社、舞蹈社和篮球社新成员。请结合你自己的实际状况,任选其中一个社团,写一份入社申请书。

要求:(1) 内容充实,文体规范,语言得体;文中不得出现与考生相关的信息,如涉及校名、人名,请用××代替。

2015·应用文·某高校团体定于 2015 年 5 月举办以"阅读,提升自我"为主题的系列活动。请你以××社团的名义为该活动撰写一份 300 字左右的策划书。

要求:内容充实,文体规范,语言得体;文中不得出现与考生相关的信息,如涉及校名、人名、请用××代替。

【解析】

策划书是计划类文书的一种,考生可以结合实际状况,围绕以下内容答题:

落实具体活动场地,敲定具体时间,缴纳租金;

围绕"阅读,提升自我"这一主题,设计海报、宣传画、横幅等,做好宣传工作;

确定环保知识讲座、知识竞赛、演讲比赛、大型公益宣讲等具体活动的人员名单;

向学校领导、专家学者、院系代表、历届校友发送邀请函;

到实地现场进行设备、灯光、投影、话筒、音响等调试,确保效果。

2016·应用文·某高校根据国家"志愿服务计划"要求,在学生自愿申请、学校审核的基础上,选派5名学生去青海玉树地区支教半年,出发前拟举行"热血铸青春,青春西部行"欢送仪式。请你以某高校团委的名义撰写一份300字左右的欢送词。

要求:(1)内容充实,文体规范,语言得体。(2)文中不得出现与本人相关的信息。

【解析】

欢送词大纲:

(1)标题。"欢送词"或者"致'热血铸青春,青春西部行'支教学生的欢送词"。

(2)称谓。在姓名前冠以"尊敬的……"。

(3)正文。一要表达为何欢送,讲清事由,说明自己代表谁表示欢送;二是介绍曾经的支教成果经验,有何现实意义,为支教扶持事业、社会公益作出贡献等。

(4)结语。表达美好祝愿。

2017·某高校拟于2017年5月4日19点在校大礼堂举行"中华经典诗词吟诵"大赛,参加对象为大一学生。请以该校团委的名义,拟写一份下发到各院(系)二级团组织的通知。

要求:(1)字数300字左右。(2)内容充实,格式规范,语言得体。(3)文中不得出现与考生本人有关的信息,如涉及校名、人名等,请用××代替。

【解析】

关于举行"中华经典诗词吟诵"大赛的通知

各院(系)二级团组织:

为了更好地传承和弘扬中华优秀传统文化,提升学生整体的文化底蕴和审美趣味,增强民族凝聚力和自豪感,学校决定举行"中华经典诗词吟诵"大赛,现将有关事项通知如下:

一、组织机构

主办单位:校团委

承办单位:各院(系)二级团组织

二、参赛对象、时间、地点及报名方法

参赛对象:大一学生

参赛时间:2017年5月4日19点

参赛地点:校大礼堂

报名方法:以班为单位,每班1—2名学生参赛。

三、诵读内容和形式

参赛学生自选中国经典诗文进行朗诵表演,诗、词、歌、赋及现当代文学作品等均可。朗诵时间在 5 分钟以内；允许配乐朗诵、乐器现场伴奏，允许伴舞。乐器、服装、道具自行解决。

校团委
2017 年 3 月 18 日

2018·应用文·为弘扬中华传统文化，某校文学院学生会拟牵头成立"古诗词创作学社"。请你以文学院学生会的名义给校学生会写一份 300 字左右的申请书。

要求：(1) 内容充实，文体规范，语言得体。（2）文中不得出现与本人相关的信息，如涉及校名、人名等，请用××代替。

【解析】

1. 能够在正文中表述清楚为什么要申请，目的、意义何在，理由充分即可，如"为了更好地培养学生古典诗词审美能力，提升古典文学修养，弘扬中华传统文化，陶冶师生情操，丰富课余生活"等等。

2. 能够在正文中表述清楚古诗词创作学社筹备状况，关于社团地点、参与人员、组织架构、日常安排、具体活动等，让上级明白具体的实施步骤即可。

【例文】

"古诗词创作学社"成立申请书

校学生会：

　　古诗词是中国文化遗产中的瑰宝，在中国文坛上独树一帜。为了继承传统文化，提高大学生的人文素质，丰富学生的文化业余生活，并为诗词爱好者提供一个交流、展示的平台，我院学生会特申请牵头成立"古诗词创作学社"。

　　中华自古就是一个诗的国度，《诗经》源远流长，《楚辞》浪漫璀璨，唐诗宋词更是脍炙人口，央视的《中国诗词大会》把古诗词推向了一个新的学习热潮。古诗词不但可以丰富校园文化内涵，还可以陶冶性情，我校的莘莘学子中有很多热爱古诗词的青年，他们是我们校园文化的创造者和传播者，只要我们把他们聚集在一起，我们的校园文化就一定会得到更好的传承和发展。

　　"古诗词创作学社"成立后，将不负广大诗友的信任，以古诗词创作为主要任务，积极搭建诗词创作平台，广泛团结诗词爱好者，传播创作信息，进行学术探讨，开展学术交流，提高诗词创作质量和理论水平，培养诗词创作新人，推介优秀诗词作品，为繁荣我校诗词创作而开展丰富多彩的诗词文化活动，打造优秀校园文化氛围。

　　请校学生会核查并予以批准。

　　此致

敬礼！

文学院学生会 2018 年 3 月 20 日

2019·应用文·某报业集团面向高校毕业生招聘文字编辑。请根据职位要求，结合自身情况，写一封 300 字左右的求职信。

要求：(1) 内容充实，格式规范，语言得体。（2）文中不得出现与考生本人有关的信息，功的关键。

5. 100年来,不论是巨大的成就还是发展中的曲折,都是中国共产党在探索自己的发展道路过程中获得和发生的。_____,因为它们既是中国共产党的宝贵财富,也是中华民族贡献给全世界的智慧结晶。

根据上下文的意思,填入横线处最恰当的一句是(　　)
  A. 要辩证看待发展中的问题和曲折　　B. 正确总结这些历史经验非常必要
  C. 必须格外珍惜发展中的巨大成就　　D. 我们要加强对党史的学习和研究

6. 乡村振兴离不开乡村文化的振兴。乡村文化振兴不是简单地模仿现代城市文明,而是在借鉴城市文明的基础上,实现对以往乡村文化成果的某种扬弃。因此,必须在保持乡村文化个性的基础上,重塑乡村文化的吸引力和感染力,进而推动城乡文化的和谐共生。

这段文字的主要意思是(　　)
  A. 乡村振兴必须依赖乡村文化的振兴。　　B. 乡村振兴必须保持乡村文化的个性。
  C. 乡村文化的振兴必须借鉴城市文明。　　D. 乡村文化振兴必须要保持文化个性。

7. 古时常以衣着作为某类人的代称,下列指代关系对应错误的一项是(　　)
  A. 巾帼——妇女　　B. 布衣——百姓
  C. 黄衣——太子　　D. 青衿——读书人

8. 下列说法错误的一项是(　　)
  A. "山东豪俊遂并起而亡秦族"中的"山东"在崤山以东。
  B. "灌水之阳有溪焉"中,"灌水之阳"指灌水之北。
  C. 太行之阳有盘谷"中太行之阳"指太行山之南。
  D. "淮左名都,竹西佳处"中的"淮左"是淮河以西。

9. 下列说法正确的一项是(　　)
  A. "得鱼忘筌"中的"筌"是指捕鱼的竹器。
  B. "鳞次栉比"中的"栉"是指木制的楼屋。
  C. "箪食壶浆"中的"箪"是指竹子做的筷子。
  D. "举案齐眉"中的"案"是指书房中的条几。

10. 某职业院校学生参加省里组织的专业技能比赛,正式比赛前,选手们纷纷在微信群中引用古诗词互相勉励。下列所引古诗词不恰当的一项是(　　)
  A. 会当凌绝顶,一览众山小。　　B. 江东子弟多才俊,卷土重来未可知。
  C. 壮士何慷慨,志欲威八荒。　　D. 长风破浪会有时,直挂云帆济沧海。

11. 下列说法错误的一项是(　　)
  A. "阁中帝子今何在,槛外长江空自流"中的"帝子"指永王李璘。

B. "庄生晓梦迷蝴蝶,望帝春心托杜鹃"中的"望帝"指蜀君杜宇。

C. "正是江南好风景,落花时节又逢君"中的"君"指李龟年。

D. "玄都观里桃千树,尽是刘郎去后栽"中"刘郎"指刘禹锡。

12. 下列关于现代作家、作品的说法,正确的一项是(   )

    A. 夏衍剧作《上海屋檐下》展示了都市角落里小人物的创业历程,真实感人。

    B. 萧红小说《呼兰河传》以知识分子视角叙述故乡生活,有鲜明的自传色彩。

    C. 冰心散文《寄小读者》以清丽的文笔诉说了"爱的哲学",充满温暖的柔情。

    D. 李金发诗歌《断章》巧妙地将哲理性思考融入象征性意象之中,耐人寻味。

13. 下列作品中,带有浓郁"京味儿"特色的一项是(   )

    A.《你是一条河》(池莉)   B.《神鞭》(冯骥才)

    C.《苍老的浮云》(残雪)   D.《那五》(邓友梅)

14. "欧·亨利式结尾"是指小说结尾(   )

    A. 叙述含而不露,说理谐中寓庄。   B. 出人意料之外,又在情理之中。

    C. 戛然而止,余韵悠长。   D. 卒章显志,寥示主题。

15. 下列关于行政公文的说法,正确的一项是(   )

    A. 函可用于向不相隶属的机关请求批准或答复批准事项。

    B. 公告适用于向海内外宣布重要事项,须写明主送机关。

    C. 凡有请示,必有批复,批复在行文上具有主动性。

    D. 行政公文发文顺序号须编虚位,但不加"第"字。

二、阅读理解(本大题共 8 小题,共 20 分。其中单项选择题 6 小题,每小题 2 分,共 12 分。请在答题卡填涂你认为正确的选项;非选择题 2 小题,每小题 4 分,共 8 分,请在答题卡相应位置作答)

(一)阅读下面这篇短文,完应第16—19题。

失去了"热血",作家还剩下了什么?

迟子建

在我眼里,一个好的写作者就像个杂货店主,小小的店面,开在烟火稠密处。跨进小店顾客,可以两腿泥,可以醉醺醺,可以用他们粗糙的手,随意触摸你货架上的东西,对着油盐醋、牙膏牙刷等,挑挑拣拣。他们拎走的是生计,留到你店里的是泥,酒气,货架的东西可以他们翻乱。所以生意好的杂货店,每天都要重新归置一下货架,补充商品,然后在熄灯时分,情打扫一遍店面,迎接另一个苦辣酸甜的日子。

每个作家都有这样一爿心灵世界的小杂货店。最初开张的时候,它也许没什么人气,但摆出的"货品",因为朴实耐用而渐成气候。很多作家的早期作品,正因熏染了扑面璞而市鼠腊,其可乎?吾既不能为此,则无怪其即彼之多也。且吾墨虽不售,然视笥中,则黝然者固在,何遽戚戚为!"乃谢客闭户而歌曰:"守吾玄以终年,视彼沽者泚然。"客闻之曰:"隐者也。吾侪诵圣人之言,以学古为则,不能以实德弸①其中,徒饰外以从俗徼誉②者,岂不愧是翁哉?"叹息而去。

齐人高启闻其言足以自警也,遂书以为传。翁姓沈,名继孙。然世罕知之,唯呼为墨翁云。

《选自高启《凫藻集》

注:① 弸:充满。② 徼:求取。

20. 对下列加点字解释错误的一项是(　　)

A. 吾鬻此　　　　　　　　鬻:买
B. 虽龟手黧面　　　　　　龟:龟裂
C. 客有诮之曰　　　　　　诮:讥讽
D. 然视笥中　　　　　　　笥:小箱子

21. 对下列加点字的用法,分析错误的一项是(　　)

A. 以其成之难　　　　　　"以"表原因
B. 卑贾以饵众　　　　　　"卑"作状语
C. 咸异之　　　　　　　　"异"为使动用法
D. 视彼沽者泚然　　　　　"彼"为指示代词

22. 根据文意,与第二段划线句中"衔璞而市鼠腊"的意思最接近的一项是(　　)

A. 种瓜得瓜,种豆得豆　　B. 画虎不成反类犬
C. 金玉其外,败絮其中　　D. 挂羊头卖狗肉

23. 文中说"高启闻其言足以自警",假如你是高启,你会从墨翁的言行中得到哪些警示?(4分)

_____

_____

三、古诗词鉴赏(本大题共3小题,共15分。请在答题卡相应位置作答)

渡白沟①

(元)刘因②

蓟门霜落水天愁,匹马冲寒渡白沟。燕赵山河分上镇③,辽金风物异中州。黄云古戍孤城晚,落日西风一雁秋。四海知名半凋落,天涯孤剑独谁援。

注:① 白沟:白沟河,在今河北境内,北宋时,宋辽以此为界。② 刘因:元代诗人。他生长在北方,但在感情上一直以南宋为故国。③ 上镇:在今河北境内,战国时为燕、赵两国的分界。

24. 简要分析首联在全诗中的作用。(4分)

25. 请用自己的语言描绘颔联所写的景象。(不超过60字)(6分)

26. 简要分析尾联所表达的思想感情。(5分)

四、作文(本大题共2小题,共100分)

27. ××职业院校电影社团,定于2021年3月29日下午2:00在校团委第一会议室举办"中国科幻电影20年"专题座谈会,届时××大学影视专业××老师将与同学们交流。请以社团的名义,撰写一份300字左右的会议通知。(30分)

要求:(1) 内容充实,文体规范,语言得体;

(2) 文中不得出现与考生相关的信息,如涉及校名、人名等,请用××代替。

28. 以下是高校毕业生在"心愿墙"上的一些留言:

工作定在了苏州,打算辛苦打拼几年,把爸妈接过来一起住。

我去的这家公司规模很小,但我坚信我能和她一起成长。

独自在南京闯荡还是在亲戚的公司里舒适工作,纠结中……

报名参加了支教团,下个月就出发去青海,想象雪山和雪山下的孩子们……

作为一名在校大学生,你看了这些留言有何感受?请围绕其中你感触最深的1~2句,撰写一篇800字左右的文章。(70分)

要求(1)自选角度,自定立意,自拟题目;

(2)除诗歌外,文体不限。

能的嘴,憧憬着浮泛的情话。

哦,当一个作家丧失了"热血",还可能变成一个耽于说俏皮话的饶舌者,却没有驰骋于创作疆场的霸气。所以赶紧打住吧——俺家的杂货店也来人了。

(原载《扬子江文学评论》,2020年第3期,有删改)

16. 根据作者对"杂货店"的描述,下列说法错误的一项是(　　)
  A. 杂货店要以朴实耐用的货品满足顾客需求。
  B. 杂货店要能宽容地对待每一位进店的顾客。
  C. 杂货店经营不仅要付出艰辛还要忍受委屈。
  D. 杂货店不能因为顾客增加而追求规模扩张。

17. 结合上下文,对文中"将自己束之高阁"的理解最准确的一项是(　　)
  A. 作家在创作上对自己提出更高要求。
  B. 作家的创作远离了自己熟悉的生活。
  C. 作家对读者的批评或建议置之不理。
  D. 作家无法驾驭大题材而使作品生硬。

18. 根据原文,下列说法错误的一项是(　　)
  A. "杂货店"是作者对文学创作的一种形象说法。
  B. 文章认为"以小博大"是很多作家成功的秘诀。
  C. 文章以电影为例说明创作要有逻辑和大主题。
  D. 作者借亲身经历阐明作家要用"心血"来创作。

19. 一个作家失去"热血"的结果会是什么?请用自己的话简要归纳。(4分)

_____

_____

(二)阅读下面这篇短文,完成第20—23题。

墨翁传

(明)高　启

墨翁者,吴槐市里中人也。尝游荆楚间,遇人授古造墨法,因曰:"吾鬻此,足以资读书,奚汲汲四方乎?"乃归,署门曰"造古法墨"。躬操杵臼,虽龟手黧面,而形貌奇古,服危冠大襦,人望见,咸异之。时磨墨沈数斗,醉为人作径尺字,殊伟。所制墨,有定直。酬弗当,辄弗与。故他肆之屦恒满,而其门落然。

客有诮之曰:"子之墨虽工,如弗售何!"翁曰:"嘻!吾之墨聚材孔良,用力甚勤,以其成之难,故不欲售之易也。今之逐利者,苟作以眩俗,卑贾以饵众,视之虽如玄圭,试之则若土炭,吾窃耻焉。使吾欲售而效彼之为,则是以古墨号于外,而以今墨售于内,所谓衒而来的生活气息,以朴素为天籁,作品有筋有骨,活色生香,广受欢迎。可当顾客多了,你的腰包鼓了,就易被冲昏了头脑,将店改弦更张,另作他用;或是为了更上层楼,盲目扩大店面。所以有的作家惊艳亮相后,以探索之名,妄自求大,把自己做成一锅夹生饭,写作有野心是对的,但将自己束之高阁的"野心",离地三千丈,难免缺氧,让作品变得生硬。所以对写作者来说,不要妄想着大富豪,做个小店主,其文学疆域一样辽阔。

文学格局的大小,绝不以店的规模来论断。一个小杂货店,能赢得持久人心的就是个"真"字。作品的"真"和货品的"真"一样,是人体的热血造就的,带着经营者的体温,有体温则作品饱满结实,气象万千;没有体温则作品魂魄涣散。而一个作家的"热血"分是什么呢?是你对世界的好奇心?对现实的敏锐洞察力?对万事万物的悲悯情怀?它们似乎让"热血"具有饱和度,但又不绝对。

我喜欢托尔斯泰和巴尔扎克的写作。从出身上,托尔斯泰可以拥有金碧辉煌的宫殿,但他更喜欢小杂货店。巴尔扎克从一个小小的窗口,望见了大千世界。果戈理、鲁迅、沈从文等,都是以小博大的高手。这些作家杂货店里呈现的,有破落地主,有蒙冤的囚犯,有小公务员,农民等等。这些人物背后,是战争的硝烟,贪婪而愚昧的社会,囚禁人性的牢笼,以及人间无处不在的泥泞。另一类成功的作家,如乔伊斯、加缪、卡夫卡等,他们从夸张中看到合理,从怪诞中洞悉荒诞,也极为伟大。我相信他们身上洋溢着叛逆的热血,不然不会实现艺术的飞升。

我是个影迷,每年奥斯卡入围影片,我大多会找来看看,《寄生虫》多呈现了社会阶层的分裂,动机很好,但却生硬。作为电影叙事来说,它缺乏逻辑性。近年走红的几部片子,无论中外,展览鲜血已成为为新的套路。而小津安二郎的电影,不猎奇,不花哨,平凡日常,但所呈现的主题又不可谓不大。小津安二郎从不让鲜血四溅,但看了他的片子,你的内心却有滴血的感觉。

我从一九八三年开始写作,一直守着我的小杂货店,扎根冻土,面向熟悉的城市乡山峦田野和我熟悉的人物。经营近四十年的小店,如果还有一点人气,仰赖的是我所提供的货品没有掺假。当然没有掺假的货品,也未必都是上品,但至少是心血之作。

一个小店历经风霜雨雪侵蚀,你要及时修葺,以对历史更透彻的回溯,对现实更深入的体察,以及对审美不懈的追求,不让它弯曲变形甚至坍塌。还有,在一个店里持久了,是否会变得木讷迟钝,僵化保守?所以要开窗透气,看看日新月异的大千世界,捕捉它的脉搏。还有,你的小店,也许会遭到莫名的棍棒,当你无比委屈时,只要想想这人也许在冷雨中一路走来,你便能够怜惜地递上一杯热茶。没有谁家的店,会是被恶人砸了招牌而倒闭的。

可是,当一个作家失去了"热血",剩下什么呢?也许剩下的是一层干涩的皮,还妄想着借月亮的彩衣;也许剩下一双空洞的眼睛,贪恋着世俗的狂欢;也许剩下丧失了语言功

江苏省 2021 年普通高校专转本选拔考试

大学语文试题卷

注意事项:

1. 本试卷分为试题卷和答题卡两部分,试题卷共 6 页。全卷满分 150 分,考试时间 120 分钟。

2. 必须在答题卡上作答,作答在试题卷上无效。作答前务必将自己的姓名和准考证号准确清晰地填写在试题卷和答题卡上的指定位置。

3. 考试结束时,须将试题卷和答题卡一并变回。

一、语文知识(本大题共 15 小题,均为单项选择题,每小题 1 分,共 15 分。请在答题卡上填涂你认为正确的选项)

1. 只要高举爱国主义的伟大旗帜,中国人民和中华民族就能在改造中国的拼搏中_____出排山倒海的历史伟力!

   在上面这段文字横线处填入的词语,最恰当的一项是( )

   A. 激发   B. 焕发   C. 迸发   D. 暴发

2. 下列词语没有错别字的一组是( )

   A. 粗犷 痉挛 披星带月   B. 针灸 沉缅 相濡以沫

   C. 亲睐 辐射 鼎力相助   D. 松弛 竣工 出类拔萃

3. 下列句子中,加点成语使用正确的一项是( )

   A. 近年来,中国在治沙方面的成就,全世界有目共睹,这一点是无可厚非的。

   B. 近期看过的小说大多让人乏味,其中差强人意的,也只有《月光如梦如幻》。

   C. 我向来信守承诺,一言九鼎,说到做到,答应别人的事情从来没让人失望过。

   D. 社会科学研究同样需要构建理论体系,有全局观,切忌目无全牛,任意使力。

4. 下列句子没有语病的一项是( )

   A. 脱贫攻坚要努力构建更加科学有效的贫困治理体系,发展与减贫协同联动,相得益彰的良好局面。

   B. 相关部门可以把传统文化课堂开设到田间地头,让传统文化要借学生之力走出校园,进一步得到发展。

   C. 自然文学是以文学的形式,唤起人们与生态环境和谐共存的意识,激励人们去寻求壮美的精神世界。

   D. 我们必须明白,任何人的成功都是得之不易的,有没有顽强的意志是一个人取得成如涉及校名、人名等,请用××代替。

【要点解析】

1. 基本信息介绍,姓名、性别、出生年月、籍贯、毕业院校及专业;2. 详细介绍,思想认识方面的进步与成熟,学业技能及对语言文学的认知与喜爱;3. 求职信息渠道以及自己的意愿意向。

2020·应用文·某高校团委拟举办"中华传统文化进校园"系列活动,现面向全校师生有奖征集本活动的形象标识(logo)。请以该校团委的名义拟写一份征集启事。

要求:(1) 字数300字左右;(2) 内容充实,格式规范,语言得体;(3) 文中不得出现与考生本人有关的信息,如涉及校名人名,请用XX代替。

【解析】

征集启事的主要内容包括征集缘由、征集时间、征集项目、创作要求、评选程序、作品奖励、著作权相关说明、交稿方法、投稿联系方式等基本信息。

1. 标题

三种写法。第一种是只有"征集启事"四字。第二种是活动名称加文种名称的写法,如《××××有奖征集》。第三种是征集对象加文种名称的写法,如《校徽校训征集启事》。

2. 正文

首先是征集缘由或背景介绍。如果征集校徽校训,可介绍学校的历史、成就和地位。如果是征集商标logo和广告词,可介绍企业的规模、主要产品、经营状况。如果是纯粹的文化活动征集启事,可介绍其文化内涵和价值意义。其次是征集项目和基本要求。要写明征集什么,有什么要求和标准。例如,如果是征集logo,要求多大尺寸,是交实物还是交设计稿等,都要明确提出。再次是选用的程序、评奖的方法、采用的报酬等。最后是交稿的方法和征集截止时间及联系方式等。

3. 征集单位署名及日期

末尾是征集单位的落款和发布日期。

第六编　材料话题作文

一、真题精解

2005年材料作文·根据以下材料,作文一篇。

大熊猫过生日,吹灭生日蜡烛后,朋友们问它许了什么愿？大熊猫回答说:"我这一辈子有两个最大的愿望,一个是希望能把我的黑眼圈治好,还有一个是照张彩色照片!"

要求:(1)题目自拟;(2)文体不限,诗歌除外;(3)结构完整,文从字顺;(4)字数在800至1 000之间。

【解析】

大熊猫过生日许愿的故事可以从以下几个角度切入分析:

① 愿望不切合自身实际。
② 未能正确认识自我优势。
③ 每个人就是你自己,不要改变本色。
④ 改变自我要从实际出发。

考生如果能抓住这么几点,审题立意就不会太差。写作中思路能够开阔一些,旁证合理充分,语言通顺流畅,不仅能联系材料议论,而且能联系现实的生活素材加以论证,则更容易获得好成绩。

2006年材料作文·根据以下材料,作文一篇。

某城市街道失修,一老者骑车重重摔倒。恰有新闻摄影记者路过,见此情景立即举相机拍照。此事引起市民争议:有人提出记者应先救人,有人则以为报道问题更加重要。请根据以上材料作文一篇。

要求:(1)题目自拟;(2)文体不限,诗歌除外;(3)结构完整,文从字顺;(4)字数在800至1 000之间。

【解析】

这则材料是开放性的,没有规定话题。考生比较容易把握的一点是:先救老人是普遍的社会道德规范,是生命意识的体现。

"生命意识"是一个内容十分新鲜的主题,生活中的琐事往往引发我们对生命的思考。如在"9·11事件"后,全球性的对恐怖主义分子漠视生命、滥伤无辜的谴责;"SARS"事件中人们对人与其他各类生命体和谐共处的呼唤;"孙志刚事件"后人们对国家法令与生命尊严认识的反省;甚至一只麻雀的拼死护雏、一只蝴蝶的艰难蜕变、一株小草的顽强生长都能引起人们的感叹唏嘘……这样,不就能找到触动心灵的切入口吗?

要写好这种类型的文章,要把握如下几点:

首先,要确定文章立意的深度。这个题目需要作者对主题有深入的理性思考,思考的深度决定了文章的思想深度,也就基本决定了这篇文章水平的高下,在构思中"主题先行"是关键。文章可以写得大气磅礴,如民族大义与个人生命的取舍的思辨、生命价值的实现与道德良知的约束、传统文化观念的影响与生命意识的苏醒等。也可以写得温婉妙曼,如绿叶的奉献与落红的化泥、胡杨的顽强与骆驼的坚忍等。

其次,得确定一个合适的表达角度。涉及理性认识类的文章,议论文自然是首选文体。写议论文可从如下角度考虑:① 从生命的内涵出发,谈生命的价值珍贵及如何实现;② 从对生命感受和认识出发,谈生命的本质认识和对生命的积极态度;③ 从对生命的道德评价出发,谈对生命的尊严与荣辱、高贵与卑贱的看法……

若写成记叙文,可写人生中使自己心灵震颤的一件或几件事情,然后以充满哲理性的结尾收束全文,表达出自己通过此事产生的对生命的全新认识。文章可以紧紧扣住"生命意识"的主题要求,以富有激情的语言阐述"生命的意义在于爱"这一论题:对生活的热爱、对家庭的挚爱、对人生意义的追求,都会让生命变得充满激情,充满魅力,美丽迷人。

2007年材料话题作文·请根据下面三则材料,以"荣誉"为话题作文一篇。

材料一:我攀登上高峰,发现在名誉的荒芜不毛的高处,简直找不到一个遮身之地。我的导引者呵,领导着我在光明逝去之前,进到沉静的山谷里去吧。在那里,一生的收获将会成熟为黄金的智慧。

(泰戈尔《飞鸟集》)

材料二:有一次居里夫人把英国皇家学会奖给她的一枚奖章交给两个女儿玩耍。一位客人见了,惊讶地说:"可不得了啊,这么高贵的奖章,怎么可以随便给孩子玩呢?"居里夫人说:"荣誉只是一个人努力取得成果的记录,奖章就像玩具一样,玩玩就是了,把它像神灵一样奉守着,反而一事无成。"居里夫人没有刻意留给子女荣誉和巨额财产,却把不少财产捐给她的实验室。她常告诫女儿:"你们将来必须自谋生活出路。"她的一个女儿后来成为一位卓越的物理学家,一个女儿成为音乐家。

材料三:据《现代快报》报道:艾冬梅,一个昔日的长跑冠军,由于生计所迫,今年4月初表示要出售历年获得的19块金牌,引起社会的广泛反响。

要求:(1) 题目自拟;(2) 文体不限,诗歌除外;(3) 字数在800以上。

【解析】

2007年考的是根据三则材料,以"荣誉"为话题进行作文。我们不得不提醒考生:作文以××为题和以××为话题,是两种形式。以"荣誉"为话题是个话题作文,不少考生误认为是命题作文,自己在做作文的时候就以"荣誉"为文章的题目了。话题作文是一个范围,根据要求学生是要自拟题目的,同学们就不要直书"荣誉"二字为题。同时也要注意不要写《谈谈荣誉》《小议荣誉》这样没有自拟特点的题目。要体现自己自拟的特点。比如说,有的人命题是《当我站在领奖台上的时候》,这样的题目就很好。

话题作文一般是文体不限,但是比较妥善稳当的方式是侧重议论。一般来讲,在字数少的情况下,议论文容易能够写成一个比较成功的文章,但是如果有非常突出的素材写记叙文也可以,但是提醒考生注意:记叙文一定要有很精彩的议论段落。

就考题来说,此题占了80分,占全卷分值的一半还多。要求考生写出一篇文章来,而不是800字的句子。这里面首先注意自己的论点要能够有一些生活社会意义,比如说有人生的感悟,或者能够反映社会的某方面问题,喊一些空的观点得分不会很高。其次,议论文一定要自己清楚自己使用的是什么论据,用的是什么论证方法。再次,议论文一定要有非常清晰的层次结构。

从三则材料出发,我们可以得到这样一个结论作为全文的主旨:荣誉就是人格,是人格最光辉的完成。随后进一步阐释:名誉是外加的,而荣誉却是内足的;名誉只是外界的称许,而荣誉则是内部发出来的光荣;荣誉具有内心的价值,较名誉还要可贵;虚荣乃求他人一时之好尚,或是庸俗的称颂,而即沾沾自喜,以为满足;虚荣的表现,就是好炫耀,好夸大,借此以博得他人对自己的称赞;野心是求自己政治的名誉、权力、地位、官阶,以作个人自私的满足,而所谓"门第""头衔""豪富",只可叫做"荣宠",不是真正的荣誉。

这样的论证是比较丰满的,再配以相关的论据,比如:举世闻名的西班牙画家毕加索的女儿巴鲁玛·毕加索,不用她父亲的遗产和声望来抬高自己的身价。作为服装、珠宝设计师的巴鲁玛,十八岁时就毅然改掉自己的姓名,将"毕加索"的字样抹去了。她常常嗤笑道:"毕加索"的名字确曾使我轻易地克服了各种障碍,办事极为方便。然而,她又庄重地说:"实际上,我不认为金钱和声誉能使一个人最终获得成功。我认为,成功,始终应该靠自己的不懈努力来达到。"考生可以用这样一个论据来强调"荣誉是内部发出来的光荣。"

最后可以用名言来总结,比如莎士比亚说:"无瑕的名誉是世间最纯粹的珍珠。""奖状对于一个真正的英雄,永远不是一张毕业证书,而是攀登途中的一座座里程碑。"这样的名句再次强调:人不可因人生的名声与荣誉而成为盲目,因为所有得来的东西都是外物。这样,文章就算完成了圆润和通达。

2008年材料作文·请根据下面两则材料,自拟题目,撰写一篇800字以上的文章。诗歌除外,文体不限。

材料一:居里夫人和比埃尔·居里新婚燕尔,搬进了五层楼上的三间小屋。他们的会客室里,只摆着一张简单的餐桌和两把椅子。后来,居里的父亲来信对他们说,准备送给他们一套家具,问他们需要什么样的家具。看完信后,居里若有所思地说:"有了沙发和软椅,就需要有人打扫,在这方面花费时间未免太可惜了。"就对新婚妻子说:"我们只有两把椅子,再添一把怎么样?客人来了可以坐坐。"居里夫人提出反对意见:"要是爱闲谈的客人坐下来,又怎么办呢?"最终,他们还是没有添置任何家具。

材料二:钱钟书一生深居简出,他曾拒绝美国普林斯顿大学的重金聘请,拒领法国政府授予的勋章,拒绝做客《东方之子》。一次,英国女王访问中国,国宴陪客名单上点名请钱钟书出席,他竟称病辞掉。事后,有人私下问及此事时,钱钟书道:"没有时间,没有什么可说的。"

【解析】
目光穿过历史,我们在居里夫人的客厅里看到一张简单的餐桌和两把简朴的椅子。居里的父亲曾经要送他们一套豪华的家具,他们拒绝了,原因很简单:有了沙发和软椅,就需要人去打扫,在这方面花费时间未免太可惜了。为了不让闲谈的客人坐下来,他们没有添置第三把椅子。居里夫人说:"我在生活中,永远是追求安静的工作和简单的家庭生活。"两张椅子,让他们有了事业上携手共进的伴侣;没有多余的椅子,使他们远离了人事的侵扰和盛名的渲染,终于攀上科学的顶峰,阅尽另一种瑰丽的人生景观。

淡泊以明志,宁静以致远。钱钟书的生活如椅子,删繁就简,撤掉多余的部分,生活就简朴、简洁、简练,而且丰富深邃了。坐上庸俗和卑劣,就坐不下伟大和崇高;坐上虚伪和暴戾,纯真和善良就无处坐落;坐上自私和冷酷,爱心和热情就无法容纳……有了多余的椅子就会想到与之协调的华丽房子,想到许多人苦心钻营的位子,想到那轻飘飘而又沉甸甸的票子……于是忙忙碌碌,心情也沉甸甸的,没有了坐下来的轻松和欢乐。正如泰戈尔说,翅膀下挂着沉甸甸的金钱是飞不高远的。同样,有了多余的椅子,不但不能飞翔,连静坐沉思的乐趣也消失了。

通过阅读分析两则材料,我们可以大致找到以下两个构思点:

一、惜时

时间无情,稍纵即逝。然而,对于珍惜时间的人,它却馈赠以无穷的智慧和财富。有人把时间比作世界上一切成就的土壤,是的,只要辛勤耕耘,它将献给劳动者以甜美的果实。

美国政治家、科学家富兰克林为自己制订了一张作息时间表。五点起床,规划一天事务,并自问:"我这一天做了什么好事?"上午八点至十一点,下午两点至五点,工作;中午十二点至一点,阅读,吃午饭;晚六点至九点,用晚饭,娱乐,考查一天的工作,并自问:"我今天做了什么好事?"朋友劝富兰克林说:"天天如此,是不是过于辛苦……""你热爱生命吗?"富兰克林摆摆手,打断朋友的话说:"那么别浪费时间,因为时间是组成生命的材料。"

谚语说,一寸光阴一寸金,寸金难买寸光阴。毛泽东说,一万年太久,只争朝夕。不要把时间放在没有意义的事情上。

二、淡泊名利

两个材料有相同点:居里夫人对添置家具的态度与钱钟书拒绝高薪、拒绝国宴陪客的态度基本表达了这样一个意思——甘于淡泊。其中,可以联系钱钟书与夫人杨绛爱书如命,淡泊名利。"文革"期间,被送进"五七干校"劳动,住草棚,生活艰苦,他俩却并不在意,最使他难受的就是没有书读。杨绛在《干校六记》中感慨地写道:"什么物质享受,全都舍得,没有书却不好过日子。"国外出版商给他们稿酬,老两口不取现金,而是开出一大串书单子,要求对方以实物支付。

对身外之物,他们看得极淡泊,美国有关方面以授以荣誉文学博士头衔和优厚酬金为条件激励他们去讲学,被拒绝了。法国政府要授予钱钟书勋章以表彰他"对中法文化交流的贡献",也被他坚辞了。《围城》被拍成电视连续剧后,电视台付给他稿酬,钱钟书执意不收。国内18家电视台联合拍摄《当代中华文化名人录》,钱钟书被列入第一批36人之中,他婉言谢绝了。有人告诉他,被拍摄者会有一笔酬金时,钱钟书莞尔一笑:"我都姓了一辈子钱,难道还迷信钱吗?"

钱钟书伟大,居里夫人高尚,在生命的质量上都是常人无可企及的。生活中,我们要学会简化,比如减掉多余的椅子,不让"身外之物"有落座的机会。椅子以舒适为标准,过于豪华,就变成一种装潢了,结果不是人坐椅子,而是椅子成为盘踞你生活的一种累赘了。

2009年材料作文·请根据下面一则材料,自拟题目,撰写一篇800字以上的文章。诗歌除外,文体不限。

蔡伟,现年38岁,高中学历,当过工人,摆过小摊,8个月前还在老家辽宁锦州蹬三轮养家糊口。今年4月27日,复旦大学正式将他列入博士生拟录取名单。辽宁人蔡伟仅有高中文凭,凭借着他在古文献研究方面的天赋和钻研精神,经过20多年的不懈努力自学,由复旦大学出土文献与古文字研究中心裘锡圭教授与校外两名教授联名推荐,敲开了复旦大学博士生招生考试的大门。

【解析】

这则材料中的人、事、果是比较清晰的,考生可以从多种角度来分析一下蔡伟为何能从一个三轮车夫一跃成为复旦大学博士。是什么原因导致了这个结果呢?仔细分析这个"因",不难推断出以下这几个原因:1. 没有出挑的相貌、没有口若悬河式的言语、家境也不优越、曾经的工作只是勉强糊口的蔡伟,其坚持不懈的精神信念是创造这个奇迹主要因素,一个碌碌无为、丧失信念的人再怎么也取得不了这个成绩。2. 蔡伟善于把握机遇,但把握机遇的前提是平时的刻苦努力与顽强奋斗,自强不息的精神是把握机遇的基石,在艰难的环境中坚持不懈是蔡伟创造奇迹的唯一法宝。3. 复旦大学导师的"伯乐"眼光"不拘一格降人才"地发现了蔡伟这样一匹"千里马"。

由此,可以确立"坚持不懈""精神信念""把握机遇""懂得人才""不拘一格降人才"等角度来进行作文的行文思考。考生如果能抓住其中一点,审题立意也就基本把握住了。比如,确立"精神信念"为写作范围,可在文章中联系古今中外及现实生活的素材加以论证,如以"懂得人才"为角度,可以围绕"为什么要懂得人才""如何尊重、发现、使用人才"等问题进行观点的阐发。写作中思路能够开阔一些,旁证合理充分,语言通顺流畅,能联系材料议论,则更容易获得好成绩。

2010年材料话题作文·请以"起点"为话题,题目自拟,撰写一篇800字左右的文章,文体不限,诗歌除外。

春天是一年的起点,清晨是一天的起点,它们都孕育着新的希望和无限的可能。参天大树的起点是柔弱的嫩芽,翱翔的飞机的起点是笔直的跑道,漫漫人生的起点是清脆的啼哭。马拉松长跑有起点,万丈高楼有起点……自然、社会、人生,处处有起点。

【解析】

这道作文题目的可操作性还是十分强的。考生可以把"理想""成功""信念"等话题与"起点"作为关联,进行系统的论述。诸如"理想是奋斗的起点""精神信念是人生成功的起点""懂得合作是获得双赢的起点""信守责任是为人处世的起点"、"创新精神是赢得机遇的起点"……

千里之行,始于足下。起点是新生,是方向,是雨露,更是生命的绽放。它驱散了步行人的疲惫和风尘,带给我们从容,带给我们执着。

起点,是一个开端,是一种开始,是一种契机。小草发芽,雏鹰试翼,溪流流淌,自然界中的起点无处不在,它们是生命形态的转折,也是新事物的萌芽;在人生征程中,它们又是人们奋斗的起始,是人们自信生活、迈步人生的良好契机。

起点,是希望与酸楚的对立,也是欣喜与无奈的融合。把握起点,就是学会把握自我心境,调试自我心态,这是良好性情的体现。人更要在起点上学会承受,学会选择,学会适应。

起点,孕育着希望,饱含着活力,激发着动力。起点不是摒弃过去,抛弃昨日的凡尘,它是回顾过去使命、责任的积淀,在发展中继承与创新的结合。而把握人生的种种选择,这本身就是一种责任的体现。不要放弃任何一种微弱的起始,把握住机遇,坚信希望蕴含在起点中,不要轻言放弃。时刻铭记:在新的起点上,把握人生,自信生活,这会使人生呈现绚丽的风采。

2011年材料话题作文·人类总是在危机中前行,生态危机和社会危机彼伏此起。历史上的许多危机尚未完全淡出我们的记忆,现实中的各种危机又接踵而至;人际危机、感情危机、健康危机、学业危机、就业危机……面对危机,我们不应听天由命,顺其自然,而要迎难而上,化"危"为"机"。

请以《直面危机》为标题,联系自身实际,用现代汉语撰写一篇800字左右的文章,除诗歌以外,其他文体不限。

【解析】 这道作文题目给出一段导言提示语后,要求考生以《直面危机》为标题,联系自身实际。"联系自身实际"不是要求考生写出自己遭遇的危机,而是希望考生能在作文中结合自身所处的社会、环境、经历及体验,体现出一定的时代气息。

审题和构思应该注意以下几点:1. 分析什么是危机,所谓"危机",指危及生存或事业的发展、历史的进程、国家民族的存亡等。选材时不能写小坎坷、小逆境、小失利等。2. 要能看到"危机"中包含着"转机"。突如其来的危机打破了人们已经习惯的生活方式,或约定俗成的旧体制、规律、观念等,使安于常规的人们受到冲击、刺激,从而唤起他们的巨大潜能,使他们积极探索、创新,开拓出崭新的局面。

危机小到个人,大到社会、民族、国家、人类。实际上,近几年发生的大事件(地震、海啸、核污染、食品安全等)都牵涉到"危机"这一话题。19世纪英国作家狄更斯在《双城记》中曾说过:"这是一个光明的时代,也是一个黑暗的时代;这是一个充满希望的时代,也是一个令人绝望的时代。"中国有古诗云:"山重水复疑无路,柳暗花明又一村。"西方也有一句谚语:"当上帝关上一扇门时,就会打开另一扇窗。"没有人愿意遭遇危机,但是,危机常常不期而至。危机中包含着"危险",也包含着"机遇",只是我们习惯性地只看到"危险",而看不到"机遇"。"危机"就是"危险"加上"机会",危险与机遇总是如影随形,就看我们善不善于发现并捕捉机会,能不能做到愈挫愈勇。最后总结的应该是,人们一定得肯定危机的存在,关键是人们怎么面对危机,如何迎难而上,如何化"危"为"机"。

2012年材料话题作文·在现实生活中,有的人内敛含蓄,不求闻达;有的人个性张扬,长于表现。人不同,做事的风格抑或不同。请以《高调与低调》为题目,自选角度,自定立意,撰写一篇800字左右的文章。诗歌之外,文体不限。

【解析】 为人处世中的高调与低调,两种方式各有利弊。受性格、气质、身份、地位和观念等因素的影响,每个人都会自觉不自觉地选择适合自己的处世态度。高调的人,自信、果敢,有魄力。高调处世可以激发人的志气和潜能,还可以提升做人的质量和层次。但高调的人容易自负、鲁莽而遭人嫉恨而成为众矢之的。低调的人能将自己掩饰起来,可以保护自己、融入人群,与人和谐相处。低调的人,一般都不争强好胜,显得比较圆熟、稳重、谦虚、谨慎和忍让，名利观比较淡泊。

高调要讲分寸。在人之上，要瞧得起别人。做人不要张狂，更不能咄咄逼人，要努力营造出有利于自己生存和发展的和谐人际关系。低调要有底线。在人之下，要看得起自己。低调做人并不是自己的利益被别人剥夺强占也不发任何声音，自己的人格被别人侮辱也不反抗，这不是低调，而是懦弱。

考生可以去写高调与低调的不同之处，展现自己的辩证思维，如"高调做事，低调做人"；也可以立足于某一点，如"做人当低调"，把低调是人格姿态作为文章的核心。以后者为例：

"山不解释自己的高度，并不影响它的耸入云端；海不解释它的深度，并不影响它容纳百川；地不解释自己的厚度，但没有谁能取代它作为万物之母的地位。"所谓低调，就是一种风度，一种姿态，一种修养，一种去留无意的胸襟，一种宠辱不惊的豁达。

古人云："地低为海，人低为王"，地不畏其低，方能聚水成渊；人不畏其低，故能孚众为王。世间万物皆起于低，低是高的发端与缘起。人生于世，以低求高，以曲求直，乃是做人的一种品格。大千世界，红尘扰扰，为人高调者，大多目空一切，妄自尊大，飞扬跋扈；为人低调者，大多谦和忍让，宽容大度，心平气和……

低调的人，不张扬，不炫耀，总是在不显山不露水、看似平淡无奇中厚积而薄发；低调的人，能够于世态纷扰中，坚持淡定从容的志趣，以平和的心态去面对风雨莫测的人生；低调的人，懂得把自己融入人群，与人和谐相处，他们是人群中的谦谦君子；低调的人，有一种儒雅的风度，他们以自己人格的魅力，为自己赢得更多的掌声；低调的人，顺境逆境都难不倒他们，他们平时为人处世的态度，决定了他们进可攻，退可守。

低调做人从一个角度上说，是成熟的标志，阅尽了世事沧桑的人才愈发懂得低调做人的重要；低调做人从另一个角度上说，是生存的大智，是一种韧性的技巧。"良贾深藏才若虚，君子盛德貌若愚"，低调做人是一种智慧和韬略。

2013年材料话题作文·规范就是约定俗成或文明规定的标准。孟子说："不以规矩，不能成方圆。"人的成长和社会进步的过程也是遵守和执行规范的过程。法律是明文规定的规范，而道德则更多是约定俗成的规范。法律的规范有据可依，而道德的规范是一种"无言"的力量。请以《说规范》为题目，自选角度，自定立意，撰写一篇800字左右的议论文。

【解析】

道德的规范就是规矩，它规定了事物必须遵守的条条框框和清规戒律，明确了该做什么、不该做什么、该怎么做、不该怎么做的一般要求。考察世间万事万物，无一不是有规矩则成、无规矩则乱。因为规范、规矩一般都是人类在长期的、甚至几千年的生产生活中不断积累形成的，并被历史和经验一再验证了的，能够保证质量、效率和效果达到最佳状态的一套流程、规定和标准。

任何事情都要规范操作，否则就可能导致严重的后果。从小的来说，单是一壶茶的冲泡方法、一个馒头的制作技艺，诸如此类的不起眼的小事情，每件事情都有其一套明确的、独特的规范流程和检验标准，而且这些事必须按规范操作，否则就达不到规定的质量和效果。从大的来说，比如工程建设管理的各个方面、各个环节，也有各自的一套流程和检验标准，任何一个流程的违规操作，都可能导致严重的安全、质量事故，进而影响局部甚至全局的成败。因此，对于一切新生事物，人们总是以"磨刀不误砍柴工"的思想，在第一时间全力探索、研究并努力掌握其内在的规律,制定相应的流程和规范,以确保达到事半功倍的最佳效果。

正确的规范,就是成功的法宝。在古今中外的纷纭人事中,之所以有那么多的人和事出问题,其中绝大部分也是最关键的因素,就是他们没有遵守相应的规范、标准,以至"一招不慎,满盘皆输"。试想,做人如果规规矩矩,就不可能去违法乱纪,就不可能去贪污腐败,就不可能去杀人放火,就不可能受到正义的审判;做事如果规规范范,就不可能出现豆腐渣工程,就不可能出现毒奶粉、地沟油和染色馒头,就不可能出现那么多的假冒伪劣,就不可能酿成那么多的人间惨剧。

由此说开来,规范即准则,规范即天条。但规范亦有真伪正误之分,一些危害人性的封建制度,一些误国误民的不科学的规范、规矩,必须坚决废除。而一切利国利民的规范、规矩,必须不断完善、不断遵循。规范面前,人人平等。对待规范,只能遵守,不能违犯。因为,人若犯规,规必犯人!

2014年材料作文 · 林则徐任两江总督查禁鸦片期间,曾在自己府中悬挂一副对联:海纳百川有容乃大;壁立千仞无欲则刚。意思是说:大海能够容纳百川,因为它具有宽广的胸怀,绝壁能够直立千丈,因为它没有过分的欲望。

仔细体会这副对联的深刻寓意,自选角度,自定立意,自拟标题,联系实际,写一篇不少于800字的议论文。

【解析】

材料作文是林则徐的对联:"海纳百川有容乃大;壁立千仞无欲则刚",明确要求写议论文,可以写成"人生不必在乎金钱、名利、得失、荣辱,要有宽广的胸怀与胸襟""宽容地看待人生与世界,宽容是一种理解、一种信任、一种境界"等,材料作文仍然是对个人自我修养、名利观、人生观等角度的考察。

为什么人们之间需要宽容?"和而不同",求同存异,是宽容合作的基础。人非圣贤,孰能无过,宽容是一种美德,更是一种境界。宽容不等于纵容,以律人之心律己,以恕己之心恕人。

2015年话题作文 · 请围绕"净化"这个话题,自拟题目,自选角度和立意,写一篇800字左右的文章,除诗歌外,文体不限。

【解析】

这个话题非常宽泛,需要净化的岂止是自然环境……我们的眼睛需要净化,我们的耳朵需要净化,我们的心灵需要净化……在现实生活中,随着商品经济的发展,我们的心灵也在时时刻刻被撞击着、触动着。或许我们的心灵受到污染,或许我们的心灵得到净化;或许我们的心灵不断躁动,或许我们的心灵得以平静;或许我们的心灵常常空虚,或许我们的心灵得以丰富。总之,心灵的震撼时时围绕着我们,伴随着我们。因此大有必要关注心灵话题,直面心灵的震撼。在这个物欲横流的社会,我们的灵魂时刻在经历着善恶美丑的考验。我们的灵魂一次次徘徊在高贵与低俗的边界,我们的灵魂一次次经历着时间与空间的考验。灵魂净化了的人,才会更有修养;灵魂净化了的人才会更加健康;灵魂净化了的人才会更加充实。

考生可以谈自己的感受,可以讲述别人的故事;可以叙事,可以议论,可以抒情,可以说明。只要展开丰富的联想和想象,抓住自己感受最深的一点,就有很多内容可写。拟题形象些、新颖些,比如《淘洗生活》《还心灵一份纯真》《洒扫心灵》《清水出芙蓉》等。需注意的是,如果单纯地就自然环境的污染谈自然环境的净化,不能延伸到其他方面,虽不能说完全脱离题意,但起码是片面的、不完整的,自然得不到理想的分数。

2016年材料作文·无花果,不见花,但果实累累;桃树李树,繁华一片,既有花又有果;夹竹桃,只有花不见果。根据以上材料,写一篇不少于800字的文章。要求:自选角度,自定立意,自拟题目。除诗歌外,文体不限。

【解析】
(1) 取无花果、夹竹桃的角度,对比入题,重点讲"花与果",可考虑从"质朴与浮华""外在与内在""淡泊与虚荣"等切入;
(2) 桃李可以作为补充,既有花又有果,既有外在,又有内在,侧重内在;
(3) 取无花果、桃李树、夹竹桃角度,三种植物寓指三种人生,可考虑"不同的人生、不同的价值、不同的选择""生命的过程比结果更重要"。

2017年材料作文·牡丹,国色天香,花开时节万人争睹,落花之后寂寞冷清;小草,纵然你叫不出它的名字,纵使它让人踏出了清晰的步痕,但在每一寸草茎里,你都能感受到盎然的春意。

根据以上内容,写一篇不少于800字的文章。要求:自选角度,自定立意,自拟题目。除诗歌外,文体不限。

【解析】
(1) 牡丹有繁华的外在,小草有坚韧的内在,"但…草茎"转折为重点,两者鲜明对比。可以考虑"内与外",外在皆浮云,内在的坚韧不拔才能造就生命的春天。
(2) 小草遭人践踏出步痕,但仍然在草茎里显示出春意,考生可以考虑"奋进",小草因顽强而生存、因坚韧而美丽,人生也应该像小草一样,迎难而上、奋勇前行。
(3) 小草不为人知(纵然你叫不出它的名字)、遭人轻视(践踏),但仍让人感受春意,因此可以考虑"平凡与伟大、牺牲与奉献",平凡的生命可以有伟大的价值,看似普通的人可以有不平凡的贡献。
(4) 同3,考虑"拒绝平庸",但侧重点在拒绝平庸、实现自我的价值。

2018年材料作文·高处令人神往。身居高处,有"一览众山小"的气概,有"手可摘星辰"的憧憬;在通往高处的路上,有人在险峻的山峰前望而却步,有人则在不懈的攀登中,体会着拾级而上的喜悦。

请根据以上材料,写一篇800字左右的文章。要求:(1) 自选角度,自定立意,自拟题目。(2) 除诗歌外,文体不限。

【解析】 这则材料作文的切入角度有多个,整体难度不大,同方冲刺教材上有关于"攀登"主题的作文习题,强化冲刺课程强调的备考方向"探索与超越""自强不息"等基本兑现。攀登的对象可以是自然的山峰,也可以是文化、艺术、哲学、思想的高峰。

角度一:"有人则在不懈的攀登中",根据这句,作文可以切入坚持不懈、自强不息、敢于攀登等主题,也是最为常见的写法。

角度二: "有人在险峻的山峰前望而却步,有人则在不懈的攀登中",根据这两句,作文可以切入迎难而上、积极进取等主题,反对佛系人生等所谓避世态度。

角度三: "有人则在不懈的攀登中,体会着拾级而上的喜悦",根据这两句,作文可以切入探索自我、超越自我、山高人为峰等主题。

2019年材料作文· 生活中有很多仪式,仪式丰富了我们的生活。仪式拨动情感之弦,启发理性之思。仪式里有憧憬也有追忆,有自豪也有责任,有尊严也有崇敬……仪式,是我们生活中"有意味的形式"。

请根据以上材料,写一篇800字左右的文章。

要求:(1)自选角度,自定立意,自拟题目;(2)诗歌除外,文体不限。

【解析】

日常生活中,各种仪式几乎伴随着每个人的一生。祭拜祖先有仪式,婚丧嫁娶有仪式,毕业典礼有仪式,就连买了一本新的笔记本郑重地写下第一行字,也可算是一种仪式。

清明时节雨纷纷,今年的清明仍在眼前:长辈们恭谨地洒下纸钱,淋上黄酒,将甘蔗整齐码在坟头,孩子们在烛光前虔诚地叙述思念……

"繁琐"的仪式,我们一步也不肯落下,那牵引出来丝丝缕缕情意与悠悠中华文化,令人动容。快节奏的生活,我们该慢下来守护仪式,守护一种习惯,守护背后深情与文化,守护一种认真生活的态度。

"爆竹声声一岁除",年初一,各家各户总要点上红火的鞭炮,并且进行祭祖仪式,这种仪式随着历史长河流传至今,成为一种习惯,不易改变。仪式成为习惯后不易改变,也不必大费周章去改变。复旦大学教授严复锋说:"习惯的意义在于维持生活的安稳感。"仪式流传千年,已经与我们的生活紧密联系,若强行改变,会给人多大的不适感?人生活不安稳,社会又如何安定?所以,应该给仪式一点空间,维持生活的常态,而不轻易改变。

不改变仪式,亦在于对它背后的人情与中华文化的珍视;这些情,这些文化,纵世事百变,依旧动人。广东婚礼仪式中有一环节是新娘梳头。"一梳梳到尾,二梳白发齐眉,三梳儿孙满地",母亲在待嫁女儿身旁一下下梳着,这古朴的仪式中,蕴含了多少美好祝愿与不舍。这正是仪式的意义所在,无论是清明祭祖还是春节仪式,都源于人与人之间温热的情感:亲情,友情,爱情;除此以外,还是一份对中华文化的守护。在婚礼上,按仪式,新娘都要给老爷、婆婆递上"媳妇茶",这是中华孝道的体现。而在希腊,婚礼仪式上他们会跳圆圈舞,这与希腊的热情一脉相承。中华文明蕴藏在种种仪式中,也正是这些仪式,让中华文明区别于其他文明。

而仪式,也是现代人表达感情,给每一天制造不同的惊喜感觉的手段,是一种乐活的生活态度。和郑重写下一行字相似,收藏家在接收心仪收藏品前总要进行净身仪式,这净身里,道尽了多少欢喜与爱惜。没错,生活节奏是很快,但我们不能一味的快,应该偶尔慢慢下来,在小小仪式之间,觅到丝丝缕缕的快乐,从一种愉悦的状态出发,重新上路,怎知不会更快?给仪式留一点空间吧。仪式既成习惯不易改变,不如留下,收获心安;仪式背后的深情也不会因落伍沦落到抛弃地步;仪式带来的乐活态度也足以让我们在快节奏中收获喜悦。如此,为何要改?

愿你我在仪式之间,收获幸福与温情。

2020年材料作文·接力赛跑中,运动员传接的是同一根接力棒,他们的速度或快或慢,但为了同一个目标,他们都能竭尽所能。很多事,都如同接力赛。越伟大的事业,越需要更多人的接力参与,一个又一个,一代又一代……

请根据以上材料,写一篇800字左右的文章。

要求:(1)自选角度,自定立意,自拟题目;(2)文体不限,诗歌除外。

【解析】

本次材料作文首先描述了接力赛跑中,运动员为了同一个目标竭尽所能。其次突出强调了伟大的事业需要接力参与。总体而言,题目开阔,下笔空间巨大。既可以站在人与人的团结一心、战胜重重困难的角度去揭示,也可以从接力探索、接续奋斗的角度出发,阐述伟大的成就需要信念的传承。

1981年,中国女排第一次站上世界冠军的领奖台,全国上下响起了"团结起来,振兴中华"的战鼓,成为改革开放大幕初启之时中国奋力追赶世界的缩影。然而,女排精神一直都在,2004年雅典奥运会夺金、2016年里约奥运会夺金、2019年女排世界杯再次夺金,一棒接着一棒跑,一次又一次创造辉煌。

1949年开国大典上飞机不够还要再飞一遍,如今尽抒凌云壮志、尽可搏击长空;1978年国外飞驰的新干线令国人感慨万千,现在高铁已经成为一张享誉世界的中国名片。无论是70年的辉煌历程,还是40年的改革伟绩,这是一脉相承、接力参与的奋斗。这是前后相续的征程,创造人类社会发展史上惊天动地的发展奇迹,树立中华民族走向复兴的伟大丰碑。

接力探索、接续奋斗,承前启后,继往开来。我们已走过万水千山,但仍需要不断涉水跋山。风华正茂的年轻人,大可立鸿鹄志、做奋斗者,在个人成长中释放青春激情;年富力强的中年人,尽可敢作敢为、建功立业,定义自己的明天,书写国家的未来;老当益壮的老年人,亦可志在千里、壮心不已……只要紧握实干之桨,高扬奋斗之帆,每一代人都为下一代人跑出一个好成绩,社会进步的道路就就会愈加宽广,民族复兴的夙愿就能早日实现。

二、习题训练及备考素材

(一)材料话题作文备考方向

1. 人在生活中有着各种各样的交际愿望,对话就是一种常用的交际形式,通过对话可以获得新的信息,可以倾诉心曲,还可以获得感情上的呼应。请以"对话"为话题,写一篇文章。题目自拟,文体不限,不少于800字。

2. 人人都渴望拥有财富,但不同的人对财富的看法不同:有的人认为财富就是金钱,有的人认为财富是智慧,有的人认为财富就等于权力……请以"财富"为话题写一篇文章,文体不限,题目自拟,字数不少于800字。

3. 古训说:"不成规矩难以成方圆"。现代人说,如何创新,就是要打破传统的框框,突破规矩。请从这段话中得出自己的理解,自选角度,自拟题目,写一篇文章,不少于800字。除诗歌外,文体不限。

4. 中国入世后,电视台搞了一次对话节目:外经贸部副部长、中国入世谈判首席代表龙永图先生与各路精英的对话。对话中涉及话题很多,其中有三个话题录写如下:① 包容与人才? ② 什么样的人才最被认可? ③ 把人才当成千里马,还是当成高能电子? 你对以上三个问题怎么看? 请以"人才"为话题,写一篇文章,文体自选,不少于800字。

5. 人们往往崇拜自己不熟悉的人和远离自己的人,因为这会有一种神秘感。而神秘感一旦消失,崇拜的情绪就可能淡化。据说,耶稣在外游历了很长时间后,返回家乡布道。起初,人们为他的学问和智慧所叹服。当大家仔细一瞧,发现眼前这个口若悬河的人,原来不过是本地一个木匠的儿子,诚服钦敬之心顿减,立即变得不恭不敬起来。耶稣还是刚才的耶稣,乡邻却已不是刚才的乡邻了。请以"偶像"为话题,写一篇不少于800字的文章,题目文体均不限。

6. **材料一**:从苏州、扬州等地高校毕业的5名女大学生,成为扬州瘦西湖景区首批"大学生船娘",近日正式上岗。有人质疑,大学生去干摇橹划桨这样的体力活儿,是不是太浪费了? 然而,女大学生却说:"能养活自己,适应社会,奉献他人,这样的工作是体面的。"这一回答,使那些质疑显得苍白、陈旧。

材料二:扬州籍的清华大学建筑系96届学生卜冰,毕业后分配到上海建筑设计院。面对大城市大单位这样令人羡慕的位置,卜冰却觉得这里论资排辈,很不适应,仅半年时间就毅然离开,考入美国耶鲁大学攻读建筑学硕士学位,毕业后创立"集合设计"事务所,开创了一片属于自己的事业天空。

材料三:歌唱家李娜在事业如日中天、商业演出与演唱邀请应接不暇时,突然剃发为尼。原来,她虽然在圈子里打拼十几年,却对这个圈子一直不适应。十年来她虔心礼佛,从不曝光自己,内心十分安宁。

有人认为所有的适应都是一种丑陋,都是世故的圆滑;有人却认为"适者生存",相信执著的生存不是苟且偷生,不是碌碌无为,不是闲抛岁月;也有人认为"适者发展",生存下来,为的是向前,为的是攀升,为的是进步。

要求:请根据以上材料,选择一个角度构思作文,立意自定,题目自拟,体裁不限(诗、剧除外),不少于800字。

7. 随着时间的流逝,昔日的欢乐和苦恼都渐渐远去,这时一种情愫在潜滋暗长,它就是怀念。请以"怀念"为话题写一篇文章,文体不限,题目自拟,字数不少于800字。

8. 一棵小草长在一株大树下面。盛夏的时候,大树郁郁葱葱,小草也生机盎然;秋冬之际,大树繁叶落尽,小草也枯萎魂飞。请以"自立"为话题,写一篇文章,题目自拟,文体不限,不少于800字。

9. 在浩瀚的撒哈拉沙漠腹地有一个小村庄比赛尔,它紧贴在一块仅有1.5平方千米的绿洲旁,为艰苦的生活条件所迫,村民们曾多次试图离开那里,但无论向哪个方向走,却一次次又走回原地。原来,在一望无际的沙漠中凭感觉前行,常常会走出大小不一的圆圈,从起点再回到起点。1926年英国皇家科学院院士肯·莱文来到这里,他教会比赛尔人认识了北斗星。他们沿着北斗星指引的方向,只用了三天就走出了大漠。

请选择一个角度,自拟标题,自选文体,写一篇800字以上的文章。

10. 流浪陌路饥饿难耐者,获赐一捧粗食,无疑是一种幸福;在沙漠里跋涉渴极几近气绝者,蓦然发现一泓清泉,则又是一种无比的幸福;平生景仰膜拜的人物,得以见上一面,握一次手,照一次相,也是一种激动人心的幸福;常受老师的批评,这次得到老师的点名表扬,幸福之情会油然而生;度过三灾六难,七挫八折是一种极大的幸福。你有过幸福的感受吗?请你以"幸福"为话题,写一篇文章,或叙述经历,或编拟故事,或阐说见解,或客观介绍,题目自拟,800字以上。

11. 自我,是自己最熟悉的朋友,也是自己最大的敌人。我们无时无刻不想挑战自我,超越自我,甚至改变自我。请以"自我"为话题写一篇文章,文体不限,题目自拟,字数不超过800字。

12. 三个旅行者早上一同外出,一个人拿了根拐杖,一个人拿了把雨伞,第三个人什么也没拿。晚上回来时,拿雨伞的浑身是水,拿拐杖的浑身是伤,而什么也没拿的却安然无恙。于是前两个旅行者问第三个旅行者为什么会这样。第三个旅行者回答说:"当大雨来临时,我躲着走;当路不好走时,我小心地走。所以我既没淋湿,也没跌伤。你们这样是由于你们过于依仗自己的优势。"

许多时候,我们不是跌倒在自己的劣势上,而是跌倒在自己的优势上。你同意这种观点吗?请自选角度,写一篇800字左右的文章。题目自拟,立意自定,文体自选。

13. 人们做任何事都期望成功,但成功却实属不易,并且由于人们对成功的认识并不一致,更使得成功成为一种诱惑、一种梦想。以"成功"为话题写一篇文章,文体不限,题目自拟,字数不少于800字。

14. 人世间有小聪明和大智慧。小聪明者以自我为中心看问题,能随机应变,表现得聪明伶俐,很受众人欢迎。大智慧者以社会环境为中心看问题,表现得稳重质朴甚至木讷笨拙。

读了上述文字,你有何感想和思考?请结合自身体验,写一篇不少于800字的记叙文或议论文。

15. 高尔基说:"书籍是人类进步的阶梯。"由此可见读书对于人类的重要性。读书对于个人同样重要,因为书的质量的好坏会直接影响人的精神面貌和实际行动。请以"读书"为话题写一篇文章。

16. 任何事物都有内外之分,有的外在形式与内涵表里如一,有的则外在形式与内涵达不到和谐统一。内涵不事张扬,没有犀利的眼睛、善感的心灵,往往会把它忽略。请以"内涵"为话题写一篇文章。

17. 倾听是一种亲和的态度,它的对象可以是人,如长者的教诲、他人的牢骚等;也可以是自然,如莺歌燕语、山风松涛等。请以"倾听"为话题写一篇文章。

18. 人们常用"大智大勇"来夸奖一个人的非凡才能,到底何谓"勇"?是敢于面对困难,还是敢于面对邪恶势力,或是战胜自己的怯懦?请以"勇气"为话题写一篇文章,文体不限,题目自拟,字数不少于800字。

19. 长期从事学生思想教育研究的南京财经大学胡连生教授说,现在少数学生中存在的迷恋网络、虚度光阴、不求上进等现象,从根本上讲,都是责任感缺失的外在表现。《生活在低处,灵魂在高处》一文说:"一个有社会责任感的学生,才会真正把自我实现和国家民族的命运联系起来。"

2006感动中国年度人物季羡林老人在《人生的意义与价值》一文中说:"在人类社会发展的长河中,我们每一代人都有自己的任务,而且是绝非可有可无的……人生的意义与价值恐怕就在于对人类发展的承上启下、承前启后的责任感。"

读了上述文字,你有何感想?请联系社会实际或你的人生体验,自定立意,自拟题目,写一篇不少于 800 字的议论文或记叙文。

20. 人而有格,并非怪事,世上万事万物无不有格。鉴定产品、接待外宾讲规格;外事交往、文艺创作讲风格;立身做人讲品格,考查阅历讲资格,咏诗讲诗格,交易讲价格……人为万物之灵,岂能无格?人们把侮辱人格视为不敬,把"丢失人格"视为大不义,这说明人格比其他各种"格"都更为重要。请以"人格"为话题写一篇文章。

21. 关于诺言,我国有许多成语,如"一诺千金""一言九鼎""一言既出,驷马难追"等,充分说明了中华民族是个重诺、守诺的民族。请以"诺言"为话题写一篇文章。

22. 希尔顿集团在当今世界旅店业中可称是扬名在五洲,200 多幢巍峨壮观的高楼大厦遍布世界各都市。希尔顿集团能在激烈的竞争中立于不败之地,其原因中最值得称道的是希尔顿集团上下团结一致。唐拉德·希尔顿曾这样说过:"我可能是得克萨斯州最幸运的,是福中之人,这种福来自于友谊,来自于志同道合的伙伴,我希望我的一生能永远与同僚相处愉快,合作无间,因为我的福来自于他们。"不仅希尔顿集团是这样,其实,当今世界,加强合作已越来越成为时代的要求,在学习和生活中,也许你已亲身感受到这一点,或耳闻目睹到合作精神的可贵。请以"合作"为话题,写一篇不少于 800 字的文章。

23. "朋友",是我们平时使用最普通、最得心应手的一个词,是你在什么时候想用都可以信手拈来的一种称呼。"朋友"这个词之所以让人轻松,是因为可以组合,就像一套高档的组合家具,放在一起,有一种整体美;单个摆放,有一种独立美。请以"朋友"为话题,写一篇文章。题目自拟,文体不限,不少于 800 字。

24. 于丹在《论语心得》中说,"君子"是孔子心目中理想的人格标准,而做一个善良的人,是成为君子的首要要求。

一生致力于非洲国家的医疗服务事业的史怀哲说:"一个人在世间所作的善行,会影响到他人的心理和思想。"

当代世界思想文化名人罗素在《我为什么而活》一文中说他活着的理由之一是对人类苦难不可遏制的同情心,这可以看做罗素生活的宣言书,也是古今中外许多人物共同的人生准则。

请根据以上材料,选择一个角度构思作文,立意自定,题目自拟,体裁不限(诗、剧除外),不少于 800 字。

25. 攀登是一种姿态,它需要勇气,也需要智慧。攀登的对象可以是实际的事物,也可以是无形的思想……请以"攀登"为话题,写一篇文章。

26. 学生正处在独立人格的形成时期,都希望受人尊重,正学着尊重别人,尊重很容易做到:得到帮助时道一声谢,妨碍别人时道句歉;为演出成功鼓掌,为同学进步喝彩;一句问候,一声再见……尊重也容易被人忽视:遭人冷落,被人揭短,恶语触怒他人,讥讽同学弱点……总之,尊重别人是一种美德,受人尊重是一种幸福。请围绕"尊重"这个话题,自拟题目,写一篇作文。

27. 明代作家张潮说:春听鸟声,夏听蝉声,秋听虫声,冬听雪声;白昼听棋声,月下听箫声,山中听松声,涧边听瀑布,觉耳中别有不同。

读了上述文字,你或许也有类似的体验,或者领悟到某个道理,请自选角度写一篇作文,可以讲述你的生活体验,抒发真情实感,也可以阐明你的思想观点。

28. 台阶能使人登高望远,开阔眼界。它可以是有形的,也可以是无形的……请以"台阶"为话题写一篇文章。

29. 苏轼《题西林壁》诗中有"横看成岭侧成峰,远近高低各不同"之句,写从不同的角度观察庐山看到了不同的景象。我们生活、工作、学习中是不是也有这样的情况呢?请写一篇文章。文体不限,不少于800字。

30. 当今世界,无论是人与人之间,还是国与国之间,都竞争激烈。竞争促进了发展,推动了进步,但同时也带来了一些负面效果……请以"竞争"为话题写一篇文章。

31. 据《华尔街日报》报道,海湾战争前夕,该报记者到驻沙特的美军陆战队采访,惊奇地发现,在沙特的帐篷里,在待命的军舰上,美国官兵正在读中国的《孙子兵法》。据说,有个军官匆忙出征,忘记带上这本书,赶忙写信给妻子,让她把书寄到前线。陆战队司令格雷将军指令:《孙子兵法》为陆战队官兵的必读书。(节选自张雨生《海湾战争与孙子兵法》)

要求:全面理解材料,可以从一个侧面、一个角度构思作文。自主确定立意,确定文体,确定标题;不要脱离材料内容或其含意范围作文,不要套作,不得抄袭。

32. 有人曾问三个砌砖工人:"你们在做什么?"第一个工人说:"砌砖。"第二个工人说:"我正在赚工资。"第三个工人说:"我正在建造世界上最富特色的房子。"

简短的回答,使各人的工作态度跃然纸上:第一个工人是为工作而工作;第二个工人是为赚钱而工作;第三个工人则是为创造目标而工作。据说到了后来,前两人一生都是普普通通的砌砖工人,而第三个工人则成了有名的建筑师。

要求:全面理解材料,可以从一个侧面、一个角度构思作文。自主确定立意,确定文体,确定标题;不要脱离材料内容或其含意范围作文,不要套作,不得抄袭。

(二)材料话题作文备考素材

感动中国2018年度人物
一、钟扬

【颁奖辞】

超越海拔六千米,抵达植物生长的最高极限,跋涉16年,把论文写满高原。倒下的时候双肩包里藏着你的初心、誓言和未了的心愿。你热爱的藏波罗花,不屑于雕梁画栋,只绽放在高山砾石之间。

【人物事迹】

钟扬长期致力于生物多样性研究和保护,率领团队在青藏高原为国家种子库收集了数千万颗植物种子;钟扬援藏16年,足迹遍布西藏最偏远、最艰苦的地区,长期的高原工作让他积劳成疾,多次住进医院,但他都没有停下工作。多年来,钟扬为西部少数民族地区的人才培养、学科建设和科学研究做出了重要贡献。

二、杜富国

【颁奖辞】

你退后,让我来!六个字铁骨铮铮,以血肉挡住危险,哪怕自己坠入深渊。无法还给妈妈一个拥抱,无法再见妻子明媚的笑脸,战友们拉着手蹚过雷场。你听,那嘹亮的军歌是对英雄的礼赞!

【人物事迹】

2018年10月11日下午,在边境扫雷行动中,面对复杂雷场中的不明爆炸物,杜富国对战友喊出"你退后,让我来",在进一步查明情况时突遇爆炸,英勇负伤,失去双手和双眼,同组战友安然无恙。杜富国的伤情牵动着全国人民的心,人们通过各种形式向他表达慰问。国防部评价说:杜富国同志面对危险、舍己救人,用实际行动书写了新时代革命军人的使命担当。

三、吕保民

【颁奖辞】

身在市井未曾放下心中豪情,曾经军旅岂容凶残闹市横行。于人群中挺立,喝断暴徒的路,聚拢起民间的正气。侠隐于市见义而勇,勇不在于强悍,而在于无所畏惧!

【人物事迹】

2018年9月8日,吕保民在幸福北街菜市场发现一男子持刀抢劫,上前制止,被歹徒连刺五刀,身受重伤。最后在村民们帮助下,歹徒被制服。吕保民其见义勇为的事迹得到广大群众的赞誉。

四、马旭

【颁奖辞】

少小离家乡音无改,曾经勇冠巾帼如今再让世人惊叹。以点滴积蓄汇成大河灌溉一世的乡愁,你毕生节俭只为一次奢侈,耐得清贫守得心灵的高贵。

【人物事迹】

2018年,武汉一位退休老人向家乡木兰县教育局捐赠1 000万元,引起了广泛的关注。这笔巨款是马旭与丈夫一分一毫几十年积累而来。他们至今生活简朴,住在一个不起眼的小院里。网友纷纷向两位老人致敬、点赞。

五、刘传健

【颁奖辞】

仪表失灵你越发清醒,乘客的心悬得越高,你肩上的责任越重。在万米高空的险情中如此从容,别问这是怎么做到的,每一个传奇背后都隐藏着坚守和执着。

【人物事迹】

2018年5月14日,川航3U8633重庆至拉萨航班执行航班任务时,在万米高空突然发生驾驶舱风挡玻璃爆裂脱落、座舱释压的紧急状况,这是一种极端而罕见的险情。生死关头,刘传健果断应对,带领机组成员临危不乱、正确处置,确保了机上119名旅客生命安全。

六、其美多吉

【颁奖辞】

三十忠诚风与雪,万里邮路云和月。雪山可以崩塌,真正的汉子不能倒下。雀儿山上流动的绿,生命禁区前行的旗,蜿蜒的邮路是雪山的旋律。坚强的多吉,你唱出高原上最深沉的歌。

【人物事迹】

四川省甘孜藏族自治州有一条全程往返1 208公里、平均海拔在3 500米以上的雪线邮路,来自党中央的声音、四面八方的邮件通过这条邮路送往雪域的各个角落,其美多吉在雪线邮路上工作了29年,行驶里程相当于绕赤道35圈。29年来,他驾驶的邮车从未发生一次责任事故,圆满完成了每一次邮运任务

七、王继才、王仕花

【颁奖辞】

浪的执着、礁的顽强、民的本分、兵的责任。岛再小也是国土,家未立也要国先安。三十二年驻守,三代人无言付出两百面旗帜收藏了太多风雨。涛拍孤岛岸、风颂赤子心!

【人物事迹】

江苏灌云县开山岛位于我国黄海前哨,面积仅有两个足球场大小。1986年,26岁的王继才接受了守岛任务,从此与妻子王仕花以海岛为家,与孤独相伴,在没水没电、植物都难以存活的孤岛上默默坚守,把青春年华全部献给了祖国的海防事业。2014年,王继才夫妇被评为全国"时代楷模"。2018年7月27日,王继才因病抢救无效去世,年仅58岁。

八、张渠伟

【颁奖辞】

扶贫必须精准不落一人一户,病情迫在眉睫却一拖再拖。扎下帐篷、扎下了根,签上名字就立下了军令状。没有硝烟的战场你负了伤,泥泞的大山你走出了路,山上的果实熟了,人们的心热了。

【人物事迹】

张渠伟同志自2014年3月担任达州市渠县扶贫和移民工作局局长以来,为渠县143802名(居四川省第二)贫困人口脱贫、130个贫困村脱贫和整县摘帽贡献了健康、智慧和热血。由于长年熬夜和超负荷工作,张渠伟患上严重的"耳石症"和"青光眼",但他从不惧怕,昼夜战斗在攻坚一线。

九、张玉滚

【颁奖辞】

扁担窄窄,挑起山乡的未来;板凳宽宽,稳住孩子们的心。前一秒劈柴生火,下一秒执鞭上课。艰难斑驳了岁月,风霜刻深了皱纹,有人看到你的沧桑,更多人看到你年轻的心。

【人物事迹】

张玉滚大学毕业后,放弃在城市工作机会,回到家乡,从一名每月拿30元钱补助、年底再分100斤粮食的民办教师干起,一干就是17年。学校地处偏僻,路没修好时,他靠一根扁担,一挑就是5年,把学生的课本、文具挑进了大山。他是这里的全能教师,手执教鞭能上课,掂起勺子能做饭,握起剪刀能裁缝,打开药箱能治病。由于常年操劳,"80后"的他鬓角斑白、脸上布满皱纹。

十、程开甲

【颁奖辞】

空投、平洞、竖井、朔风、野地、黄沙,戈壁寒暑成大器,于无声处起惊雷!一片赤诚、一生奉献,一切都和祖国紧紧相联。黄沙百战穿金甲,甲光向日金鳞开!

【人物事迹】

1946年8月,程开甲赴英留学。新中国成立后,程开甲放弃了国外优厚条件回到中国,1960年,加入我国核武器研究的队伍,从此消失20余年。从1963年第一次踏进罗布泊到1985年,程开甲一直生活在核试验基地,为开创中国核武器研究和核试验事业,倾注了全部心血和才智。程开甲设计了中国第一个具有创造性和准确性的核试验方案,设计和主持包括首次原子弹、氢弹、导弹核武器、平洞、竖井和增强型原子弹在内的几十次试验。

感动中国2017年度人物
一、卢永根——天意怜幽草　人间重晚晴

【颁奖辞】

种得桃李满天下,心唯大我育青禾。是春风,是春蚕,更化作护花的春泥。热爱祖国,你要把自己燃烧。稻谷有根,深扎在泥土,你也有根扎根在人们心里。

【人物事迹】

卢永根教授将十多个存折的存款转入华南农业大学的账户,卢永根夫妇一共捐出8 809 446元,这是她们毕生的积蓄,学校用这笔款设立了教育基金,用于奖励贫困学生与优秀青年教师。他说:"党培养了我,将个人财产还给国家,是做最后的贡献。"卢永根的秘书赵杏娟说:"钱都是老两口一点一点省下来的,对扶贫和教育,两位老人却格外慷慨,每年都要捐钱。"

二、廖俊波——芳兰生贵里　山河澄正气

【颁奖辞】

人民的樵夫,不忘初心。上山寻路,扎实工作,廉洁奉公,牢记党的话,温暖群众的心。春茶记住你的目光,青山留下你的足迹,谁把人民扛在肩上,人民就把谁装进心里。

【人物事迹】

廖俊波出身普通家庭,始终牵挂群众,惦记着群众的冷暖安危,用心用情为群众办实事、解难事,用自己的"辛勤指数"换来群众的"幸福指数"。廖俊波经历的岗位,都是"背石头上山"的重活累活,需要比别人付出更多的艰辛和努力。但他始终把工作当事业干,乐在其中。离开政和时,全县财政总收入翻了两倍多,连续3年进入全省县域经济发展"十佳",实现了贫困县脱胎换骨的蜕变。

三、杨科璋——英雄归厚土　浩然天地秋

【颁奖辞】

有速度的青春,满是激情的生命。热爱这岗位,几回回出生入死和死神争夺。这一次,身躯在黑暗中跌落,但你护住了怀抱中最珍爱的花朵。你在时,如炽烈的阳光。你离开,是灿烂的晚霞。

【人物事迹】

2015年5月30日1点13分,杨科璋在灭火救援中紧急救出一名约两岁的孩子,但因烟雾太大、能见度低而踩空坠楼。从五楼坠楼时杨科璋紧抱孩子,最终保住了孩子,但自己却献出了年仅27岁的生命。杨科璋入伍以来共参加灭火救援战斗200多次,抢救疏散被困群众160多人。

四、卓嘎和央宗——乡心正无限　凤德咏馀芬

【颁奖辞】

日出高原,牛满山坡。家在玉麦,国是中国。中国是老阿爸手中缝过的五星红旗,中国是姐妹俩脚下离不开的土地。高原隔不断深情冰雪锁不住春风,河的源头在北方,心之所向是祖国。

【人物事迹】

父亲桑杰曲巴是个老民兵,放牧守边34年,从未离开过这片土地。卓嘎、央宗姐妹俩在父亲的带领下,加入了中国共产党,半个多世纪来,父女三人以放牧为生,守护着祖国数千平方公里的国土。父亲桑杰曲巴常对卓嘎和央宗说:"如果我们走了,这块国土上就没有人了!"这句话,两个女儿记了一辈子。他们知道,守护土地,就是守护国家。

五、刘锐——倚天持报国　关山万里程

【颁奖辞】

脱翎换羽,展翅高飞,这是大国利器。穿越海峡,空巡黄岩,你为祖国的战机填上一抹太平洋的蓝。巡天掠海,为国仗剑,强军兴军的锐一代只要祖国需要你们可以飞得更远。

【人物事迹】

刘锐所在团被确定为全军首家装备轰-6K的部队后,他作为"先行者"和"探路人",既当"改装员"又当"试飞员",仅用3个月就完成了改装。随后,刘锐一鼓作气,创造性提出"课题牵引训练"新思路,形成一批战法、数十套突击方案,填补轰-6K作战使用的多项空白。

六、黄大年——一心中国梦　功德冠群英

【颁奖辞】

作别康河的水草,归来做祖国的栋梁,天妒英才,你就在这七年中争分夺秒,透支自己,也要让人生发光,地质宫五楼的灯源自前辈的薪传,永不熄灭。

【人物事迹】

黄大年留学英国18年,是国际知名的科学家。回国前,他住在剑桥大学旁边的花园别墅里,妻子还经营着两家诊所。2008年,中国开始实施"海外高层次人才引进计划",他用最短的时间辞职、卖掉房子和诊所、办好了回国手续。首次推动我国快速移动平台探测技术装备研发,突破国外技术封锁,被誉为新时代海归科技报国的楷模。

七、卢丽安——际会中兴日　四海两心知

【颁奖辞】

台湾的女儿有大气概,祖国为大乡愁不改,把握现在开创未来。分离再久,改不了我们

的血脉。海峡再深,挡不住人民追求福祉的路。

【人物事迹】

卢丽安1968年生于台湾高雄,从小受家人影响对大陆有着特殊感情。谈到两岸关系时,卢丽安真诚地表示,"我的家族历史与自己的成长经历让我坚信:和平发展一定是两岸关系的主要走势,这也是两岸同胞共同的心声。"她认为,没有台湾梦的中国梦肯定是不完整的,同时,没有融入祖国的台湾梦,像打个盹,黄粱一梦。

八、王珏——密林多暗香　轻吹送余芳

【颁奖辞】

碧草之芬,幽兰之馨,有美一人,在海之滨。你用善良为一座城市留下丰碑,芳香无尽,每年的十一月十七,狮子座流星雨如期而至,那一刻,映亮了夜空中你最美的背影。

【人物事迹】

王珏化名"兰小草",给急需帮助的孤儿寡母捐款,每年2万,已经坚持了15年,并承诺希望能捐够33年。慈善机构收到了捐款,想要寻找到这位好人,多次联络,王珏都没有现身。缺席了无数次公益奖项颁奖,坚持公益捐款十多年,今年7月,王珏被检查出肝癌,去世之前,他的身份最终得以大白。

九、黄大发——一汲清泠水　高风味有馀

【颁奖辞】

水过不去,拿命来铺,这是一个老党员为人民许下的誓言。大发渠,云中穿,大伙吃上了白米饭。三十六年,为梦想跋涉,僵直了手指,沧桑了面孔,但初心不变。

【人物事迹】

20世纪60年代起,黄大发带领群众,历时30余年,靠着锄头、钢钎、铁锤和双手,在绝壁上凿出一条长9 400米的"生命渠",结束了草王坝长期缺水的历史,乡亲们亲切地把这条渠称为"大发渠"。2017年4月25日,中央宣传部授予黄大发"时代楷模"荣誉称号;9月,获得"2017年全国脱贫攻坚奖奋进奖"。

十、谢海华——寸心言不尽　冰壶万缕丝

【颁奖辞】

相信,是那一刻的决定。相濡以沫,是半生的深情。平凡的两个人,在命运面前却非凡地勇猛。最长情的告白已胜却人间无数。心里甜,命就不苦,爱若在,厮守就是幸福。

【人物事迹】

29年前,湖南农民谢芳在见义勇为时受重伤,落下残疾。刚刚从部队复员回家的谢海华,经人介绍与谢芳订婚。面对谢芳日益严重的后遗症,谢海华仍选择了与她结婚。近28年来,谢海华一直悉心照顾妻子,每天早上6时准时起床做饭,帮妻子穿衣服、洗漱,一日三餐把饭菜送到床头喂她吃。对于谢芳来说,谢海华就是她的手和脚,"没有他,我活不到今天。"

感动中国 2016 年度人物
一、孙家栋

【颁奖词】

少年勤学,青年担纲,你是国家的栋梁。导弹、卫星,嫦娥,北斗。满天星斗璀璨,写下你的传奇。年过古稀未伏枥,犹向苍穹寄深情。

【人物事迹】

孙家栋,87岁,中科院院士、探月工程总设计师,他是中国第一枚导弹、第一颗人造地球卫星、第一颗遥感探测卫星、第一颗返回式卫星的技术负责人、总设计师,是中国通信卫星、气象卫星、资源探测卫星、北斗导航卫星等第二代应用卫星的工程总师,是中国探月工程总设计师,中国科学院院士,中国"两弹一星"功勋科学家。

二、王锋

【颁奖词】

面对一千度的烈焰,没有犹豫,没有退缩,用生命助人火海逃生。小巷中带血的脚印,刻下你的无私和无畏,高贵的灵魂浴火涅槃,在人们的心中永生。

【人物事迹】

王锋,38岁,河南省南阳市方城县广阳镇古城村人。2016年5月18日凌晨,南阳市卧龙区西华村一栋民宅突发大火,浓烟迅速吞没了整栋楼房。租住在一楼的王锋发现火情后,义无反顾地三次冲入火场救人,20多位邻居无一伤亡。第三次从火场出来时,王锋已快被烧成了"炭人",浑身都是黑的,神智已不清醒。从住处到临近的张衡路口,大约五六十米的距离,一路上都留下了他血染的脚印。

三、支月英

【颁奖词】

你跋涉了许多路,总是围绕着大山;吃了很多苦,但给孩子们的都是甜。坚守才有希望,这是你的信念。三十六年,绚烂了两代人的童年,花白了你的麻花辫。

【人物事迹】

支月英,女,江西省宜春市奉新县澡下镇白洋教学点教师。1980年,江西省奉新县边远山村教师奇缺,时年只有十九岁的南昌市进贤县姑娘支月英不顾家人反对,远离家乡,只身来到离家两百多公里,离乡镇45公里,海拔近千米且道路不通的泥洋小学,成了一名深山女教师。36年来支月英坚守在偏远的山村讲台,从"支姐姐"到"支妈妈",教育了大山深处的两代人。

四、秦玥飞

【颁奖词】

在殿堂和田垄之间,你选择后者,脚踏泥泞,俯首躬行,在荆棘和贫穷中拓荒。洒下的汗水,是青春,埋下的种子,叫理想。守在悉心耕耘的大地,静待收获的时节。

【人物事迹】

秦玥飞,耶鲁大学毕业,现任湖南省衡山县福田铺乡白云村大学生村官、黑土麦田公益(Serve for China)联合发起人。大学毕业时,秦玥飞选择回到祖国农村服务,至今已是第六个年头。为吸引更多优秀人才服务乡村,秦玥飞与耶鲁中国同学发起了"黑土麦田公益"项目,招募支持优秀毕业生到国家级贫困县从事精准扶贫和创业创新。

五、张超

【颁奖词】

那四点四秒,祖国失去了优秀的儿子。你循着英雄的传奇而来,向着大海的方向去,降落,你对准航母的跑道,再次起飞,你是战友的航标。

【人物事迹】

张超,男,30岁,海军某舰载航空兵部队正营职中队长,一级飞行员。2016年4月27日,张超在驾驶舰载战斗机进行陆基模拟着舰接地时,突发电传故障,危机关头,他果断处置,尽最大努力保住战机,推杆无效、被迫跳伞,坠地受重伤,经抢救无效壮烈牺牲。此前,张超是"海空卫士"王伟生前所在部队优秀的三代机飞行员,全团6名"尖刀"队员中最年轻的一员,曾数十次带弹紧急起飞驱离外军飞机。

六、李万君

【颁奖词】

你是兄弟,是老师,是院士,是这个时代的中流砥柱。表里如一,坚固耐压,鬼斧神工,在平凡中非凡,在尽头处超越,这是你的人生,也是你的杰作。

【人物事迹】

李万君,中车长客股份公司高级技师。2016年被中组部授予"全国优秀共产党员"荣誉称号。为了在外国对我国高铁技术封锁面前实现"技术突围",李万君凭着一股不服输的钻劲儿、韧劲儿,一次又一次地试验,取得了一批重要的核心试制数据,积极参与填补国内空白的几十种高速车、铁路客车、城铁车转向架焊接规范及操作方法,先后进行技术攻关100余项。

七、梁益建

【颁奖词】

自谦小医生,却站上医学的巅峰,四处奔走募集善良,打开那些被折叠的人生;你用两根支架矫正患者的脊柱,一根是妙手,一根是仁心。

【人物事迹】

梁益建,医学博士,四川省成都市三医院骨科主任。梁益建多年前学成回国,参与"驼背"手术3 000多例,亲自主刀挽救上千个极重度脊柱畸形患者的生命,成为国内首屈一指的极重度脊柱畸形矫正专家。近可能的为患者着想,是梁益建的工作守则。到医院求治的病人,很多经济条件都不好。为了让患者尽快得到治疗,他处处为病人节省费用外,还常常为经济困难的患者捐钱,四处化缘。碰到有钱的朋友,他会直接开口寻求帮助,甚至尝试过在茶馆募捐。

八、郭小平

【颁奖词】

瘦弱的孩子需要关爱,这间病房改成的教室,是温暖的避难所。你用十二年艰辛,呵护孩子,也融化人心,郭校长,你是风雨中张开羽翼的强者。

【人物事迹】

郭小平,2004年,临汾第三人民医院院长郭小平看到艾滋病区的几个孩子到了上学年龄却没法上学,便和同事一起办起了"爱心小课堂",在社会各界的帮助和支持下,2006年9月1日,临汾红丝带学校正式挂牌成立,2011年学校被列入正式国民教育序列。2014年,彭丽媛向红丝带学校写信,并在采访中说:"我希望这些受艾滋病影响的孩子们,都能有一个美好的未来。"

九、阿布列林·阿布列孜

【颁奖词】

在细碎的时光中守望使命,以奋斗的精神拥抱生活。执法无私,立身有责;恪尽职守,勤勉为公。在这片土地上,红柳凝聚水土,你滋润心灵。

【人物事迹】

阿布列林·阿布列孜,男,维吾尔族,新疆哈密地区中级人民法院退休干部。1968年,阿布列林曾经在途径河南时访问兰考焦裕禄故居。这次兰考之行影响了他一生。工作46年来,阿布列林不管是当农民、当工人、当检察官,不管在什么岗位,都踏踏实实、勤勤恳恳工作,像一颗螺丝钉,拧到哪儿都不会松扣,他坚持依法公正廉洁办案,维护民族团结,努力做焦裕禄式的好党员、好干部,曾被评为全国民族团结进步模范个人,被最高人民法院授予一等功。

十、潘建伟

【颁奖词】

嗅每一片落叶的味道,对世界保持着孩童般的好奇。只是和科学纠缠,保持与名利的距离。站在世界的最前排,和宇宙对话,以先贤的名义,做前无古人的事业。

【人物事迹】

潘建伟,46岁,物理学家,中科院院士。2016年8月16日,由我国科学家自主研制的世界首颗量子科学实验卫星"墨子号"在酒泉卫星发射中心成功发射,它将在世界上首次实现卫星和地面之间的量子通信。这将是跨度最大、史上最安全的通信网络。这个项目的首席科学家正是潘建伟。

十一、中国女排

【特别致敬】

北京时间8月21日,巴西里约热内卢小马拉卡纳球场,中国女排3∶1击败塞尔维亚队,时隔12年历史上第三次捧起奥运会冠军奖杯。

郎平和她的队员们在小组赛出师不利的情况下上演"绝地反击",东道主巴西、小组赛曾战胜自己的荷兰和塞尔维亚都没能挡住她们前进的脚步。

对于向来有"女排情结"的中国人而言,这个冠军重于千钧,五星红旗飘扬那一刻,《义勇军进行曲》响起那一刻,激动与幸福的泪水美于一切。

感动中国 2015 年度人物
一、吴锦泉

【颁奖词】

窄条凳,自行车,弓腰驼背,沐雨栉风。身边的人们追逐很多,可你的目标只有一个。刀剪越磨越亮,照见皱纹,照见你的梦。吆喝渐行渐远,一摞一摞硬币,带着汗水,沉甸甸称量出高尚。

【人物事迹】

2010 年 8 月 9 日,吴锦泉收听广播时得知甘肃舟曲发生特大泥石流灾害,将磨刀挣来的硬币凑上 1 000 元钱送给红十字会捐给灾区。2013 年 4 月 20 日,四川雅安发生 7.0 级地震,吴锦泉得知此消息后,将两年来走街串巷替人磨刀挣下的 1966.2 元辛苦钱,通过红十字会捐给灾区。

自 2008 年汶川地震之后,累计捐款 37 000 多元钱。吴锦泉,江苏省南通市港闸区五星村一名普通村民,如今年过八旬,仅靠磨刀为生,生活并不富裕,老两口还住在三间破旧的瓦房里,但他关心社会,为村里修桥补路,去福利院看望孤儿,将自己的辛苦钱毫无保留地捐献出来。

二、张宝艳秦艳友

【颁奖词】

寻寻觅觅,凄凄惨惨戚戚。宝贝回家,路有多长?茫茫暗夜,你们用父母之爱,把灯火点亮。三千个日夜奔忙,一千个家庭团聚。你们连缀起星星点点的爱,织起一张网。网住希望,网住善良。

【人物事迹】

1992 年,儿子的一次意外走失,让张宝艳、秦艳友夫妇体会到了走失孩子后的焦急,此后他们开始关注寻亲信息,并尝试为丢失孩子的父母提供帮助。2007 年,夫妇二人建起"宝贝回家寻子网",帮助家长们寻找孩子。为了运营好网站,张宝艳辞去工作成了一名全职志愿者。2009 年,张宝艳提出的"关于建立打击拐卖儿童 DNA 数据库的建议"得到公安部采纳,DNA 数据库为侦破案件、帮被拐儿童准确找到亲人,提供了有力的技术支持。

成立 8 年来,"宝贝回家寻子网"不断壮大,志愿者发展到 15 万多人,遍布全国各地,成为照亮宝贝回家路的一支中坚力量。目前,"宝贝回家"寻子网是唯一与公安部打拐办合作的全国性寻子网站,截至 2015 年 11 月,"宝贝回家"志愿者协会帮助超过 1 200 个被拐及走失的孩子寻找到亲人。

三、郎平

【颁奖词】

临危不乱,一锤定音,那是荡气回肠的一战!拦击困难、挫折和病痛,把拼搏精神如钉子般砸进人生。一回回倒地,一次次跃起,一记记扣杀,点染几代青春,唤醒大国梦想。因排球而生,为荣誉而战。一把铁榔头,一个大传奇!

【人物事迹】

1984年洛杉矶奥运会女排决赛,中美巅峰对决,身高1米84的中国女排主攻手郎平击溃了美国女排的防线,帮助中国女排登上了冠军的宝座,赛后诞生了一个流行词——"铁榔头"。

"铁榔头"郎平两次在中国女排最困难的时期,主动接下了中国女排主帅这个"星球上压力最大的职业":第一次是1995年女排生死存亡之际,她毅然归国,担任女排主帅,累倒在工作当中;第二次是2012年中国女排伦敦奥运会被日本队淘汰,2013年同年龄队友陈招娣撒手人寰,这一系列的悲痛触动了郎平内心深处的女排情结,于是她冒着"一世英名可能毁于一旦"的风险再次走马上任,仅仅一年半时间,郎平就带领中国队于2014年时隔16年重返世锦赛决赛舞台,最终夺得亚军,并于2015年重夺世界杯冠军。30年来,从担任主攻手时的"五连冠"到任教练率中国女排重返世界之巅,"铁榔头"似乎已经是奇迹的代名词。

四、屠呦呦

【颁奖词】

青蒿一握,水二升,浸渍了千多年,直到你出现。为了一个使命,执着于千百次实验。萃取出古老文化的精华,深深植入当代世界,帮人类渡过一劫。呦呦鹿鸣,食野之蒿。今有嘉宾,德音孔昭。

【人物事迹】

2015年12月10日,屠呦呦因开创性地从中草药中分离出青蒿素应用于疟疾治疗而获得当年的诺贝尔医学奖。这是在中国本土进行的科学研究首次获得诺贝尔奖。1968年,中药研究所开始抗疟中药研究,39岁的屠呦呦担任该项目的组长。经过两年的研究对象筛选,并受到中国古代药典《肘后备急方》的启发,项目组将重点放在了对青蒿的研究上。

1971年,在失败了190次之后,项目组终于通过低温提取、乙醚冷浸等方法,成功提取出青蒿素,并在接下来的反复试验中得出了青蒿素对疟疾抑制率达到100%的结果。在没有先进实验设备、科研条件艰苦的情况下,屠呦呦带领着团队攻坚克难,面对失败不退缩,终于胜利完成科研任务。青蒿素问世44年来,共使超过600万人逃离疟疾的魔掌。未来,屠呦呦希望通过研究,让青蒿素应用于更多地方,为更多人带来福音。

五、阎肃

【颁奖词】

铁马秋风、战地黄花,楼船夜雪,边关冷月,这是一个战士的风花雪月。唱红岩,唱蓝天,你一生都在唱,你的心一直和人民相连。是一滴水,你要把自己溶入大海;是一树梅,你要让自己开在悬崖。一个兵,一条路,一颗心,一面旗。

【人物事迹】

《敢问路在何方》《我爱祖国的蓝天》《唱脸谱》《团结就是力量》……这些被置于艺术殿堂宝座的艺术作品,都出自著名文学家、词作家、剧作家阎肃之手。1950年,20岁的阎肃来到西南青年文工团,并于1953年加入中国共产党和中国人民解放军,正式成为一名文艺兵。

自那时起,阎肃就常常跑基层,慰问广大官兵,把官兵们的生活点滴作为自己的创作素材,很多作品都是在连队的马扎上完成的。

为了创作歌剧《江姐》,阎肃来到重庆渣滓洞体验生活,反铐双手,戴上脚镣,并坐上老虎凳来真实感受当年共产党员英勇不屈的革命精神。2016年2月12日与世长辞,阎肃的夫人说,昏迷期间,阎肃只有听到自己写的歌时才有反应,甚至会流泪。在阎肃心中,他的作品里饱含着的对兵、对民的深情,正是他内心最真实的写照,即使昏迷,也依旧共鸣不绝。他永远是一个兵,一个人民的优秀子弟兵。

六、徐立平

【颁奖词】

每一次落刀,都能听到自己的心跳。你在火药上微雕,不能有毫发之差。这是千钧所系的一发,战略导弹,载人航天,每一件大国利器,都离不开你。就像手中的刀,二十六年锻造。你是一介工匠,你是大国工匠。

【人物事迹】

徐立平,中国航天科技集团公司第四研究院7416厂高级技师。自1987年入厂以来,一直为导弹固体燃料发动机的火药进行微整形。在火药上动刀,稍有不慎蹭出火花,就可能引起燃烧爆炸。目前,火药整形在全世界都是一个难题,无法完全用机器代替。下刀的力道,完全要靠工人自己判断,药面精度是否合格,直接决定导弹的精准射程。0.5毫米是固体发动机药面精度允许的最大误差,而经徐立平之手雕刻出的火药药面误差不超过0.2毫米,堪称完美。

为了杜绝安全隐患,徐立平还自己设计发明了20多种药面整形刀具,有两种获得国家专利,一种还被单位命名为"立平刀"。由于长年一个姿势雕刻火药,以及火药中毒后遗症,徐立平的身体变得向一边倾斜,头发也掉了大半。28年来,他冒着巨大的危险雕刻火药,被人们誉为"大国工匠"。

七、莫振高

【颁奖词】

千万里,他们从天南地北回来为你送行。你走了,你没有离开。教书、家访、化缘,埋头苦干,拼命硬干。你是不灭的蜡烛,是不倒的脊梁。那一夜,孩子们熄灭了校园所有的灯,而你在天上熠熠闪亮。

【人物事迹】

莫振高,学生口中的"莫爸爸""校长爸爸",是广西都安高中的原校长。都安是全国贫困县,这个大山里的瑶乡,有着众多因贫困上不起学的孩子。于是,莫振高将"让瑶乡儿女走向世界"作为自己的座右铭,任教三十多年来跑遍每一位贫困生的家,将了解的情况一一记录在册,并用自己微薄的工资资助了近300名学生,圆了他们的大学梦。

然而,自己的工资毕竟只是杯水车薪。面对数量众多的贫困学生,这位从未向别人伸手的"莫爸爸"走上了"化缘"之路。他利用休息时间,来到全国各地的机关、企事业单位,做演讲、做动员,只为通过社会力量,帮助更多的瑶乡儿女走出大山。

就这样,莫振高一共筹集了3 000多万元善款,让1.8万贫困学子圆了大学梦。因积劳成疾,莫振高于2015年3月9日突发心脏病去世。"莫爸爸"的"化缘"之路改变了数以万计贫困孩子的命运,现在他已桃李满天下,九泉之下也可含笑。

八、官东

【颁奖词】

来不及思量,就一跃而入,冰冷、漆黑、缺氧,那是长江之下最牵动人心的地方,别紧张,有我在,轻声的安抚,稳住倾覆的船舱,摘下生命软管,那肩膀上剩下的只有担当,人们夸你帅,不仅仅指的是面庞。

【人物事迹】

2015年6月1日,"东方之星"号客轮在长江中游湖北监利水域翻沉。官东主动请缨加入海军工程大学抢险救援分队。6月2日抵达救援现场后,他第一个跳入水中,面对水流湍急、能见度极低的双重考验,官东首先在船舱内发现朱红美老人,他一边耐心安抚老人的情绪,一边帮她穿戴好装备,最终成功将其救出,这是第一位被成功救出的生还者。

14时15分,官东再次下水,在机舱部位找到了船员陈书涵。面对体力严重透支,陷入绝望的陈书涵,官东毫不犹豫地将自己的装备给了陈书涵,自己冒着生命危险仅靠轻潜装具支撑。撤退时,他身上的信号绳被缠住,危急之下,官东割断信号绳,与水面彻底失联。

官东在黑漆漆的舱内摸索近20分钟,终于找到出舱口,怎料,一个暗流瞬间将他卷入深水区,而此时,装具里的氧气即将耗尽,官东果断丢掉所有装具,憋着一口气猛地往上游。由于上升速度过快,刚出水的官东双眼通红、鼻孔流血。面对大家的赞许,这个帅气的90后小伙儿,没有多言。因为在他看来,这是军人应有的担当。

九、买买提江·吾买尔

【颁奖词】

一碗茶水端得平,两个肩膀闲不住。30多年的老支书,村民离不开的顶梁柱。你是伊犁河上筑起的拦河坝,是戈壁滩上引来的天山水,给村民温暖,带大家致富。木卡姆唱了再唱,冬不拉弹了再弹,买买提江·吾买尔的故事说不完。

【人物事迹】

买买提江·吾买尔是新疆伊犁地区布力开村村支部书记,维吾尔族。3岁时,吾买尔的父亲就过世了,第二年母亲也改嫁了。就这样,吾买尔是吃着村里维吾尔族、哈萨克族、汉族等各族人家的百家饭长大的,也由此对乡亲们产生了化都化不开的浓浓感情。当上村支书之后,吾买尔把"不让一个人受穷,不让一个人掉队"作为自己的工作宗旨,全力带领村民奔小康。

在布力开村,各族群众和谐相处,从没有红过脸,更没有出现过民族歧视。吾买尔说,只有民族团结经济才能发展。如今,布力开村已成为全国新农村建设示范点。截止到2015年年底,布力开村1 120户村民全都盖起了有网有电话的新房,铺上了总长42公里的柏油路,全村三分之一的人家买上了小汽车。在民族团结的大道上,布力开村实实在在享受到了团结带来的生产力。

十、王宽

【颁奖词】

重返舞台,放不下人间悲欢,再当爷娘,学的是前代圣贤。为救孤,你古稀高龄去卖唱,为救孤,你含辛茹苦16年。16年,哪一年不是360天,台上,你苍凉开腔,台下,你给人间作了榜样。

【人物事迹】

郑州戏曲圈里有这样一位老艺术家:台上兢兢业业唱好戏,台下尽心尽力做善事,戏迷们夸他是德艺双馨的好人,他就是74岁的王宽。1998年退休后,王宽夫妇陆续收养了6名老家的孤儿。为了供养这些孩子吃饭穿衣、读书学艺,王宽决定放下自己国家一级演员的身段,去茶楼卖唱,这一唱就是7年。起初,他的"上台率"并不高,每晚冷板凳一坐就是五六个小时。

但王宽依旧坚持每天骑着自行车,一家一家茶馆地跑,常常晚上六七点就去了茶馆,等到天亮才回家。后来为了能够让更多人点他的戏,王宽又学起了川剧变脸。如今,王宽夫妇苦心抚养的几个孩子都已长大成人,自食其力,而老两口却还在坚持资助老家的孩子。他们最大的愿望就是办起一个孤儿艺校,发挥自己的特长和余热,让这些孩子学到一技之长。王宽老师用他的行动向大家传达爱的意义。

特别奖:抗战老兵和爱国侨胞

【颁奖词】

积淀在他们身上的赤子情怀和文化血脉,将助推整个中华民族走向共圆"中国梦"的未来。向抗战老兵、爱国侨胞两个群体特别致敬,不仅是为了重温历史、缅怀先烈,更重要的是,传承他们为民族尽忠义的担当。

【人物事迹】

有这样一群人,他们在"9.3"阅兵式上,赢得最多掌声和最高敬意。他们是历史,也是现在。他们中既有抗日战争的亲历者,也有抗战老兵的后代,还有海外各行各业的佼佼者。当300余名抗战老兵组成的乘车方队经过天安门城楼时,苍苍白发,熠熠勋章,这群耄耋老人用微微颤抖的军礼表达着对祖国强盛的崇高敬意。

70多年前,他们是走上抵御外侮、保家卫国之路的勇士,在经历了血与火的洗礼后,他们依旧对国家和民族怀抱拳拳之心。和抗战老兵群体一样,在抗日战争的烽火年代,海外华侨华人或是组织抗日救亡团体,或是捐款捐物支持抗战,或是直接回国参军,爱国侨胞们众志成城,筑起一条坚不可摧的血脉长城。

感动中国2014年度人物
一、于敏

【颁奖词】

离乱中寻觅一张安静的书桌,未曾向洋已经砺就了锋锷。受命之日,寝不安席,当年吴钩,申城淬火,十月出塞,大器初成。一句嘱托,许下了一生;一声巨响,惊诧了世界;一个名字,荡涤了人心。

【人物事迹】

于敏1944年考入北京大学,1951年以优异成绩毕业,进入中科院近代物理研究所,1960年年底,开始参与科学家钱三强组织的氢弹技术理论探索。

在中国核物理的几位开创者中,于敏是唯一没有留学背景的人。在氢弹的理论探索中,于敏几乎从一张白纸开始,依靠自己的勤奋,举一反三。克服重重困难,自主研发,解决了氢弹研制中的一系列基础问题。1967年,中国完成了氢弹核爆实验。从原子弹到氢弹,中国只用了两年零八个月,这是世界上最快的速度。在氢弹研制过程中,于敏提出了从原理到构形基本完整的设想,成为中国氢弹研制中的关键人物。

从20世纪70年代起,于敏和其他学者一起倡导、推动加快我国的惯性约束聚变研究,并将它列入我国高技术发展计划,大大推动了我国国防科技的进步。

从60年代开始,于敏放弃了个人热爱的基础物理专业,此后30年一直隐姓埋名,于敏一生只有两次公开露面,一次是1999年,国家为两弹一星元勋授奖,另外一次是2015年1月9日,国家科技奖颁奖,于敏成为最高科技奖的唯一获得者。

二、朱敏才、孙丽娜

【颁奖词】

你们走过半个地球,最后在小山村驻足,你们要开一扇窗,让孩子发现新的世界。发愤忘食,乐以忘忧。夕阳最美,晚照情浓。信念比生命还重要的一代,请接受我们的敬礼。

【人物事迹】

朱敏才,男,1942年生人,退休外交官。孙丽娜,女,退休高级教师。

朱敏才曾是一名外交官,妻子孙丽娜曾是一名高级教师,退休后两人没有选择安逸的日子,而是奔赴贵州偏远山区支教。他们的足迹9年遍布贵州的望谟县、兴义市尖山苗寨、贵阳市孟关等地。2010年两夫妇扎根遵义县龙坪镇,继续他们的支教生涯。

生在贵州黄平,长在贵阳的外交官朱敏才,得知家乡师资严重缺乏,退休后放弃在北京悠闲自在的生活,去山区义务支教。尽管已经古稀之年,但他们表示:"只要我们还能动,就希望在这里继续教下去,让山里娃也能和城里娃一样,能大声流利地说好英语、学好英语"。

山区洗澡难、买菜难、乘车难、看病就医难,各方面都极不方便。卧室跟厕所共用一面墙,夏天臭气熏天,孙丽娜晚上要戴着两个口罩才能睡觉。因为长时间在山区生活,加上高原强烈的紫外线照射,孙丽娜的右眼全部失明,左眼视力只剩下0.03,检查身体时还发现体内重金属超标。朱敏才也患有高血糖、高血脂、呼吸暂停综合征等危险疾病。但他们依然坚守岗位,带给孩子生动活泼的课堂氛围。

他们义务执教不拿一份报酬,在省吃俭用资助贫困生的同时,还在积极为学校建电脑教室、修学生食堂,四处联系争取支持和帮助。夫妇俩在北京治病期间,仍心系山区的孩子,为他们捐来了20台电脑。孙丽娜还将阿里巴巴"天天正能量"奖给她和丈夫的10万元奖金转赠给了学校,用于建电脑教室。在支教9年后,他们被中央电视台评为"最美乡村教师"。

三、赵久富

【颁奖词】

清水即将漫过家园,最后一次,把红旗在墙上摩平。你带领乡亲们启程,车轮移动的瞬间,心间隐痛。不敢回望,怕牵动一路哭声。50年间,两度背井离乡,我们的老支书,一生放不下的,不只是白发高堂。

【人物事迹】赵久富,湖北团风镇黄湖移民新村党支部书记。2010年,南水北调移民工作正式开始,湖北十堰市郧县余嘴村被定为当地首批搬迁的移民试点村,村支书赵久富以大局为重,主动放弃留下来的名额,告别80岁高堂,认真细致做好移民工作,带领61户村民搬迁到团风镇移民新村。

2014年,跨世纪工程南水北调正式通水。此时,南水北调移民第一村十堰郧县余嘴村支书赵久富带领着移民新村的村民早已安定下来,大家也都找到比过去更多的致富出路。

50年前,南水北调一期移民开始时,7岁的赵久富跟随父母搬迁到了余嘴村,2010年,他成了村里移民的第一责任人。这里有61户要外迁到千里之外的黄冈。家园难舍,故土难离,移民工作最难张嘴。村看村,户看户,群众看的是干部,按照住房在海拔172米以下需要外迁的标准,赵久富可以选择留下,但他还是主动选择了外迁黄冈。赵久富80多岁的父母亲决定不跟儿子外迁到黄冈,但他们支持儿子带头外迁。

村支书带头外迁,61户村民陆续签了搬迁协议,2010年的4月30日,移民搬迁队伍就要出发了,家家户户开始收拾家当装车。赵久富将党旗挂在了自家外墙上,这是他在余嘴村当村支书的第26个年头,也是他在余嘴村当村支书的最后一天。赵久富的母亲拄着拐杖步行了5公里,来到了移民现场。母子遥望,赵久富不敢流泪,怕耽误了移民的行程。

2013年,余嘴村变成蓄满清水的库区。而移民们在赵久富的带领下,在新的家园也走上了致富路。

四、张纪清

【颁奖词】

一个善良的背影,汇入茫茫人海。你用中国人熟悉的两个字,掩盖半生的秘密。你是红尘中的隐者,平凡的老人,朴素的心愿,清贫的生活,高贵的心灵。炎黄不是一个名字,是一脉香火,你为我们点燃。

【人物事迹】

2014年11月,在邮局突然晕倒的老人张纪清被送到医院。散落的汇款单暴露了他的秘密。人们发现,他就是江阴人寻找了27年的好心人炎黄。

1987年,祝塘镇政府收到一笔1 000元的捐款用于敬老院的建设,捐款人署名是"炎黄"。当时这笔捐款相当于一个人两年的工资。从此以后的27年间,无论是希望小学还是敬老院,或是地震灾区都曾收到过署名"炎黄"的捐款。27年间,江阴人一直在寻找"炎黄"这位好心人,当地甚至还建设了一个"炎黄陈列馆"。

2014年11月,这位好心人"炎黄"终于现身了,他就是张纪清。张纪清出身贫苦,改革开放后成了镇上首个万元户。手里有了些钱他就开始捐款。之后,他又干回了老本行会计,拿的是死工资,可是捐款却没有中断。张纪清在家里明确表态,钱会用到别人最需要的地方,子女的钱自己去挣。张纪清每月只有500多元的收入,当教师的老伴还有些退休金,两口子一直生活俭朴,还住着过去的老房子,但是依旧捐款。

张纪清坦言署名"炎黄"是不想让被帮助的人有负担,他说"我们做一点点小事情,就不能以恩人自居"。张纪清就是"炎黄",这个秘密只有他的妻子知道,并一直支持着他。这份坚持27年的凡人善举成就了大爱,在这个冬天带给很多人温暖。

五、陶艳波

【颁奖词】

他的四周寂静下来,你的心完全沉没。除了母爱你一无所有,但也要横下心和命运争夺。16年陪读,你是他的同桌,你作他的耳朵,让他听见这世界的轻盈,也听见无声的爱。

【人物事迹】

陶艳波,女,48岁,每天从早到晚,几乎都要陪伴在儿子杨乃彬身边,和儿子一起学习,做儿子的老师、陪读。

在杨乃彬1岁的时候,因为一次发烧导致耳膜出血,最终导致他失去了听说功能。这给了陶艳波和一家人很大的打击。为了给孩子治病,他们走过了很多地方,但医生的结论始终让他们失望。很多人劝陶艳波把孩子送到聋哑学校,但是陶艳波没有放弃。为了儿子,她专门从老家黑龙江到北京去学习唇语,然后一点点地教儿子说话、识字。

陶艳波坚持让儿子上正常学校,为此她做出了一个难以让人理解的决定:辞职陪着孩子一起上学。就这样,从小学一年级到高三,母子二人一起学习。陶艳波就是儿子的耳朵,就是儿子的向导。杨乃彬的老师、同学也都为这对母子提供了最好的条件。经过不断练习,杨乃彬也能比较正常地和人交流。

如今,杨乃彬已经考上了大学,成为了河北工业大学机电专业的学生。他希望用自己的努力回报父母,回报老师,回报所有帮助他们的人。

六、木拉提·西日甫江

【颁奖词】

钢的意志,铁的臂膀,每天都在与死亡的狂沙较量。危险无处不在,你用胸膛作盾牌;为了同胞的安宁,你选择了翱翔。高飞的猎鹰,你绝不孤独,因为你的身后是人民!

【人物事迹】

木拉提,男,维吾尔族,新疆和田地区公安局民警。曾荣立个人二等功两次,个人三等功四次。早在中国人民公安大学读书期间,木拉提就多次参与警方的反恐行动,担当卧底和翻译。从警14年来,木拉提·西日甫江始终坚持战斗在打击暴恐犯罪活动第一线,用热血和行动保护了人民群众的生命财产安全与社会和谐稳定,被当地群众誉为大漠"猎鹰"(维吾尔语的尊称,传说中老百姓的守护者)。

2014年4月,木拉提获得重要情报,一伙隐藏在和田农村的暴恐分子,正在秘密制造大批炸弹,准备实施多点连环袭击。秘密侦查发现,暴恐分子有很强的反侦查意识,布置了大量机关,还在制爆窝点的内部和周边预埋了遥控起爆的炸药,事情一旦败露,就打算和警察同归于尽。情况紧急,木拉提和战友们没有犹豫,在摸清位置、确定时机后,果断行动,击毙了歹徒。当场搜出了200多枚自制炸弹的成品和半成品,其中包括杀伤力巨大的汽油炸弹和人体炸弹。

和田是暴力恐怖斗争的前沿阵地,面对艰巨繁重和复杂危险的维稳任务,木拉提·西日甫江与犯罪分子机智周旋、斗智斗勇,先后数十次将暴恐犯罪活动打击在预谋之中。

战友的牺牲、亲人的牵挂让木拉提更加坚定。他说,我们的这个工作背后,是美好的一个未来。因为我们爱我们的祖国,爱我们的新疆。

七、肖卿福

【颁奖词】

偏见如同夜幕,和大山一起把村庄围困。你来的时候,心里装着使命,衣襟上沾满晨光。像一名战士,在自己的阵地上顽强抵抗;像一位天使,用温暖驱赶绝望。医者之大,不仅治人,更在医心,你让阳光重新照进村庄。

【人物事迹】

肖卿福,男,江西省赣州市于都县皮防所支部书记、皮防科科长。肖卿福自1974年从卫校毕业后,走上麻风病防治的岗位。他独立确诊、治疗麻风病新发、复发患者300多人,矫正康复手术100多例,从未出现过医疗事故。他在尽心尽力做好麻风病防治工作的同时,还利用各种机会宣传麻防科普知识,到全县各医疗单位进行皮防知识讲座近百次。

说到麻风病,许多人都会望而生畏,肖卿福却和麻风病打了40年的交道。于都县黄麟乡安背康复村正是一个麻风村,医疗条件相对落后。在村里,肖卿福既要当医生又要当护理员,不管是看病还是病人的日常料理都是他一个人在做。他为病人打针、敷药、清洗溃烂的伤口、护理眼、手脚畸残的病人,给他们喂饭、喂水、抹身子,将救治麻风病人之责时时记在心上,从没有过任何埋怨。"当好麻风病医生,比当好其他医生确实更难。麻风病人也都是人,既然我选择了当医生,不管怎么样就是要为病人服务。"肖卿福这样说过。现如今66岁的肖卿福,仍然还在麻风病防治一线奋斗着。2010,肖卿福是全省麻防专业技术学科的带头人,先后荣获全国麻风战线突出贡献奖——"马海德奖"和"全省麻风病防治先进个人"的称号。

八、师昌绪

【颁奖词】

八载隔洋同对月,一心挫霸誓归国。归来是你的梦,盈满对祖国的情。有胆识,敢担当,空心涡轮叶片,是你送给祖国的翅膀。两院元勋,三世书香。一介书生,国之栋梁。

【人物事迹】

师昌绪,金属学及材料科学家,"两院"院士,曾荣获国家最高科学技术奖。

1948年,师昌绪赴美留学。20世纪50年代开始,师昌绪为争取回国,进行了长期斗争。1955年6月,师昌绪回国,被分配到中国科学院金属研究所,从1957年起便负责"合金钢与高温合金研究与开发"成为中国高温合金开拓者之一,领导开发中国第一代空心气冷铸造镍基高温合金涡轮叶片,使我国成为继美国之后第二个自主开发这一关键材料技术的国家。

师昌绪对国家科技政策的制订及科技机构的设置和发展做出了突出贡献。他倡导并参与主持了中国工程院的建立;多次主持全国材料领域发展规划。师昌绪在国际材料科学领域享有很高声誉,多次担任国际材料领域学术会议主席或顾问。

他时常说,他已经90多岁了,还有两件事需要尽快完成,一件事是在有生之年为科普事业多做事。中国的科普工作还没有完善,大众需要更多的科学知识。二是希望在大飞机工程材料科学方面做点事。只要材料不过关,他决不罢休。

2014年11月10日晨7时7分,师昌绪因病在京逝世,享年96岁,李克强总理闻讯委托工作人员打电话表示沉痛哀悼,并向家人及亲属表示慰问。

"作为一个中国人,就要对中国做出贡献,这是人生的第一要义。"他最常说的这句话,虽然朴实无华,却凝聚着一位饱经沧桑的老知识分子大半个世纪以来投身科学事业,矢志报国的赤子情怀。

九、朱晓晖

【颁奖词】

13年相守,有多少日子,就有多少道沟坎。命运百般挤兑,你总咬紧牙关。寒风带着雪花,围攻最北方的一角。这小小的车库,是冬天里最温暖的宫殿。你病中的老父亲,是那幸福的王。

【人物事迹】

朱晓晖,女,黑龙江绥芬河市民。朱晓晖的父亲在2002年患弥漫性脑梗死,从此瘫痪在床,失去了生活能力。为了更好地照顾父亲,朱晓晖辞掉了在报社的工作。为了给父亲治病,她不但卖了房还欠下一身债务。因为不堪重负,朱晓晖的丈夫带着孩子离开了她。朱氏父女在社区的车库里安了家,一住就是12年。

朱晓晖曾是一位有才气的诗人,诗歌在全国获得过很多奖。父亲生病前,她喜爱读诗、写诗;而父亲生病后,她看得更多的是医学护理和养生方面的书籍。老人患病后落下了瘫痪的毛病,腿脚不便,大小便也不能控制。朱晓晖几乎每天都要给他擦洗身体。在她的细心照料下,老人卧床12年都没有得过褥疮。但常年的操劳,使得才41岁的她早已满头白发。

维持两人生活的唯一来源是老人每个月一千多元的养老保险。父亲治病的开销不能省,朱晓晖就只能去市场里捡人们不要的菜给父亲吃,自己则用咸菜就着米饭度日。虽然生活环境艰苦,但朱晓晖一直努力让父亲生活得更舒适些。老人因为心疼女儿,常常痛哭。

除了每天照顾父亲的起居外,朱晓晖在周末还有一项重要工作,就是给三四个"债主"的孩子补习。对于别人的帮助,朱晓晖感恩在心,她也在用自己的行动把爱和善意传递给更多人。

特别奖:抗击埃博拉病毒中国援非医疗队

2014年3月,埃博拉疫情突然在西非爆发。这是一种让人类束手无策的病毒,感染性强,死亡率极高。几内亚、利比里亚、塞拉利昂等三个国家成为重灾区。而且疫情正在不断蔓延,威胁着周边国家的安全。

疫情最早出现在几内亚,第一例埃博拉患者就是由中国医生曹广亲自接诊的,曹广曾徒手翻开患者的眼皮检查瞳孔,他也成为距离埃博拉最近的中国人。这名患者在入院后第二天死亡。随后20天,医院接诊了12名感染者,有9名几内亚医护人员被感染,6名死亡。

一时间,世界各国谈埃色变。

中几友好医院的中国医生选择了坚守,他们借鉴抗非典的经验,制定出一套疫情应急方案,并向几内亚工作人员和当地华侨华人广泛宣传,普及防控知识。很快中国的后援医疗队抵达这里,一场国际人道主义救援大接力开始了。

2014年8月8日,世界卫生组织发布声明,宣布西非埃博拉出血热疫情为国际关注的突发公共卫生事件,建议疫情发生国宣布国家进入紧急状态,严格落实防控措施。有些援非国家开始撤走本国医生,召回驻疫区国外交官。

在声明发布的第二天,中国政府决定派出3支专家组分赴西非三国,对当地防控埃博拉疫情进行技术援助。同时,紧急人道主义援助物资于当地时间11日分别运抵3个国家。

9月,塞拉利昂的疫情严重起来,中国增援的医疗队和检测队,共59人在9月中旬抵达塞拉利昂。11月,又一支队伍从中国出发,远赴千里之外的利比里亚,他们很快新建一所100张床位的埃博拉出血热诊疗中心。2015年1月12日,在这里就诊的3名埃博拉患者康复出院。疫情虽然并没有过去,但正在出现转机。

两天之后,新一批援助利比亚和塞拉利昂的医疗队从北京首都机场出发,奔赴疫区一线。

病毒是全人类的敌人,应对埃博拉疫情不仅是西非三国的事情,也是国际社会共同的责任。迄今,在当地支持并参与疫情防控工作的中国医务人员累计有近600名,并已向13个非洲国家提供了4轮价值约7.5亿元人民币的紧急援助。这是新中国成立以来卫生领域最大一次援外行动。在最危难的时刻,中国医生和非洲人民站在一起,患难与共、风雨同舟。这是中非友谊的真情体现。在埃博拉疫情中,世界看到了中国医生的使命,也看到了中国作为负责任大国的担当。

团队奖:陇海大院

【颁奖词】

一场爱的马拉松,长跑39年,没有终点。一座爱的大院,满是善良的人,温暖的手,真诚的心。春去春回的接力,不离不弃的深情。鸽子飞走了还会回来,人们聚在一起,就不再离开。

【人物事迹】

二七区陇海大院居民高新海,1976年在农场插队时,突患急性横贯性脊髓炎致高位截瘫,胸部以下完全失去知觉。随后,命运的打击接踵而来:1983年,家里的顶梁柱二哥因病去世;1987年,母亲患结肠癌;1997年,大哥患肺病;2005年,父亲患上老年痴呆;2008年,高新海的父母相继去世,留下高新海孤零零一人。

当不幸开始笼罩这个家庭的时候,大院里的邻居们就纷纷伸出援助之手,一个自发形成的爱心群体自觉承担起照顾高新海的义务——洗澡、理发、上床下床……生病时,大家不分昼夜轮流在床前守候,至今38年从没间断。

年夜饭到高新海家吃,这个传统有好多年了。高新海说:"不光是年夜饭,遇到世界杯、欧洲杯等大赛时,我家也是邻居们聚在一起看球的地方,其实,我知道,邻居们就是为了陪陪我,怕我寂寞,跟我说说话。"如今,高新海学会了骑电动三轮车,他用这辆三轮车免费接送社区赶着去办急事的人,谁着急上班,谁赶着去火车站,谁要去医院看病,高新海闻讯会立马赶到。

陇海大院的故事在当地群众中反响强烈,2010年荣登中国文明网"中国好人榜",荣获2008年河南"十大爱心集体"、2011郑州市"首届慈孝集体"、2012年"感动郑州"爱心集体。2013年该事迹被翻拍成电影《好好的活着》。

感动中国2013年度人物

一、黄旭华

【颁奖词】

时代到处是惊涛骇浪,你埋下头,甘心做沉默的砥柱;一穷二白的年代,你挺起胸,成为国家最大的财富。你的人生,正如深海中的潜艇,无声,但有无穷的力量。

【人物事迹】

30年的中国核潜艇之父黄旭华,男,87岁,中国第一代核动力潜艇研制创始人之一,被誉为"中国核潜艇之父"。

核潜艇是集核电站、导弹发射场和海底城市于一体的尖端工程。中国的核潜艇研制工作是从一个核潜艇玩具模型一步一步开始的。为研制核潜艇,新婚不久的黄旭华告别妻子来到试验基地。后来他把家安在了小岛上。为了艇上千万台设备,上百公里长的电缆、管道,他要联络全国24个省市的2 000多家科研单位,工程复杂。那时没有计算机,他和同事用算盘和计算尺演算出成千上万个数据。1964年,黄旭华终于带领团队研制出我国第一艘核潜艇,使中国成为世界上第五个拥有核潜艇的国家。1988年,核潜艇按设计极限在南海作深潜试验。黄旭华亲自下潜300米,是世界上核潜艇总设计师亲自下水做深潜试验的第一人。

二、胡佩兰

【颁奖词】

技不在高而在德;术不在巧,而在仁。医者,看的是病,救的是心,开的是药,给的是情。扈江离与辟芷兮,纫秋兰以为佩。你是仁医,是济世良药。

【人物事迹】 1944年,胡佩兰毕业于河南大学医学部,70岁时才从郑州铁路中心医院的妇产科主任位上退休。退休后,她一直坚持坐诊。胡佩兰生活节俭,舍不得在自己身上多花一分钱。但她经常大方地给病人垫付医药费。她还拿出微薄的坐诊收入和退休金,捐建了50多个"希望书屋"。胡佩兰患有严重的腰椎间盘突出,进出都要坐小推椅。2013年7月,98岁的胡佩兰心脏病突发,经抢救后,第二天她依然准时到医院坐诊。胡佩兰根据自己多年的临床经验,平时看病不太依靠高科技仪器。因为慕名找上门的病人多,胡佩兰每天都会坚持看完所有病人才下班,对患者也极有耐心,给病人开药,很少超过100元。

三、方俊明

【颁奖词】

纵身一跃,却被命运撞得头破血流。在轮椅上度过青春,但你却固执地相信善良,丝毫不悔。今天你不能起身,但我们知道,你早已站立在所有人的面前。

【人物事迹】

荣誉迟到28年而一生不悔的湖北见义勇为好市民;1985年8月,28岁的方俊明为救一个假装落水的顽童,跃入河中,造成颈椎骨折,高位截瘫。直到2013年11月,方俊明终于获得了迟到28年的见义勇为荣誉称号。虽然荣誉迟到了28年。但方俊明从来没有后悔那次行动。一个家庭的艰辛,一个生命的委屈,这一切都见证了善良在人们心中的恒定不变的价值。

四、沈克泉、沈昌健

【颁奖词】

父亲留恋那油菜花开的芬芳,儿子就把他葬在不远的山上。三十年花开花谢,两代人春来秋往,一家人不分昼夜,守护最微弱的希望。一粒种子,蕴含着世代相传的梦想。

【人物事迹】

沈克泉,男,享年74岁,湖南省常德市临澧县杨桥村村民。沈昌健,男,46岁,湖南省常德市临澧县杨桥村村民。1978年,养蜂人沈克泉在贵州山区发现了3株花期长,生长结构好的野生油菜,将其带回家乡播种,想为养蜂场提供新的蜜源。继而想到改良培育出产量高的油菜品种,为家乡解决吃油难的问题。一开始,乡亲们嘲笑他"泥腿子想当科学家"。直到20世纪80年代,沈克泉培育出了优质油菜种,得到了乡亲们的认可。90年代,由于沈克泉的油菜品种未经国家审定,当地部门对沈克泉进行了罚款、拘留。但他仍刻苦自学有关油菜遗传育种和生产栽培的知识。在没有专业分析、没有专业仪器的情况下,父子俩用肉眼观察,凭记录总结规律。1996年,家里为搞油菜研究欠债不少。沈昌健卖掉中巴,带着卖车款回家投入油菜研发。2004年,沈克泉父子繁育的"贵野A"不育系获国家发明专利证书。2007年,沈克泉带着自己培育的巨型油菜"独闯"在武汉召开的第12届国际油菜大会,引起了不小的轰动。2009年,沈克泉去世,沈昌健依然坚持着油菜育种。家人将沈克泉葬在离试验地不远的山坡上。家人知道,这些油菜是老人最后的心愿和牵挂。如今,沈昌健的"沈油杂"202、819已进入区域试验环节,五亩送检试验田里有300个单株样本,每个样本送检一次就是200元;300亩的示范片里还欠着两万多的工钱,马上要施肥又是两万的肥料钱。对于已经35年没有主业收入的沈昌健一家而言,"吃饭靠田,科研靠借"。几十年来,沈克泉、沈昌健父子自筹资金150多万元,这几年政府也常有资助,可沈家里欠下了不少债,"几乎所有亲戚都借遍了。"家里最值钱的是两台用来贮藏油菜种子的冰箱。35年父子相继,只为一株油菜的梦想。沈昌健说等现在的种子通过审定了,会卖给种子公司,拿着资金去滚动开发下一代油菜杂交新组合。自己的油菜育种路也许得"慢慢走",但怎么也会走下去。

五、龚全珍

【颁奖词】

少年时寻见光,青年时遇见爱,暮年到来的时候,你的心依然辽阔。一生追随革命、爱情和信仰,辗转于战场、田野、课堂。跨越人民的敬意,是你一生最美的勋章。

【人物事迹】

1957年8月,开国将军甘祖昌主动向组织上辞去新疆军区后勤部部长的职务,回家乡江西省莲花县坊楼乡沿背村务农,龚全珍相随而归。那一年,她34岁。将军当农民,甘祖昌是新中国第一人。龚全珍完全理解和支持丈夫的决定:"老甘不是一个普通的农民,正像他说的那样,'活着就要为国家做事情,做不了大事就做小事,干不了复杂重要的工作就做简单的工作,决不能无功受禄,决不能不劳而获'。"从新疆到江西,全家11口人的行装只有3个箱子,却带了8只笼子,里面装着新疆的家禽家畜良种。当时甘祖昌每月工资330元,生活上十分节俭,把2/3的工资用来修水利、建校舍、办企业、扶贫济困。他一共参加建起了3座水库、4座电站、3条公路、12座桥梁、25公里长的渠道。龚全珍全力配合丈夫,也把自己工资的大部分花在支援农村建设上。回到莲花头几年,她没有做一件新衣服。龚全珍在家里待不住。步行 25 公里到县文教局联系工作,被分配在九都中学任教。这所学校条件很差,只有 3 名老师,她却一点不嫌弃,第二天就搬铺盖去了学校,开始把自己赤忱的爱投入到这片红土地。1961 年,县文教局安排龚全珍到同乡的南陂小学当校长,在那里一待就是 13 年。后来,她又被调到离家不远的甘竹小学当校长,依然还是老作风,吃住在学校,全身心地扑在工作上。1986 年 3 月,甘将军因病逝世,一只铁盒子是他留给妻子和儿女唯一的遗产,里面用红布包着 3 枚闪亮的勋章。离休后,龚全珍积极开展革命传统教育和理想信念教育,倾力捐资助学、扶贫济困,开办"龚全珍工作室",服务社区、服务群众,从青春岁月到耄耋之年,为广大群众做了大量的实事好事,受到当地干部群众的尊敬和爱戴。2013 年 9 月 26 日,龚全珍获得第四届全国道德模范称号,受到党和国家领导人习近平同志高度赞扬。

六、刘盛兰

【颁奖词】

残年风烛,发出微弱的光,苍老的手,在人间写下大爱。病弱的身躯,高贵的心灵,他在九旬的高龄俯视生命。一沓沓汇款,是寄给我们的问卷,所有人都应该思考答案。

【人物事迹】刘盛兰,男,91 岁,山东省烟台市蚕庄镇柳杭村村民,"五保"老人,年届 90 仍然坚持拾荒助学。年轻时在外打工,后来在一家企业作保管员。73 岁的时候,老伴去世,他成了孤寡老人。为了让自己老了无力行动时,身边会有一个照顾他的人,他开始了助学。这是老人的初衷。但后来,他助学的规模远远地超出了自己的想象。1998 年,刘盛兰在报纸上看到了一则救助报道,从那时起,73 岁的他就将自己微薄的工资捐出去。而受捐助的学生,也逐渐从周边几个地市"扩张"到全国各地。最多的时候,他同时资助着 50 多名学生。每天清早,刘盛兰起来弄点简单的饭菜,就骑着自行车走村串巷去了,直到捡回一大堆破烂。他 17 年几乎未尝肉味,没添过一件新衣,"吝啬"得连一个馒头都舍不得买,可捐资助学总计 7 万多元,资助了 100 多个学生。刘盛兰一直没进养老院,这样能拿到每年 4 000 元的生活补贴。这些钱他全部捐给了贫困学生。刘盛兰唯一珍藏的是一个深蓝色布袋,里面装满了汇款单和回信。这么多年过去了,老人也不记得汇出去多少钱、收了多少封信。2013 年 8 月,因为肾病,刘盛兰住进了医院,但他仍然惦记着捐资助学,担心汇款中断和没到位会断了孩子们的希望。得知老人住院,很多受资助的孩子回来看望他,照顾他。

七、段爱平

【颁奖词】

山梁挡住了阳光,你用肩膀扛起乡亲的盼望。村庄在渐渐丰满,你的身体却慢慢柔弱。庄稼,总要把一切还给泥土。你贴工、贴钱、贴命,你还贴近百姓的心。

【人物事迹】

1998 年,段爱平嫁进了返底村。为改善生活,她借钱做起了焦炭生意,两年下来赚了几十万元。当时的返底村是个名副其实的穷村,村小学的教室是危房,孩子们没有教师上课。没上过学的段爱平决定出资为村里建一所新小学。1999 年,段爱平在没有参加候选的情况下,高票当选为返底村委主任。上任后,段爱平先后给村里盖了学校、建了养老院。为了建养老院,她没时间陪肝癌晚期的老伴,为了使村民发家致富,她带领村民种植药材,改造全村电网,投资园林建设,栽植树木,而这些项目中段爱平自己就贴了十几万元。去年,段爱平被诊断为淋巴癌,经过化疗、电烤,她的脖子已经看不到完整的肌肤,每天就靠葡萄糖和止疼药度日,身体已经到了严重透支的地步。就是这样,她也没有离开工作岗位,每天想着的是要尽力再为村民做更多的事。

八、格桑德吉

【颁奖词】

不想让乡亲的梦,跌落于山崖。门巴的女儿执意要回到家乡,坚守在雪山、河流之间。她用一颗心,脉动一群人的心,用一点光,点亮山间更多的灯火。

【人物事迹】

2000年,格桑德吉毕业于河北师范大学,毕业之后她并没有像其他同学一样选择留在大城市工作,而是毅然回到西藏。为了让雅鲁藏布江边、喜马拉雅山脚下的门巴族孩子有学上,格桑德吉放弃拉萨的工作,主动申请到山乡小学教学。墨脱县帮辛乡,因常年泥石流、山体滑坡,是墨脱最后一个通公路的乡。为了劝学,格桑德吉天黑走悬崖、在满是泥石流、山体滑坡的道路上频繁往返;为了孩子们不停课,别村缺老师时她不顾六个月身孕、背起糌粑上路;为了把学生平安送到家,每年道路艰险、大雪封山时,格桑德吉过冰河、溜铁索,把四个月才能回一次家的学生们平安送到父母的身边。这些年,为了教好孩子们,格桑德吉将自己的女儿央珍从两岁时一直寄养在拉萨的爷爷家,当一年之后格桑德吉再到拉萨的时候,女儿已经不认识她了。2013年,时逢格桑德吉荣获"最美乡村教师",节目组特地邀请了格桑德吉的丈夫和女儿来到北京。同时,这也是格桑德吉与女儿的第五次见面。

13年来,在格桑德吉的努力下,门巴族孩子从最初失学率30%,变成到今天入学率95%。她教的孩子有6名考上大学,20多名考上大专、中专,而她自己的女儿却留在了拉萨,一年才能见一次。村民们亲切地称她为门巴族的"护梦人"。

九、陈俊贵

【颁奖词】

只为风雪之夜一次生死相托,你守住誓言,为我们守住心灵的最后阵地。洒一碗酒,那碗里是岁月峥嵘;敬一个礼,那是士兵最真的情义。雪下了又融,草黄了又青,你种在山顶的松,岿然不动。

【人物事迹】

1979年,陈俊贵随所在部队到新疆参加修筑天山深处杜库公路的大会战。1980年4月6日,部队被暴风雪围困在天山深处,面临断炊的危险。4名战士奉命带着最后的干粮出门求援,在风雪弥漫的生死关头,班长把最后一个馒头给了年龄最小的陈俊贵。班长和战友陆续牺牲了,陈俊贵终于找到了人群,部队得救了。接受4年冻伤治疗后,他复员回到辽宁老家,始终没有忘记班长的临终嘱托:希望陈俊贵可以去他的老家看望一下自己的父母。陈俊贵不知道战友的家庭地址和父母姓名,多方打听无果,1985年冬天,陈俊贵作决定,带着妻子和刚刚出生的儿子,来到班长和战友牺牲的新疆天山脚下,为战友守墓。20多年里,他从未停止对班长父母的寻找。终于,他从一名扫墓的老战友口中得到班长在湖北省罗田县白莲乡的地址。2005年10月,陈俊贵赶赴罗田县,得知班长父亲母亲都已去世。陈俊贵跪在班长父母坟前说:"对不起,我来晚了,你们不要牵挂,今生今世我都将守在郑林书坟前,让他永不寂寞!"目前,陈俊贵已将班长和副班长的遗骨,从新源县移到新扩建的尼勒克县乔尔玛筑路解放军烈士陵园安葬,还担任了这里的管理员。陈俊贵说:"我不仅可以和班长在一起,还可以守护为修筑天山独库公路牺牲的战友们了!"

十、姚厚芝

【颁奖词】

病,压垮了身体,但不能摧毁母爱。草根母亲呕心沥血,为孩子缝补梦想,而深厚的爱,更铺就孩子精神的未来。请上天给你多一些时间,让你把美好的愿望,织进这春天的图景。

【人物事迹】

1999年,姚厚芝嫁给了王以朝,婚后一起赴山东煤矿打工。随着两个孩子的出生,姚厚芝专心在家带孩子,丈夫在煤矿挖煤。2006年,一场病魔突袭,彻底摧垮了这个家。姚厚芝查出乳腺肿瘤,需立即做切除手术。面对高额的手术费,姚厚芝选择了"药疗"。几年下来,病情没有丝毫好转。2009年2月,姚厚芝从电视上得知,绣十字绣也能卖钱。第二天,她坐车辗转十余小时,咬牙花2 800元购回一幅6.5米长的十字绣《清明上河图》十字绣样。这次的"先斩后奏",让一向疼她的丈夫火冒三丈,觉得她是在瞎折腾,可姚厚芝有自己的想法。从此,姚厚芝过起了"两点一线两头黑"的生活,每天绣十字绣长达17个小时。2012年7月,经过3年零5个月的昼夜追赶,这幅共需127万针才能刺制而成的《清明上河图》终于落针。有收藏家上门出20万收购,姚厚芝拒绝了。姚厚芝想将十字绣保存下来,即便有一天自己不在人世了,再把它卖出去,孩子们上大学的钱就不用愁了。姚厚芝的儿子王锐读初中,女儿王琼读小学。王锐说长大了要当医生,给妈妈治病。不善言辞的丈夫,不知道怎么劝说妻子,本身患有肝病的他只是拼命地下井,希望能早点挣够钱给妻子治病。第一幅十字绣完工后,姚厚芝又买回了一幅长22米、宽0.85米的《清明上河图》十字绣样。这幅刺绣的难度、时间和价钱是第一幅的好几倍。姚厚芝偷偷找以前的工友七拼八凑了一万元,瞒着丈夫说只花了两三千元。她怕丈夫心痛和着急,因为家里实在是负担不起。从2006年到现在,姚厚芝花去的医药费已达10多万元。如今,王以朝仍在山东挖煤,姚厚芝在家照料两个孩子的生活。姚厚芝说,第二幅《清明上河图》已绣了快6米。希望老天能再给她3年时间。她现在就是一个与时间赛跑的人,不知道自己生命何时会终结。她没有其他奢求和心愿,只是想尽自己所能多给孩子留点什么。

江苏省 2021 年普通高校专转本选拔考试
大学语文试题答案解析

一、单项选择

1. C。"迸发"指由内而外、向四周强烈地放射出,如"内心的感情,一下子都迸发出来了""光彩迸发,不可蔽掩""激情如喷泉迸发"。

2. D。A 项中"披星带月"应为"披星戴月"。B 项中"沉缅"应为"沉湎"。C 项中"亲睐"应为"青睐"。

3. B。B 项中"差强人意"原意是吴汉勉强使人满意,能在战事不利的情况下,振奋其部下的意志,现指大体上尚能令人勉强满意。A 项中"无可厚非"指不可过分指责,表示虽有缺点,但是可以理解或原谅。C 项中"一言九鼎"形容所说的话分量很重,作用很大。九鼎是古代国家的宝器,相传为夏禹所铸。D 项中"目无全牛"意思是眼中没有完整的牛,只有牛的筋骨结构。形容人的技艺高超,得心应手,已经到达非常纯熟的地步。

4. C。A 项中"发展……良好局面"动宾搭配不当,应为"形成……良好局面。"B 项中"让传统文化要借学生之力走出校园"语序不当,应为"让传统文化走出校园,要借学生之力进一步发展"。C 项中"有没有顽强的意志是一个人取得成功的关键"对应关系错误,应改为"有没有顽强的意志力是一个人能否取得成功的关键"。

5. B。根据下文"因为它们既是中国共产党的宝贵财富,也是中华民族贡献给全世界的智慧结晶"推断,"它们"指"历史经验"。

6. B。根据"必须在保持乡村文化个性的基础上"一句推断。

7. C。黄衣:古代帝王、道士均穿黄色衣服,唐代宦官也穿黄服。而《诗经·郑风·子衿》中"青青子衿,悠悠我心"描写的是周朝学子的服装,因此"青衿"代指周朝国子生,此后也成为北齐、隋唐两宋学子的制服,这里作为贤士的代称,指读书人。

8. D。古文中用阴、阳表示南北方位,这是根据与太阳照射的关系。山之南、水之北,叫作"阳";山之北、水之南叫"阴"。由此可知,"灌水之阳"指灌水之北,"太行之阳"指太行山之南,B、C 两项正确。而古人方位名,面朝南时,东为左、西为右。"淮左名都"指扬州,是指淮河以东。

9. A。"得鱼忘筌"出自《庄子·外物》,意思是捕到了鱼,忘掉了筌。"筌"意为捕鱼的竹器。"鳞次栉比"意思是像鱼鳞和梳子齿那样有次序地排列着,多用来形容房屋或船只等排列得很密很整齐。"栉"是指梳子、篦子等梳头发的用具。"箪食壶浆"意思是百姓用箪盛饭,用壶盛汤来欢迎他们爱戴的军队,形容军队受到群众热烈拥护和欢迎的情况。"箪"是用来盛饭食的竹器。"举案齐眉"意思是送饭时把托盘举得跟眉毛一样高,后形容夫妻互相尊敬。"案"是指古时有脚的托盘。

10. B。"江东子弟多才俊,卷土重来未可知。"出自唐代杜牧的《题乌江亭》,讲的是项羽乌江自刎的典故。"胜败兵家事不期,包羞忍耻是男儿。江东子弟多才俊,卷土重来未可知。"首句言胜败乃兵家常事,次句批评项羽胸襟不够宽广,缺乏大将气度。三四句设想项羽假如回江东重整旗鼓,说不定就可以卷土重来。这句有对项羽负气自刎的惋惜,但主要的意思却是批评他不善于把握机遇,不善于听取别人的建议,不善于得人、用人。杜牧则假想未然之机会,强调兵家须有远见卓识和不屈不挠的意志。

  11. A。"帝子"指滕王阁的建造者李元婴。李元婴是唐高祖李渊的儿子,所以是"帝子"。

  12. C。A剧本《上海屋檐下》描写了匡复入狱8年后回归,遭遇到各种矛盾和痛苦,通过各色"小人物"的故事合奏着的生活交响曲。B《呼兰河传》是中国作家萧红创作的长篇小说。该作品以萧红自己童年生活为线索,把孤独的童年故事串起来,形象地反映出呼兰这座小城当年的社会风貌、人情百态,从而无情地揭露和鞭挞中国几千年的封建陋习在社会形成的毒瘤,以及这毒瘤溃烂漫浸所造成的瘟疫般的灾难。D应该是卞之琳《断章》,将哲理性思考融入象征性意象之中,耐人寻味。

  13. D。A《你是一条河》是池莉的长篇《细腰》中的第二个故事,讲述8个孩子的母亲如何面对生活的磨难。B冯骥才的《神鞭》故事发生在天津。C残雪《苍老的浮云》在武汉。唯有《那五》是邓友梅创作的中篇小说,讲述了清亡后家业破败的八旗子弟那五沦落于市井社会,数十年所经历的各种荒唐悲喜故事。小说具有鲜明"京味儿"特色,语言诙谐幽默,人物刻画传神,以民间视角、从历史更替和人生道路方面揭示政权灭亡、民族衰落的原因,反思中国传统的国民性中的弱点,警示世人吸取教训,自强不息,是一部不可多得的"京味儿"小说佳作。

  14. B

  15. A。B对公告的使用表述为:"适用于向国内外宣布重要事项或者法定事项",并不需要写明主送机关。C批复是被动性。D编虚位号就是写成"01"号,这个是错的。

二、阅读理解

  16. D。A在第2小节,B在第1小节,C在第7小节,D在第2小节。

  17. D

  18. C。讲反了,文章以电影为例说明创作要以小见大。

  19. 作家失去热血,作品就变为大而无当的空壳,缺乏内在的"真";内容乏味空洞,不能打动人心;缺乏深刻的洞察力,作品媚俗,没有灵魂;作品语言失去灵动鲜活,不新颖,无个性;作品缺乏整体的格局与气魄,丢失了创新,只剩下语言的刻意炫技。

  20. A   21. C

  22. D。"金玉其外,败絮其中"意为:从外面看像金像玉,里面却是破棉絮。比喻外表很华美,而里面一团糟。"挂羊头卖狗肉"是句俗语,指表里不一、狡诈欺骗。用来比喻以好的名义做招牌,实际上兜售低劣的货色。

  23. 警示:在修养上要注重内在的人格、知识的充盈,不要为了一时虚荣或世俗之欲,而作徒有其表之人。不苟合于世,即使一时寂寞、不为人知,也不要放弃自己的操守。在商业经营上,不要以次充好、以假冒真,不能为追求利益而降低对产品质量的追求,临财不苟、坚守信条。

三、古诗词鉴赏

  24. 领起全篇,交代了天气、时间、地点,并奠定了作品的情感基调。

  25. 傍晚的孤城边,一片黄云笼罩在古时堡垒的遗迹上;夕阳西下,大雁横空在西风中,一片哀景与秋意。

  26. 作品尾联抒发感慨,寥落自己、孑然一身,满怀一种幽愤,却无处倾诉;同时也表达了壮志难酬之感,一种前途茫茫、孤独落寞之感。

四、作文

27. 可参考2017年的应用文考察,同为通知,近似相仿。

28. 此题为开放性试题,围绕"心愿墙"上感触最深的1~2句的留言,撰写文章。比如,"我去的这家公司规模很小,但我坚信我能和她一起成长":历史学家韩儒林曾有一联,上联叫"板凳坐得十年冷"。公司规模小,而我却愿意"板凳坐得十年冷",要耐得住寂寞、忍得了冷清、沉得下心境。比如,"独自在南京闯荡还是在亲戚的公司里舒适工作,纠结中……":在亲戚的公司固然舒适,但是不是可以选择走出舒适区,尝试多彩的人生?多彩人生并不意味着一定要拥有多样身份、职业与技能,而是不要给自己的人生设限,主动跳出一点、一线、一面的惯常场景。倘能超越单向度、走向多维度,就会看见不一样的色彩,认识另一个自己,拥有一个更有高度、更有境界、更有品位的人生。

大学语文

知识点专题总结

同方教育　主编

东南大学出版社
SOUTHEAST UNIVERSITY PRESS
·南京·

目 录

- 一 最常用的 100 个读音 …………………………… 1
- 二 最常见的 100 个别字 …………………………… 3
- 三 正确运用常见的修辞手法 ……………………… 5
- 四 文学文化常识・历年真题及解析 ……………… 10
- 五 现代文阅读解题方法 …………………………… 24
- 六 文言文阅读・历年真题及解析 ………………… 56
- 七 诗词鉴赏・历年真题及解析 …………………… 95
- 八 应用文写作要点 ………………………………… 98
- 九 材料作文与话题作文写作 ……………………… 110

一　最常用的 100 个读音

碑帖 bēi tiè
比较 bǐ jiào
标志 biāo zhì
不妨 bù fáng
猜度 cāi duó
参差 cēn cī
茶房 chá fáng
茶几 chá jī
抄袭 chāo xí
成绩 chéng jì
乘客 chéng kè
处理 chǔ lǐ
处女 chǔ nǚ
船舷 chuán xián
创口 chuāng kǒu
辍学 chuò xué
痤疮 cuó chuāng
答复 dá fù
打擂 dǎ lèi
提防 dī fang
刁难 diāo nàn
斗胆 dǒu dǎn

发酵 fā jiào
氛围 fēn wéi
风靡 fēng mǐ
附和 fù hè
罕见 hǎn jiàn
号哭 háo kū
喝彩 hè cǎi
横财 hèng cái
横祸 hèng huò
呼啸 hū xiào
花冠 huā guān
混浊 hùn zhuó
奇数 jī shù
脊背 jǐ bèi
给予 jǐ yǔ
假期 jià qī
豇豆 jiāng dòu
角色 jué sè
脚本 jiǎo běn
教室 jiào shì
尽管 jǐn guǎn
禁受 jīn shòu

粳米 jīng mǐ
句读 jù dòu
看护 kān hù
可恶 kě wù
框架 kuàng jià
累赘 léi zhui
棱角 léng jiǎo
笼络 lǒng luò
埋怨 mán yuàn
蛮横 mán hèng
闷热 mēn rè
蒙骗 mēng piàn
勉强 miǎn qiǎng
模样 mú yàng
抹布 mā bù
宁愿 nìng yuàn
呕吐 ǒu tù
咆哮 páo xiào
跑步 pǎo bù
喷香 pèn xiāng
剽窃 piāo qiè
嫔妃 pín fēi
栖息 qī xī
卡壳 qiǎ ké
潜藏 qián cáng
悄然 qiǎo rán
翘首 qiáo shǒu
请帖 qǐng tiě

曲折 qū zhé
扫帚 sào zhou
山冈 shān gāng
什么 shén me
说服 shuō fú
汤匙 tāng chí
体己 tī ji
挑逗 tiǎo dòu
威吓 wēi hè
巷道 hàng dào
肖像 xiào xiàng
校对 jiào duì
兴奋 xīng fèn
省悟 xǐng wù
星宿 xīng xiù
旋风 xuàn fēng
绚丽 xuàn lì
压轴 yā zhòu
亚洲 yà zhōu
友谊 yǒu yì
娱乐 yú lè
与会 yù huì
咱俩 zán liǎ
轧钢 zhá gāng
质量 zhì liàng
召开 zhào kāi
卓越 zhuó yuè
走穴 zǒu xué

二　最常见的100个别字

安装 不作 按装
针砭 不作 针贬
脉搏 不作 脉膊
松弛 不作 松驰
精粹 不作 精萃
重叠 不作 重迭
妨碍 不作 防碍
辐射 不作 幅射
气概 不作 气慨
粗犷 不作 粗旷
即使 不作 既使
竣工 不作 峻工
打蜡 不作 打腊
瞭望 不作 了望
杀戮 不作 杀戳
沉湎 不作 沉缅
啰唆 不作 罗嗦
痉挛 不作 痉孪
九州 不作 九洲
坐镇 不作 坐阵
赃款 不作 脏款
蘸水 不作 醮水

旋律 不作 弦律
蛰伏 不作 蜇伏
装帧 不作 装祯
编纂 不作 编篡
震撼 不作 震憾
凑合 不作 凑和
平添 不作 凭添
修葺 不作 修茸
青睐 不作 亲睐
发轫 不作 发韧
欣赏 不作 欣尝
追溯 不作 追朔
迁徙 不作 迁徒
九霄 不作 九宵
宣泄 不作 渲泄
寒暄 不作 寒喧
赝品 不作 鹰品
犹如 不作 尤如
舶来品 不作 泊来品
度假村 不作 渡假村
候车室 不作 侯车室
挖墙脚 不作 挖墙角

老两口 不作 老俩口
水龙头 不作 水笼头
明信片 不作 名信片
大拇指 不作 大姆指
入场券 不作 入场卷
瘙痒病 不作 搔痒病
坐月子 不作 做月子
甘拜下风 不作 甘败下风
一筹莫展 不作 一愁莫展
川流不息 不作 穿流不息
自暴自弃 不作 自抱自弃
一副对联 不作 一幅对联
天翻地覆 不作 天翻地复
言简意赅 不作 言简意骇
一鼓作气 不作 一股作气
食不果腹 不作 食不裹腹
悬梁刺股 不作 悬梁刺骨
迫不及待 不作 迫不急待
一如既往 不作 一如继往
草菅人命 不作 草管人命
矫揉造作 不作 娇揉造作
一诺千金 不作 一诺千斤
不胫而走 不作 不径而走
不落窠臼 不作 不落巢臼
脍炙人口 不作 烩炙人口
死皮赖脸 不作 死皮癞脸
鼎力相助 不作 鼎立相助
再接再厉 不作 再接再励

黄粱美梦 不作 黄梁美梦
美轮美奂 不作 美仑美奂
蛛丝马迹 不作 蛛丝蚂迹
萎靡不振 不作 萎糜不振
墨守成规 不作 默守陈规
呕心沥血 不作 沤心沥血
出其不意 不作 出奇不意
罄竹难书 不作 磬竹难书
名声鹊起 不作 名声雀起
谈笑风生 不作 谈笑风声
人情世故 不作 人情事故
有恃无恐 不作 有持无恐
额手称庆 不作 额首称庆
鬼鬼祟祟 不作 鬼鬼崇崇
金榜题名 不作 金榜提名
走投无路 不作 走头无路
趋之若鹜 不作 趋之若鶩
洁白无瑕 不作 洁白无暇
负隅顽抗 不作 负偶顽抗
不能自已 不作 不能自己
竭泽而渔 不作 竭泽而鱼
滥竽充数 不作 滥芋充数
世外桃源 不作 世外桃园
饮鸩止渴 不作 饮鸠止渴
旁征博引 不作 旁证博引
炙手可热 不作 灸手可热
床笫之私 不作 床第之私
恣意妄为 不作 姿意妄为

三　正确运用常见的修辞手法

一、常用修辞方法例释(一)

（一）比喻

比喻，即借助联想利用不同事物的相似点，以另一事物描绘所要表现的事物，也叫"打比方"。构成比喻一般要有三个要素：本体，即被比喻的事物；喻体，即用来做比的事物；喻词，表示比喻关系的词语。比喻可分三类：

1. 明喻　本体、喻体和喻词都出现的比喻，常用"像、如、似、仿佛"等喻词。例如："春天像刚落地的娃娃，从头到脚都是新的，它生长着。"

2. 暗喻(也叫隐喻)　只出现本体和喻体而不用比喻词语的比喻。常用"是、成、成为、变成、等于"等词语联系本体和喻体。例如："桥是路的'咽喉'，没有它就过不了河川，跨不过山谷。""晚上，吸顶灯、槽灯以及强光灯全部放明，这里就成了灯光的海洋。"

3. 借喻　本体和喻词都不出现，直接用喻体代替本体的比喻。例如："狂风紧紧抱起一层层巨浪，恶狠狠地将它们甩到悬崖上，把这些大块的翡翠摔成尘雾和碎末。"

（二）比拟

比拟，即借助联想把物当作人来写，或把人当作物来写，或把甲物当乙物来写。比拟可分两类：

1. 拟人　即把物当人来写。例如:"萤火虫在夏夜的草地上低飞,提着一盏小小的红灯,殷勤地在照看这个花草的世界。"

2. 拟物　即把人当作物来写,或把甲物当乙物来写。例如:"咱们老实才有恶霸,咱们敢动刀,恶霸就夹着尾巴跑。"是把"恶霸"比拟成"夹着尾巴跑"的狗。"你带一队人马把黑龙潭的水牵到山下的坝子里来,"是把"黑龙潭的水"当"牲畜"来"牵"。

（三）借代

借代,即借用与之相关的名称,说出所要表达的人或事物。也就是换个名称或说法。被借代的事物叫"本体",借来代替的名称叫"借体"。例如:"秃头站在白背心的略略正对面,弯了腰,去研究背心上的文字",用"秃头"和"白背心"分别代替两个人。

（四）夸张

夸张,即故意"言过其实",以突出事物的某些特征。夸张有三类:

1. 扩大夸张　例如:"这一带的土壤好极了,你种下一根车杠试试,过上一年的话,就能长出马车来。"

2. 缩小夸张　例如:"会议室里静得连一根针落地都能听得到"。

3. 超前夸张　例如:"他酒没沾唇,心早就热了。"

（五）对偶

对偶,即"对对子",是用结构相同或相近、字数相等的两个词组或句子,成对地排列表达意思。对偶从形式上分"严式"、"宽式":严式,即结构相同、词性相对、平仄协调、字不重复。宽式,结构基本相同,不强求平仄协调,允许有重复的字。对偶从内容上分正对、反对、串对。

1. 正对　例如"墙上芦苇,头重脚轻根底浅;山间竹笋,嘴尖皮厚腹中空。"

2. 反对　例如"横眉冷对千夫指,俯首甘为孺子牛。"

3. 串对　例如:"即从巴峡穿巫峡,便下襄阳向洛阳。""我们含泪伫立桔子洲头,漫步湘江峭岸;回清水塘,登岳麓山;徘徊板仓小径,依恋韶山故园"。

二、常用修辞方法例释(二)

(六)排比

排比,把三个或三个以上结构相同或相似、字数大体相等、意义相关的词组或句子,成串排列表达意思。例如:"(赶超,关键是时间。)时间就是生命,时间就是速度,时间就是力量。"由句子构成排比。又如"春天的樱花,夏天的紫藤,秋天的黄菊,冬天的腊梅以及成千上万种各色的鲜花点缀着日本人民的生活。"由词组构成排比,做定语。

(七)设问

设问,即无疑而问,自问自答。例如:"社会生产力有这样巨大的发展,劳动生产率有这样大幅度的提高,靠的什么? 最主要的是靠科学的力量,技术的力量。"

(八)反问

反问,像设问一样也是无疑而问,不过它是只问不答,因为答案已包含在问句里。例如:"池水涟涟,莺花乱飞,谁能说它不美呢?"

(九)对比

对比,把两种不同事物或同一事物的两方面放在一起相互比较。对比分两类:

1. 两体对比　例如:"有缺点的战士终究是战士,完美的苍蝇也终究不过是苍蝇。"

2. 一体两面对比　例如:"这班官儿们,黑眼珠只看见白银子,句句忠君爱民,样样祸国殃民。"

(十)衬托

衬托,为突出主要事物,用相关或相反的事物做陪衬。衬托分两类：

1. 正衬　从正面衬托。例如："时候既然是深冬；渐近故乡时，天气又阴晦了，冷风吹进船舱中，呜呜的响。从篷隙向外一望，苍黄的天底下，远近横着几个萧索的荒村，没有一些活气。我的心禁不住悲凉起来了。"用萧索的冬景衬托"我""悲凉"的心情。

2. 反衬　从反面衬托。例如："花瓣儿在潭里，人在镜里；她在我的心里，只愁我不在她的心里"。用"……在……里"，反衬"……不在……里"。

三、常用修辞方法例释（三）

（十一）反语

反语，即说反话，表面所说的话与自己所要表达的意思相反。或反话正说，或正话反说。例如："有几个'慈祥'的老板到菜场去收集一些菜叶，用盐一浸，这就是她们难得的佳肴。"是反话正说。又如："几个女人有点失望，也有点伤心，各人在心里骂着自己的狠心贼。"是正话反说。

（十二）双关

双关，即有意使语句兼有表里两重意思，言在表而意在里。双关分两类：

1. 语义双关　例如：夜正长，路也正长，我不如忘却，不说的好罢。"

2. 谐音双关　例如："东边日出西边雨，道是无晴却有晴。"

（十三）顶针

顶针（也作顶真），用上一句结尾的词语作为下一句的起头，使前后句子首尾蝉联。顶针分两类：

1. 直接顶针　例如："指挥员的正确的部署来源于正确的决心，正确的决心来源于正确的判断，正确的判断来源于周到的和必要的侦察,和对于各种侦察材料的联贯起来的思索。"

2. 间隔顶针　例如:"希望是附丽于存在的,有存在,便有希望,有希望,便有光明。"

(十四)反复

反复,有意重复使用某些词语或句子,以强调某种思想或感情。反复分两类:

1. 连续反复　例如:"唉!七毛钱竟买了你的全生命——你的血肉之躯竟抵不上区区七个小银元么?生命真太贱了!生命真太贱了!"

2. 间隔反复　例如:"敌人把你的城镇变成了废墟,你没有哭;敌人把你的国家烧成了灰,你没有哭;敌人杀死了你的亲人,你没有哭;敌人把你绑在树上,烧你,烤你,你没有哭;你真是一把拉不断的硬弓,一座烧不毁的金刚!"

(十五)通感

通感,也称"移觉",是利用感觉的转移造成的一种修辞。例如:"微风过处,送来缕缕清香,仿佛远处高楼上渺茫的歌声似的。"嗅觉转移到听觉,用"渺茫的歌声"形容"清香",给人更真切的美感。

四 文学文化常识·历年真题及解析

2005·(2) 下列作品、体裁、朝代(或国别)、作家对应不正确的一项是 （ ）

A.《柳毅传》——唐代传奇——唐代——李朝威
B.《镜花缘》——小说——清代——李汝珍
C.《红与黑》——小说——德国——司汤达
D.《羊脂球》——小说——法国——莫泊桑

【答案】 C

【解析】 A项中《柳毅传》是唐代李朝威著名的传奇小说，是唐传奇的代表作品。B项中《镜花缘》是李汝珍在清代后期的小说，反映了作者在妇女问题上的民主性见解。C项中《红与黑》是法国批判现实主义作家司汤达的小说，并非德国国籍。D项中《羊脂球》是法国批判现实主义作家莫泊桑的代表作，作者著有300多篇短篇和长篇小说，其他代表作还有《漂亮朋友》等。

2005·(3) 下列作品、作家、体裁、主人公对应不正确的一项是 （ ）

A.《荷花淀》——孙犁——小说——水生
B.《茶馆》——老舍——话剧——王利发
C.《人到中年》——谌容——小说——陆文婷
D.《包身工》——夏衍——小说——"芦柴棒"

【答案】 D

【解析】 A项中《荷花淀》是现代著名作家孙犁1945年创作的作品。写的是抗日战争最后阶段的冀中人民的斗争生活。小说没有正面渲染战争的严酷,是以轻松的笔调,通过白洋淀妇女由送夫参军到自发组织起一支战斗队伍的细致描绘,满腔热情地歌颂了中国农村劳动妇女的美丽心灵。全篇洋溢着战斗的乐观主义的革命激情,字里行间渗透着作者对祖国和人民的真挚的爱,同时,也展示着一种特定的"人情美"。水生和水生嫂都是其中的重要人物。

B项中《茶馆》是现代著名作家老舍的话剧作品。《茶馆》中的"裕泰大茶馆"掌柜王利发贯穿了全剧。

C项中谌容的《人到中年》1980年问世。该篇获第一届全国优秀中篇小说一等奖。《人到中年》在艺术表现上非常新颖、独特,其中很重要的一点就是作者善于借鉴并创造性地运用"意识流",而主人公陆文婷是特定时期为了事业和理想甘心付出的中年知识分子的优秀代表。

D项错误比较明显,《包身工》的体裁是报告文学,不是小说,主要是反映包身工被人压迫、牛马不如的悲惨生活,揭露帝国主义勾结中国的封建势力欺压人民的事实。

2005·(4) 下列作品、作家头衔、朝代对应完全正确的一项是 ( )

A.《吊屈原赋》——贾谊(辞赋家)——西汉
《水经注》——郦道元(地理学家)——北魏

B.《白雪歌送武判官归京》——岑参(边塞诗人)——晚唐
《虞美人·春花秋月何时了》——李煜(南唐后主,词人)——五代南唐

C.《楚辞集注》——朱熹(文艺批评家)——南宋
《梦溪笔谈》——沈括(科学家)——元代

D.《潼关怀古》——张养浩(散曲作家)——元代
《诚意伯文集》——宋濂(文学家)——明代

【答案】 A

【解析】 B项中岑参生活在唐代盛期,其诗与高适齐名,并称为"高岑"。岑参不愿以文章换取功名,而向往到边塞去建功立业,度过了六年艰苦的军旅生涯。他的许多优秀诗篇就是这时创作的。

C项中沈括(1031—1095)是北宋科学家、政治家,字存中,杭州钱塘(今浙江杭州)人,曾经参加王安石变法运动。晚年居润州,筑梦溪园(在今江苏镇江东郊),举平生见闻,撰《梦溪笔谈》。

D项《诚意伯文集》对应的作家应该为刘基。刘基(1311—1375),字伯温,温州文成县南田(旧属青田县)人,以辅佐朱元璋完成帝业、开创明朝而驰名天下。其文与宋濂齐名,诗与高启并称。诗文古朴雄放,不乏抨击统治者腐朽,同情民间疾苦之作。著有《郁离子》十卷,《覆瓿集》二十四卷,《写情集》四卷,《犁眉公集》五卷等,后均收入《诚意伯文集》。

2005·(5) 下列文学常识表述不正确的一项是 ( )

A. 杜甫的"三吏""三别"分别是《新安吏》《石壕吏》《潼关吏》《新婚别》《垂老别》《无家别》。

B. 巴金"爱情三部曲"是《家》《春》《秋》;茅盾的"农村三部曲"是《春蚕》《秋收》《残冬》。

C. 左思的"三都赋"指《蜀都赋》《吴都赋》《魏都赋》。

D. 汉代"三班"父子指班彪、班固、班昭,建安文学"三曹"是指曹操、曹丕、曹植。

【答案】 B

【解析】 《家》《春》《秋》是巴金先生的"激流三部曲"。这三部作品构成一个整体,讲的是:高氏家族是"五四"时期的一个封建家族,而当时高家所处的时代已面临分崩离析。家族中的三代人面对江河日下的境况,有的仍是醉生梦死,有的希冀苟延残喘,有的追求冲破樊篱的个性解放。作品以觉新的爱情和婚姻,不幸与屈服、抗争与醒悟为线索，预示着封建主义逃避不了土崩瓦解的历史命运。小说还塑造了生活在高家的众多被欺凌、被吞噬、被侮辱、被损害的女性艺术群像，通过这些小人物的悲惨命运，深刻抨击了封建势力的残忍和虚伪。随着觉新的醒悟，巴金先生所期盼的"秋天过去了，春天总会来的"民主主义亮出了曙光。

2007·(5) 下列说法正确的一项是　　　　（　）
A. 鲁迅创作的短篇小说集有《呐喊》《彷徨》《朝花夕拾》等。
B. 郭沫若1921年出版的第一部诗集是《女神》。
C. 长篇小说《围城》的作者是沈从文。
D. 曹禺是现代著名的剧作家，作品有《雷雨》《屈原》《日出》等。

【答案】　B
【解析】　A项中《朝花夕拾》是鲁迅1926年2月至11月的散文集，并非小说集。《朝花夕拾》作为一本回忆性散文集，收有散文10篇，清晰地记录了作者从少年到青年时代的某些重要生活片断或人生轨迹，描绘了从清末到辛亥革命前后这一历史时期的若干社会、人生风貌，其间又穿插着作者进入中年后，以丰富的社会、人生阅历和博大精深的思想对社会、人生的深邃思考。

C项长篇小说《围城》的作者应该是钱钟书。《围城》是现代文学史上一部风格独特的讽刺小说。作者以喜剧性的讽刺笔调，刻画了抗战环境下中国一部分知识分子的彷徨和空虚。作者借小说人物之口解释"围城"的题义说：这是从法国的一句谚语中引申而来的，即"被围困的城堡"。"城外的人想冲进来，城里的人想逃出来。"小说的整个情节，是知识界青年男女在爱情纠葛中的围困与逃离，而在更深的层次上，则是表现一部分知识者陷入精神"围城"的境遇，而这正是《围城》主题的深刻之处。

D项《屈原》不是曹禺的作品,它的作者是郭沫若(1892—1978)。郭沫若在现代文学史上是足以代表一个时代的诗人与历史剧作家。他是鲁迅在20世纪初热切呼唤、终于出现的摩罗诗人,又是新中国的预言诗人。1921年出版诗集《女神》,剧本《卓文君》《王昭君》《虎符》《高渐离》《南冠草》《孔雀胆》《蔡文姬》等。

2007·(6)下列表达不正确的一项是 （ ）

A."五四"新文化运动是中国现代史上一次空前伟大的思想解放运动。它的开端以《新青年》创刊为标志,主要代表人物有陈独秀、李大钊、胡适等。

B.戴望舒是中国20世纪30年代"现代派"诗人的代表人物,《雨巷》是他最负盛名的作品,同时他也获得了"雨巷诗人"的美誉。

C."文革"结束后,最早出现的是描写社会改革的"改革文学",代表作有蒋子龙的《乔厂长上任记》、张洁的《沉重的翅膀》等。

D.20世纪80年代的中国文坛上,曾出现一批受西方现代主义文学影响的作品,诗歌有顾城、舒婷等人的朦胧诗,小说有王蒙等人的意识流作品,戏剧有高行健的《绝对信号》《车站》等。

【答案】 C

【解析】 "文革"结束后,最早出现的是"反思文学"。20世纪70年代末80年代初,一批作家从政治、社会层面上还原"文革"的荒谬本质,并追溯到此前的历史,从一般地揭示社会谬误上升到历史经验教训的总结上,和伤痕文学相比,其目光更为深邃、清醒,主题更为深刻,带有更强的理性色彩。"反思文学"以茹志鹃1979年2月发表在《人民文学》上的《剪辑错了的故事》为标志。这一时期的作家作品还有:高晓声《李顺大造屋》、古华《芙蓉镇》、谌容《人到中年》、史铁生《我的遥远的清平湾》、张贤亮《绿化村》和《灵与肉》、李存葆《高山下的花环》、王蒙《布礼》和《蝴蝶》等。

蒋子龙的《乔厂长上任记》、张洁的《沉重的翅膀》是改革文学的代表作。《乔厂长上任记》开"改革文学"先河,产生于我党十一届三中全会闭幕不久,改革作为时代主旋律在中国大地尚未全面奏响之时。这篇小说所描写的企业整顿还只是我国工业体制改革的前奏,文学反映现实生活的传统在当时也才恢复不久。然而,作家却有力地摆脱了长期以来文学创作表现阶级斗争的模式,毅然地将艺术的聚焦点调整到经济建设、企业整顿改革上来。更为可贵的是,作家无意在自己的作品中人为地缓解"文革"结束不久客观存在于我国政治经济领域、企业整顿改革中的尖锐复杂的矛盾。《沉重的翅膀》是第一部反映改革初期生活的长篇小说,正面描写了工业建设中改革与反改革的斗争,热情歌颂了党的十一届三中全会的正确路线。

2007·(7) 下列名句的作者排列顺序正确的一项是(　　)
(1) 长风破浪会有时,直挂云帆济沧海。
(2) 劝君更尽一杯酒,西出阳关无故人。
(3) 历览前贤国与家,成由勤俭败由奢。
(4) 天长地久有时尽,此恨绵绵无绝期。

A. 李白　　　王维　　　李商隐　　　白居易
B. 王维　　　李白　　　李商隐　　　白居易
C. 王维　　　李白　　　白居易　　　李商隐
D. 李白　　　李商隐　　　王维　　　白居易

【答案】 A

【解析】 (1)"长风破浪会有时,直挂云帆济沧海。"出自李白的《行路难》。原文如下:"金樽清酒斗十千,玉盘珍馐直万钱。停杯投箸不能食,拔剑四顾心茫然。欲渡黄河冰塞川,将登太行雪满天。闲来垂钓碧溪上,忽复乘舟梦日边。行路难,行路难,多歧路,今安在?长风破浪会有时,直挂云帆济沧海。""行路难"是乐府古题,多咏叹世路艰难及贫困孤苦的处境。《行路难》李白原作三首,这是第一首,作于天宝三年(744),李白遭受谗毁而被排挤出长安时写的。诗中抒写了他在政治道路上遭遇艰难时,产生的不可抑制的愤激情绪;但仍盼有一天会施展自己的抱负,表现了他对人生前途的乐观豪迈气概,充满了积极浪漫主义的情调。

(2)"劝君更尽一杯酒,西出阳关无故人。"出自王维的《送元二使安西》。原文如下:"渭城朝雨浥轻尘,客舍青青柳色新。劝君更尽一杯酒,西出阳关无故人。"这是一首送别的名曲。诗的一、二句点明送别的时令、地点、景物;三、四句写惜别。前两句为送别创造一个愁郁的环境气氛,后两句再写频频劝酒,依依离情。此诗后来被编入乐府,广为传诵,成为饯别的名曲。

(3)"历览前贤国与家,成由勤俭败由奢。"出自李商隐的《咏史》。原文如下:"历览前贤国与家,成由勤俭破由奢。何须琥珀方为枕,岂得真珠始是车?运去不逢青海马,力穷难拔蜀山蛇。几人曾预南薰曲,终古苍梧哭翠华。""历览前贤国与家,成由勤俭破由奢"是李商隐对前朝历史非常精确的概括和总结,同样适用于当代以及未来万世。

(4)"天长地久有时尽,此恨绵绵无绝期。"出自白居易的《长恨歌》。这首诗是作者的名篇,作于元和元年(806)。全诗形象地叙述了唐玄宗与杨贵妃的爱情悲剧。诗人借历史人物和传说,创造了一个回旋婉转的动人故事,并通过塑造的艺术形象,再现了现实生活的真实,感染了千百年来的读者。诗的主题是"长恨"。

2007·(8)下列表达不正确的一项是　　　　( )

A."乐府"原指掌管采诗事务的官府,后来就把从民间采来的诗以及文人仿作的这类诗统称为"乐府诗"。

B. 骈文是散体中有意多用对偶甚至通篇用对偶的一种文体,多为四六字一句,所以又名四六文。

C. 词,起于宋朝,原是演唱的歌词,有豪放词派和婉约词派,代表作家分别有苏轼、辛弃疾和晏殊、柳永。

D. 杂剧在元朝盛行,著名的作家有关汉卿、王实甫、马致远等,与杂剧并行的是"散曲"。

【答案】 C

【解析】 词,文体名,是诗歌的一种,由五言诗、七言诗或民间歌谣发展而成,萌芽于南朝,形成于唐代,盛行于宋代。原是配乐歌唱的一种诗体,句的长短随歌调而改变,因此又叫"长短句"。词一般按字句多少分为小令、中调、长调三类。五十八字以内为小令;五十九字至九十字为中调;九十一字以上为长调。一首词只一段的叫单调,两段的叫双调,三段、四段的叫三叠、四叠。一段叫一阕。双调中的两段,称上阕、下阕,或叫上片、下片,三叠、四叠中的段落按次序叫第一阕、第二阕……词在句式方面的基本特征是长短句,从一字句到十一字句都有。词谱中对每种词调的平仄、押韵都有规定。

2010·(11)下列说法中正确的一项是 ( )

A. "二十四史"中前四史依次为:左丘明的《左传》、司马迁的《史记》、班固的《汉书》和陈寿的《三国志》。

B. "四书"是《中庸》《礼记》《论语》和《孟子》的合称。

C. "元曲四大家"是指关汉卿、马致远、白朴和郑光祖四位元曲作家。

D. 晚清四大"谴责小说"分别为:吴敬梓的《儒林外史》、李宝嘉的《官场现形记》、吴沃尧的《二十年目睹之怪现状》和曾朴的《孽海花》。

【答案】 C

【解析】 A项错误。"二十四史"中前四史是指《史记》(汉·

司马迁著,130卷)、《汉书》(东汉·班固著,100卷)、《后汉书》(南朝宋·范晔著,120卷)、《三国志》(西晋·陈寿著,65卷)。

B项错误。"四书"是《论语》《孟子》《中庸》《大学》的合称。

C项正确。"元曲四大家"是指关汉卿、马致远、白朴和郑光祖四位元曲作家。

D项错误。晚清四大"谴责小说"分别为:吴沃尧的《二十年目睹之怪现状》、李宝嘉的《官场现形记》、刘鹗的《老残游记》和曾朴的《孽海花》。

2010·(12)下列说法符合实际的一项是　　　　　(　)

A."三教九流"中的"三教"指儒、道、墨三家。

B. 古代"五色土"与地理方位是对应的,其中东方对应青土,北方对应黑土。

C. 古代宴席座次有尊卑之分,最尊为坐北面南,最卑为坐东面西。

D. 古代称授予官职为"拜",称免除官职为"除"。

【答案】　B

【解析】　A项错误。"三教九流"中"三教"是指中国三大传统宗教,儒(即儒教)、佛(即佛教)、道(即道教);"九流"是指儒家、道家、阴阳家、法家、名家、墨家、纵横家、杂家、农家。

B项正确。在我国古代,一直存在着"社稷祭祀"的制度。把祭祀土地神的地方称作"社",把祭祀谷物神的地方叫做"稷"。以五色土建成的社稷坛包含着古代人对土地的崇拜。五种颜色的土壤,寓含了全中国的疆土,由全国各地纳贡交来,以表明"普天之下,莫非王土"之意。古代"五色土"是指青、红、白、黑、黄五种颜色的土,并与地理方位对应。在社稷坛的东边是青土,代表着东边的大海;西边是白土,代表西部白色的沙;南边是红土,预示南方的红土地;北边是黑土,象征北部的黑土地;而中间的黄土,就是黄土高原的寓意。五色土象征着广博的大中华。

C项错误。古代宴席座次有尊卑之分,以在室内坐西向东(东向)的位为最尊,其次为坐北向南(南向),再次为坐南向北(北向),最末为坐东向西(西向)。

D项错误。古代称授予官职为"拜""除"同样是拜官授职。在"三省六部"制出现以后,官员的升迁任免由吏部掌管。官职的任免升降常用以下词语:(1)拜,用一定的礼仪授予某种官职或名位。(2)除,拜官授职。(3)擢,提升官职。(4)迁,调动官职,包括升级、降级、平级转调三种情况。为易于区分,人们常在"迁"字的前面或后面加一个字,升级叫迁升、迁授、迁叙,降级叫迁削、迁谪、左迁,平级转调叫转迁、迁官、迁调,离职后调复原职叫迁复。(5)谪,降职贬官或调往边远地区。(6)黜,"黜"与"罢、免、夺"都是免去官职。(7)去,解除职务,其中有辞职、调离和免职三种情况。辞职和调离属于一般情况和调整官职,而免职则是削职为民。(8)乞骸骨,年老了请求辞职退休。

2010·(13)下列表述正确的一项是　　　　　(　　)

A. 郭沫若的诗歌《炉中煤》,其副标题是"眷念祖国的情结",诗歌表达了作者对祖国的炽热情感。

B. 20世纪30年代和林语堂发起并鼓吹"闲适幽默"的作家是张资平。

C. 朱自清是现代著名散文家、爱国民主战士,他的散文主要有《背影》《春》《白杨礼赞》等。

D. 艾青的第一本诗集是《黎明的通知》。

【答案】　A

【解析】　A项正确。郭沫若的诗歌《炉中煤》,其副标题是"眷念祖国的情结",诗歌表达了作者对祖国的炽热情,熊熊燃烧的"炉中煤"象征诗人愿为祖国献身的激情。

B项错误。20世纪30年代和林语堂发起并鼓吹"闲适幽默"的作家是周作人。周作人,浙江绍兴人,现代散文家,"文学

19

研究会"发起人之一,五四运动时期提倡"人的文学",20世纪30年代和林语堂一起倡导"闲适幽默"小品,著有《自己的园地》《中国新文学的源流》等。

C项错误。《白杨礼赞》作者为茅盾,作品写于抗战时期,通过白杨树这种北方最常见的风物歌颂抗日儿女,批判国民党反动派,坚定人民的胜利信心,抒发自己热爱中国共产党的情怀。

D项错误。艾青的第一本诗集是1939年的《大堰河——我的保姆》,而《黎明的通知》写于1942年。

2011·(13)下列关于作家、作品的叙述正确的一项是
（　　）

A. 曹禺是现代著名剧作家,其代表作有《雷雨》《日出》《茶馆》《北京人》等。

B.《阿Q正传》是中国现代文学史上的第一篇白话小说,表现了阿Q的"精神胜利法"。

C. 徐志摩的抒情诗《再别康桥》融情于景,表达了作者对母校的眷恋之情。

D. 郁达夫的小说《沉沦》是作者在英国留学时期情感和思想的写照,具有鲜明的自传性。

【答案】　C

【解析】　A项错误。《茶馆》是老舍的戏剧作品。

B项错误。《狂人日记》是中国现代文学史上的第一篇白话小说。

C项正确。徐志摩的抒情诗《再别康桥》融情于景,表达了作者对母校的眷恋之情。

D项错误。郁达夫的小说《沉沦》是作者在日本留学时期情感和思想的写照,具有鲜明的自传性。

2011·(14)下列关于当代文学史的叙述正确的一项是
( )

A. 20世纪80年代中期,被称为第一篇"真正具有现代派小说味"的作品是铁凝的《你别无选择》。

B. 余秋雨的散文包含着对文化的深刻思考,将新时期散文推向了新的境界,其代表作有《文化苦旅》《山居笔记》等。

C. 20世纪80年代末90年代初期,中国小说创作中涌现出"新写实主义"潮流,刘醒龙的《单位》、池莉的《烦恼人生》和方方的《风景》是其代表作品。

D. "文革"结束后,中国文艺创作有复苏迹象。被称为"三只报春的燕子"的是刘心武的《班主任》、徐迟的《哥德巴赫猜想》和王蒙的《春之声》。

【答案】 B

【解析】 A项错误。被称为第一篇"真正具有现代派小说味"的作品是刘索拉的《你别无选择》。

B项正确。余秋雨的散文包含着对文化的深刻思考,将新时期散文推向了新的境界,其代表作有《文化苦旅》、《山居笔记》等。

C项错误。《单位》是刘震云的代表作品。

D项错误。"文革"结束后,中国文艺创作有复苏迹象。被称为"三只报春的燕子"的是白桦《曙光》、刘心武的《班主任》和徐迟的《哥德巴赫猜想》。

2011·(15)下列关于作家、国别以及作品对应完全正确的是
( )

A. 雨果——法国——《巴黎圣母院》

B. 莱蒙托夫——俄国——《静静的顿河》

C. 拉伯雷——意大利——《巨人传》

D. 夏洛蒂·勃朗特——英国——《呼啸山庄》

【答案】 A

【解析】 A项正确。雨果是法国浪漫主义作家,代表作《巴黎圣母院》。

B项错误。《静静的顿河》是苏联著名作家肖洛霍夫的一部力作。

C项错误。拉伯雷是法国作家,代表作为《巨人传》。

D项错误。《呼啸山庄》是英国女作家勃朗特姐妹之一艾米莉·勃朗特的作品。

2013·(4)被誉为"孤篇横绝""诗中的诗,顶峰上的顶峰"的唐代诗歌是 ( )

A. 张若虚《春江花月夜》

B. 李白《蜀道难》

C. 高适《燕歌行》

D. 白居易《琵琶行》

【答案】 A。张若虚《春江花月夜》,"孤篇盖全唐"。

2013·(5)下列表述错误的一项是 ( )

A.《西厢记》描写了张生和崔莺莺的爱情故事。

B.《牡丹亭》描写了杜丽娘和柳梦梅的爱情故事。

C.《桃花扇》描写了吴三桂和陈圆圆的爱情故事。

D.《长恨歌》描写了唐玄宗和杨贵妃的爱情故事。

【答案】 C。《桃花扇》描写了侯方域和李香君的爱情故事。

2013·(6)下列诗词名句与作者顺序对应正确的一项是 ( )

(1) 春风得意马蹄疾,一日看尽长安花。

(2) 人生到处知何似,应似飞鸿踏雪泥。

(3) 疏影横斜水清浅,暗香浮动月黄昏。

(4) 寄意寒星荃不察,我以我血荐轩辕。

A. 贾岛　苏轼　秦观　龚自珍
B. 孟郊　黄庭坚　秦观　鲁迅
C. 贾岛　黄庭坚　林逋　龚自珍
D. 孟郊　苏轼　林逋　鲁迅

【答案】 D

2013·(9) 下列作品以幽默为主要艺术风格的是（　　）

A.《围城》　　　　B.《啼笑因缘》
C.《家》　　　　　D.《雷雨》

【答案】 A

2013·(14) 下列作家、国别、作品对应完全正确的一项是（　　）

A. 伏尔泰——法国——《羊脂球》
B. 普希金——俄国——《上尉的女儿》
C. 雨果——法国——《艰难时世》
D. 笛福——美国——《鲁滨逊漂流记》

【答案】 B

2013·(10) 下列不属于批判现实主义代表作家的是（　　）

A. 巴尔扎克　　　　B. 列夫·托尔斯泰
C. 司汤达　　　　　D. 左拉

【答案】 D

五 现代文阅读解题方法

一、读懂文章

读懂文章是解答问题的前提。一般来说,考试中的现代文阅读以议论文、散文(写物散文)的文学作品居多,并且具有较强的抽象性,给阅读理解带来一定的障碍。但是,它却能考查出考生对具有深厚文化底蕴的文学作品的审美鉴赏能力。所以,在解答题目之前,必须先排除障碍读懂文章。

1. 看结构层次

不管什么文体的文学作品,都有一定的层次性。议论文,要读懂作者的观点和态度;围绕观点,作者选取了哪些材料以及如何组织这些材料(材料与材料、材料与观点之间的关系,材料的特点等)加以论证的;划清局部段落结构及整体结构,知各层大义,晓行文思路。散文,要读懂作者的情感及基调;围绕情感(或物)之线作者叙写了哪些人、事、物(材料)。

2. 看写作手法

在文学作品中,常见的写作手法有渲染、衬托、铺垫、象征、对比、比喻、拟人、引用等。结构上采用以小见大、先抑后扬、托物言志、前后照应等表现手法。语言上采用正话反说、俏皮幽默等技巧。阅读时,必须具备一双慧眼,识别作者所用写作手法、表现手法及语言表达技巧,关键理解各种写作手法的作用。如:渲染是为了突出某种氛围、人物心境;衬托有正衬与反衬之分,它们分别衬托什么。铺垫给下文情节产生的必然以一种暗示。象征是利用景物的特征或隐含内容来象征人的品性、节操。对比是为突出某一方面的特点。比喻是为了描写得形象生动,叙述中便于把抽象的东西具体化,有利于读者理解文章。拟人是把事物人格化,创造栩栩如生的艺术形象,引起读者丰富的联想。引用视引用的内容具有多项作用,引用传说故事是为了增强文章的传奇性、风物的神秘性,丰富文章的内容;引用诗歌除丰富文章内容外,结合描写的景物,可增强文章的诗情画意,使文章具有意境美;引用名言,使文章更具有说服力。采用第二人称,使人感到亲切自然,关系密切,或将物拟人化,便于抒发感情。

3. 看重要的词、句

作者在行文中往往运用了一些具有特殊含义的词句,或在行文结构上能起到一定作用的语句,或在抒发情感、描写景物时使用一些带有明显情感基调、景物特点的语句。如在词语方面,应具体注意体现作者立场观点的词语,表现作品主题思想的词语,反映文章深层次内容的词语,对文章结构起照应连接作用的词语,有比喻、借代、反语等意义的特殊词语,根据语境含有别种意象的词语等。在语句方面,应具体注意语义比较含蓄、利于发挥的句子,表现整个作品主题思想或脉络层次的关键性语句——文眼;内涵较为丰富形象生动的句子,文中的中心句、总结句、过渡句;比较容易理解错误的语句和难以理解的比喻句;抒发某种情感、连用相同句式的语句等。它们都是出卷人拿来出题的对象,在阅读的过程中,必须读懂行文中重要的词句。

读懂了文章,知晓了文章的词句、大小巨细的手法及结构层次,就等于现代文阅读理解成功了一半。下一步就可以答题了,但应注意审题。

二、审题

审题是做现代文阅读理解中至关重要的一个环节,许多考生平时的训练不注意审题、弄清题意,在满足于一知半解的基础上盲目答题,导致失分惨重。那么,从哪些方面审题呢?

1. 看配分

一道题配多少分,是给考生如何答题的一个重要的暗示。比如某道题配给2分,若要求考生概括作答,则只要答出概括内容(概括中的词语必须紧扣原文)即可;若要求用原文来作答,则是在原文中寻找两处恰当的语句(将原句稍作压缩)作答(往往每答对一处得1分),这叫做对位配分法。还有一种叫错位配分法,即"答对一个不给分,答对两个给1分,答对三个给满分"的配分法。如果是4分题,则是要求考生利用概括精练的语句从两个方面来作答,一般来说在题目的设置上,出卷人在作答处已标明了"(1)(2)"序号,如果是出卷人未标明序号,4分题也暗示了考生应如何作答,只是在答题时,考生要标明序号,如此可体现一个考生的答题素质和修养,4分题配分法在许多阅读理解题目中均有涉及。如果是6分题,分值重,能力性强,有两种暗示可能:一是要求考生依据原文含义,凭靠主观想象答题,只答出两个方面的内容即可;二是要求考生着眼于全文,根据文章的潜在认知,寻找答案(稍加压缩),只答出三方面或任意三方面的内容即可,此类题目,出卷人一般都标明了序号。

从这些配分情况来看,答题除用语须高度概括外,那就是具有层次性,而这个"层次性"不是无中生有的,它往往就是文章段落或全文层次的映射。如果在阅读文章时,能很好地结合题目的配分及答题要求,就能很容易地理解文章,也能很容易地去答题。

2. 选用合理的句式

利用恰当的句式作答,能很好地考查考生的语言组织能力和对文章的认知能力,同时亦能巧妙地回答问题,提高答题的准确率。所以在作答时,选用何种句式,应仔细斟酌。

答题应注意与题目相关联。所谓"相关联",就是"问"与"答"具有联系性,如何问就如何答,一可体现答案的完整性,二可激发灵感,确定选用何种句式作答,避免误答。

答题还应注意叙述对象。答题都有一定的针对性,而许多考生在答题时却往往忽视了它的针对性,疏忽了叙述的对象,导致错用句式,出现语病,不完整又不规范,甚至误答,所以在作答时,写出叙述对象有百益而无一害,但避免张冠李戴。

3. 选用规范的答题角度

作答时,是从正面回答,还是从反面回答,是站在作者的角度来回答,还是站在他人的角度来回答,都影响答题的效果。从正面答题,直白晓畅;从反面答题,含蓄隽永;以他人之言、之行答题,更显主人公之个性、品行。同时,亦可拓宽考生思维。针对这种题型,考生必须审清题意,选取最佳的答题角度进行答题。

三、寻找答案的技巧

现代文阅读理解题型的设置,都具有一定的依赖性,即依据原文出题,哪怕是一些能力性极强、要求考生发挥想象答题的题型,也不可能完全脱离原文而单独出题。因此,在原文中一定能找到各题答案的影子。

议论文或夹叙夹议的散文,答案往往潜伏在总结性或议论性文字中,只要发现、归纳、合并、总结、体会,就不难答出正确的答案。

写物类散文,作者往往借助物的特性、相互间的关系来阐明一定的人生哲理,而物的特性、相互间的关系在描写中都呈显性特点,只要能发现归纳并能结合人生哲理,作答时就轻而易举了。

总之,在现代文阅读理解中,只要考生从点入手,面上把握,点面结合,看懂文章,审清题目,掌握答题技巧,还是能够拿到相应分数的。

【例1】 阅读下面的文字,完成下列习题。

阳台上的遗憾

韩少功

从某种意义上来说,建筑是人心的外化和物化。南方在古代为蛮,化外之地,建筑上也就多有蛮风的留影。尤其到海口一看,尽管这里地势平坦并无重叠式的山峦起伏,但前人留下的老街几乎很少有直的、正的。这些随意和即兴的作品,呈礼崩乐坏纲纪不存之象,总是令初来的北方人吃惊。可以想象,种种偏门和曲道,很合适隐藏神话、巫术和反叛,要展示天子威仪和官府阵仗,却不那么方便。留存在这些破壁残阶上的,是一种天高皇帝远的自由和活泼,是一种封建正统文化的稀疏和涣散。虽然免不了给人一点混乱之虞,却也生机勃勃。它们不像北方四合院,俨然规规矩矩的顺民和良仆,一栋一檐的定向,都严格遵循天理和祖制,不越雷池。

当然,南北文化一直在悄悄融汇。建筑外观上的南北差异,并不妨碍南方的宅院,尤其是一些富宅,其实与北方的四合院一样,也是很见等级的。有一些耳房或偏间,可供主人安置侍卫和女佣;很讲究家庭封闭与谐和的,有东西两厢,甚至有前后几进,可供主人安排儿孙及其宝眷,包容儿孙满堂笑语喧哗的节日大团圆。在那正厅大堂里正襟入座,上下分明,主次分明,三纲五常的感觉油然而生。倘若在庭院中春日观花,夏日听蝉,箫吹秋月,酒饮冬霜,也就免不了生出一种陶潜式的冲淡和曹雪芹式的伤感,汉文化一直也在这样的南国宅院里咯血和低吟。

这一类宅院,在现代化的潮流面前一一倾颓,当然是无可避免的结局。金钱成了比血缘更为强有力的社会纽带,个人成了比家庭更重要的社会单元,大家庭开始向小家庭解体,小家庭又正在被独身风气蚕食,加上都市生活一胎化,已使旧式宅院的三进两厢之类十分多余。要多家合住一院,又不大方便保护现代人的隐私,谁愿意起居出入、喜怒哀乐都暴露在邻居的众目睽睽之下呢?

如今高楼大厦正在显现着新的社会结构,展拓着新的心理空间。但一般来说缺少个性,以其水泥和玻璃,正在统一着每一个城市的面容和表情,正在不分南北地制定出彼此相似的生活图景。人们走入同样的电梯,推开同样的窗户,坐上同样的马桶,在同一时刻关闭电视并在同一时刻打出哈欠。长此下去,环境也可以反过来侵染人心,会不会使它的居民产生同样流行的话题,同样的购物计划,同样的恋爱经历以及同样的怀旧情绪?以前有一些人说,儒家造成文化的大一统,其实,现代工业对文化趋向的推动作用,来得更加猛烈和广泛,行将把世界上任何一个天涯海角,都制成建筑的仿纽约,服装的假巴黎,家用电器的赝本东京——所有的城市,越来越成为一个城市。

这种高楼大厦的新神话拔地升天,也正在把我们的天空挤压和分割得狭窄零碎,正在使四季在隔热玻璃外变得暧昧不清,正在使田野和鸟语变得十分稀罕和遥远。清代张潮说:"因雪想高士,因花想美人,因酒想侠客,因月想好友,因山水而想得意诗文。"如此清心和雅趣,似乎连同产生它的旧式宅院,已经永远被高楼大厦埋葬在地基下面了。全球的高楼居民和大厦房客们,相当多已习惯于一边吃快餐食品,一边因雪想堵车,因花想开业,因酒想公关,因月想星球大战,因山水想开发区批文。当然,在某一天,我们也可以步入阳台,在铁笼般的防盗网里,或者在汽车疾驰的沙沙声里,一如既往地观花或听蝉,月下吹箫或霜中饮酒,但那毕竟有点像勉勉强强的代用品,有点像贝多芬拉二胡,或者是在泳池里远航,少了一点真趣。这不能不使人遗憾。这遗憾常常是历史进步后寂寞的影子。

【注释】 韩少功,当代著名作家。

1. 文中第1段写古代南北建筑的特点有哪些不同?由此反映出的南北人心又有什么不同?作者写此要阐明一个什么观点?

（1）古代南方建筑特点是＿＿＿＿＿＿（不超过25字）
（2）古代北方建筑特点是＿＿＿＿＿＿（不超过12字）
（3）反映出南方人的心理是＿＿＿＿＿＿（不超过30字）
（4）反映出北方人的心理是＿＿＿＿＿＿（不超过12字）
（5）阐明的观点是＿＿＿＿＿＿（不超过15字）

2. 第2段说:"汉文化一直也在这样的南国宅院里咯血和低吟。"此句用了什么修辞手法?如何理解这句话?

（1）此句使用的修辞手法＿＿＿＿＿＿
（2）这句话的意思是＿＿＿＿＿＿

3. 第3段说:"这一类宅院,在现代化的潮流面前——倾颓,当然是无可避免的结局。"其原因是什么?

＿＿＿＿＿＿＿＿＿＿＿＿＿＿＿＿＿＿＿＿

4. 文章的标题取为《阳台上的遗憾》,下面对这个"遗憾"的理解不正确的两项是 （ ）（ ）

A. 缺少个性的现代化建筑正在使城市的面貌趋于同一。
B. 现代建筑少了古代建筑的特色。
C. 城市面貌的趋同使人也少了鲜明的个性。
D. 形式趋同的高楼大厦拔地而起,会使人少了清心和雅趣。
E. 现代建筑正在改变社会的结构,改变人的心理。

【参考答案】

1.(1)老街很少有直的、正的;有各种偏门和曲道。(2)四合院一栋一檐都有定向。(3)对封建正统文化的轻视和不顺从,是自由活泼和生机勃勃的。(4)严格遵循天理和祖制。(5)建筑是人心的外化和物化。

2.(1)修辞:拟人。(2)意思:我们仍然能在南方宅院里找到汉文化的踪迹,只是它已变得病态,失去生机。(或:汉文化已变得病态,失去生机,但我们仍然能在南方宅院里找到它的踪迹)。

3.(1)金钱成了更有力的社会纽带。(2)个人成为更重要的社会单元。(3)都市生活一胎化。(4)方便保护现代人的隐私。

4.B和E。B见第1段最后一句、第3段第1句。作者并不认为古代建筑的特色应该恢复,也不认为现代建筑少了古代建筑的特色是一种遗憾,他认为古代建筑形式被取代是一种必然。作者是希望现代建筑不要千篇一律。E见第4段第1句,将"显现"理解为"改变"是偷换概念,似是而非。

【例2】 阅读下面的文字,完成下列习题。

收藏昨天
余秋雨

经常有年轻朋友来信询问一些有关人生的大问题,我总是告诉他们,你其实已经有了一位最好的人生导师,那就是你自己。

这并非搪塞之言。人生的过程虽然会受到社会和时代的很大影响,但贯穿首尾的基本线索总离不开自己的个体生命。个体生命的完整性、连贯性会构成一种巨大的力量,使人生的任何一个小点都指向着整体价值。一个人突然地沮丧绝望、自暴自弃、铤而走险,常常是因为产生了精神上的"短路",如果在那个时候偶然翻检出一张自己童年时代的照片或几页做中学生时写下的日记,细细凝视,慢慢诵读,很可能会心情缓释、眉宇舒展,返回到平静的理性状态。其间的力量,来自生命本身,远远大于旁人的劝解。

为此,真希望世间能有更多的人珍视自己的每一步脚印,勤于记录,乐于重温,敢于自嘲,善于修正,让人生的前前后后能够互相灌溉,互相滋润。其实,中国古代显赫之家一代代修续家谱也是为了前后之间互相灌溉、互相滋润,你看在家谱中呈现出来的那个清晰有序的时间过程是那么有力,使前代为后代而自律,使后代为前代而自强,真可谓生生不息。个人的生命也是一个前后互济的时间过程,如能留诸记忆,定会产生一种回荡激扬的动力循环,让人长久受益。一个人就像一个家族一样,是不是有身份、有信誉、有责任,就看是否能把完整的演变脉络认真留存。

我们也许已经开始后悔,未能把过去那些珍贵的生活片段保存下来,殊不知,多少年后,我们又会后悔今天。如果有一天,我们突然发现,投身再大的事业也不如把自己的人生当成一个事业,聆听再好的故事也不如把自己的人生当成一个故事,我们一定会动手动笔,做一点有意思的事情。不妨把这样的事情称之为"收藏人生的游戏"。让今天收藏昨天,让明天收藏今天,在一截一截的收藏中,原先的断片连成了长线,原先的水潭连成了大河,而大河,就不会再有腐臭和干涸的危险。

我最合适什么?最做不得什么?容易上当的弯路总是出现在何处?最能诱惑我的陷阱大致是什么样的?具备什么样的契机我才能发挥最大的魅力?在何种气氛中我的身心才能全方位地安顿?……这一切,都是生命历程中特别重要的问题,却只能在自己以往的体验中慢慢爬剔。昨天已经过去又没有过去,经过一夜风干,它已成为一个深奥的课堂。这个课堂里没有其他学生,只有你,而你也没有其他更重要的课堂。

因此,收藏人生,比收藏书籍、古董更加重要。收藏在木屋里,收藏在小河边,风夕雨夜点起一盏灯,盘点查看一番,第二天风和日丽,那就拿出来晾晾晒晒。

1. 根据原文,理解文意:

(1) 文章说,"一个人突然地沮丧绝望、自暴自弃、铤而走险,常常是因为产生了精神上的'短路'"。其中"精神上的'短路'"喻指什么?

答:_____

(2) 文章称"不妨把这样的事情称之为'收藏人生的游戏'",其中的"这样的事情"指代什么?

答:_____

2. 作者为什么说"收藏人生,比收藏书籍、古董更加重要"?
答:_____

3. 联系全文,分条表述作者就"如何收藏昨天"提出的主张。

答:_____

【参考答案】

1. (1) 喻指迷失方向,找不到人生的真正价值。(2) 指自己动手动笔,把过去那些珍贵的人生片断记录(保存)下来。

2. 收藏人生,个体生命就会前后互济,互相滋润,产生一种回荡激扬的动力循环,让人长久受益,而书籍、古董对人的影响终究有限。

3. ① 动手动笔,将过去一些珍贵的生活片断保存下来。② 在一截一截的收藏中,将过去的生活片断连成完整的脉络。③ 将"收藏的昨天"变成自己的一个深奥的课堂,从中获得人生的经验。

【例3】 阅读下面的文字,完成下列习题。

骆 驼

梁实秋

台北没有什么好去处。我以前常到动物园走动走动,其中两个地方对我有诱惑。一个是一家茶馆,有高屋建瓴之势,凭窗远盼,一片油绿的田畴,小川蜿蜒其间,颇可使人目旷神怡。另一<u>值得看</u>的便是<u>那两只骆驼</u>了。

有人喜欢看猴子,看那乖巧伶俐的动物,略具人形,而生活究竟简陋,于是令人不由地生出优越感,掬一把花生米掷过去。有人喜欢看狮子跳火圈,狗作算学,老虎翻跟头,觉得有趣。我之看得骆驼则是另外一种心情,骆驼扮演的是悲剧的角色。它的槛外是冷清清的,没有游人围绕,所谓槛也只是一根杉木横着拦在门口。地上是烂糟糟的泥。它卧在那,老远一看,真像是大块的毛姜。逼近一看,真可吓人!一块块的毛都在脱落,斑驳的皮肤上隐隐地露着血迹。嘴张着,下巴垂着,有上气无下气地喘。<u>水汪汪的两只大眼睛好像是眼泪扑簌地盼望着能见亲族一面似的</u>。腰间的肋骨历历可数,颈子又细又长,尾巴像一条破扫帚。驼峰只剩下了干皮,像是一只麻袋搭在背上。骆驼为什么落到这种悲惨的地步呢?难道"沙漠之舟"的雄姿即不过如此么?

我心目中的骆驼不是这样的。儿时在家乡,一听见大铜铃叮叮当当响,就知道是送煤的骆驼队来了,愧无管宁的修养,往往夺门出现,一根细绳穿系着的好几只骆驼,有时是十只九只的,一顺地立在路边。满脸煤污的煤商一声吆喝,骆驼便乖乖地跪下让人卸货,嘴角往往流着白沫,口里不住地嚼——反刍。有时还跟着一只小骆驼,几乎用跑步在后面追着,面对着这样庞大而温驯的驮兽,我们不能不惊异地欣赏。

是亚热带的气候不适于骆驼居住。动物园的那两只骆驼不久就不见了,标本室也没有空间容纳它们,我从此也不大常去动物园了。我常想:公文书里罢黜一个人的时候常用"人地不宜"四字,总算是一个比较体面的下台的借口。这骆驼之黯然消逝,也许就类似"人地不宜"之故吧?生长在北方大地的巨兽,如何能局促在这样的小小圈子里,如何能耐得住这炎方的郁焦?它们当然要憔悴,要悒悒,要委顿以死。我想它们看着身上的毛一块块地脱落,真的要变成"有板无毛"的状态,蕉风椰雨,晨夕对泣,心里多么凄凉!真不知是什么人恶作剧,把它们运到此间,使得它们尝受这一段酸辛,使我们也兴起"人何以堪"的感叹!

其实,骆驼不仅是在炎热之地难以生存,就是在北方大陆,其命运也是在日趋于衰微。在运输事业机械化的时代,谁还肯牵着一串串的骆驼招摇过市?沙漠地带该是骆驼的用武之地了,但听说现在沙漠里也有现代化的交通工具。骆驼是驯兽,自己不复能在野外繁殖谋生。等到为人类服务的机会消失的时候,我不知道它将如何繁衍下去。最悲惨的是,大家都讥笑它是兽类中最愚蠢的一个;因为它只会消极地忍耐。给它背上驮上500磅的重载,它会跪下来承受。它肯食用大多数哺乳动物所拒绝食用的荆棘苦草,它肯饮用带有盐味的脏水。它奔走三天三夜可以不喝水,这并不是它的肚子里储藏着水,而是因为它体内的脂肪氧化可以制造出来水。像这样的动物若是从地面上消逝,可能不至于引起多少人的惋惜。尤其是在如今这个世界,大家所喜欢豢养的乃是善伺人意的哈巴狗,像骆驼这样的"任重而道远"的家伙,恐怕只好由它一声不响地从这个世界舞台上退下去罢!

【注释】 梁实秋,中国现代著名作家。1949年从大陆到台湾,70年代移居美国西雅图,80岁时怀着深深的遗憾重返台湾。

1.为什么作者认为"那两只骆驼""值得看"?

答:_____

2. 文末说"像骆驼这样的'任重而道远'的家伙,恐怕只好由它一声不响地从这个世界舞台上退下去罢",对骆驼的遭遇,句中流露出怎样的情感？试简要说出其中的两种。

答：_____

3. 作品借物抒怀。联系全文主旨,请概述出作者在文中三个画线句子中所寄寓的情怀。

答：_____

4. 下列对这篇散文的赏析,正确的两项是　（　）（　）

A. 第二段描写动物园中的骆驼,第三段描写儿时所见的骆驼,作品通过这一对比描写,突出了"不能不惊异"的感受。

B. 作品对骆驼的遭遇作了大量的描写,这些描写都有很强的感情色彩。寓主观色彩于客观描写中,是本文的一大特色。

C. 作品中的骆驼,可以看成是作者的自况。作者将情感倾注于"骆驼"这一形象,并通过对其遭遇的描述,抒写了自己的人生体验。

D. 作品的感情富于变化：先是对动物园里骆驼遭遇的同情,继而是对家乡骆驼的温驯的惊异,最后是对北方大陆骆驼的命运的释然。

E. 作品的文字平实,但在平实的字里行间,却流淌着一股源于作者对人生经历的深沉思考而产生的充满悲壮色彩的情感激流。

【参考答案】

1. 因为那两只骆驼扮演的是悲剧的角色。它们的遭遇与作者类似,让作者联想到自己,引起无限感慨。

2. 表达了对骆驼被迫退出世界舞台的无奈、失落、惆怅或痛苦。

3. 海外游子思归却有家难归的痛苦之情,对忍辱负重的人（自己）却不容于现实的感慨。

4. B和C。(A文中的对比不是为"突出'不能不惊异'的感受",而是为突出骆驼的悲剧形象。D对北方大陆骆驼日趋衰微的命运,作者表达的不是"释然",而是不平与痛苦。作品的感情基调"悲"而不"壮"。)

【2005年真题】

祈　求

我曾经在长城上看到一位白发苍苍的画家画鹰。在北方特有的那种干燥湛蓝的天空下,苍劲古朴的长城默默地蜿蜒于群山之上。画家在一块白布上泼墨挥毫。长城上的风扬起老人的白发,鼓动每一个人的衣襟。他展开那面墨汁未干的鹰旗。雄鹰起伏振翅,直欲破空而上。阳光普照群山,也照在猎猎作响的鹰旗上。一瞬间,我忽然感觉到一种热血冲破冰层的眩晕,一种沉淀压抑已久的力量猛烈爆发:天空、阳光、长城、老人、长风、鹰。

那不是我第一次见到鹰,却是第一次为鹰震撼。

后来一个偶然的机会我在峭壁上看到了鹰的巢穴。那只是一个粗陋的石坑随便地搭上几根粗树枝,其余一无所有。它深深地印在我的脑海里。后来又看到南方一种色彩艳丽的织鸟精致而温暖安全的巢时,我想到了北方的鹰。不知为什么,我总觉得鹰的身上有一种冷峻而直入人心的力量。我明白鹰不需要巢穴,它从不躲避风雨。它是天地间飞翔的精灵,高傲、敏锐、凶猛、无畏,永不留恋巢穴的温暖与安乐。

我带一身风尘回到家乡,听说公园里来了个动物展览团。我想起了鹰,于是我去了。

从羽毛的颜色和体形可以看出:那是一只已经苍老的鹰和一只年轻的鹰。鹰架距我不到三米。那只苍老的鹰羽毛零乱而支棱突兀,腿上有一根粗大的铁链,它埋头翅间。那只年轻的鹰目光迟滞,仿佛在看什么,又什么也没看到。

一个小孩,忽然放肆地把手中的香蕉扔向那只埋头的鹰,他一定不知道他做了一件多么愚蠢的事,因为他还在得意地笑。那只鹰猛地昂起了头,有力的颈部弯曲成了一个矫健而凶猛的弧度。我看到它眼中凌厉地闪过什么,它闪电般地直掠下来。然而那不足一米的铁链狠狠拽住了它,它猛然回坠,被倒吊在高高的鹰架上,晃来晃去,那只年轻的鹰展了展翅以便站稳,它冷漠地看了看脚下的同伴,又把茫然的目光投向远方。

那个被吓呆的小孩这时才清醒过来,悻悻地抓起一把泥沙朝那倒吊着的鹰狠狠扔去,又嘿嘿地笑起来,一边捡石块,一边大声地骂。那只苍老的鹰耸着翅,挣扎着,发出一串低沉鸣音。它的声音在颤抖。我分明地感到一种苍白而强烈的悲怆冷冷地漫过心头。我拦住那个小孩,叫他滚。

鹰渐渐停止了挣扎,静静地倒吊在高高的鹰架下。利爪笔直地伸向天空——那里曾是它的家园、梦想、荣耀和骄傲。四下沉闷,天地间只有蝉在不停地叫。

我不知道鹰是否会流泪。

那夜我在山顶坐了很久,天上有月,月旁有星;山上有风,山下有楼。我在山顶大梦一场,一颗泪珠从天上落到我的手上。清晨我再去看那两只鹰的时候,苍老的鹰依然倒吊着,刚刚死去。喂鹰的人说,野生的鹰是没法养活的——它不吃东西。他告诉我那只年轻的鹰是人工孵化的。

天空是蓝色的,一切都很安静。我想起北方的天空、阳光和鼓动衣襟的长风,想起伤痕累累的长城上那面猎猎的鹰旗。我不知道那只年轻的鹰在寻找什么,但我想那一定是一只被束缚的鹰对祖先血脉相承的东西的渴求——虽然它一生未曾飞翔。

我知道鹰的灵魂在天上。我祈求世上善良的人们,给鹰一颗高飞的心,让高飞的灵魂永不沉沦。

1. 文章题目是《祈求》，读完文章后，你认为作者在祈求什么？（6分）

【答案】 祈求人们珍惜、爱护大自然中的生命；祈求人们尊重、理解鹰真正的灵魂；通过对鹰的灵魂的思考，祈求中华民族精神中高傲、敏锐、无我、奋进气度的回归。

2. 文中写到"鹰渐渐停止了挣扎，静静地倒吊在高高的鹰架下。利爪笔直地伸向天空——那里曾是它的家园、梦想、荣耀和骄傲。四下沉闷，大地间只有蝉在不停地叫。"从这句话中你体会出作者什么样的思想和情感？（4分）

【答案】 对于鹰落寞的痛苦与无奈，对于蝉得志的憎恶和愤慨；中华民族精神当中可能同时存在不同的角色，具有不同的命运；然而现实的沉闷使作者感到无比压抑。

3. 请分析"天地间只有蝉在不停地叫"的语法成分。（5分）

【答案】 天地间 只有 蝉 在 不停地 叫
　　　　　　 只有 蝉 在 不停地 叫
　　　　　　　　　蝉 在 不停地 叫
　　　　　　　　　　　在 不停地 叫
　　　　　　　　　　　　　不停地 叫

【2006年真题】

人一辈子都有高潮一低潮中沉浮，唯有庸碌的人，生活才如死水一般；或者要有极高的修养，方能廓然无累，真正的解脱。只要高潮不过分使你紧张，低潮不过分使你颓废，就好了。

（1）太阳太强烈，会把五谷晒焦；雨水太猛，也会淹死庄稼。我们只求心理相当平衡，不至于受伤而已……慢慢地你会养成另外一种心情对付过去的事：就是能够想到而不再惊心动魄，能够从客观的立场分析前因后果，做将来的借鉴，以免重蹈覆辙。一个人唯有敢于正视现实，正视错误，用理智分析，彻底感悟，才不至于被回忆侵蚀。我相信你逐渐会学会这一套，越来越坚强的。我以前在信中和你提过感情的 ruin(创伤，覆灭)，就是要你把这些事当作心灵的灰烬看，看的时候当然不免感触万端，但不要刻骨铭心地伤害自己，(2)而要像对着古战场一般的存着凭吊的心怀。

1. 本文的中心思想是什么？(5分)

【答案】 应当正视生命的挫折，在健康平衡的心理状态中谋求发展。

2. 请说出"心灵的灰烬"的含义。(4分)

【答案】 看待感情的挫折、痛苦，应视如大火燃烧后的灰烬，虽有淡淡的痕迹，但再不会被回忆伤害，因为那份感情已死去，永远成了过去。

3. 指出画横线句子的修辞格、含义及作用。(6分)

【答案】 ①借喻，喻指感情付出过多，会使自己受到伤害，使自己或紧张或颓废；② 明喻，喻指对生命中的挫折不可以投入过多的感情，被回忆所伤害，应该"想到而不再惊心动魄"，客观、理智地面对。这两处比喻，贴切自然，使深刻的哲理生动形象、浅显易懂。

【2007年真题】

谷 雨

从词义及其象形看，"谷"首先指山谷。瑞典汉学家林西莉在她的著作《汉字王国》中即讲:"我只要看到这个字,马上就会想起一个人走进黄土高原沟壑里的滋味。"当谷与雨并连以后,它的另一重要含义"庄稼、作物"无疑便显现了。

像"家庭"一词的组构向人们示意着只有屋舍与院子的合一,才真正构成一个本原的、未完全脱离土地的、适于安居的"家"。"谷雨"也是一个包含有对自然秩序敬畏、尊重、顺应的富于寓意的词汇,从中人们可以看出一种神示或伟大象征:庄稼天然依赖雨水,庄稼与雨水密不可分。

谷雨是春季的最后一个季节,也是一年中最为宜人的几个节气之一。这个时候,打点行装即将北上的春天已远远看到它的继任者——携着热烈与雷电的夏天走来的身影了。为了夏天的到来,另外一个重要变化也在寂静、悄然进行,即绿色正从新浅向深郁过渡。的确,绿色自身是有生命的。这一点也让我想到太阳的光芒,阳光在早晨从橙红到金黄、银白的次第变化,实际即体现了其从童年、少年到成年的自然生命履历。

麦子拔节了,此时它们的高度大约为其整体的三分之一,在土地上呈现出了立体感,就像一个十二三岁的男孩开始显露出了男子天赋的挺拔体态。野兔能够隐身了,土地也像骄傲的父亲一样通过麦子感到了自己在向上延续。作为北方冬天旷野的一道醒目景观的褐色鹊巢,已被树木用叶子悉心掩蔽起来。一只雀鹰正在天空盘旋,几个农民在为小麦浇水、施撒化肥。远处树丛中响起啄木鸟的只可欣赏而无法模仿的疾速叩击枯木的声音,相对啄木鸟的鸣叫,我一直觉得它的劳动创造的这节音量由强而弱、频率由快而慢的乐曲更为美妙迷人。

(苇岸:《一九九八 廿四节气》)

1. 请说明"土地也像骄傲的父亲一样通过麦子感到了自己在向上延续"这句话的修辞格、含义及作用。(6分)

【答案】 修辞格:比喻。(2分)含义:作者用父子两代人的生命延续来比喻麦子从大地向上生长、拔节。(2分)作用:生动、形象。(2分)

2.请指出本文从哪些方面描写"谷雨"这个节气来临之后自然界发生的变化。(3分)

【答案】 作者从季节、天象和物候三方面描写"谷雨"这个节气来临之后自然界发生的变化。季节:"从春天到夏天"或者"夏天来临";天象:"色彩"和"阳光";物候:"麦子""树叶""鸟"和"农事"也得分,但每方面只能得1分。

3.本文的中心思想是什么?(3分)

【答案】 通过"谷雨"节气来临时自然界发生的变化,作者赋予"谷雨"深刻的内涵,表达了人对自然秩序的敬畏、尊重和顺应。

4.阅读画线的句子,请说明从"惊蛰"这个节气你又能看出怎样的"伟大象征"?(3分)

【答案】 沉睡的生灵在雷鸣中被唤醒。(只要答对"万物被唤醒、惊醒"就给3分。)

【2008年真题】

大学人文精神谈片(其三)

大学人文学科的职责,我以为可分为两个层面。一个层面是,其科研,直接给当下的社会进步事业以智力支持,直接服务于社会;其教学,培养学生具有切实有用的专业知识、方法和能力,使他们获得服务社会、建设国家和自己谋生的本领。这些,是我们一直在强调的,完全必要的。不过这只是一个层面。

对于大学来说,还有一个更高的层面,是通过学术成果向社会辐射、播散人文精神,通过教学培养学生具有人文精神。这种人文精神,一如上述,如果简括成一句话,就是对于社会人生的真理的坚守和追求。这种人文精神,与自然科学研究中所体现的科学精神相通,都是对真理的追求,只是所取的对象、所用的手段不同;这种人文精神,也包含了科学精神的一个重要之点:科学也要考虑对于人的生存和幸福的价值所在,也要关切人的命运和前途。

人文精神,比较集中地体现在一些基础的人文学科中。如学习和研究文艺学,可以提高人的审美志趣和能力,提升人的精神境界;学习和研究了中国历史,才能真正建立深厚的、牢固的爱国主义情感,等等。这些基础性的人文学科,不直接发生实际的社会功效,但是具有强烈的人文精神,因而大学要坚持进行深入的研究。在研究具体的可直接作用社会的实际问题时,也应对其相关的基础理论、人文底蕴有所思考,甚至发掘出人文精神的新因素,而不要完全就事论事。同理,大学的自然科学研究,不能止于"技术",而要探讨"科学"和科学精神("科""技"两面其实是不能完全等同的)。这是大学应当有的"学术研究",是大学不同于具体实践部门的地方,是大学需要存在的十分重要的理由。因此,"五四"时期任北京大学图书馆主任、经济学教授的李大钊曾说:只有学术的发展,值得作大学纪念,只有学术的建树,值得"北大万岁万万岁"的欢呼。哈佛大学的校训说:"让真理与你为友"。正因为学术研究是与真理为友的,而真理与天地同寿,所以真正的学者总是对学术抱着虔诚的态度甚至敬畏的心情,孜孜以求,以生命相许,不敢亵渎和冒犯,有时甚至只问是非不问功利。追求真理,现在听起来好像有点迂执,但大学里的学者不能完全没有这种脾气。如果对学术研究有这种真诚与虔敬,以致融入自己生命的热力,那么,不必说不会去剽窃、炒作、"包装"和粗制滥造,而且另外两种流行多年的毛病:满足于"自圆其说"和照搬外说(包括话题)而无意求真,也会被逐渐克服了。

(原文稍有修改)

1. "让真理与你为友"一句属于哪种类型的论据?(2分)

【答案】 理论论据

【解析】 论据就是证明论点的材料、依据。论据的类型有事实材料与理论材料之分。作为论据的事实材料,可以是具体的事例、概括的事实、统计数字或者亲身经历、感受。作为论据的理论材料,可以是前人的经典著作、至理名言、民间的谚语和俗语或者科学上的公理、规律等。文中引用哈佛大学的校训——"让真理与你为友",这显然属于至理名言,即属于理论论据。

2. 请概括文章第二段的段落大意。(3分)

【答案】 大学需要通过学术成果向社会辐射、播散人文精神,这种人文精神与自然科学研究中所体现的科学精神相通,都是对真理的追求。

3. 作者认为"大学需要存在的十分重要的理由"是什么?(3分)

【答案】 作者认为"大学需要存在的十分重要的理由"是基础性的人文学科要坚持深入研究一些不直接发生实际的社会功效的人文精神,自然科学要研究要探讨"科学"和科学精神。

4. 文章最后一句是多重复句,请指出这个多重复句第一层的关系。(3分)

【答案】 如果对学术研究有这种真诚与虔敬,以致融入自己生命的热力,|那么,不必说不会去剽窃、炒作、"包装"和粗制滥造,‖而且另外两种流行多年的毛病:满足于"自圆其说"和照搬外说(包括话题)而无意求真,也会被逐渐克服了。第一层为假设关系。

5. 画线句中的"是非"和"功利"分别指什么?(4分)

【答案】 "是非"指的是追求知识过程中的真理与谬误;"功利"指的是功名利禄。

【2009年真题】

园花寂寞红
季羡林

　　楼前右边,前临池塘,背靠土山,有几间十分古老的平房,是清代保卫八大园的侍卫之类的人住的地方。整整四十年以来,一直住着一对老夫妇:女的是德国人,北大教员;男的是中国人,钢铁学院教授。我在德国时,已经认识了他们,算起来到今天已经将近六十年了,我们算是老朋友了。三十年前,我们的楼建成,我是第一个搬进来住的,从那以后,老朋友又成了邻居。有些往来,是必然的。逢年过节,互相拜访,感情是融洽的。我每天到办公室去,总会看到这个个子不高的老人,蹲在门前临湖的小花园里,不是除草栽花,就是浇水施肥;再就是砍几竿门前屋后的竹子,扎成篱笆。他嘴里叼着半根雪茄,笑眯眯的,忙忙碌碌,似乎乐在其中。

　　他种花很有一些特点。除了一些常见的花以外,他喜欢种外国种的唐菖蒲,还有颜色不同的名贵的月季。最难得的是一种特大的牵牛花,比平常的牵牛要大一倍,宛如小碗口一般。每年春天开花时,颇引起行人的注目。据说,此花来头不小。在北京,只有梅兰芳家里有,齐白石晚年以画牵牛花闻名全世,临摹的就是梅府上的牵牛花。

我是颇喜欢一点花的。但是我既少空闲,又无水平。买几盆名贵的花,总养不了多久,就呜呼哀哉。因此,为了满足自己的美感享受,我只能像北京人说的那样看"蹭"花,现在有这样神奇的牵牛花,绚丽夺目的月季和唐菖蒲,就摆在眼前,我焉得不"蹭"呢?每天下班或者开会回来,看到老友在侍弄花,我总要停下脚步,聊上几句,看一看花。花美,地方也美,湖光如镜,杨柳依依,说不尽的旖旎风光,人在其中,顿觉尘世烦恼,一扫而光,仿佛遗世而独立了。

但是,世事往往有出人意料者。两个月前,我忽然听说,老友在夜里患了急病,不到几个小时,就离开了人间。我简直不敢相信,然而这又确是事实。我年届耄耋,阅历多矣,自谓已能做到"悲欢离合总无情"了。事实上并不是这样。我有情,有多得超过了需要的情,老友之死,我焉能无动于衷呢?"当时只道是寻常"这一句浅显而实深刻的词,又萦绕在我心中。

几天来,我每次走过那个小花园,眼前总仿佛看到老友的身影,嘴里叼着半根雪茄,笑眯眯的,蹲在那里,侍弄花草。这当然只是幻象。老友走了,永远永远地走了。我抬头看到那大朵的牵牛花和多姿多彩的月季花,她们失去了自己的主人,朵朵都低眉敛目,一脸寂寞相,好像"溅泪"的样子。她们似乎认出了我,知道我是自己主人的老友,知道我是自己的认真入迷的欣赏者,知道我是自己的知己。她们在微风中摇曳,仿佛向我点头,向我倾诉心中郁积的寂寞。

现在才只是夏末秋初。即使是寂寞吧,牵牛和月季仍然能够开花的。一旦秋风劲吹,落叶满山,牵牛和月季还能开下去吗?再过一些时候,冬天还会降临人间的。到了那时候,牵牛们和月季们只能被压在白皑皑的积雪下面的土里,做着春天的梦,连感到寂寞的机会都不会有了。

明年,春天总会重返大地的。春天总还是春天,她能让万物复苏,让万物再充满了活力。但是,这小花园的月季和牵牛怎样呢?月季大概还能靠自己的力量长出芽来,也许还能开出几朵小花。然而护花的主人已不在人间。谁为她们施肥浇水呢?等待她们的不仅仅是寂寞,而是枯萎和死亡。至于牵牛花,没有主人播种,恐怕连幼芽也长不出来。她们将永远被埋在地中了。

我一想到这里,就不禁悲从中来。眼前包围着月季和牵牛的寂寞,也包围住了我。我不想再看到春天,我不想看到春天来时行将枯萎的月季,我不想看到连幼芽都冒不出来的牵牛。我虔心默祷上苍,不要再让春天降临人间了。如果非降临不行的话,也希望把我楼前池边的这一个小花园放过去,让这一块小小的地方永远保留夏末秋初的景象,就像现在这样。

(选自《季羡林随笔录:忆往述怀》)

1. 请为"耄耋"一词注音,并解释词义。(3分)

_____

【答案】 "耄耋"一词音为"mào dié",指八九十岁、年纪很大的人。

2. 指出文章第一段画线部分所使用的表达方式。(3分)

_____

【答案】 "我每天……似乎乐在其中。"一句使用了叙述和描写,其中描写包括了肖像描写和动作描写。

3. 指出第6自然段所使用的修辞手法。(2分)

_____

【答案】 反问和拟人。

4. 文章的标题是"园花寂寞红",请解释"寂寞"的含义。(3分)

_____

【答案】 寂寞的含义：(1)花儿在主人去世后无人照料的孤单；(2)花儿失去了懂得欣赏她们的知音的孤独；(3)花儿的寂寞影射的是人的寂寞，是失去老友后的悲伤和孤独。

5.请概括本文的主要思想感情。(4分)

【答案】 本文通过友人种花的叙述以及友人去世后园中花儿寂寞的描写，表达了作者对故去友人的深切思念，对无人照应也无人懂得欣赏的花儿们这些自然生命的怜爱和悲悯，同时也表达了自己耄耋之年对生命的无限感慨。

【2010年真题】

"流行"散谈(其二)

"流行"在运动的过程中，有时也会回过头来看一看。流行不是天降之物。流行的源头是传统。没有源头，哪来潮头？无"源"无"根"的事物不可能存在。

流行是传统的变异。任何能够称为传统的事物，在时代的演变中都要经受现实的检验。经典传统在与时代的结合中发生变异，变异了的传统以一种新的方式流行开来。从这个意义上说，流行是一种更新了的生命力。

梁谷音断言昆剧不会衰落。她的具体阐述是社会经济发展到了饱和点(富裕阶段)，人们会重新产生欣赏高雅古典艺术的欲求，到那时，昆剧的知音又会多起来。梁女士此说自然是有一个"昆剧在改革中前进"的前提的(她有这方面的实际体验)。面对快节奏的现代社会，慢节奏的昆剧倘若固守成规，不越雷池半步，那么这一有着"戏祖"之称的剧种成为"昨天的艺术""博物馆艺术"就完全可能。新版《牡丹亭》的实验，就是在尊重昆剧本体艺术特征和表现规范的前提下，对剧本进行了大刀阔斧的缩编精编,同时用现代意识、现代视点对艺术营造、剧场化处理进行了大胆创新的设计,从而实现了古典与现实的对应,这种对应,正是一种时代"契合点",是视听艺术"争夺眼球"不可或缺的因素。越剧的探索也具典型意义,新版《红楼梦》的一剧一公司,大制作、大投入、大场面的运作方式,交响伴奏伴唱等的艺术改革,使这个近年来不大景气的剧种、剧目在世纪之交形成一股"冲击波"。"新红楼"现象证实了老剧种老剧目在找到了新时代结合点之后的新流行。这种更新了的生命力,为一切传统经典提供了有益的启示。

流行是"哈根达斯""麦当劳"?流行是"香山瘦身""定向运动"?流行是"诺基亚""赛柏空间"?……是,也不是。流行是一种文化承传,是一种生命形态,是一种打上了时代印记的智慧竞赛。

流行意味着"前卫"吗?流行可以是前卫的,可以不是。前卫文化中有不少东西也与怀旧结缘,可见前卫的"根"还是在传统。流行也好,前卫也好,其精华部分经过时间的积淀和受众的检验,自身也可能成为传统。这样的传统,在一定意义上倒可以说是普及之后的提高了。

1. 根据文章的阐述,下列关于"传统"的阐述正确的一项是
( )
A. 新生事物的力量是无穷的,传统必将被流行所代替。
B. 传统可以发生变异,并以一种新的方式流行开来。
C. 传统是经过现实检验的,因而也必将是永远流行的。
D. 传统不可能成为"前卫"。

【答案】 B

【解析】 A、C、D三项中的"必将""必将"和"不可能"的说法都过于绝对化。而B项"传统可以发生变异,并以一种新的方式流行开来"应和了前文"流行是传统的变异,流行的源头是

传统,经典传统在与时代的结合中发生变异,变异了的传统以一种新的方式流行开来"这几句。

2. 下列哪一项不能作为梁谷音断言"昆剧不会衰落"的依据?（　　）

A. 社会经济发展到饱和点(富裕阶段),昆剧的知音又会多起来。

B. 新版《牡丹亭》的实验实现了古典与现实的对应,起到了"争夺眼球"的效果。

C. 社会经济发展到了饱和点(富裕阶段),人们有更多的时间欣赏昆剧。

D. 昆剧自身也在随着时代的发展变化与时俱进,实现了与时代的结合。

【答案】　C

【解析】　在原文第三段,梁谷音断言昆剧不会衰落。她的具体阐述是社会经济发展到了饱和点(富裕阶段),人们会重新产生欣赏高雅古典艺术的欲求,而不是指人们有更多的时间欣赏昆剧。

3. 实现老剧种、老剧目在新时代的新流行,就必须（　　）

A. 改变老剧种的艺术表现规范。

B. 有大制作、大投入。

C. 尊重老剧本的旨意。

D. 有现代意识和现代视点。

【答案】　D

【解析】　A项"改变老剧种的艺术表现规范"与原文"尊重昆剧本体艺术特征和表现规范的前提下"不符合;B项"有大制作、大投入",原文没有提及这个要素;C项"尊重老剧本的旨意"与"在尊重昆剧本体艺术特征和表现规范的前提下"相吻合,但只有尊重不足以实现老剧种、老剧目在新时代的新流行。D项

"有现代意识和现代视点"即原文所述一致,要"用现代意识、现代视点对艺术营造、剧场化处理进行了大胆的创新设计,从而实现了古典与现实的对应,这种对应正是一种时代'契合点',是视听艺术'争夺眼球'的不可或缺的因素。"

4. 作者所说的"新红楼现象",其含义是　　　　　(　　)

A. 对传统艺术进行创新和改革,以适应时代的发展。

B. 用流行艺术代替传统艺术。

C. 捍卫传统艺术的价值,抵御大众流行文化的冲击。

D. 传统艺术的消亡是历史的必然。

【答案】　A

【解析】　作者所说的"新红楼现象",其含义是对传统艺术进行创新和改革,以适应时代的发展。"用现代意识、现代视点实现古典与现实的对应"就是这层含义。

5. 文章最后一句"这样的传统"中的"这样"是指　(　　)

A. 流行或前卫中的精华以对立的方式否定传统。

B. 流行或前卫中的精华向传统的回归。

C. 流行或前卫中的精华,经受检验而得到提升。

D. 传统中的精华对流行或前卫的适应。

【答案】　C

【解析】　最后一句"这样的传统"中的"这样"是指流行或前卫中的精华,经受检验而得到提升。"流行也好,前卫也好,其精华部分经过时间的积淀和受众的检验,自身也可能成为传统""普及之后的提高"正是"这样"的具体阐述。

【2011年真题】

自言自语(其六)
史铁生

　　自然之神以其无限的奥秘生养了我们,又以其无限的奥秘迷惑甚至威胁我们,使我们不敢怠慢不敢轻狂,对着命运的无常既敬且畏。我们企望自然之母永远慈祥的爱护,但严厉的自然之父却要我们去浪迹天涯自立为家。我们不得不开始了从刀耕火种到航天飞机的创造历程。日日月月年年,这历程并无止境,当我们千辛万苦而又怀疑其意义何在之时,我们茫然若失就一直没能建成一个家。太阳之火轰鸣着落在地平线上,太阴之光又多情地令人难眠,我们想起:家呢?便起身把这份辛苦、这份忧思、这份热情而执着的盼望,用斧凿在石上,用笔画在墙上,用文字写在纸上,向自然之神倾诉;为了吁请神的关注,我们又奏起了最哀壮的音乐,并以最夸张的姿势展现我们的身躯成为舞蹈。悲烈之声传上天庭,悲烈之景遍布四野,我们忽然茅塞顿开听到了自然之神在赞誉他们不屈的儿子,刹那间一片美好的家园呈现了,原来是由不屈的骄傲建筑在心中。

　　我们有了家有了艺术,我们再也不孤寂不犹豫,再也不放弃(而且我们知道了,<u>一切创造的真正意义都是为了这个</u>。所以无论什么行当,一旦做到极致,人们就说它是进入了艺术境界,它本来是什么已经不重要了,它现在主要是心灵的美的家园)。我们先是立了一面镜子,<u>我们一边怀着敬畏滚动石头,一边怀着骄傲观赏我们不屈的形象</u>。后来,我们不光能从镜子里,而且能从山的峻拔与狰狞、水的柔润与汹涌、风的和煦与狂暴、云的变幻与永恒、空间的辽阔与时间的悠久、草木的衰荣与虫兽的繁衍,从万物万象中看见自己柔弱而又刚劲的身影。心之家园的无限恰与命运的无常构成和谐,构成美,构成艺术的精髓。**敬畏与骄傲,这两极!**

(选自史铁生《宿命的写作》,山东文艺出版社2001年版)

1. "一切创造的真正意义都是为了这个"一句中的"这个"所指的意思是 (　　)

　　A. 自然之神　　　　B. 敬畏自然
　　C. 艺术创造　　　　D. 心灵家园

【答案】 D

【解析】 回到原文句子:"我们有了家有了艺术,我们再也不孤寂不犹豫,再也不放弃(而且我们知道了,一切创造的真正意义都是为了这个。所以无论什么行当,一旦做到极致,人们就说它是进入了艺术境界,它本来是什么已经不重要了,它现在主要是心灵的美的家园)"。其意思是说,人类所有的创造行为到了极致境界就是一门艺术,为的是达成心灵家园的美好。

2. "我们一边怀着敬畏滚动石头,一边怀着骄傲观赏我们不屈的形象",对这一句话阐释最准确的一项是 (　　)

　　A. 通过对劳动者形象的描写,赞扬我们不屈的精神。

　　B. 通过对原始初民劳动场面的描写,表现人类与大自然搏斗的豪情。

　　C. 借用古希腊神话故事,赞美人类永不言弃的精神。

　　D. 通过虚构出的一种实践活动,褒扬人类对自然之神的敬畏之情。

【答案】 C

【解析】 "我们一边怀着敬畏滚动石头,一边怀着骄傲观赏我们不屈的形象",这一句中"怀着敬畏滚动石头"及"不屈的形象"是解题关键。希腊著名神话中有一个关于西西弗斯(Sisyphus)的传说,这个西西弗斯因为冒犯了天庭法规而被降罚到人间,每天要推一个巨大的石头上山。然而,无论西西弗斯怎么努力地把石头推上山顶,到了晚上,巨大的石头依旧又会再度滚下山来。于是,西西弗斯便得周而复始地做着同样的工作,徒劳无功永无休止。其实这是天神对他的惩罚,要折磨他使他无论怎么做结果必然都是一样的,改变不了什么,也不会成功,为了要让他接受现实放弃努力承认失败。

3."敬畏与骄傲,这两极!"对句中"骄傲"的含义,理解正确的一项是 ( )

A. 人类可以通过刀耕火种征服自然。

B. 自然之母永远慈祥地呵护人类。

C. 在建设心之家园的历程中,人类创造了艺术,再也不犹豫,再也不孤寂。

D. 艺术和美的创造使人类的自然生命走向无限。

【答案】 D

【解析】 "艺术和美的创造使人类的自然生命走向无限"与"心之家园的无限恰与命运的无常构成和谐,构成美,构成艺术的精髓。敬畏与骄傲,这两极!"最为匹配。

4.下列选项表述正确的一项是 ( )

A. 人类建设心灵家园实际上是人类寻求自我安慰的一种方式。

B. 大自然的一切都可以是人类能力和精神的"镜子"。

C. 人类通过艺术和美的创造战胜了自然。

D. 艺术和美使人类不再孤寂,也使人类可以傲视自然。

【答案】 A

【解析】 人类建设心灵家园实际上是人类寻求自我安慰的一种方式。这层意思可以由"我们有了家有了艺术,我们再也不孤寂不犹豫,再也不放弃"得知。

5. 根据文章的意思,下列关于"艺术创造"的含义理解错误的一项是 （   ）

A. 艺术活动是在刀耕火神等物质实践活动基础上产生的。

B. 艺术创造使自然之神更加关注人类。

C. 对生活意义的忧思和对美好生活的期盼是艺术创造的动力之一。

D. 艺术的精髓在于表现自然的伟大与人类不挠不挠的抗争精神。

【答案】 B

【解析】 "艺术创造使自然之神更加关注人类",文章没有体现出这层意思。

六 文言文阅读·历年真题及解析

2005·阅读下列短文,完成第1—5题。

蝜蝂者,善负小虫也。行遇物,辄持取,昂其首负之。背愈重,虽困剧不止也。其背甚涩,物积因不散,卒踬仆不能起。人或怜之,为去其负。苟能行,又持取如故。又好上高,极其力不已,至坠地死。

今世之嗜取者,遇货不避,以厚其室,不知为己累也,唯恐其不积。及其怠而踬也,黜弃之,迁徙之,亦以病矣。苟能起,又不艾,日思高其位,大其禄,而贪取滋甚,以近于危坠,观前之死亡不知戒。虽其形魁然大者也,其名人也,而智则小虫也,亦足哀夫!

1."行遇物,辄持取,昂其首负之"中"辄"的含义是(3分)

( )

A. 就　　　B. 总是　　C. 喜欢　　D. 不能

【答案】 B

【解析】 "行遇物,辄持取,昂其首负之"一句,指的是蝜蝂爬行时遇到东西,总是抓取过来,抬起头背着这些东西。"辄"的含义有两种:一是"总是",如"动辄得咎";另一种是"就",如"浅尝辄止"。在这里,"辄"的含义是"总是"。

2."迁徙之,亦以病矣"中"病"的含义是(3分)　　( )

A. 生病　　B. 困苦　　C. 变坏　　D. 疾病

【答案】 B

【解析】 "病"可以解释为"担忧",如"郑人病之"(《左传·襄公二十四年》),也解释为"困苦、困乏",如"则久已病矣"(《捕蛇者说》)。在这里,"病"的含义是"困苦"。"迁徙之,亦以病矣"一句可以解释为:有的被贬往边远地区,也算受苦了。

3. "苟能起,又不艾"中"艾"的读音和含义是(3分)(　　)

A. ài 衰落　　　　　　B. ài 停止

C. yì 悔改　　　　　　D. yì 割草

【答案】 C

【解析】 "艾"有两种读音:ài 和 yì。"艾"读作 ài 时,解释为"停止",如"方兴未艾";"艾"读作 yì 时,解释为"治理、改正"。"苟能起,又不艾"一句可以解释为:如果一旦被起用,他们又不思悔改。

4. 文中形容词用作使动词的有(3分)　　　(　　)

A. 又好上高,极其力不已,至坠地死。

B. 虽其形魁然大者也,其名人也,而智则小虫也。

C. 遇货不避,以厚其室。

D. 蝜蝂者,善负小虫也。

【答案】 C

【解析】 形容词用作使动词是古汉语中的词类活用的一种。形容词用作使动词,使其宾语所代表的人或事物具有形容词所表示的性质和状态,比如"臣请完璧归赵"(《廉颇蔺相如列传》),其中"完"就是形容词用作使动词;再比如"孤违蹇叔,以辱二三子"(《崤之战》),其中"辱"也是形容词用作使动词。C项中"遇货不避,以厚其室"的"厚"解释为"使得……厚,使得……充满"。A项中"高"为名词,解释为"高处";B项中"其名人也","名"为名词,解释为"他们的名字是人";D项中"负"为动词,解释为"背负"。

5. 关于本文主题的叙述错误的是(3分)　　　　　(　)
A. 这是一篇短小警策、生动幽默的寓言式杂文。
B. 作者描写了小爬虫贪得无厌、好向上爬的特性。
C. 作者对小人物充满了同情,劝告他们不要太贪心。
D. 作者讽刺了腐朽的官吏,指出他们必然自取灭亡。
【答案】　C
【解析】　这则寓言用蝜蝂(一种黑色小虫)的生活习性同"嗜取者"的思想行为作对比,深刻地讽刺了那些贪得无厌的财迷和拼命往上爬的贪官污吏,指出他们实际上跟小虫一样的愚蠢,结果必然要自取灭亡。C项说"作者对小人物充满了同情,劝告他们不要太贪心",属于无中生有。

【附全文翻译】
　　蝜蝂(fù bǎn)是一种喜爱背东西的小虫。爬行时遇到东西,总是抓取过来,抬起头背着这些东西。东西越背越重,即使非常劳累它也不停止。它的背很不光滑,因而东西堆上去不会散落,终于被压倒爬不起来。有的人可怜它,替它去掉背上的东西。可是蝜蝂如果能爬行,又把东西像原先一样抓取过来背上。这种小虫又喜欢往高处爬,用尽了它的力气也不肯停下来,以致跌落下来摔死在地上。
　　现今世上那些贪得无厌的人,见到钱财就捞一把,用来填满他们的家产,不知道货贿已成为自己的负担,还只怕财富积聚得不够。等到一旦因疏忽大意而垮下来的时候,有的被罢官,有的被贬往边远地区,也算受苦了。如果一旦被起用,他们又不思悔改,天天想着提高自己的职位,加大自己的俸禄,而且变本加厉地贪取钱财,以至接近摔死的程度,看到以前由于极力求官贪财而自取灭亡的人也不知接受教训。虽然他们的外形看起来庞大,他们的名字是人,可是见识却和蝜蝂一样,也太可悲了!

2006·阅读下列短文,完成第1—5题。

石崇与王恺争豪,并穷绮丽,以饰舆服。武帝,恺之甥也,每助恺。尝以一珊瑚树高二尺许赐恺。枝柯扶疏,世罕其比。恺以示崇;崇视讫,以铁如意击之,应手而碎。恺既惋惜,又以为疾己之宝,声色甚厉。崇曰:"不足恨,今还卿。"乃命左右悉取珊瑚树,有三尺、四尺,条干绝世,光彩溢目者六七枚,如恺许比甚众。恺惘然自失。

1. "并穷绮丽,以饰舆服"之中"穷"的含义是　　（　）
   A. 贫苦　　B. 竭尽　　C. 困顿　　D. 拮据
【答案】　B
【解析】　"并穷绮丽,以饰舆服"解释为"都竭力用最华丽的东西来装饰车辆、衣冠"。"穷"的含义可以理解为"竭尽、穷尽"。

2. "尝以一珊瑚树高二尺许赐恺"之中"许"的含义是（　）
   A. 许诺　　B. 允许　　C. 许多　　D. 约略
【答案】　D
【解析】　"尝以一珊瑚树高二尺许赐恺"解释为"曾经把一株两尺来高的珊瑚树赏给王恺"。"许"表示"大约、约略"。

3. "又以为疾己之宝"之中"疾"的含义是　　（　）
   A. 嫉妒　　B. 快速　　C. 同"急"　　D. 疾病
【答案】　A
【解析】　"又以为疾己之宝"解释为"又以为石崇嫉妒自己的宝贝"。"疾"的含义是嫉妒。

4. 文中王恺的心理变化过程是　　　　　　　　　（　）
   A. 自傲——惋惜——愤怒——自卑
   B. 自傲——自卑——愤怒——惋惜
   C. 惋惜——愤怒——自卑——自傲
   D. 愤怒——自傲——惋惜——自卑
【答案】　A

5. 关于本文说法错误的是　　　　　　　　（　）
A. 文章揭示了魏晋时期穷极奢侈的社会现实。
B. 文章表现了魏晋门阀残暴的品性。
C. 文章采用对比写法来刻画人物性格。
D. 文章运用细节描写塑造人物。

【答案】　B
【附全文翻译】
　　石崇和王恺比阔斗富,两人都用尽最鲜艳华丽的东西来装饰车马、服装。晋武帝是王恺的外甥,常常帮助王恺。他曾经把一棵二尺来高的珊瑚树送给王恺。这棵珊瑚树枝条繁茂,世上很少有和它相当的。王恺把珊瑚树拿给石崇看。石崇看后,拿铁如意敲它,马上就打碎了。王恺既惋惜,又认为石崇是妒忌自己的宝物,说话时声音和脸色都非常严厉。石崇说:"不值得发怒,现在就赔给你。"于是就叫手下的人把家里的珊瑚树全都拿出来,三尺、四尺高的,树干、枝条举世无双,光彩夺目的有六七棵,像王恺那样的就更多了。王恺看了,自感失落。

2007·阅读下列短文,完成第1—5题。
　　愚所谓圣人之道者如之何? 曰:"博学于文",曰:"行己有耻"。自一身以至于天下国家,皆学之事也;自子臣弟友,以至出入、往来、辞受、取与之间,皆有耻之事也。耻之于人大矣。不耻恶衣恶食,而耻匹夫匹妇之不被其泽,故曰:"万物皆备于我矣,反身而诚"。呜呼! 士而不先言耻,则为无本之人;非好古而多闻,则为空虚之学。以无本之人,而讲空虚之学,吾见其日从事于圣人,而去之弥远也。虽然,非愚之所敢言也。且以区区之见,私诸同志,而求起予。

(顾炎武《与友人论学书》)

1. "万物皆备于我矣,反身而诚"中"备"的含义是(3分)
(　　)
A. 准备　　　　　　B. 预备
C. 拥有　　　　　　D. 储备

【答案】　C

【解析】　"万物皆备于我矣"解释为"万事万物的道理都在我心中具备了"。"备"解释为"具备、拥有"。

2. "非愚之所敢言也"中"愚"的含义是(3分)　(　　)
A. 愚蠢　　　　　　B. 愚蠢的人
C. 我们　　　　　　D. 我

【答案】　D

【解析】　"非愚之所敢言也"解释为"这些不是我所胆敢说的"。"愚"在这里解释为"我"。

3. "士而不先言耻,则为无本之人"中"本"的含义是(3分)
(　　)
A. 根基　　　　　　B. 本钱
C. 本领　　　　　　D. 本身

【答案】　A

【解析】　"士而不先言耻,则为无本之人"解释为"士人却不用羞耻之心来约束自己,那么就是失去了做人的根本"。"本"的含义是"根本、根基"。

4. "耻匹夫匹妇之不被其泽"翻译成白话文是(3分)(　　)
A. 把普通老百姓没有受到他的恩泽视为耻辱。
B. 把普通老百姓没有被他所恩泽视为耻辱。
C. 羞耻啊,普通老百姓没有被他所恩泽。
D. 把贫贱夫妻没有受到他的恩泽视为耻辱。

【答案】　A

5. 关于文中"圣人之道"说法错误的是(3分)　　(　)
A. 钻研经史,讲究经世致用。
B. 好古多闻,讲究性情心性。
C. 强调孔子孟子的实践精神。
D. 研究实学,躬身履践。

【答案】 B

【附全文翻译】

我所谓的圣人的道又是什么呢?就是"从丰富的文献典籍中学习",就是"用羞恶之心来约束自己的行为"。从自身到天下国家,都有学问,都需要不断地学习;从父子、君臣、兄弟、朋友,以及出去做官、与人相处、离去与留下、辞职与接受俸禄、收取与给予等之间的关系的处理,都需要用羞耻之心来约束自己的行为。羞耻对于人来说,关系重大啊!人们不会认为你穿破旧的衣服、吃粗劣的食物是羞耻,而会以人们没有受到你仁德的恩泽为羞耻。所以说:"万事万物的道理都在我心中具备了,如果反躬自问确实心诚,就可确保人心所固有的善性"。呜呼!士人却不用羞耻之心来约束自己,那么就是失去了做人的根本;不是爱好古典文献并且多学习,那么是空洞无用和虚假的学问。凭借没有根本的人,并且讲些空洞无用和虚假的学问,我看他每天讲着圣人的道理,做的事情离圣人更远了。虽然如此,这些不是我所胆敢说的。这里只是谈些不重要的个人见解,私下与各位同仁交流,望你们能给我启发。

2008・阅读下列短文,完成第1—5题。

李将军广者,陇西成纪人也。天子使中贵人(按:中贵人即宦官)从广勒习兵击匈奴。中贵人将骑数十纵,见匈奴三人,与战。三人还射,伤中贵人,杀其骑且尽。中贵人走广。广曰:"是必射雕者也。"广乃遂从百骑往驰三人。广身自射彼三人者,杀其二人,生得一人,果匈奴射雕者也。已缚之上马,望匈奴有数千骑,见广,以为诱骑,皆惊,上山陈。广之百骑皆大恐,欲驰还走。广曰:"吾去大军数十里,今如此以百骑走,匈奴追射我立尽。今我留,匈奴必以我为大军诱之,必不敢击我。"广令诸骑曰:"前!"前未到匈奴陈二里所,止,令曰:"皆下马解鞍!"其骑曰:"虏多且近,即有急,奈何?"广曰:"彼虏以我为走,今皆解鞍以示不走,用坚其意。"于是胡骑遂不敢击。是时会暮,胡兵终怪之,不敢击。夜半时,胡兵亦以为汉有伏军于旁欲夜取之,胡皆引兵而去。平旦,李广乃归其大军。大军不知广所之,故弗从。其后四岁,广出雁门击匈奴。匈奴兵多,破败广军,生得广。行十余里,广以故得脱。于是至汉,汉下广吏。吏当广所失亡多,为虏所生得,当斩,赎为庶人。家居数岁,尝夜从一骑出,从人田间饮,还至霸陵亭。霸陵尉醉,呵止广。广骑曰:"故李将军。"尉曰:"今将军尚不得夜行,何乃故也!"止广宿亭下。居无何,天子乃召拜广为右北平太守。广即请霸陵尉与俱,至军而斩之。

太史公曰:猿臂善射,实负其能。解鞍却敌,圆阵摧锋。边郡屡守,大军再从。失道见斥,数奇不封。惜哉名将,天下无双!

(节选自《史记·李将军列传》)

1. 对下列加点词语解释正确的一项是 ( )
A. 上山陈　陈:陈述
B. 前未到匈奴陈二里所　所:地方
C. 是时会暮　会:恰逢
D. 天子乃召拜广为右北平太守　拜:拜托
【答案】 C

2. "为虏所生得,当斩"中的"当"的含义是 ( )
A. 应当　　　　　B. 判决
C. 相当　　　　　D. 建议
【答案】 B

3. 下列加点词语意义相同的一组是 （ ）
A. 杀其骑且尽；虏多且近
B. 已缚之上马；大军不知广所之
C. 故弗从；故李将军
D. 匈奴必以我为大军诱；以为诱骑

【答案】 D

4. 下列加点词语属于形容词意动用法的一项是 （ ）
A. 胡兵终怪之 B. 用坚其意
C. 即有急 D. 胡骑遂不敢击

【答案】 A

5. 对这段文字的分析，下列说法正确的一项是 （ ）
A. 这段文字的主要表达方式是描写。
B. 李广的卖国求荣使其最终没有逃脱被惩罚的命运。
C. 霸陵尉事件揭露了李广恩将仇报的性格。
D. 作者虽然对李广有褒有贬，但也流露出对赏罚不公的不满。

【答案】 D

【附全文翻译】

李广将军，陇西成纪人。天子派亲近的宦官跟随李广整训士兵，抗击匈奴。一次，这位宦官带了几十名骑兵，纵马驰骋，遇到三个匈奴人，与他们交战。那三个人转身射箭，伤了宦官，那几十名骑兵也被射杀将尽。宦官跑到李广跟前，李广说："这一定是射雕的人。"于是，李广带一百名骑兵，急追这三个人，并亲自射击那三人，结果射死二人，活捉一人，果然是匈奴射雕的人。待捆绑好俘虏上马，望见匈奴有数千骑兵。他们看见李广，以为是诱敌的骑兵，大吃一惊，上山布阵。李广的一百骑兵也非常恐慌，想奔驰转回。李广说："我们离大军几十里，现在以一百骑兵这样逃跑，匈奴一旦追赶射击马上就全完了。现在我们若留下，匈奴一定以为我们是为大军来诱敌，必然不敢来袭击我们。"李广命令骑兵说："前进！"进到约离匈奴阵地二里许停了下来，又下令说："都下马解鞍！"他的骑兵说："敌人多而且离得近，如果有紧急情况，怎么办？"李广说："那些敌人以为我们会走，现在都解鞍就表示不走，可以使敌人更加坚持认为我们是来诱敌的错误判断。"于是匈奴骑兵就没敢袭击。这时刚好天黑，匈奴兵始终觉得很奇怪，不敢出击。夜半时，匈奴兵还以为汉军有伏兵在旁边准备夜间袭击他们，而全部撤走了。天亮，李广回到大军驻地。大军不知李广在哪里，所以没有派兵去接应。过了四年，李广从王尉调为将军，出兵雁门攻击匈奴。匈奴兵多，打败了李广的部队，活捉了李广。走了十几里，李广因故得以逃脱。于是回到京师，汉朝廷把李广交给执法官吏。执法官吏判决李广折损伤亡人马多，又被匈奴活捉，依法当斩，经纳粟赎罪，成为平民。李广已在家居住了几年。有一天夜间他带一名骑从出去，与人在乡下饮酒，回来走到霸陵驿亭，霸陵尉喝醉了，呵斥禁止李广通行。李广的骑从说："这是前任李将军。"亭尉说："现任将军尚且不能夜行，何况前任的呢！"便让李广住在亭下。过了不久，武帝下诏拜李广为右北平太守。李广就请霸陵尉同去，到军中就斩了他。

太史公马迁说：李广身材高大，臂膀像猿一样，善射也是他的天赋，本领高而强。他下马解鞍，用"圆阵摧锋"布阵，多次驻守边疆，大军也一再跟从。因迷失道路而被贬斥，他没有被封赏。可惜了这样的名将，真是天下无双！

2009·阅读下列短文，完成第1—5题。

所谓诚其意者，毋自欺也，如恶恶臭，如好好色。此之谓自谦。故君子必慎其独也。

小人闲居为不善，无所不至，见君子而后厌然，掩（yǎn，同

"掩")其不善而著其善。人之视己,如见其肺肝然,则何益矣?此谓诚于中,形于外。故君子必慎其独也。

曾子曰:"十日所视,十手所指,其严乎!"富润屋,德润身,心广体胖。故君子必诚其意。

(选自《礼记·大学》)

1. "此之谓自谦"的"谦"的含义是 （ ）
A. 谦虚　　B. 满足　　C. 严谨　　D. 约束
【答案】 B
【解析】 "此之谓自谦"的"谦"解释为满足。

2. "恶恶臭"和"好好色"的正确读音和词性的是 （ ）
A. è(形)wù(动)xiù(名)　　hǎo(形)hǎo(形)sè(名)
B. wù(动)è(形)xiù(名)　　hào(动)hǎo(形)sè(名)
C. è(形)wù(动)chòu(形)　　hào(动)hào(动)sè(名)
D. wù(动)è(形)chòu(形)　　hǎo(形)hào(动)sè(名)
【答案】 B
【解析】 第一个"恶"和"好"都是动词,第二个"恶"和"好"都是形容词。

3. 下列句中有使动用法的一项是 （ ）
A. 所谓诚其意者,毋自欺也　B. 人之视己,如见其肺肝然
C. 此谓诚于中,形于外　　　D. 如恶恶臭,如好好色
【答案】 A
【解析】 "诚其意"中的"诚"为使动用法,意为"使其意诚"。

4. "慎其独"的正确意思是 （ ）
A. 只谨慎地对待自己
B. 防止他独自生活
C. 谨慎地对待他人的独处
D. 独处的时候,行为也要谨慎不苟
【答案】 D

【解析】 "慎其独"指君子应在独处的时候,行为也要谨慎不苟,守住本心本性。

5. 关于本文内容的说法错误的是　　　　　(　　)

A. 本文阐述了有道德修养的人必须"慎独"的道理。

B. "诚其意"是自修的根本,想要加强自我修养,就不要自欺欺人。

C. 文中小人的例子说明因为人们看不透小人之心,所以君子应该独善其身。

D. 引用曾子的话进一步说明了"慎独"的重要性。

【答案】　C

【解析】　独善其身与本文主旨无关,本文讲的是君子独处时也应谨慎处事。"慎"在这里是意动用法,以"其独"为慎。

【附全文翻译】

所谓使自己心意真诚,就是不要自己欺骗自己。就像闻到不好闻的气味就厌恶一样,就像看到美丽的色彩就喜欢一样。这叫做自我的快乐与满足。所以君子一定要在独自一人的时候守住本心本性。小人在平时无事的时候做不善的事情,没有什么不敢做的,看到君子之后就不敢再去做,掩饰自己不善的方面却表现出自己善的方面。一个人看自己的时候,就像能够见到自己的肺肝一样清楚,那么,(掩饰)又有什么用处呢?这就是说要在内心之中保持真诚,(内心的修养也就)自然地显示于外表上。所以君子一定要在独自一人的时候守住本心本性。曾子说:"有许多的眼睛在注视着我们,有众多的手在指点着我们,这是多么严厉的监督啊!"财富丰足可以用来修饰房屋,道德修养可以用来完善自我,心胸宽广可以使身体舒适安闲。所以君子一定要心意真诚。

2010·阅读下列短文,完成第1—5题。

初,范阳祖逖,少有大志,与刘琨俱为司州主簿,同寝,中夜闻鸡鸣,蹴琨觉,曰:"此非恶声也!"因起舞。

及渡江,左丞相睿①以为军咨祭酒。逖居京口,纠合骁健,言于睿曰:"晋室之乱,非上无道而下怨叛也,由宗室争权,自相鱼肉,遂使戎狄乘隙,毒流中土。今遗民既遭残贼,人思自奋,大王诚能命将出师,使如逖者统之以复中原,郡国豪杰,必有望风响应者矣。"

睿素无北伐之志,以逖为奋威将军、豫州刺史。给千人廪,布三千匹,不给铠仗,使自召募。逖将其部曲百余家渡江,中流击楫而誓曰:"祖逖不能清中原而复济者,有如大江!"遂屯淮阴,起冶铸兵,募得二千余人而后进。

(节选自司马光《资治通鉴》)

【注释】 ① 睿:即司马睿,当时任西晋左丞相。

1. "祖逖不能清中原而复济者"一句中的"济"字的含义是( )

A. 渡水 B. 济世
C. 救济 D. 成事

【答案】 A

【解析】 "祖逖不能清中原而复济者"一句中的"济"字的含义是"渡水"。

2. 对文中"蹴琨觉""纠合骁健""起冶铸兵"三句中加点字的注音与解释都正确的一项是( )

A. 蹴:jiù,踢 B. 觉:jué,醒来
C. 骁:yáo,勇猛 D. 冶:yě,熔炼

【答案】 D

【解析】 A项中,蹴:cù,踢;B项中,觉:jiào,睡觉。C项中,骁:xiāo,勇猛。D项正确。

3. 根据祖逖为司马睿所作的分析,"晋室之乱"的主要原因在于　　　　　　　　　　　　　　　　(　　)

A. 统治者无道,导致人民叛乱。

B. 民怨沸腾,发生叛乱,外族乘机入侵。

C. 王室内乱,导致外族入侵。

D. 外族侵略,导致王室内乱,人民同时发生叛乱。

【答案】　C

【解析】　"晋室之乱,非上无道而下怨叛也,由宗室争权,自相鱼肉,遂使戎狄乘隙,毒流中土"可以得知。

4. 关于这篇短文说法正确的一项是　　　　　　　　(　　)

A. 从文中祖逖"蹴琨觉"一语可以看出祖逖和刘琨之间有矛盾。

B. 司马睿听到祖逖向他表达北伐的志向后给予了全力支持。

C. "闻鸡起舞""击楫中流"这两个成语源于祖逖和他的部下刘琨二人的事迹。

D. 在文中祖逖明确表达了他誓死收复中原的决心。

【答案】　D

【解析】　A项中,"蹴琨觉"一语无法看出祖逖和刘琨之间有矛盾;B项中,"给予了全力支持"错误,原文"给千人廪,布三千匹,不给铠仗,使自召募"不是强有力的支持;C项中,"祖逖和他的部下刘琨"表述有误,原文为"与刘琨俱为司州主簿"。D项"在文中祖逖明确表达了他誓死收复中原的决心"正确。

5. 文中反映出一些古代文化观念,下列说法中不符合实际的一项是　　　　　　　　　　　　　　(　　)

A. 古人认为半夜鸡鸣是好兆头,所以祖逖认为"此非恶声也"。

B. 古人经常用江水起誓,所以祖逖起誓说"有如大江"。

C. 祖逖所谓的"戎狄",是古代中原地区对西方、北方部族的蔑称。

D. 文中祖逖自称"逖"或"祖逖'",根据古人习惯,在自称时多称名或姓名,而直接称呼对方之名常显得不敬。

【答案】 A

【解析】 古人认为半夜鸡鸣不是好兆头,所以祖逖认为:"此非恶声也!"

【附全文翻译】

范阳人祖逖,年轻时就有大志向,曾与刘琨一起担任司州的主簿,与刘琨同寝,夜半时听到鸡鸣,他踢醒刘琨,说:"这不是不吉利的声音。"就起床舞剑。

渡江以后,司马睿让他担任军咨祭酒。祖逖住在京口,聚集起骁勇强健的壮士,对司马睿说:"晋朝的变乱,不是因为君主无道而使臣下怨恨叛乱,而是皇亲宗室之间争夺权力,自相残杀,这样就使戎狄之人钻了空子,祸害遍及中原。现在晋朝的遗民遭到摧残伤害后,大家都想着自强奋发,大王您确实能够派遣将领率兵出师,使像我一样的人统领军队来光复中原,各地的英雄豪杰,一定会有闻风响应的人!"

司马睿一直没有北伐的志向,他听了祖逖的话以后,就任命祖逖为奋威将军、豫州刺史,仅仅拨给他千人的口粮,三千匹布,不供给兵器,让祖逖自己想办法募集。

祖逖带领自己私家的军队共一百多户人家渡过长江,在江中敲打着船桨说:"祖逖如果不能使中原清明而再渡江回来的话,就像江水一样有去无回!"于是到淮阴驻扎,建造熔炉冶炼浇铸兵器,又招募了两千多人然后继续前进。

2011·阅读下列短文,完成第1—5题。

谷阳献酒

楚共王与晋厉公战于鄢陵,楚师败而共王伤其目。酣战之时,司马子反渴而求饮,竖①谷阳操觞酒而进之。子反曰:"嘻,退!酒也。"谷阳曰:"非酒也。"子反受而饮之。子反之为人也,嗜酒而甘之,弗能绝于口,醉而卧。战既罢,共王欲复战,令人召司马子反,司马子反辞以心疾。共王驾而自往,入其幄中,闻酒臭而还,曰:"今日之战,寡人新伤,所恃者司马也。而司马又醉如此,是亡楚国之社稷而不恤吾众也!寡人无与复战矣。"于是罢师而去,斩司马子反以为大戮②。

故竖谷阳之进酒,不以仇子反也,其心忠爱之,而适足以杀之。故曰:"行小忠则大忠之贼也。"

(节选自《韩非子集解》,中华书局2003年版,有删改)

【注释】 ① 竖:童仆。② 大戮:杀了陈尸示众。

1. 下列句中的"而"表偏正关系的一项是 ( )
A. 司马子反渴而求饮。
B. 子反受而饮之。
C. 共王驾而自往。
D. 楚师败而共王伤其目。

【答案】 C

【解析】 A项"司马子反渴而求饮","而"表承接;B项"子反受而饮之","而"表并列;C项"共王驾而自往","而"连接状语及中心语,表偏正;D项"楚师败而共王伤其目","而"表承接。

2. 下列句子表述错误的一项是 ( )
A. 文末"……而适足以杀之"的"适"是"恰恰、恰好"的意思。
B. "嗜酒而甘之"的"甘",是形容词的意动用法。
C. "入其幄中,闻酒臭而还"中的"臭",是"气味"的意思。
D. "罢师而去"其中的"去"译作"到……去"。

【答案】 D

【解析】 D项"罢师而去"其中的"去"译作"离开"。

3. 下列句式不属于或者不包含判断句的一项是（　　）

A. 寡人无与复战矣。

B. 子反曰："嘻，退！酒也。"

C. 是亡楚国之社稷而不恤吾众也！

D. 今日之战，寡人新伤，所恃者司马也。

【答案】 A

【解析】 A项"寡人无与复战矣"不属于判断句。

4. 下列符合短文内容的一项是（　　）

A. 楚晋交战，楚国败了，但楚共王把晋厉公的眼睛弄伤了。

B. 童仆谷阳以酒充水给司马子反喝，是出于对子反的忠诚爱戴。

C. 楚共王请司马子反来商议退兵一事，子反以生病为由推辞了。

D. 楚共王在危难之时丝毫不讲情面，忘记了国家，不爱惜百姓。

【答案】 B

【解析】 B项"童仆谷阳以酒充水给司马子反喝，是出于对子反的忠诚爱戴"符合原文意思。

5. 下列对短文理解正确的一项是（　　）

A. 楚共王不明智，把整个国家的命运仅系于司马子反一身。

B. 谷阳好心做坏事，只考虑司马子反爱喝酒，未顾及共王的感受。

C. 司马子反意志薄弱，因醉酒不但耽误了国事，还遭受了杀身之祸。

D. 司马子反之所以被杀，就因为他弄虚作假，装病欺骗君王。

【答案】 C

【解析】 C项"司马子反意志薄弱,因醉酒不但耽误了国事,还遭受了杀身之祸"最符合原文意思。

【附全文翻译】

楚共王和晋厉公在鄢陵战斗,楚军战败楚共王伤了眼睛。战斗正激烈的时候,司马子反口渴了想要得到水喝,竖谷阳捧着一杯酒献给他。子反说:"嘿!拿走,这是酒。"竖谷阳说:"不是酒。"子反便接下喝了。子反的为人,喜好喝酒并认为这酒很甘美,不能停口地喝就醉了。战斗结束后,楚共王想再次作战,命令人召见司马子反。司马子反借口自己心有病就拒绝了。楚共王亲自驾车过去,进入子反的帐中,闻到酒味后就回去了,说:"今天这场战斗,我自己受了伤,所依靠的人是司马,而司马又醉成了这个样子,这是灭亡我们楚国的社稷并且不体恤我们的民众呀。我是不能再和晋军作战了。"于是回师离开,杀了司马子反并把他的尸体示众。竖谷阳献酒并不是专门为了仇恨子反的,其实是心里忠爱子反,却正巧杀害了他。所以说:施行小的忠心就会成为大忠的残害者。

附 录

【文言字词的特殊用法归纳】

(一)古今异义词

字词	古义	今义	实例
几何	多少	一门学科	禽兽之变诈几何哉
走	跑	行走	扁鹊望桓侯而还走

续表

字词	古义	今义	实例
中间	里面夹杂	里面、中心	中间力拉崩倒之声
交通	交错相通	运输邮电的总称	阡陌交通,鸡犬相闻
妻子	妻子儿女	成年男子的配偶	率妻子邑人来此绝境
绝境	与世隔绝的地方	没有出路的地方	率妻子邑人来此绝境
无论	不用说	条件连词	无论魏晋
冒	覆盖	冒充	纸灰之类冒之
馨	美好	芳香	惟吾德馨
亲戚	父母兄弟	有血缘关系的人	亲戚畔之
可以	可以凭借	能愿动词	忠之属也,可以一战
狱	案件	监狱	大小之狱
牺牲	祭祀用的猪牛羊	为了正义而献身	牺牲玉帛
安	供养	安全	衣食所安
再	第二次	又一次	一鼓作气,再而衰
生日	生活一天比一天	生辰日子	乡邻之生日蹙
往往	到处	时常发生	往往而死者相藉也
病	困苦不堪	疾病	久已病矣
卑鄙	身份低微	品质恶劣	先帝不以臣卑鄙
布衣	平民百姓	用布制成的衣服	臣本布衣
所以	的原因	表因果的连词	此臣所以报先帝
痛恨	痛心遗憾	深切的憎恨	痛恨于桓、灵也
曾	乃、并	曾经	曾不能毁山之一毛
气象	景象	天气情况	气象万千

续表

字词	古义	今义	实例
会计	集会议事	做财务工作的人	皆来会计

（二）通假字

序号	通假字	本字	解释	例句
1	说	悦	愉快、高兴	学而时习之不亦说乎
2	还	旋	掉转、转身	扁鹊望桓侯而还走
3	齐	剂	汤药	火齐之所及也
4	汤	烫	用热水焐	汤熨之所及也
5	要	邀	邀请	便要还家
6	板	版	版本	已后典籍皆为板本
7	已	以	以后	已后典籍皆为板本
8	衡	横	横放/阻塞	左手倚一衡木/衡于虑
9	直	值	价值	系向牛头充炭直
10	火	伙	伙伴	出门见火伴
11	坐	座	座位	满坐寂然
12	简	拣	挑选	盖简桃核修狭者为之
13	椎	锥	锥形	居右者椎髻仰面
14	弱	箬	竹叶	弱蓬覆之
15	材	才	才能	食之不能尽其材
16	祇	只	只是	祇辱于奴隶人之手
17	见	现	表现	才美不外见
18	邪	耶	吗	其真无马邪
19	惠	慧	聪明	汝之不惠

续表

序号	通假字	本字	解释	例句
20	反	返	往返	始一反焉
21	指	直	一直	指通豫南
22	亡	无	没有	亡以应
23	陇	垄	土墩子	无陇断焉
24	厝	措	放置	一厝朔东,一厝雍南
25	畔	叛	背叛	亲戚畔之
26	曾	增	增加	曾益其不能
27	拂	弼	辅弼	无法家拂士
28	具	俱	都	百废具兴
29	属	嘱	嘱咐	属予作文以记之
30	阴	荫	没有阳光	佳木秀而繁阴
31	唱	倡	倡导	为天下唱
32	以	已	已经	固以怪之矣
33	適	谪	驻扎	发闾左適戍渔阳九百人
34	无	毋	不要	苟富贵,无相忘
35	被	披	穿着	将军被坚执锐
36	阙	缺	缺点	必能裨补阙漏
37	尔	耳	罢了	非死则徙尔
38	徧	遍	遍及	小惠未徧

（三）词类活用

字词	实例	用法	释义
耻	不耻下问	意动	以……为耻
乳	妇抚儿乳	名作动	喂奶
名	不能名其一处	名作动	说出
箕畚	箕畚运于渤海之尾	名作动	用箕畚
蔓、枝	不蔓不枝	名作动	缠绕
板	板印书籍	名作状	用活板
火	再火令药熔	名作动	用火烧
毒	若毒之乎	名作动	怨恨
日	乡邻之生日蹙	名作状	一天比一天
竭	竭其庐之入	形作动	竭尽
悲	余悲之	形作动	同情
山	山行六七里	名作状	沿着山路
乐	乐其乐	形作动	感到快乐
王	陈胜王	名作动	称王
异	使内外异法/渔人甚异之	形作动	不同/感到奇怪
亲	亲贤臣	形作动	亲近
远	远小人	形作动	疏远
夜	请从吏夜归	名作状	在晚上
苦	苦其心志	使动	使……痛苦
劳	劳其筋骨	使动	使……劳累
饿	饿其体肤	使动	使……饥饿
空乏	空乏其身	使动	使……资财缺乏

续表

字词	实例	用法	释义
域	域民不以封疆之界	名作动	限制
穷	欲穷其林	形作动	尽
福	神弗福也	名作动	降福、保佑
鼓	公将鼓之	名作动	击鼓
彰	以彰其咎	形作动	表明
坚	被坚执锐	形作动	坚硬的盔甲
锐	被坚执锐	形作动	锐利的兵器
目	指目陈胜	名作动	看着
罾	置人所罾鱼腹中	名作动	用网捕
怪	固以怪之矣	形作动	感到奇怪
忿恚	忿恚尉	使动	使……恼恨
死	死国可乎	为动	为……而死
话	把酒话桑麻	名作动	谈论

（四）多义词

故 ⎰ 所以　故虽有名马
　　⎱ 旧的　温故而知新
　　⎱ 原因　公问其故
　　⎱ 特意　故使人问之

名 ⎰ 命名　名之者谁
　　⎱ 出名　虽有名马
　　⎱ 名字　自为其名
　　⎱ 说出　名其一处

其 ⎰ 人称代词　必先苦其心志
　　⎱ 指示代词　其一狼坐于前
　　⎱ 难道　其真无马邪？
　　⎱ 恐怕　其真不知马也

间 ⎰ 一会儿　立有间
　　⎱ 夹杂　中间力拉崩倒之声
　　⎱ 中间　骈死于槽枥之间
　　⎱ 隔开　与外人间隔
　　⎱ 参与　又何间焉

称			而		
	出名	不以千里称也		表并列	黑质而白章
	号称	诈自称公子扶苏		表转接	攻之而不胜
	符合	不能称前时之闻		表顺接	望桓公而还走
	称赞	先帝称之曰能		表修饰	恂恂而起

举			固		
	发动	举大计亦死		巩固	固国不以山溪之险
	被举用	傅说举于版筑之间		顽固	汝心之固
				本来	固已怪之矣
	推荐	众议举宠为督		坚固	长城之固
	成就	死即举大名而		必定	而成死者固十六七

也			观		
	表疑问	安求其能千里也		观赏	予观夫巴陵胜状
	表感叹	其真不知也		景观	岳阳楼之大观也
	表停顿	是马也		看着	但坐观罗敷
	表陈述	不以千里称也			

亡			坐		
	灭亡	亡,百姓苦		坐着	众宾团坐
	逃跑	今亡亦死		同"座"	满坐寂然
	同"无"没有	亡以应		因为	但坐观罗敷

于			为		
	在	战于长勺		当作	武陵人捕鱼为业
				对	不足为外人道也
	比	苛政猛于虎		是	项燕为楚将
				担任	为屯长
	由于	生于忧患		建造	为坛而盟

乃			道		
	于是	见渔人乃大惊		道路	会天大雨,道不通
	竟然	乃不知有汉		王道	得道者多助
				正道	伐无道
	你	家祭无忘告乃翁		说起	不足为外人道也

绝			病		
	极点	以为妙绝		疾病	君之病在肌肤
	隔绝	来此绝境			
	消失	群响毕绝		困苦不堪	则久已病矣

79

奇	奇异 明有奇巧人 生僻的 有奇字素无备者 零数 约八分有奇	许	上下、光景 高可二黍许 赞同 杂然相许
舍	丢下 便舍船,从口入 房屋 房舍俨然	志	标记 处处志之 意志 必先苦其心志
寻	寻找 寻向所志 不久 寻病终	策	鞭子 执策而临之 驱使 策之不以其道
食	同"饲",喂养 谨食之 吃 退而甘食其土之有	且	况且 且欲与常马等不可得 将近 年且九十
焉	哪里 且焉置土石 语气词 始一反焉	之	代词,它 肉食者谋之 助词,的 大小之狱 句尾助词 久之,目似瞑
之	取消独立性 虽我之死 动词,去 辍耕之垄上 倒装标志 何陋之有	若	你 若毒之乎 如 未若复吾赋不幸之甚

(五)历年真题范例

(一) 原谷谏父

原谷①有祖,年老,谷父母厌憎,欲捐②之。谷年十有五,谏③父曰:"祖育儿生女,勤俭终身,岂有老而捐之者乎?是负义也。"父不从,作舆④,捐祖于野。谷随,收舆归。父曰:"汝何以收此凶⑤具?"谷曰:"他日父母老,无需更作此具,是以收之。"父惭,悔之,乃载祖归养。

【注释】 ①原谷:人名。②捐:抛弃。③谏:好言相劝。④舆:手推的小车。⑤凶:不吉利。

【习题四问】

1. 解释加点字。

(1)是负义也

(2)无需更作此具

2. 用现代汉语解释文中画线的句子。
3. 原谷父亲后悔的原因是什么?
4. 这个故事给我们什么启示?

【参考答案】

1. (1) 违背,背弃 (2) 再 2. 父亲不听他的劝告,制作了一辆小推车,(载着爷爷)到野外抛弃爷爷。 3. 生怕自己老了以后也被儿子抛弃到野外。 4. 老人养育子女很不容易,子女不能因为老了而抛弃他们。(或者:父母是儿女的榜样,要注意自己的言行。)

(二) 动筒尝于国学

动筒①尝于国学②中看博士论难③云:"孔子弟子达者有七十二人。"动筒因问曰:"达者七十二人,几人已着冠④?几人未着之?"博士曰:"经传无文。"动筒曰:"先生读书,岂合⑤不解孔子弟子着冠有三十人,未着冠者有四十二人?"博士曰:"据何文以知之?"动筒曰:"《论语》云:'冠者五六人',五六三十也,'童子六七人',六七四十二也,岂非七十二人?"坐中大笑。博士无以对。

【注释】 ① 动筒:人名。② 国学:京师官学的通称。③ 论难:针对对方的论点进行辩论。④ 着冠:成年。⑤ 岂合:怎么能。

【习题四问】

1. 解释加点字。
(1) 尝于国学中看博士论难。
(2) 孔子弟子达者有七十二人。
2. 用现代汉语解释文中画线的句子。
3. 动筒的说法为什么引人大笑?
4. 请举动筒或博士(任选)角度,谈谈给你的启示。

【参考答案】

1. (1) 曾经 (2) 贤达 2. 博士问:"根据什么文章知道

的?" 3.动筒把约数"五六(人)"当成相乘数去作乘法计算,因此闹笑话。 4.从动筒来说,读书不要望文生义,不要自作聪明;从博士来说,读书不能食古不化,不知变通,不要奉经书为至理,不敢质疑等。

(三) 司马懿与诸葛亮

司马懿与诸葛亮相守百余日,亮数挑战,懿不出。亮乃遗懿巾帼妇人之服;懿怒,上表请战,帝使卫尉辛毗仗节为军师以制之。护军姜维谓亮曰:"辛佐治仗节而到,贼不复出焉。"亮曰:"<u>彼本无战情,所以固请战者,以示武于其众耳</u>。将在军,君命有所不受,苟能制吾,岂千里而请战耳!"

【习题四问】

1. 解释加点字。
(1) 亮乃遗懿巾帼妇人之服
(2) 帝使卫尉辛毗仗节为军师以制之
2. 用现代汉语解释文中画线的句子。
3. 诸葛亮不能把对方诱出来作战,是因为什么?
4. 这个故事给我们一个什么启示?

【参考答案】

1.(1)送给 (2)派 2.司马懿本来就没有出战的意思,所以坚持请求出战,是为了向部下示威(激励士气)。 3.司马懿本来就不想打 4.做事要谨慎周到,要知己知彼。(或者:要忍辱负重,要设法化解不利因素来达到目的。)

(四) 迂公修屋

有迂氏①者,世称迂②公,性吝啬。篱败不修,瓦裂不葺。一日,夜半暴雨,屋漏如注,妻子东藏西匿,仍半身淋漓。妻且号且诟,诘曰:"吾适③尔,因汝家富,不意乃受此累。汝何以为父?

何以为夫?"迁公无奈。旦日,延人治屋。然自后二月,天晴月朗,不见雨兆④。迁公叹曰:"适葺治,即不雨,岂不徒耗资财!"

【注释】 ① 迁氏:姓迁的人。这是作者虚构的人物。② 迂:迂腐。③ 适:嫁。④ 雨兆:下雨的征兆。

【习题四问】

1. 解释加点字。

(1) 妻子东藏西匿

(2) 妻且号且诟

2. 用现代汉语解释文中画线的句子。

3. 迁公家为什么会"屋漏如注"?

4. 这则笑话讽刺了什么样的人?

【参考答案】

1.(1) 妻子和儿女 (2) 喊叫 2. 第二天,请人修屋。
3. 瓦裂不葺 4. 讽刺了目光短浅、没有远见的人。(如回答"讽刺了吝啬的人",酌情给分)

(五) 辽阳妇拒贼

辽阳东山,房人剽掠至一家,男子俱不在,在者惟三四妇人耳。房不知虚实,不敢入其室,於院中以弓矢恐之。室中两妇引绳,一妇安矢于绳,自窗绷而射之。数矢,贼犹不退。矢竭矣,乃大声诡①呼曰:"取箭来!"自棚上以麻秸一束掷之地,作矢声。贼惊曰:"彼矢多如是,不易制也。"遂退去。

【注释】 ① 诡:欺骗,欺诈。

【习题四问】

1. 解释加点字。

(1) 不敢入其室

(2) 遂退去

2. 用现代汉语解释文中画线的句子。

3. 贼为什么会认为"彼矢多如是"?

4. 这则故事给你一个什么启示?

【参考答案】

1.(1)进入 (2)离开 2.箭已经射完了,于是故意大声欺骗贼人说:"拿箭来!" 3.他们相信了妇人的话,把"自棚上以麻秸一束掷之地"之声当作了矢声。 4.面对敌人,要勇于斗争,善于斗争,要用智慧战胜敌人。

(六) 晏子之御

晏子为齐相,出,其御①之妻从门间②而窥。其夫为相御,拥大盖,策驷马,意气扬扬,甚自得也。既而归,其妻请去。夫问其故,妻曰:"晏子长不满六尺,身相齐国,名显诸侯。今者妾观其出,志念深矣,常有以自下者。今子长八尺,乃为人仆御,然子之意,自以为足。妾以是求去也。"其后,夫自抑损③。晏子怪而问之,御以实对,晏子荐以为大夫。

【注释】 ① 御:车夫。② 间:缝隙。③ 抑损:谦虚退让。

【习题四问】

1. 解释加点字。

(1) 其妻请去

(2) 夫问其故

2. 用现代汉语解释文中画线的句子。

3. 本文记叙了晏子车夫的转变过程,表现了车夫_____的品质,从侧面烘托晏子_____的高尚品格。

4. 晏子、御者、御者之妻,谁最值得你学习?请说明理由。

【参考答案】

1.(1)请求 (2)原因,缘故 2.晏子觉得奇怪,问他原因,车夫把实情告诉了他。 3.知错就改 任人唯贤(或:谦虚)
4.略(只要观点与理由一致即可)

84

(七) 王华还金

王华六岁,与群儿戏水滨,见一客来濯足,以①大醉,去,遗所提囊。取视之,数十金也。公度其醒必复来,恐人持去,以投水中,坐守之。少顷,其人果号而至,公迎谓曰:'求尔金耶?'为指其处。其人喜,以一铤②为谢,却不受。

【注释】 ① 以:因为。② 铤:同"锭",用以货币流通。

【习题四问】

1. 解释加点字。
(1) 遗所提囊
(2) 公迎谓曰
2. 用现代汉语解释文中画线的句子。
3. "其人喜"的是_____。
4. 王华具有_____和_____的品质。

【参考答案】

1.(1) 丢失 (2) 说,对……说 2. 王华估计他酒醒后必定再来,担心别人拿了金子离开,就把它投到水里,坐在那儿等他来。 3. 金子失而复得 4. 不贪财物 乐于助人 考虑周到(任选两点)

(八) 马价十倍

有人卖骏马者,比①三旦立市,人莫知之。

往见伯乐曰:"臣有骏马欲卖之,比三旦立于市,人莫言,愿子还②而视之,去而顾之,臣请献一朝③之费。"

伯乐乃还而视之,去而顾之,一旦④而马价十倍。

【注释】 ① 比:副词,连续地。② 还:通"环"环绕。③ 朝:早晨。④ 一旦:一天。

【习题四问】

1. 解释加点字。
(1) 人莫知之
(2) 去而顾之
2. 用现代汉语解释文中画线的句子。
3. 伯乐"还而视之,去而顾之"这一动作神态,有什么隐含义?
4. 这则故事指出了生活中的一种什么现象?

【参考答案】

1.(1)代"骏马" (2)看,回头看 2.伯乐于是去市场上环绕着马看了一圈,离开的时候又回头来看了看它 3.伯乐看了又看,离开时还依依不舍,表示这是匹骏马。 4.本不懂得货色,而"名家"说好就认为好,人云亦云,不加分析地盲目崇拜。

(九) 阎百诗天质奇钝

百诗先生为国朝经学大师①,记诵精博,而其天质实奇钝。幼受书,读百遍,始略上口。性又善病,母禁之读,遂暗记不复出声。如是者十年。一日,自觉豁然,再观旧所研究本,了无疑滞,盖积苦精力之应也。世之以下愚自诿②,或托词因病废学者,观于先生,愧可知已③。

【注释】 ① 国朝:指清朝。经学大师:把儒家经典作为研究对象的大学问家。② 诿:推托。③ 愧可知已:应该明白这是很惭愧的了。已:太,过。

【习题四问】

1. 解释加点字。
(1) 如是者十年
(2) 再观旧所研究本
2. 用现代汉语解释文中画线的句子。
3. 阎百诗"记诵精博"的原因是什么?
4. 这则故事给你一个什么启示?

【参考答案】

1.(1)这样 (2)看 2.幼时接受学习(教育),书要读上许多遍,才大致顺口。 3."暗记不复出声"者十年。 4.克服困难,努力不懈,就能获得成功。

(十) 鲁人徙越

鲁人身善织屦①,妻善织缟,而欲徙于越。或谓之曰:"子必穷矣。"鲁人曰:"何也?"曰:"屦为履②之也,而越人跣③行;缟为冠之也,而越人披发。以子之所长,游与不用之国,欲使无穷,其可得乎?"

【注释】 ①屦:麻鞋。②履:鞋,这里用作动词,指穿鞋。③跣:赤脚。

【习题四问】

1. 解释加点字。
(1) 而欲徙于越
(2) 游与不用之国
2. 用现代汉语解释文中画线的句子。
3. 文中"游与不用之国"中"不用"的原因是什么?
4. 这则故事告诉我们一个什么道理?

【参考答案】

1.(1)迁移,搬家 (2)前往,行走 2.有人对他说:"你(去越国)必然会贫穷的。" 3.越人的生活习性是跣行披发。 4.要根据实际需要来确定行动,否则只能碰钉子。

(十一) 徐文贞宽厚

徐文贞归里,遍召亲故。一人取席间金杯藏之帽,公适见之。席将罢,主者①检器,亡其一,亟索之。公曰:"杯在,勿觅也。"此人酒酣潦倒,杯帽俱堕,公亟转背,命人仍置其帽中。只此一端,想见前辈之厚。

【注释】 ①主者:管家。

【习题四问】

1. 解释加点字。
(1) 徐文贞归里
(2) 遍召亲故
2. 用现代汉语解释文中画线的句子。
3. "公亟转背,命人仍置其帽中"的用意是什么?
4. 从文中可知,徐文贞是个_____和_____的人。

【参考答案】

1.(1) 回,回家 (2) 老友 2. 一个人拿了酒席上的金杯藏在帽子里,徐文贞正好看到。 3. 不让别人发现是他拿了金杯(私下里把金杯送给他)。 4. 重情谊 待人宽厚

(十二) 景公闻命

景公之时,雨雪三日而不霁①。公被②狐白之裘,坐堂侧陛③。晏子入见,立有间④。公曰:"怪哉!雨雪三日而天不寒。"晏子对曰:"天不寒乎?"公笑。晏子曰:"婴闻古之贤君,饱而知人之饥,温而知人之寒,逸而知人之劳。今君不如也。"公曰:"善。寡人闻命矣。"乃令出裘发粟与饥寒。

【注释】 ① 霁:雨后或雪后初晴。② 被:同"披"。③ 陛:官殿的台阶。④ 有间:一会儿。

【习题四问】

1. 解释加点字。
(1) 婴闻古之贤君
(2) 逸而知人之劳
2. 用现代汉语解释文中画线的句子。
3. "雨雪三日",景公为什么认为"天不寒"?
4. 晏子是个怎样的人?

【参考答案】

1.(1) 听说 (2) 辛劳 2.(景公)就命令人发放衣服和粮

食给挨饿受冻的人 3.公被狐白之裘。 4.敢于直谏(善于进谏)体恤百姓(爱国忧民)

(十三) 嘉定县吏人

洪武三十四年,苏郡人有为嘉定县吏者。郡中一乡人以事诖误,至县潜白吏求直之,吏曰:"今上自郡府,下及县首领官,皆廉公奉法,吾曹亦革心戒谨,岂敢私出入文牍耶?然汝事既直,第公理之,决无枉理。"乡人如教,果获伸雪。感吏情,以米二石馈之,吏惊愧欲去,辞让久之,吏曰:"我以乡曲之故,为君受一斛。"乡人别去。<u>既半载,吏假归,遂以原粟奉乡人之母</u>,曰:"此若儿寄我处之物耳,今以还母。"

【习题四问】
1. 解释加点字。
(1) 下及县首领官
(2) 我以乡曲之故
2. 用现代汉语解释文中画线的句子。
3. 吏"辞让久之",他"辞让"的是_____。
4. 这个故事,告诉我们什么道理?

【参考答案】
1.(1) 到 (2) 缘故,原因 2. 半年以后,吏告假回家,就把原来的米奉还给乡人的母亲 3. 二石米 4. 应该奉公守法,秉公办事(不要利用手中职权贪财)

(十四) 齐桓公好服紫

齐桓公好服紫,一国尽服紫。当是时也,五素[①]不得一紫。桓公患之,谓管仲曰:"<u>寡人好服紫,紫贵甚</u>,一国百姓好服紫不已,寡人奈何?"

管仲曰:"君欲何不试勿衣紫也?谓左右曰:'吾甚恶紫之

臭②。'于是左右适有衣紫而进者,公必曰:'少却,吾恶紫臭。'"

公曰:"诺。"

于是日,郎中③莫衣紫;其明日,国④中莫衣紫;三日,境内⑤莫衣紫也。

【注释】①素:没有染色的丝织品。②臭:气味。③郎中:官名,此处泛指宫中官员。④国:都城。⑤境内:国境内。

【习题四问】

1. 解释加点字。

（1）齐桓公好服紫

（2）吾甚恶紫之臭

2. 用现代汉语解释文中画线的句子。

3. 文中与"紫贵甚"相照应的句子是"＿＿＿＿"。

4. 这则寓言讲了一个什么道理?

【参考答案】

1.（1）喜好 （2）讨厌 2. 我喜欢穿紫色衣服,紫色衣服特别昂贵 3. 五素不得一紫 4. 榜样的力量是无穷的(或:上行下效。或:欲正人,先正己)。

（十五）为朝廷用人

杨文定公溥执政时,其子自乡来云:"道出江陵,独不为县令所礼。"乃天台范公理也。文定深重之,即擢为德安知府,再擢贵州左布政使。或劝当致书,范公曰:"宰相为朝廷用人,非私于理也。"闻文定卒,乃祭而哭之,以谢知己。

【习题四问】

1. 解释加点字。

（1）其子自乡来云

（2）道出江陵

2. 用现代汉语解释文中画线的句子。

3. "或劝当致书",从上下文看,"致书"的内容应该是＿＿＿＿

____。(用自己的话回答)

4. 读了这则故事,你得到一个什么启示?

【参考答案】

1.(1)说 (2)路,道路 2.宰相替朝廷选用人才,不是偏爱于理。 3.感谢杨文定公连续提拔自己当大官 4.秉公办事,公私分明

(十六) 威宁伯北伐时

威宁伯王公越,都御史、总制。北伐时,尝亲视诸军食饮,数赐酒肉。动息必悉其情,至犯令不少贷。每暇,命出猎,计矢中禽之多寡于敌阵为先后。有将官告奸,受金者置之,许出死力不问,于是将士感泣,无不用命者。

【习题四问】

1. 解释加点字。

(1)至犯令不少贷

(2)许出死力不问

2. 用现代汉语解释文中画线的句子。

3. 联系上文分析,"有将官告奸"中"告"的是什么事情?

4. 威宁伯王公越是个_____、_____的人。

【参考答案】

1.(1)违反 (2)许诺 2.每当空闲时,命令部队打猎,计算射中猎物的多少(以此来)安排在战斗中的前后顺序 3.告发有人在"计矢中禽之多寡"上舞弊。 4.关心士兵 严明军纪 务实灵活(任选两点)

(十七) 卞庄子刺虎

(卞)庄子欲刺虎,馆竖子①止之,曰:"两虎方且②食牛,食甘③必争,争则必斗,斗则大者伤,小者死。从伤而刺之,一举必

有双虎之名。"卞庄子以为然,立须④之。有顷⑤,两虎果斗,大者伤,小者死。庄子从伤者而刺之,一举果有双虎之功。

【注释】 ①馆竖子:旅馆的童仆。②方且:正要。③食甘:吃得有味。甘,甜。④须:等待。⑤有顷:过了一会儿。

【习题四问】

1. 解释加点字。
(1) 馆竖子止之
(2) 一举必有双虎之名
2. 用现代汉语解释文中画线的句子。
3. 从文中看,杀虎的最佳时机是_____。
4. 从某个角度概括这则故事的含义。

【参考答案】

1.(1)阻止,使……停止 (2)美名,名誉 2.卞庄子趁势把受伤的老虎刺死了,一下子取得了杀死两只老虎的功劳。 3.两虎相斗,大者伤,小者死 4.只有善于分析矛盾,利用矛盾,把握时机,有智有勇,才能收到事半功倍的效果。(或:做事要把握时机,才能事半功倍。)

(十八) 岳正大胆

岳正,字季方,为翰林修撰。英庙甚重之,尝曰:"好个岳正,只是大胆。"后谪戍召还,自题其像曰:"好个岳正,只是大胆。从今以后,再敢不敢!"公性不能容人,或谓公曰:"不闻宰相腹中撑舟乎?"曰:"顺撑来可容,使纵横来,安容得邪?"

【习题四问】

1. 解释加点字。
(1) 后谪戍召还
(2) 自题其像曰
2. 用现代汉语解释文中画线的句子。
3. "使纵横来"中的"纵横"在文中的意思是_____。

4. 岳正是个怎样的人?

【参考答案】

1.(1)回(朝廷) (2)题字,写字 2.有人对他说:"没听说过宰相肚里能撑船吗?" 3.不守法纪,无法无天 4.秉公执法、疾恶如仇、不计个人得失。

(十九) 顾亭林先生勤学

亭林先生自少至老,手不释书,出门则以一骡二马,捆书自随。遇边塞亭障,呼老兵诣道边酒垆,对坐痛饮,咨其风土,考其区域①。若与平生所闻不合,发书详正,必无所疑乃已。马上无事,辄据鞍默诵诸经注疏,遇故友若不相识,或颠坠崖谷,亦无悔也。精勤至此,宜所诣渊涵博大,莫与抗衡与。

【注释】 ① 区域:地理环境。

【习题四问】

1. 解释加点字。

(1) 手不释书

(2) 呼老兵诣道边酒垆

2. 用现代汉语解释文中画线的句子。

3. "捆书自随"写出了亭林先生的特点。(用原文回答)

4. 顾亭林先生的故事,在勤学方面给了我们什么启示?

【参考答案】

1.(1)放 (2)到……去 2.面对面坐着,畅饮着酒,询问当地的风土人情,考察当地的地理环境 3.手不释书 4.我们要抓紧任何机会读书学习(任何条件、任何时间,都不妨碍我们读书学习)。

(二十) 陆清献公

陆稼书先生宰嘉定,日坐堂上课子读书,夫人在后堂纺绩。民有事控县者,即出票交原告,唤被告,如抗出差。其听讼也,以理喻,以情恕,如家人父子调停家事,渐成无讼之风。有兄弟争讼不休,公谓之曰:"弟兄不睦,伦常大变,予为斯民父母,皆予教训无方之过也。"遂自跪烈日中,讼者感泣,自此式好无尤。

公生辰,贫不能备寿筵,夫人笑之。公曰:"汝且出堂视之,较寿筵何如?"但见堂上下,香烛如林,斯民敬之若神明焉。

相传稼书先生殁后,为嘉定县城隍,县民数百人直至平湖接公上任。时先生夫人尚在,谓县人曰:"公在县时不肯费民一钱,今远道见迎,恐非公意耳。"

【习题四问】

1. 解释加点字。
(1) 予为斯民父母
(2) 谓县人曰
2. 用现代汉语解释文中画线的句子。
3. "但见堂上下,香烛如林,斯民敬之若神明焉"运用了_____的修辞手法,形象地表现了陆稼书_____。
4. 陆稼书在当嘉定县令时,断案的特点是_____(用原文回答);他"贫不能备寿筵"的原因是_____(用原文回答)。

【参考答案】

1.(1) 做,当 (2) 说,对……说 2. 陆稼书生日时,穷得不能自己备办寿筵,夫人取笑他 3. 比喻 受民爱戴 4. 以理喻,以情恕 公在县时不肯费民一钱

七 诗词鉴赏·历年真题及解析

2010·阅读下面这首诗歌,并从作品的思想感情或艺术手法等角度,写一篇300字左右的鉴赏文章。(15分)

枫桥夜泊
张 继

月落乌啼霜满天,江枫渔火对愁眠。
姑苏城外寒山寺,夜半钟声到客船。

【解析】 这是一首七绝。落月、啼乌、满天霜、江枫、渔火、不眠人为前两句的意象,造成一种意韵浓郁的审美情境,既描写了秋夜江边之景,也表达了作者思乡之情。城、寺、船、钟声,后两句意象疏宕,给人一种空灵旷远的意境。夜行无月,本难见物,而渔火醒目,霜寒可感;夜半寂静之时,却闻乌啼钟鸣,如此明灭对照、无声与有声相衬托,景皆为情中之景,声皆为意中之音,意境疏密错落,浑融幽远。全诗以一愁字统起。诗人运思细密,短短四句诗中包蕴了六景一事,用最具诗意的语言构造出一个清幽寂远的意境:江畔秋夜渔火点点,羁旅客子卧闻静夜钟声。所有景物的挑选都独具慧眼:一静一动、一明一暗、江边岸上,景物的搭配与人物的心情达到了高度的默契与交融,共同形成了这个成为后世典范的艺术境界。

2011·阅读下面这首词,请从作品的思想内容或艺术手法等角度,写一篇300字左右的鉴赏文章。(15分)

卜算子·咏梅

【南宋】陆　游

驿外断桥边,寂寞开无主。已是黄昏独自愁,更著风和雨。

无意苦争春,一任群芳妒。零落成泥碾作尘,只有香如故。

【解析】　这是陆游一首咏梅的词,其实也是陆游自己的咏怀之作。上阕写梅花的遭遇:驿亭之外,靠近断桥的旁边,孤单寂寞地绽开了花,却无人欣赏。每当日色西沉的时候,总要在内心泛起孤独的烦愁,特别是刮风下雨。驿亭是供古代传递公文的人和行旅之人中途歇息的处所。加上黄昏时候的风风雨雨,这环境被渲染得多么冷落凄凉。下阕写梅花的品格:不想费尽心思去争芳斗春,一意听凭百花去嫉妒。零落凋残变成泥又碾为灰尘,只有芳香依然如故。我们读陆游这首词,联系他的政治遭遇,可以看出这是他的身世的缩影。写梅花的遭遇,实际是写作者自身深受排挤的政治遭遇。末句具有扛鼎之力,它振起全篇,把前面梅花的不幸处境,风雨侵凌,凋残零落,成泥作尘的凄凉、衰飒、悲戚全部抛弃,托物言志,给我们留下了十分深刻的印象,成为一首咏梅的杰作。

2013·阅读下面这首唐诗,回答下列问题。(15分)

山居秋暝

王　维

空山新雨后,天气晚来秋。
明月松间照,清泉石上流。
竹喧归浣女,莲动下渔舟。
随意春芳歇,王孙自可留。

【注释】　王孙:原指王侯子孙,此处是作者自谓。

1. 从题材上看,这首诗属于哪一类。(2分)

【解析】 田园山水

2. 首联的"新"字用得很出色,请简要分析。(3分)

【解析】 秋山如洗,清爽宜人,交代了清新、幽静、恬淡的环境

3. "明月松间照,清泉石上流"一联在写景上有何特点。(4分)

【解析】 月照松林是静态,清泉流溢是动态,动静结合,相辅相成。

4. 请赏析"竹喧归浣女,莲动下渔舟"一联,字数在100字左右。(6分)

【解析】 浣女归来竹林中的喧笑声,渔船穿过荷花的动态,和谐完美地融合在一起,给人一种丰富新鲜的感受。它像一幅清新秀丽的山水画,又像一支恬静优美的抒情乐曲,体现了诗人诗中有画的创作特点。同时,翠竹、青莲都是诗人热爱田园山水自然风光的感情流露和高尚情操的写照。

八　应用文写作要点

【例举·申请书】

申请书属于专用书信,它和其他专用书信的格式大体相同,通常包括标题、正文、署名和日期三大部分。

1. 标题。写在第一行正中,一般直接用"申请书"作为标题,有的还可以在前加上事由,如"入团申请书""调动申请书"等。

2. 正文。这是申请书的主要内容,一般包括:

(1) 称谓。写上接受申请书的部门、组织的名称或有关负责人的姓名。要顶格写,以示尊重。

(2) 正文。内容包括提出申请的理由、申请的具体事项及要求,有时还要表明申请人的态度或提出保证。要求言简意赅,重点突出,有条有理。

(3) 结尾。申请书可以有结尾,也可以没有单独的结尾。结尾一般写表示致敬或要求的话。

3. 署名和日期。在申请书的正文的右下方,写上申请人或申请单位的名称,在名称下面写上年月日。

工作调动申请

尊敬的××：

　　您好！首先感谢您多年来对我的关心和照顾，同时感谢领导在百忙中审阅我的申请报告！我系本社职工，在领导的关怀下我非常热爱本职工作。自1994年参加工作以来，我先后从事了储蓄员、办公室管理员、信贷部营业员、个人金融部业务员等多种岗位工作。在单位服从领导的安排，工作中兢兢业业，与同事和睦相处，并且积极参加联社举办的各类集体活动。由于现在住家距离单位较远，每天早晨5点多就起床，要转车3次才能够赶到单位，在途中耗费了大量的时间，有时交通堵塞就无法准时上班，下班也是很晚才能够到家，感到非常疲劳，幼小的孩子也得不到应有的照料，给工作和生活都带来了诸多困难。所以，希望能够在不影响工作性质的情况下，对工作地点进行适当的调整，尽可能距离住家近一点，这样也有利于把更多的精力用于为本系统多做一些贡献。因此，请求领导考虑到我的实际困难，同意我从本社调出至××××为荷。谢谢！

　　此致

敬礼！

申请人：××
二〇〇八年五月一日

【例举·感谢信】

　　感谢信用于对某人或某单位，对自己或自己一方的关心、帮助、支援表示感谢。感谢信可以用于单位与单位之间，个人与个人之间，个人与单位之间。

　　写感谢信要写明：在什么时候、因为什么事，得到了对方哪些具体的帮助和支援，并向对方表示的谢意。

感谢信的收信人一般都了解事情的经过,因为正是收信人提供了帮助和支援,这一点是和表扬信不同的地方。表扬信的收信人一般不知道发生了事情,所以写表扬信,要把事情的经过情形叙述清楚,而写感谢信,则要重点写自己遇到什么困难,得到了哪些帮助,对方的帮助产生了哪些效果。在向对方致以谢意的时候,感情要真挚、诚恳,并表示学习对方高贵品质的态度。赞扬对方时,用词要确切、恰当,不要夸大、吹捧。

感谢信可以直接寄给对方,也可以用大红纸抄好,送到对方单位,或者送报社、电台进行宣传。

感谢信

××大学××系:

今年春季我单位开办干部短训班,贵系派出××、×××两位老师为我们开设了基础写作、古代汉语、语法逻辑等课程。两位老师备课认真,讲课透彻、生动,课下热心地为学员作辅导,认真批改作业。经过几个月的学习,学员们都感到收获很大,在结业考试中,普遍取得了好成绩。

两位老师脚踏实地的工作作风,诲人不倦的工作精神,给我们全体学员留下了深刻的印象,我们从老师那里不仅学到了知识,也学到了好思想、好作风。

我们就要回到各自的工作岗位上去了,对两位老师几个月来对我们的辛勤教诲表示深深的谢意。我们要把老师们的工作精神落实到自己的行动中去,以实际工作的成绩报答老师对我们的关心和帮助。

此致
敬礼!

天兰公司干部短训班全体学员
2010年4月8日

【例举·求职自荐信】

求职自荐信是毕业生向用人单位自我推荐的书面材料,是毕业生所有求职材料中至为关键的支柱性文件,其写作质量直接关系到毕业生择业的成功与否。因此,自荐信被称为毕业生求职的"敲门砖"。自荐信的重点在于"荐",在构思上一定要围绕"为何荐""凭何荐""怎么荐"的思路安排,其格式一般分为标题、称呼、正文、附件和落款五部分。

1. 标题是自荐信的标志和称谓,要求醒目、简洁。要用较大的字体在用纸上方标注"自荐信"三个字,显得大方、美观。

2. 称呼是对主送单位或收件人的呼语。如用人单位明确,可直接写上单位名称,前用"尊敬的"加以修饰,后以领导职务或统称"领导"落笔,如果单位不明确,则用统称"尊敬的贵单位领导"领起,最好不要直接冠以最高领导职务,这样容易引起第一读者的反感,反而难以达到目的。

3. 正文是自荐信的核心,开头语应表示向对方的问候致意。主体部分一般包括简介、自荐目的、条件展示、愿望决心和结语五项内容。简介是自我概括的说明,包括自荐人姓名、性别、民族、年龄、籍贯、政治面貌、文化程度、校系专业、家庭住址、任职情况等要素,要针对自荐目的作简单说明,无需冗长繁琐。自荐目的要写清信息来源、求职意向、承担工作目标等项目,要写得明确具体、但要把握分寸、简明扼要,既不能要求过高又不能模棱两可,给人以自负或自卑的不良印象。条件展示是自荐信的关键内容,主要应写清自己的才能和特长。要针对所求工作的应知应会去写,充分展示求职条件,从基本条件和特殊条件两个方面解决凭什么求的问题。基本条件应写清政治表现和学习活动两方面内容。政治表现要从活动和绩效方面写实,如党校学习、参加活动、敬业态度、奉献精神、合作意识等方面,并佐以获奖和资格证书。学习经历要写清主、辅修专业课程和成绩状况,对于英语、计算机和普通话等级的情况也要一一说明,对于为人处世、组织管理、社会调查、实习设计及论文答辩等方面的情况也要略加提及,要列举发表报道、文章或作品的情况,对科技发明创造、小制作等也可提及,有特殊技能的也要加以强调,如操作实践、文体书画、写作口才等特长,以展示自己的能力,突出个性特征。必要时还要介绍本校、本专业的特色,自己爱家爱校的情感,个人不足与缺点等,这样可以收异军突起、画龙点睛之效,切忌刻板罗列,自吹自擂。愿望决心部分要表示加盟对方组织的热切愿望,展望单位的美好前景,期望得到认可和接纳,自然恳切,不卑不亢。结语一般在正文之后按书信格式写上祝语或"此致、敬礼""恭候佳音"之类语句。

4. 自荐信附件主要包括个人简历、证书及文章复制件需要附录说明的材料,也可作为附件一一列出。

5. 落款处要写上"自荐人×××人"字样,并标规范体公元纪年和月日。随文处要说明回函的联系方式、邮政编码、地址、电子邮箱、电话号码等。署名处如打印复制则要留下空白由求职人亲自签名,以示郑重和敬意。

自荐信

尊敬的领导:

　　您好!我是淮南师范学院信息技术系的一名学生,即将面临毕业。淮南师范学院是教师培养基地,素以明德至善,博学笃行为校训,培养出很多师范类学生,为教育事业做出贡献。在这样的学习环境下,无论是在知识能力,还是在个人素质修养方面,我都受益匪浅。

四年来,我学到了扎实的专业基础知识,系统地掌握了计算机专业方面的知识、教师素质修养等有关理论;具备较好的英语听、说、读、写、译等能力;能熟练操作计算机办公软件。同时,我利用课余时间广泛地涉猎了大量书籍,不但充实了自己,也培养了自己多方面的技能。更重要的是,严谨的学风和端正的学习态度塑造了我朴实、稳重、创新的性格特点,也明确了团队精神的在工作中的重要性!

　　此外,我还积极地参加各种社会活动,抓住每一个机会,锻炼自己。大学四年,我深深地感受到,竞争使我勇于面对实际困难挑战,让我在挫折中成长。淮南师范学院培养了我实事求是、开拓进取的作风。我热爱贵单位所从事的事业,殷切地期望能够在您的领导下,在实践中不断学习、进步。

　　收笔之际,郑重地提一个小小的要求:无论您是否选择我,尊敬的领导,希望您能够接受我诚恳的谢意!

　　祝愿贵单位事业蒸蒸日上!

王　兵
2006年11月

历年试题解析

例题一:2007年应用文试题

作文1:教师节将至,请你以江北学院学生会的名义给本院全体教师写一封节日慰问信。(20分)

要求:格式规范,语言得体,字数200字左右。

【应用文解析及例文】

题目要求以江北学院学生会的名义给本院全体教师写一封教师节节日的慰问信,应该说难度不大。格式方面按照普通的书信格式即可,语言尽可能做到优美,这和公文严谨的语言有区别。

教师节慰问信

敬爱的老师们：

　　丹桂飘香，秋菊逸彩，金风又送喜讯：第二十一个教师节来临了！值此佳节来临之际，我们代表江北学院学子把最衷心的祝愿与最诚挚的慰问以最深情的祝福送给你们：辛苦了，亲爱的老师们！

　　你们推崇真诚与廉洁，因而你们的心灵坦荡年轻；你们信奉付出与汗水，因而你们的收获殷实厚重；你们播种希望与快乐，因而你们的笑容灿烂迷人；你们打造现在与未来，因而你们的名字响亮多情。

　　祝愿你们笔尖耕耘桃李地，墨水浇开智慧花！
　　祝福全体老师节日愉快、身体健康、合家欢乐！

江北学院学生会
二〇〇七年九月五日

　　例题二：2008年应用文试题

　　2008年2月，东吴大学艺术学院团委组织募捐活动，筹集人民币5.2万元，寄给贵州省××县××希望小学，资助该校重建雪灾倒塌的校舍。这一活动在师生中产生较大反响。为此，学校发文予以表彰，并号召全校师生为抗灾多做贡献。请以××大学的名义撰写一份表彰性通报。（30分）

　　要求：格式规范，语言得体，题目自拟，字数300左右。

【应用文解析及例文】

　　表彰性通报，就是表彰先进个人或先进单位的通报。这类通报，着重介绍人物或单位的先进事迹，点明实质，提出希望、要求，然后发出学习的号召。

通报的标题由制发机关、被表彰或被批评的对象和文种构成。表彰性通报正文结构有三部分:第一部分,说明表彰或批评的原因,即写清先进事迹或错误事实的经过情况,要求用叙述的手法真实客观地反映事实;第二部分,对所叙述的事实进行准确的分析、中肯的评价,做到不夸大、不缩小,使人们能从好的人和事物中得到鼓舞;第三部分,一般是对表彰的先进或批评的对象作出嘉奖或惩处。最后还要根据通报的情况,针对现实的需要,发出号召或提出要求。

通报正文结构一般有两个部分:一是被通报的情况,二是希望和要求。

关于"我为灾区献爱心"募捐活动的表彰性通报

今年年初,我国南方发生了罕见的雪灾。面对这样的自然灾害,东吴大学艺术学院团委在学校的支持下积极组织"我为灾区献爱心"的募捐活动,筹集人民币5.2万元,寄给贵州省××县××希望小学,资助该校重建因雪灾倒塌的校舍。

在全校师生的努力配合下,此次"我为灾区献爱心"募捐活动取得了令人欣慰的成绩。外语系、经济系、音乐系的许多班级都是主力军,捐款数额相当大。其中,外语系0701班戴勇在班中带头捐款100元。其他各班同学捐款数额大多数都在10元以上。在整个募捐过程中,同学们都努力做好自己的手头工作,耐心地向每位过路的师生讲解此次募捐活动目的。他们不顾饥饿与疲劳,坚守着岗位。许多同学在几天的募捐中坚持每次都到场,为捐款活动做出了重要贡献。

"大雪无情人有情"。这次募捐响应了党的十七大号召,为创建和谐社会贡献了自己的微薄之力。这不仅反映了全校师生对生命关爱的炽热的心,也体现了新时代大学生的人文精神和综合素质。在此,向他们致敬,并希望师生能为抗灾多做贡献!

特此表彰通报。此致！

××大学
二〇〇八年五月十日

例题三：2009年应用文试题

××市职业技术学院学生楼的扩建工程需要砍伐10棵已生长15年以上的桂花树，但是按规定必须获得本市园林局的批准。为此，学院向市园林局行文请求批准。园林局收文后经过调研，给予基本同意的复文。

请你分别以××市职业技术学院，××市园林局的名义，撰写这两份公文。行文要规范，材料不足可以适当补充，正文总字数控制在350字以内。

【应用文解析及例文】

1. 请求批准函

关于请求批准砍伐桂花树的函

××市园林局：

我院教学主楼的扩建工程在施工过程中必须砍伐10棵已生长15年以上的桂花树，按照国家有关规定，特向贵局发函请求批准，以便尽快办理有关手续。妥否，即请函复。

××市职业技术学院（印）
二〇〇九年×月×日

2. 复函

××市园林局关于砍伐桂花树问题给
××市职业技术学院的复函

××市职业技术学院：

贵院二〇〇九年×月×日给我局的来函收悉。关于教学主楼扩建工程在施工过程中必须砍伐10棵15年以上桂花树的问题，经我局调研后情况属实，原则上应按照国家有关规定进行移栽，如移栽不能存活，同意砍伐。特此函复。

××市园林局（印）
二〇〇九年×月×日

例题四：2011年应用文试题

网络时代给人们的生活带来了不小的变化，一批网络用语也随之进入人们的日常口语甚至青少年的作文中。这种现象引起了国家有关部门和一部分语言文字工作者的关注。

请你以一名在校大学生的身份，就网络语言的使用情况设计一份调查报告提纲，并对重要部分加以适当的阐述。（30分）

要求：(1) 300字以内。(2) 文中不得出现与考生有关的信息，如确需使用人名、校名等时，请用"××"代替。

【应用文解析及例文】

这道应用文写作的题目总体而言是比较偏的。一方面，要求考生写一份关于网络语言使用情况的调查报告提纲，另一方面要求考生对重要部分加以适当的阐述。

一般来说，调查报告写作要注意以下三个步骤：

（一）确定主题

主题是调查报告的灵魂，对调查报告写作的成败具有决定性的意义。因此,确定主题要注意:报告的主题应与调查主题一致;要根据调查和分析的结果,重新确定主题;主题宜小,且宜集中;与标题协调一致。

(二)取舍材料

对经过统计分析与理论分析所得到的系统的完整的"调查资料",在组织调查报告时仍需精心选择,不可能也不必都写上报告,要注意取舍。选取与主题有关的材料,去掉无关的、关系不大的、次要的、非本质的材料,使主题集中、鲜明、突出;注意材料点与面的结合,材料不仅要支持报告中某个观点,而且要相互支持,形成面上的"大气";在现有有用的材料中,要比较、鉴别、精选材料,选择最好的材料来支持作者的意见,使每一个材料以一当十。

(三)布局和拟定提纲

这是调查报告构思中的一个关键环节。"布局"就是指调查报告的表现形式,它反映在提纲上就是文章的"骨架"。拟定提纲的过程实际上就是把调查材料进一步分类、构架的过程。构架的原则是:围绕主题,层层进逼,环环相扣。提纲或骨架的特点是它的内在的逻辑性,要求必须纲目分明,层次分明。

调查报告的提纲有两种,一种是观点式提纲,即将调查者在调查研究中形成的观点按逻辑关系一一地列写出来。另一种是条目式提纲,即按层次意义表达上的章、节、目,逐一地一条条地写成提纲。也可以将这两种提纲结合起来制作提纲。

关于网络语言使用情况的调查报告提纲

一、调查时间:2011年1月至3月

二、调查地点:××市××区××高级中学高二×班

三、调查情况:在学生作文中使用的网络语言,有数字或字母的简称,比如"7456"代表"气死我了","886"代表"拜拜咯",

"＋U"意为"加油";有的是比喻,如"腹黑"是指表里不一的人;有的是谐音,"喜欢"叫做"稀饭";还有一些流行新语,"打酱油"的意思是"不关我的事,不予评价"。

四、成因分析

网络语言是伴随着网络的发展而新兴的一种有别于传统媒介的语言形式。它起源于网络,传播于网络,由拼音或英文字母的缩写、含有某种特定意义的数字及形象生动的网络动画和图片组成,以简洁生动的形式一诞生就得到了广大网友的偏爱,并迅速流传起来。原因大致如下:

1. 节约时间和上网费用。网络语言将数字、符号、拼音、汉字和英文字母杂糅在一起,比传统的语言要简单易用,也减少了打字时间,节约了上网费用。

2. 蔑视传统,崇尚创新。许多学生不仅主动使用网络语言,而且还积极地创作网络语言,用生动活泼的网络语言来替代传统的语言形式。

3. 张扬个性。高中生是网民群体之一,他们正处于渴望张扬个性、引起他人注目的年龄阶段。

4. 掩饰个人身份、年龄、性别和语言习惯。

五、意见及建议

有的青少年习惯了使用网络语言,写作语言变得贫乏、单调、粗俗,失去了应有的活力和朝气,必须积极引导青少年认识网络语言的危害,自觉加以抵制,集中精力学好母语,提高母语的应用能力,为今后的学习和工作准备好语言条件,同时网络语言不符合汉语的使用规范,应该遏制其发展,限制其使用。

九　材料作文与话题作文写作

一、议论文的写法

(一) 议论文的特点

议论文的性质就是用议论或者说理的方式直接表达自己的见解和主张。议论文一般来说有以下几个特点：

其一，内容的理论性。议论文以议论和说理为主，它的内容就具有一定的理论性。有的议论文直接阐明理论，有的议论文则以某种理论为指导来论述一个问题。

其二，语言的概括性。议论文需要对具体事物进行理论上的分析，它的语言往往是抽象而概括的。

其三，写法的逻辑性。议论文是议论和说理的，它的写法就需要有严密的逻辑性。只有把文章写得有条有理，道理讲得头头是道，言之有理，才能说服读者。

总之，议论文主要是对客观事物或者存在的问题，用概括的语言表达自己的见解和主张，使人信服，并受到启发和教育。

(二) 议论文的要素

一般来说，议论文具有三个要素：论点、论据和论证。

1. 论点

论点是贯穿全文的论述中心，是议论中的中心观点，往往就是文章的中心思想。一般一篇议论文只有一个论点，叫做中心论点或者基本论点。有的议论文为了把复杂的内容论述得更加严密、透彻，为了把道理讲得全面、深刻，就需要围绕中心论点分成几点或者几个方面来论述，提出一些证明、补充或者发挥中心论点的从属论点，这叫做分论点。分论点在说明中心论点时，一般以两种形式出现：一是并列式，即各分论点之间是并列关系，分论点在同一个层次上说明中心论点；二是层进式，即各分论点在意义上互相承接，逐层深入地说明中心论点。当然，还可以是并列式和层进式的综合运用。

2. 论据

论据是作者用来证明论点正确的事实、道理或根据。论据是为论点服务的。光有论点或者空发议论，不容易使人理解，也不容易说服人，还得用适当的材料作为论点的论据。

可以作为论据的材料是多种多样的，主要就是理论论据和事实论据。

理论论据包括一切经过实践证明的为人们所公认的真理，例如权威人物的言论、定理、定律，以及名言、警句等；事实论据包括有代表性的历史的和现实的事例、各种统计数字和各种自然现象等。复杂议论文里的分论点，对所论述的部分来说是论点，而对全文的中心论点来说，同时也起论据的作用。

理论论据要有权威性，事实论据要有典型性。论点和论据一致是议论文成功的关键。

3. 论证

论证是用论据证明论点的方法和过程，它主要是按照一定的逻辑关系，把论点和论据组织起来，证明论点是正确可信的。

总之，论点、论据和论证是议论文的三要素。论点是灵魂，论据是血肉，论证是骨骼。论点是解决"要证明什么"的问题。论据是解决"用什么来证明"的问题。论证是解决"怎样进行证明"的问题。三者紧密联系，就能构成一个完整的论证过程。

二、审题

材料作文,命题一般也是两种形式,一是只供材料,题目自拟。一是供材料并命题作文。

如果是题目自拟,你所拟定的议论文的题目,既可能包含文章的论题和中心论点,也可能只表明文章的论题而不包含文章的中心论点。

如果是只供材料,题目自拟,在审题时都应注意:

1. 材料作文,就一定要认真阅读提供的材料,读通读懂是必不可少的步骤。所谓读通读懂,就是能较好较准确地理解材料的内容、含义。如果是文言文,更要从字词、语句上读懂它。只有全面掌握和了解提供的材料内容,才可以把握文章的论题与论点,切忌连材料都没看懂,或没完全弄懂便匆匆忙忙下笔。

2. 题目词义暗含比喻或象征意义的,要注意仔细去琢磨推敲,必须透过字面深入一层去理解、领略其比喻或象征意义。

如果是供材料并命题作文,在审题时都应注意:

1. 准确理解题目文字的词意。命题作文的题目,其文字的词意,大多都是清楚明了的,但有时也可能会出现一些带地方色彩的方言文字。如作文试题《不要搞花架子》,应注意作文试题前面的"我们做任何工作,都应强调实干,反对形式主义"这些提示性文字,做到真正明白作文题的真正内涵。

2. 注意分析题目的语言结构,明确议论的对象、范围和重点。分析题目的语言结构是指要分析题目中词与词间的关系,如《有令则行,有禁则止》《多行不义必自毙》《我的价值观》这三道题,第一道题是属于并列关系,第二道题是属条件因果关系,第三道题是属偏正结构。审题时一定要注意把握好和了解清楚文字词语的相互关系,以把握住议论的重点、对象及范围。

三、立意

写议论文,首先要确立中心论点,有了论点,才能进行论证。对于供材料并命题的作文,有这样几种情况:

一是文章的中心论点包含在题目之中,如作文题《说"过犹不及"》,"过犹不及"便是文章的中心论点,这类考题无需考生重新确立论点。

二是题目仅仅表明文章的论题,却未包含文章的中心论点。如《谈时间》中"时间"只能作为论题,它仅仅指出了文章要论述的范围和内容,却不能作为文章的中心论点,在写作时应该加以论述,如"时间就是生命""时间就是金钱"等。

如果是供材料作文而题目又要自拟的,在读懂材料所包含的内涵外,还要从材料所限范围内去确立具体的论点。最好是在不违背命题的基本要求及所提供材料基本精神的原则下,从自己最了解、最熟悉、感受最深、最有体会的角度出发,选择使自己有东西可写的论点。

立意要高的话,必须透过现象去看本质,用自己的"火眼金睛"洞穿材料。

四、结构

文章的结构,即谋篇布局,对议论文来说,就是论点与论据的安排。在考场上作文,虽然时间短,但仍应把文章写成一篇有机的完整体,将论点和论据安排好,使论据围绕论点,并能较充分地论证论点。

为使文章思路清晰,结构可按三段式进行安排:

(一)提出论点。提出论点,可以有以下几种方法。

(1)开门见山,一开始便摆出观点,可给人一个观点鲜明的印象。

（2）引用入题。可以是最典型生动的具有单纯指向性的例证，从形象思维切入。或是格言、权威理论，从逻辑思维切入。

（3）解题溯源。

（二）论证过程。

（1）正反论证。考试的作文题，很多都属中性题，可以从正面进行论证，也可以从反面进行论证。

（2）并列式论证。这种论证方式是对论证的问题在总论点的统率下，分别从几个方面去展开论证，而这几个方面，它们彼此的关系是平列的。最后是小结全文，呼应论点。

（3）层递式论证。这种论证方式就是指在论证之前，对论证的问题先作深入分析，摸索清楚论题的方方面面，概括出它的几个基本特征，再进行由浅入深、由表及里的分析论证。

我们不主张全文只有正反论证，但主张在一个分论点中运用正反论证，主张并列式和层递式论证的综合运用。

上面所说的这样的结构，是议论文最基本的模式，这种按部就班的写作思路，在考场应试的情况下，是最为稳妥的。议论文要想快速成文，只要具备一定的语言基础，占有相当的论据是前提条件，以最短的时间理顺思路，安排好结构则是至为重要的一环。

【议论文模式】

模式，从思维学的角度看，是"一种反复出现的，以一定格式排列的事物"，是"以特定方式组合的有规律的系统"。其实，模式就是一篇文章的大轮廓、大框架，就是一篇文章层次与层次的组合关系。并列论证型、总分论证型、递进论证型等，实际上就是一种模式。但是，这些模式不够具体，运用起来并不容易立竿见影。为此，就需要进行模式定位。有鉴于此，这里专门针对800字左右的议论文，介绍几种常见的模式以及其基本定位模式。

(一) 联想式定位

这类文章的基本模式为"概括—联想—析理"三步定位。

第一步,概括——这是一个由具体到抽象的过程。即首先略述与论题有关联的感性材料,并通过分析提炼,挖掘材料的蕴含,概括出理性判断,确定文章的论点。

第二步,联想——这是一个由抽象到具体的过程。即在确定论点的基础上,展开联想,联想到与第一步中的感性材料相关的另一类感性材料;这样,实际上是为文章的论点提供了论据,从而使第一步所概括的理性判断获得更明晰的认识。

第三步,析理——这是一个由具体再到抽象的过程。即在联想之后,对感性材料进行深入的剖析,阐释它的要旨,揭示它的意义,指出最后的结论。

我们来看议论文《从青蛙实验说起》:

其第一步定位是:

据说,美国康奈尔大学曾做过这样的实验。他们把一只青蛙,突然扔进滚沸的油锅;在这生死存亡的关键时刻,这只青蛙居然奋力一跃,竟跳出锅外,安然逃生。过了一会儿,他们又把这只青蛙放到一个盛满水的锅中,青蛙游得逍遥自在,恬然自得;这时,他们悄悄从锅下加热,待到青蛙觉察出水温的提高危及生命时,它却再也没有了那一跃的力量,而只能葬身锅底。

这个故事告诉我们,当生活中的艰难、险阻摆在面前时,往往能迫使自己发挥出意想不到的勇气,冲出困境,求得生机。相反,生活在舒适,安逸的环境中时,往往会消极沉溺,而致身败名裂。所以,"生于忧患,死于安乐"这一至理名言实在是值得我们永记心田的。

其第二步定位是:

类似青蛙实验的故事,在历史和现实中都是很多的。北宋欧阳修在他的《五代史·伶官传序》中介绍的后唐庄宗李存勖就是一例。李存勖得天下时,不忘乃父李克用的遗志,以父亲留下的三支箭激励自己,发奋创业,攻城略地,无往不胜,"意气之盛,可谓壮哉!"到天下已定,大功告成,他坐享"升平"之乐,整日与几个戏子们泡在一起"唱做念打",以至政事荒疏,国运日微,三四年就祸乱迭起,终遭杀戮,"何其衰也!"

其第三步定位是:

一个动物的实验,一个历史的真实,难道不值得我们深思吗?艰难险阻对人无疑是一种压力,是一种障碍和困苦。但是,有压力才有反弹,有障碍,困苦才有挑战,拼搏。这时,人就不仅会在精神上自强不息,在策略上也会小心翼翼。于是,就有了化险为夷,转败为胜的可能。反之,舒适,安逸,这一切却往往会使当事人忘乎所以,玩物丧志,失去挑战的勇气,拼搏的胆识,就难免落一个可悲的结局。培根说过:"奇迹多在厄运中出现。"同样,厄运也多在游乐中降临。这些道理,也许总能给我们一些启发吧!

【点评】 在这篇议论文里,第一步定位中关于青蛙实验的叙述就是与论题有关的感性材料,后面则是从感性材料中概括出的理性判断,并明确提出了文章的论点。第二步定位中李存勖的事实,就是在确定论点的基础上,所联想到的另一类相关的感性材料,实际上是使前面的论点得到进一步证明的论据。第三步定位中的文字,就是在联想之后,对前面两组感性材料进行的深入剖析,从而揭示了它们的意义,阐发了论点的更深层要旨,也就是为什么会"生于忧患,死于安乐"的道理。

(二)回评式定位

这类文章的基本模式为"概括—回评—归纳"三步定位。

第一步,概括——这是一个由具体到抽象的过程。即首先略述与论题有关联的感性材料,并通过分析提炼,确立自己的认识,提出文章的论点。

第二步,回评——这是一个由抽象到具体的过程。即在提出论点之后,再回到第一步定位的感性材料中,对这些材料进行条分缕析,从不同角度予以阐释与评说,实际上是从虚实的结合方面对论点的进一步证明。

第三步。归纳——这是一个由具体再到抽象的过程。即在回评的基础上,从对感性材料的条分缕析进入更深一层的开掘,达到认识上的深化与升华,归纳出总体的结论。

如议论文《可敬的小蚂蚁》:

其第一步定位是:

在南美洲草原上,发生过这样令人惊心动魄的事。在一个秋日的下午,一片临河的草丛突然起火,呼呼直蹿的烈火形成了一个火圈,向草丛中央一个小小的丘陵包围过来。丘陵上无数的蚂蚁被逼得节节后退,包围圈越来越小,它们似乎除了葬身火海已别无选择。但是,就在此时,出人意料的事出现了,只见蚂蚁们迅速聚拢,抱成一团,滚作一个黑色的"蚁球"冲进火海。烈火将外层的蚂蚁烧得噼啪作响,然而"蚁球"却越滚越快,终于穿过火海,冲进小河,使大多数蚂蚁绝处逢生。小蚂蚁在毁灭性的打击面前的这种壮举实在可钦可敬,也实在值得我们学习。

其第二步定位是:

那么,从小蚂蚁的壮举中,我们可以得到什么启示呢?首先,是它们的临危不惧,团结一心。可以设想,如果在熊熊的烈火前,小蚂蚁们惊慌失措,只顾自己,甚至不惜践踏同类夺路而逃,那么,它们的阵脚必然大乱,也必然会导致"全军覆没"。可是,它们却能"迅速聚拢,抱成一团",因此,才凭着相互结合而获得的巨大力量,冲出了绝境。

其次,是它们不惜牺牲部分而换来多数的生存。当蚂蚁们抱成"蚁球"冲进火海时,其中有一些肯定将被烧死。但它们并没有因为会有死亡而犹豫不前,而是尽管有的蚂蚁被"烧得噼啪作响"却"越滚越快",终于以少数的牺牲换来了整体的幸运。

其第三步定位是:

在我们日常生活中,遇到像小蚂蚁这样的危机并不少。可是,我们人却常常做不到临危不惧,团结一心,也常常不愿为了整体而牺牲个人的利益。看来,在小蚂蚁面前,我们真是应该惭愧的。人啊人!人作为人,必须对自己提出更高的要求,必须使自己更加具备"万物之灵"所应该具备的优秀品德,必须使自己成为一个真正的人,大写的人。这样,我们这个世界才会更美好!

【点评】 在这篇议论文里,第一步定位中关于小蚂蚁的故事就是与论题有关联的感性材料,后面则是通过对感性材料的分析提炼所确立的认识,并亮明了文章的论点。第二步定位中的论述,就是在提出论点之后,对第一步定位中的感性材料的回评,也即通过两方面的条分缕析,从不同角度阐释了小蚂蚁的故事的内涵,初步揭示了它的思想意义。第三步定位,则是在回评的基础上,对上述感性材料的更深蕴含的进一步开掘,并进而总结出可以发人深省的结论。

(三) 列据式定位

这类文章的基本模式为"立论—列据—析理"三步定位。

第一步,立论——这是一个直接提出抽象认识的过程。即在开篇之初首先推出理性判断,确立论点;或略加说明论证背景、缘由等有关前提,通过简单引述提出论点。

第二步,列据——这是一个由抽象到具体的过程,即论点明确后,通过对所占有的诸多事实的筛选,列出可说明论点的尽量得力的论据。

第三步,析理——这是一个由具体再到抽象的过程,即针对论据进行集中的解释剖析,挖掘其深层的意味,揭示其所包含的真谛,或者辨识某些是非真伪,从而使论点得到理论上的确证。

如议论文《要学会用智》：

其第一步定位是：

青年人喜欢做一个勇敢者。勇敢，当然是值得赞美的好品格。但是，面对这五光十色的社会，面对这千变万化的现实，以及随着年龄增长而摆在我们面前的一系列人生课题，光凭勇敢显然是不够的，就是说，有勇还得有谋。因此，我们在处理问题的时候，一定要学会用智。

其第二步定位是：

我国宋代有一位大臣丁谓，因皇宫失火被毁，他受命重建。当时，丁谓遇到了几个难题。首先，建筑材料只能由水路运到汴河，距工地尚远；其次，建筑用土要从几十里的郊外拉来，皇宫烧毁的瓦砾要拉到郊外，这两项十分费工。针对此种情况，丁谓想了个绝招：他先顺大道开了一道渠，把汴河引到宫门前。这样，运料船只就可直达工地，开渠的土又能用于建筑，不必到郊外去拉；到皇宫修好后，再把瓦砾等填到渠中，恢复了原来的大道。如此，"一举而三役济，省以亿万计"。丁谓，实在算得上一个用智的模范。

其实，在我国古代，用智的例子是举不胜举的。田忌的赛马，田单的火牛阵，西门豹的治邺，诸葛亮的草船借箭、空城计等，不都是用智的妙例吗？

其第三步定位是：

上面的例子充分证明，用智，常常可以以弱胜强，事半功倍；用智，常常可以出奇制胜，巧获成功；用智，也时常可以避免不必要的牺牲和损耗，少碰钉子，少走弯路，顺利地达到目标。法国的怪杰拿破仑说过："世上只有两种威力，剑与智慧；从长远看，剑总是被智慧制服。"让我们通过不断的努力，学会用智，做一个智勇双全的时代英豪吧！

【点评】 在这篇议论文中,第一步定位就在简单引述的前提下首先将论点提出。第二步定位就是在论点明确后,通过对占有的诸多事实的筛选列出论据进行论证。第三步定位则是针对第二步定位中的论据进行的集中解释剖析,揭示了它所包含的真谛,使全文的论点得到更充足的证明。

(四)推叠式定位

这类文章的基本模式与前面的三种略有不同,为"立论—入据—结承—叠据—归纳"五步定位。

第一步,立论——这是一个直接提出抽象认识的过程。即在开篇之初首先推出理性判断,确立论点;同样也可以略加说明论证背景、缘由等有关前提,通过简单引述提出论点。

第二步,入据——这是一个由抽象到具体的过程。即论点明确后,第一次进入论据阐述。而这一步定位中的论据一般应该是较古老的、较久远的历史论据,有时也可能是从寓言、传说、轶闻、掌故中选出来的论据。

第三步,结承——这是一个由具体到抽象的过程。即在第二步定位阐述了论据的基础上,进行简要的分析,指出其具有的一般意义,进行小结。同时,要随之介绍当前时代的有关状况或者与论题有关的某些现实背景,以此进行承转,引入下文。

第四步,叠据——这是一个由抽象再到具体的过程。即小结承转之后,再一次进入论据的阐述,而这一步定位中的论据应该是更直接更有针对性的现实论据。这些论据,实际上形成了第二步定位中历史性论据的推进和叠加,从而为论点提供了更为得力更为扎实的证明。

第五步,归纳——这是一个由具体再到抽象的过程。即在前面双重的事实论证的基础上,进行综合分析,以进一步揭示在当前时代现实状况下的指导意义,或者提出某些现实问题的见解,对全文加以整体性总结。

如议论文《青年人要做时代的弄潮儿》：

其第一步定位是：

青年人要做时代的弄潮儿。弄潮儿一词，本是宋代钱塘江涨潮时，对"浮潮头而戏弄"者的昵称，苏东坡词中"碧山影里小红旗，侬是江南踏浪儿"描写的就是弄潮儿。如果把弄潮儿的涵义引申到社会生活中，那么，他应是能在时代的风口浪尖搏击的勇将，是具有不断奋斗精神的强者，是敢于挺身而出、牺牲自我的猛士。一句话，应是凝缩着时代精神和个人人格力量的伟丈夫。

其第二步定位是：

在我们人类历史的长河中，堪称弄潮儿的青年英杰是很多的。下西域的班超、抗金兵的岳飞、举义旗的李自成，是时代的弄潮儿；慷慨赴死的谭嗣同、蹈海醒民的陈天华、仗剑去国的秋瑾女士，是时代的弄潮儿；其实，像李世民、朱元璋、努尔哈赤这样的开国君王，又何尝不是时代的弄潮儿呢？

其第三步定位是：

上述这些志士仁人、英雄豪杰，之所以够得上时代的弄潮儿的美誉，就是因为他们能在时代的大潮中搏风击浪，勇敢奋斗，用自己的青春生命谱写了一曲壮丽的凯歌，为后人开辟了一条新路，至少是起了一种振聋发聩的作用。

今天，我们生活在一个与过去完全不同的时代，国际形势的风云变幻，国内改革的一浪高过一浪，更需要我们具有弄潮儿的气魄、弄潮儿的胆略，发挥出较之古代的志士仁人、英雄豪杰更为强大的人格力量，为祖国振兴、中华腾飞作出更加卓越的贡献。

其第四步定位是：

近几年来，我国涌现出的这样的弄潮儿更是举不胜举。我国著名的高科技企业"巨人"集团创始人史玉柱，27岁时带着

4 000元资金和过硬的电脑技术毅然"下海",经6年奋斗,开发了一代一代新产品。巨人集团后因资金链断裂面临破产,但史玉柱并没有因此沉沦,而是通过再度创业,推出保健品"脑白金",大获成功。现在"巨人"集团的业务涉及保健品、银行投资、网游等多个领域。

其第五步定位是:

观古而论今,我们可以看出,时代的弄潮儿,确实不愧是时代的勇将、时代的强者和时代的猛士,是叱咤时代风云的伟丈夫。马克思曾经说过:"一个时代的性格,是青年人代表的性格;一个时代的精神,是青年人代表的精神。"生长在今天的青年,更应该用我们青年人的朝气和热血,塑造我们时代的性格,光大我们时代的精神。让我们都来做时代的弄潮儿吧!

【点评】 在这篇议论文里,第一步定位就是在略加说明论证背景、缘由等有关前提后,通过简单引述亮明论点。第二步定位中的事实,就是较古老的较久远的历史性论据,也是第一次阐述论据。第三步定位首先是对前面的小结,接着是对当前时代现实状况的介绍,起结上承下的作用。第四步定位中的事实,则是第二次阐述论据,这些论据均属直接的、有针对性的现实论据,是第二步定位中历史性论据的推进和叠加。第五步定位就是对前面的双重论证进行的综合分析,又以马克思的名言对全文作了整体性的归纳,进一步提示了现实状况下的指导意义。

这种五步定位的模式,看似复杂,其实并不难掌握。而一旦掌握,文章往往更容易写得丰厚饱满,深入浅出,而且也有助于考试时的快速成文。

作文基本模式一

第一部分：

先引材料，简单描述。

过渡句：这个故事告诉我们……相反……（从正反两个方面说）

核心句：所以……（应该摆出你的中心论点）

第二部分：

过渡句：类似……的故事，在我们的历史和现实中是很多的。

过渡句：从历史上来看……的故事正是……的写照。（历史上的典故史实举例，要有典型性，要能够证明中心论点。）

过渡句：既然历史上有这样的事例，那我们现实生活中一定也有同样的典型。（现实中的具体事例，生动叙述，从正面或从反面证明论点。）

第三部分：

过渡句：从古至今……这样的道理一直在言说。难道不值得人们思考吗？

分析论证：的确……（正面分析），正是因为……反之……（反面分析），是因为……

过渡句：……说过……；……也曾经说……（引用名人名言两句，以理服人）

过渡句：这些前辈们的诉说或许能给人们一点心志上的启迪和暗示。

第四部分：

总结句：面对今天的现实生活，我们应该……而不是……身为当代大学生的我们，更应该……让我们……

作文基本模式二

第一部分:

先引材料,简单描述。

过渡句:从这个故事中我们可以看出……相反……(从正反两个方面说)

核心句:所以……(对材料下一个结论)

第二部分:

过渡句:那么,从……(上一部分最后的结论)中,我们可以得到什么启示呢?

核心句:首先……(展开分析)

核心句:其次……(展开分析)

总结句:由此看来……(对分析做一个简单的概述)

第三部分:

过渡句:在我们的现实生活中,类似……并不少。

例证一。

例证二。

第四部分:

过渡句:……说过……;……也曾经说……(引用名人名言两句,以理服人)

总结句:作为生活在今天的现代人,我们应该像……一样去寻找……(文章升华,主题提高到生命的高度来阐述)

五、对于论据和论证要素的处理

1. 灵活变通地运用例证

写议论文,就是要摆事实,讲道理。这就需要联系实际,运用事例,用事实展开论证,文章内容充实,有说服力。很多考生平时很少动笔,也缺乏材料的积累,所以临到考试,根本无法写作。

（1）有鉴于此，每位考生平时都需多注意读报看书，积累材料。

（2）到临场应试时，首先要尽可能采用灵活变通的方法，从自己掌握到的、想到的材料出发，利用自己的专业知识理论（法律、经济、社会等）、特长方面的知识（音乐、美术等）、来自家庭背景的知识（军事、医学等）、自己独特的经历（风俗、民族、国外）。当然，这种加工也应做到适度得体，不要随意胡乱凑合，要注意删除与观点不吻合的材料。

（3）在选用材料时要力求选择最有代表性、能说明论点的材料。事实材料或理论材料不在多，而在精。

（4）选取材料时，要能用几个常用的材料来自圆其说。

2. 充分具体的说理和议论

一篇好的议论文，除了要选用有代表性、新颖而又有说服力的材料作论据外，还要注意进行充分具体的议论和说理。很多考生都习惯以观点带事例，一个观点提出后，接着罗列多个事例，文章从头到尾，看到的只是材料的堆砌，缺乏分析，没有议论。出现这种情况主要是因为思路不够开阔，不懂得联想，不懂得引申发挥，同时也不知在何处展开议论和发挥。

要开阔文章的思路，就应对论题多提几个为什么。如1995年下半年的大学语文考试作文题是阅读梁启超《论毅力》文中最后一段，一般考生都说到"有志者事竟成""毅力是事业成功的保证"，接着便列举出不少这方面的典型事例来加以证明。这样写，尽管对问题有所论证，但这样罗列一堆材料而不加分析议论，仍然不能很好地说明问题。

要使文章有血有肉，对于议论文来说，除了有论点、论据外，还必须有分析与议论，而议论往往就是紧随在事例之后来进行的。这样将例证与议论结合起来，说服力就强多了。在分析与议论中，还可以结合现实去联想与引申，基于现实的联想与引申往往也具有深刻的说理性。

六、议论文思路的纵横拓展——拓展、深入

议论文的写作思路,是议论文写作过程中思维运行的轨道。如果不懂得开拓思路,就会"山重水复疑无路",写作议论文"冰泉冷涩弦凝绝";如果善于拓展思路,就会"柳暗花明又一村",写起议论文"间关莺语花底滑"。那么,该怎样纵横拓展议论文写作的思路呢?

(一)议论文的主体部分:拓展——充实而有序

议论文的主体部分怎样才能写得充实而有序?方法之一便是从中心论点中解析出若干个并列的分论点,每个分论点独立成段加以阐述,共同论证中心论点。

【例如】 有人曾问三个砌砖工人:"你们在做什么?"第一个工人说:"砌砖。"第二个工人说:"我正在赚钱。"第三个工人说:"我正在建造世界上最富有特色的房子。"据说到了后来,前两个人一生都只是普普通通的砌砖工人,而第三个工人却成了有名的建筑师。

从这则材料中提炼出中心论点:树立崇高的理想是获得事业成功的前提。那么,我们可以这样从横向展开:

一、理想是奋斗的起点;

二、理想是奋斗的目标;

三、理想是奋斗的动力。

因为要成功就得奋斗,而没有理想就不会去奋斗(故曰"起点"),即使去奋斗也将失去方向(故曰"目标"),无目的的奋斗就像无桨的船在漫无边际的大海上漂流,"动力"从何而来?

显然,这三个并列的分论点是从中心论点分解出来的,又反过来支撑着中心论点,只要依次证明分论点成立,也就论证了中心论点,这便是"从横向展开"。

但简单之中也有不简单的地方。一般地说,从中心论点解析出两个并列的分论点就算是从横向展开,但以"三部曲"(即分解出三个分论点写成三个段落)为佳。

因为增加一个分论点及其论证,会使全篇的说理更加充分,更加有力。而在实际思维操作过程中,第三个分论点的提取往往难度较大,这就是不简单之处,但也是思维价值之所在。所以,要学会多方面地思考问题。就上例而言,"目标"和"动力"容易想到,倘以此展开未尝不可,如果要提取第三个分论点,就得拓宽思路,多方思索理想对奋斗的作用,才能获得"起点"之类的分论点,浅思辄止是不会有结果的。

还要注意的是,分论点的展开不能随心所欲,要讲究先后顺序。比方说"起点""目标""动力"的排列就比较合理,如果改成"目标""动力""起点",就会显得不合逻辑了。

在句式的构造上,分论点的表述可以力求齐整,排比段效果很好;也可以灵活遣词造句,但要做到清晰醒目,因为分论点是"段眼",含糊不清是一大忌。在论述过程当然允许有详有略,一般来说主要的方面详写,放在前面;次要的方面略写,放在后面。如果分论点不止三个,次要者还可以合在同一个段落里论述。

(二)议论文要把道理说透,就得深化——向纵深拓展。

1. 纵深拓展方法之一:设问导思,是一条向纵深拓展的路,其路线为:是什么—为什么—怎么样—会怎样。

(1)"是什么"为第一层次,对中心论点或有关概念进行阐释和界定,使读者明确所要议论的话题的内涵;

(2)"为什么"为第二层次,讲明议论这个话题的原因、目的和意义,使读者明白论证中心论点的必要性;

(3)"怎么样"为第三层次,指出解决问题的办法和途径,使读者明了付诸实施的具体操作;

(4)"会怎样"为第四层次,说明最终的结果,即这样做之后会得到什么,使读者进一步确信谈论这个话题的重要性。

这样设问引路,层层拓展,就能把问题说深说透。

【例如】 荷兰国家队主教练巴斯滕在评价球员西多夫时说,他是一个对足球很狂热、很专注的大男孩。从他与历任教练希丁克、里杰卡尔德、范加尔还有艾德沃卡特和我的交流来看,他对于足球总能提出新问题,他的见解常常与教练与队友不同。在比赛中,他常常开场时在右路,结束的时候却跑到左边或其他位置去了,他喜欢按自己的与众不同的理解去行动,但这违背了事先教练的部署。他太爱钻牛角尖了。对于巴斯滕的"太爱钻牛角尖"评价,有人认为这恰恰是西多夫的可贵之处。体育比赛的魅力和天才球员的价值就在于"钻牛角尖"的精神。

对此,你可以主张"不要钻牛角尖",也可以主张"要钻牛角尖",如你主张"要钻牛角尖",可以这样纵向展开:

(1)什么是"钻牛角尖":对任何事情,哪怕是极细小的事情,都采取认真钻研的态度(是什么);

(2)体育比赛"钻牛角尖"才可能出奇制胜,搞学问"钻牛角尖"才会有所成就,搞科技"钻牛角尖"才有发明创造(为什么);

(3)"钻牛角尖"要有认真的态度,要有锲而不舍的精神,要掌握科学的方法(怎么样);

(4)发扬"钻牛角尖"精神会多出成果,多造就人才(会怎样)。

按这种思路写作议论文能够形成层进式结构,即按照"提出问题—分析问题—解决问题"的思路,层层深入地安排论证结构。

第一部分是"提出问题":什么是"钻牛角尖";第二部分是"分析问题":为什么要"钻牛角尖";第三部分是"解决问题":怎样"钻牛角尖";至于发扬"钻牛角尖"精神会怎样,可作结尾。

2. 纵深拓展方法之二:逐层深入。

【例如】 人们喜爱绿树,因为绿树使大地充满生机,为自然调节气候,给人类带来幸福。然而,绿树为了这一切,必须深深扎根于土壤中,不断吸收水分和养料。有人曾作过试验,一棵不大的白杨,一昼夜吸收的水分竟达五公斤之多。

根据材料,可以围绕"吸收和给予"的辩证关系,逐层深入地展开论述:

(1) 要想给予、奉献,首先必须吸收;

(2) 吸收是为给予、奉献,给予、奉献的快乐——价值的实现——又成了吸收的动力;

(3) 要想不断地给予、奉献,同时还必须不断地吸收。

这样环环相扣,层层推进,思路清晰,说理透彻。

怎样逐层深入?

一要紧扣中心论点理清概念间的关系。上例的中心论点可以是"吸收是为了给予、奉献",抓住这点就不难理清吸收和给予的关系。

二要让分论点之间呈递进态势。上例的三个分论点,从吸收是给予的基础,到吸收是给予的动力,到不断吸收才会不断给予,一层比一层深入。

三要表现思考的深入。如果思想浮于浅层,即使排列了几个递进的分论点,也达不到深入说理的境界。只有想得深刻,才能真正做到逐层深入地把理说透。

翻进一层,则是向纵深拓展的创新之路。这里的"翻进",不是一般性地深入一层,而是通过深思熟虑,在原有认识的基础上,进一步阐发自己的新见解。原有的认识为第一层面,新的见解则翻进一层,构成第二层面。要翻进一层,得有发现的眼光,关键在于能够看到别人还没有看到的东西,也许这才是真正意义上的向纵深拓展。

3. 纵深拓展方法之三:纵横、开拓

纵横开拓思路有两句口诀:"正反例说驳异议,为何、如何逐层论。"

第一句话"正反例说驳异议",说的是横向拓展思路。所谓"正反例说"有两层意思:一是举正反事例(也可以单举正例或反例)来论证论点,二是从正反两方面来阐发论点。前者重在证明,后者重在分析。所谓"驳异议",是从实际出发,提出已有的或是会有的不同见解和错误认识,然后加以批驳,从而论证中心论点。第二句话"为何、如何逐层论",说的是纵向开拓思路。"为何"要围绕论点,联系实际分析原因。一般地说可以从摆现象、揭本质、挖根源、说危害等几方面向纵深思考。"如何"则要提出具体的处理方案和解决方法。

如果说中心论点是提出问题,那么"为何"是分析问题,"如何"是解决问题。分析问题要条分缕析,解决问题可列项说明,所以是"逐层论"。

【注意】 纵横开拓的原则——在实际的构思过程中,这两句话的五个开拓点大可不必面面俱到,而要从文章的论点、本身的思想认识水平、写作材料储备的情况出发,选择三两个开拓点进行构思,尽量把问题说得充分些。一般说先横向思考有何例说何理,再纵向思考原因和办法。

【例如】 1848年,在西班牙女王为哥伦布举行的宴会上,一个宾客对哥伦布发现美洲大陆很不服气,他满不在乎地说"这并没有什么了不起,大陆本来就在那里,正好被你碰上了。"……哥伦布笑着说:"是的,许多事物本来就在那里,可是有人将它发现了,有人却没有发现,差别就在这一点。"

【分析】 假设我们这样立论:发现,难就难在正好被碰上。那么,我们可以借助这两句口诀纵横挥洒——

(1)"正反例说驳异议":诺贝尔发明炸药,居里夫人提炼镭,牛顿发现万有引力(正例已经足够,有反例更好),说一说这些"正好被碰上"意味着什么;驳一驳"这并没有什么了不起……

正好被你碰上了"。

(2)"为何、如何逐层论":"正好被碰上"难在不畏难、敢冒险,难在持之以恒、不怕失败,难在勤于思考、善于发现(这是"为何")。

(3)要想"正好碰上"需要不怕牺牲的精神,需要勇往直前的斗志,需要超乎凡人的思维,需要丰富的科学知识(这是"如何")。

于是我们这样构思——
(一)引论:发现,难在正好被碰上
(二)例说:(1)诺贝尔(2)居里夫人(3)牛顿
(三)为何:(1)敢冒险(2)能持恒(3)善思考
(四)驳异论:驳"这并没有什么了不起……正好被你碰上了"
(五)结论:需要不怕牺牲的精神,需要勇往直前的斗志,需要超乎凡人的思维,需要丰富的科学知识。愿科技成果被更多的人碰上。

可见,借助这两句口诀纵横开拓思路,可以使文思如涌,迅速写出有广度又有深度的优秀作文。当然,有时候只要利用口诀中的一句,进行纵向或横向开拓,就足以构思成篇。

【真题解析】

2008·请根据下面两则材料,自拟题目,撰写一篇800字以上的文章。诗歌除外,文体不限。(70分)

材料一:居里夫人和比埃尔·居里新婚燕尔,搬进了五层楼上的三间小屋。他们的会客室里,只摆着一张简单的餐桌和两把椅子。后来,居里的父亲来信对他们说,准备送给他们一套家具,问他们需要什么样的家具。看完信后,居里若有所思地说:"有了沙发和软椅,就需要有人打扫,在这方面花费时间未免太可惜了。"就对新婚妻子说:"我们只有两把椅子,再添一把怎么样?客人来了可以坐坐。"居里夫人提出反对意见:"要是爱闲谈的客人坐下来,又怎么办呢?"最终,他们还是没有添置任何家具。

材料二:钱钟书一生深居简出,他曾拒绝美国普林斯顿大学的重金聘请,拒领法国政府授予的勋章,拒绝做客《东方之子》。一次,英国女王访问中国,国宴陪客名单上点名请钱钟书出席,他竟称病辞掉。事后,有人私下问及此事时,钱钟书道:"没有时间,没有什么可说的。"

【材料作文解析】

目光穿过历史,我们在居里夫人的客厅里看到一张简单的餐桌和两把简朴的椅子。居里的父亲曾经要送他们一套豪华的家具,他们拒绝了,原因很简单:有了沙发和软椅,就需要人去打扫,在这方面花费时间未免太可惜了。为了不让闲谈的客人坐下来,他们没有添置第三把椅子。居里夫人说:"我在生活中,永远是追求安静的工作和简单的家庭生活。"两张椅子,让他们有了事业上携手共进的伴侣;没有多余的椅子,使他们远离了人事的侵扰和盛名的渲染,终于攀上科学的顶峰,阅尽另一种瑰丽的人生景观。

淡泊以明志,宁静以致远。钱钟书的生活如椅子,删繁就简,撤掉多余的部分,生活就简朴、简洁、简练,而且丰富深邃了。坐上庸俗和卑劣,就坐不下伟大和崇高;坐上虚伪和暴戾,纯真和善良就无处坐落;坐上自私和冷酷,爱心和热情就无法容纳……有了多余的椅子就会想到与之协调的华丽房子,想到许多人苦心钻营的位子,想到那轻飘飘而又沉甸甸的票子……于是忙忙碌碌,心情也沉甸甸的,没有了坐下来的轻松和欢乐。正如泰戈尔说,翅膀下挂着沉甸甸的金钱是飞不高远的。同样,有了多余的椅子,不但不能飞翔,连静坐沉思的乐趣也消失了。

通过阅读分析两则材料,我们可以大致找到以下两个构思点:

一、惜时

时间无情,稍纵即逝。然而,对于珍惜时间的人,它却馈赠以无穷的智慧和财富。有人把时间比作世界上一切成就的土壤,是的,只要辛勤耕耘,它将献给劳动者以甜美的果实。

美国政治家、科学家富兰克林为自己制订了一张作息时间表。五点起床,规划一天事务,并自问:"我这一天做了什么好事?"上午八点至十一点,下午两点至五点,工作;中午十二点至一点,阅读,吃午饭;晚六点至九点,用晚饭,娱乐,考查一天的工作,并自问:"我今天做了什么好事?"朋友劝富兰克林说:"天天如此,是不是过于辛苦……""你热爱生命吗?"富兰克林摆摆手,打断朋友的话说:"那么别浪费时间,因为时间是组成生命的材料。"

谚语说,一寸光阴一寸金,寸金难买寸光阴。毛泽东说,一万年太久,只争朝夕。不要把时间放在没有意义的事情上。

二、淡泊名利

两个材料有相同点:居里夫人对添置家具的态度与钱钟书拒绝高薪、拒绝国宴陪客的态度基本表达了这样一个意思——甘于淡泊。其中,可以联系钱钟书与夫人杨绛爱书如命,淡泊名利。"文革"期间,被送进"五七干校"劳动,住草棚,生活艰苦,他俩却并不在意,最使他难受的就是没有书读。杨绛在《干校六记》中感慨地写道:"什么物质享受,全都舍得,没有书却不好过日子。"国外出版商给他们稿酬,老两口不取现金,而是开出一大串书单子,要求对方以实物支付。

对身外之物,他们看得极淡泊,美国有关方面以授以荣誉文学博士头衔和优厚酬金为条件激励他们去讲学,被拒绝了。法国政府要授予钱钟书勋章以表彰他"对中法文化交流的贡献",

也被他坚辞了。《围城》被拍成电视连续剧后,电视台付给他稿酬,钱钟书执意不收。国内18家电视台联合拍摄《当代中华文化名人录》,钱钟书被列入第一批36人之中,他婉言谢绝了。有人告诉他,被拍摄者会有一笔酬金时,钱钟书莞尔一笑:"我都姓了一辈子钱,难道还迷信钱吗?"

钱钟书伟大,居里夫人高尚,在生命的质量上都是常人无可企及的。生活中,我们要学会简化,比如减掉多余的椅子,不让"身外之物"有落座的机会。椅子以舒适为标准,过于豪华,就变成一种装潢了,结果不是人坐椅子,而是椅子成为盘踞你生活的一种累赘了。

2009·请根据下面一则材料,自拟题目,撰写一篇800字以上的文章。诗歌除外,文体不限。(70分)

蔡伟,现年38岁,高中学历,当过工人,摆过小摊,8个月前还在老家辽宁锦州蹬三轮养家糊口。今年4月27日,复旦大学正式将他列入博士生拟录取名单。辽宁人蔡伟仅有高中文凭,凭借着他在古文献研究方面的天赋和钻研精神,经过20多年的不懈努力自学,由复旦大学出土文献与古文字研究中心裘锡圭教授与校外两名教授联名推荐,敲开了复旦大学博士生招生考试的大门。

【材料作文解析】

这则材料中的人、事、果是比较清晰的,考生可以从多种角度来分析一下蔡伟为何能从一个三轮车夫一跃成为复旦大学博士。是什么原因导致了这个结果呢?仔细分析这个"因",不难推断出以下这几个原因:1、没有出挑的相貌、没有口若悬河式的言语、家境也不优越、曾经的工作只是勉强糊口的蔡伟,其坚持不懈的精神信念是创造这个奇迹主要因素,一个碌碌无为、丧失信念的人再怎么也取得不了这个成绩。2、蔡伟善于把握机遇,但把握机遇的前提是平时的刻苦努力与顽强奋斗,自强不息的精神是把握机遇的基石,在艰难的环境中坚持不懈是蔡伟创造奇迹的唯一法宝。3、复旦大学导师的"伯乐"眼光"不拘一格降人才"地发现了蔡伟这样一匹"千里马"。

由此,可以确立"坚持不懈""精神信念""把握机遇""懂得人才""不拘一格降人才"等角度来进行作文的行文思考。考生如果能抓住其中一点,审题立意也就基本把握住了。比如,确立"精神信念"为写作范围,可在文章中联系古今中外及现实生活的素材加以论证,如以"懂得人才"为角度,可以围绕"为什么要懂得人才""如何尊重、发现、使用人才"等问题进行观点的阐发。写作中思路能够开阔一些,旁证合理充分,语言通顺流畅,能联系材料议论,则更容易获得好成绩。

2010·春天是一年的起点,清晨是一天的起点,它们都孕育着新的希望和无限的可能。参天大树的起点是柔弱的嫩芽,翱翔的飞机的起点是笔直的跑道,漫漫人生的起点是清脆的啼哭。马拉松长跑有起点,万丈高楼有起点……自然、社会、人生,处处有起点。请以"起点"为话题,题目自拟,撰写一篇800字左右的文章,文体不限,诗歌除外。(70分)

【材料作文解析】

这道作文题目的可操作性还是十分强的。考生可以把"理想""成功""信念"等话题与"起点"作为关联,进行系统地论述。诸如"理想是奋斗的起点""精神信念是人生成功的起点""懂得合作是获得双赢的起点""信守责任是为人处世的起点""创新精神是赢得机遇的起点"……

千里之行,始于足下。起点是新生,是方向,是雨露,更是生命的绽放。它驱散了步行人的疲惫和风尘,带给我们从容,带给我们执着。

起点,是一个开端,是一种开始,是一种契机。小草发芽,雏鹰试翼,溪流流淌,自然界中的起点无处不在,它们是生命形态的转折,也是新事物的萌芽;在人生征程中,它们又是人们奋斗的起始,是人们自信生活、迈步人生的良好契机。

起点,是希望与酸楚的对立,也是欣喜与无奈的融合。把握起点,就是学会把握自我心境,调试自我心态,这是良好性情的体现。人更要在起点上学会承受,学会选择,学会适应。

起点,孕育着希望,饱含着活力,激发着动力。起点不是摒弃过去,抛弃昨日的凡尘,它是回顾过去使命、责任的积淀,在发展中继承与创新的结合。而把握人生的种种选择,这本身就是一种责任的体现。不要放弃任何一种微弱的起始,把握住机遇,坚信希望蕴含在起点中,不要轻言放弃。时刻铭记:在新的起点上,把握人生,自信生活,这会使人生呈现绚丽的风采。

2011·人类总是在危机中前行,生态危机和社会危机彼伏此起。历史上的许多危机尚未完全淡出我们的记忆,现实中的各种危机又接踵而至;人际危机、感情危机、健康危机、学业危机、就业危机……面对危机,我们不应听天由命,顺其自然,而要迎难而上,化"危"为"机"。请以《直面危机》为标题,联系自身实际,用现代汉语撰写一篇800字左右的文章,除诗歌以外,其他文体不限。(70分)

【命题作文解析】

这道作文题目是命题作文,要求考生以《直面危机》为标题,联系自身实际。"联系自身实际"不是要求考生写出自己遭遇的危机,而是希望考生能在作文中结合自身所处的社会、环境、经历及体验,体现出一定的时代气息。

审题和构思应该注意以下几点:1. 分析什么是危机。所谓"危机",指真地危及生存或事业的发展、历史的进程、国家民族的存亡等。选材时不能写小坎坷、小逆境、小失利等。2.要能看到"危机"中包含着"转机"。突如其来的危机打破了人们已经习惯的生活方式,或约定俗成的旧体制、规律、观念等,使安于常规的人们受到冲击、刺激,从而唤起他们的巨大潜能,使他们积极探索、创新,开拓出崭新的局面。

  危机小到个人,大到社会、民族、国家、人类。实际上,近几年发生的大事件(地震、海啸、核污染、食品安全等)都牵涉到"危机"这一话题。十九世纪英国作家狄更斯在《双城记》中曾说过:"这是一个光明的时代,也是一个黑暗的时代;这是一个充满希望的时代,也是一个令人绝望的时代。"中国有古诗云:"山重水复疑无路,柳暗花明又一村。"西方也有一句谚语:"当上帝关上一扇门时,就会打开另一扇窗。"没有人愿意遭遇危机,但是,危机常常不期而至。危机中包含着"危险",也包含着"机遇",只是我们习惯性地只看到"危险",而看不到"机遇"。"危机"就是"危险"加上"机会",危险与机遇总是如影随形,就看我们善不善于发现并捕捉机会,能不能做到愈挫愈勇。最后总结的应该是,人们一定得肯定危机的存在,关键是人们怎么面对危机,如何迎难而上,如何化"危"为"机"。

  2013(大二卷)·每个人都渴望成功,追求成功,但每个人对成功的理解不尽相同,追求成功的方式也不同。请以《谈成功》为题目,自选角度,自定立意,撰写一篇800字左右的议论文。(70分)

  2013(大三卷)·规范是约定俗成或明文规定的标准。孟子说"不以规矩,不能成方圆。"人的成长和社会进步的过程也是遵守和执行规范的过程。法律是明文规定的规范,而道德则更多是约定俗成的规范。法律的规范有据可依,而道德的规范是一

种"无言"的力量。请以《说规范》为题目,自选角度,自定立意,撰写一篇800字左右的议论文。(70分)

【命题作文解析】

材料话题作文是重中之重,分值高,是决定性的一道题目。我们的写作教学是在整体提高考察学员思想修养、语文水平、知识积累和综合分析能力的基础上,有针对性地切实改善学生的书面表达状况。注意写作模板的训练,同时借鉴范文的写作方法和语言修辞技巧,多阅读、勤思考,课程重点是议论文和散文的训练。

二年级大作文《谈成功》明确要求写议论文,可以写成"成功需要精神信念、责任意识、创造精神",或者从"成功与淡泊名利、个人立志"等角度写作。

三年级大作文《说规范》同样明确要求写议论文,可以写成"道德规范与社会责任感",或者从"道德规范与自我的修养、名利观、人生观"等角度写作。